Lothar Böhnisch
Abweichendes Verhalten

Grundlagentexte Pädagogik

Lothar Böhnisch

Abweichendes Verhalten

Eine pädagogisch-soziologische Einführung

3. Auflage 2006

Juventa Verlag Weinheim und München

Der Autor

Lothar Böhnisch, Jg. 1944, Dr. rer. soc. habil., ist Professor für Sozialpädagogik und Sozialisation der Lebensalter an der Technischen Universität Dresden.

Die Deutsche Bibliothek - CIP-Einheitsaufnahme

Ein Titeldatensatz für diese Publikation ist bei
Der Deutschen Bibliothek erhältlich.

Das Werk einschließlich aller seiner Teile ist urheberrechtlich geschützt. Jede Verwertung außerhalb der engen Grenzen des Urheberrechtsgesetzes ist ohne Zustimmung des Verlags unzulässig und strafbar. Das gilt insbesondere für Vervielfältigungen, Übersetzungen, Mikroverfilmungen und die Einspeicherung und Verarbeitung in elektronischen Systemen.

© 1999 Juventa Verlag Weinheim und München
Umschlaggestaltung: Atelier Warminski, 63654 Büdingen
Umschlagabbildung: Karl Hubbuch, Die Entenräuber, um 1925
Printed in Germany

ISBN 3-7799-1511-1

Vorwort

Die kritische Kriminologie und Kriminalsoziologie hat die Pädagogik und Sozialarbeit seit nun über 30 Jahren spektakulär entlastet, aber auch nicht wenig verunsichert. Denn mit der Entschuldung des Subjekts, wie sie die Etikettierungstheorien kompromisslos vorangetrieben haben, wurde die Frage nach dem Anteil der Einzelnen und ihrer familialen und biografischen Herkunft am Zustandekommen von Devianz unversehens zum Tabu. Die Persönlichkeit, die Selbstverstrickung der Betroffenen wurde unkenntlich, die Pädagogik hatte es fortan schwer, sich ins kriminologische Spiel zu bringen.

Mit der verstärkten Individualisierung der Lebensverhältnisse sind die Einzelnen als Akteure ihrer Biografie auch in den Bereichen der Devianz und Delinquenz wieder in den Vordergrund gerückt. Nirgends geschah dies so abrupt und überwältigend wie in Ostdeutschland nach der Wende. Die persönlich-biografische Verstrickung und die eigene Bewältigungsleistung fordern nun ihre Anerkennung, treten neben die gesellschaftlichen und sozialen Bedingungen. Pädagogische Zugänge und Hilfen werden gebraucht und gesucht. Viele der SozialarbeiterInnen, die ich nach der Wende in den neuen Bundesländern kennengelernt und mit denen ich gearbeitet habe, hatten - ohne entsprechende Ausbildung - erst einmal selbst nicht mehr als ihre Persönlichkeit in ihre Arbeit einzubringen. Dabei haben die, an die ich hier denke, nicht nur das Gespür für das Persönliche im Umgang mit gefährdeten Jugendlichen entwickelt, sondern auch gelernt, den Anteil der Person und den der Verhältnisse durchaus auseinander zu halten. Diese produktive Trennung zwischen subjektivem Bewältigungsverhalten und sozial verweisendem Delikt gehört auch zum Kern dieser pädagogischen Kriminologie, die ich hier versucht habe. Sie ist den ostdeutschen KollegInnen in der Mobilen Jugendarbeit, Streetwork und Krisenintervention gewidmet, die von mir damals lernen sollten und von denen ich inzwischen viel gelernt habe.

Dresden, im Oktober 1998
Lothar Böhnisch

Inhalt

1. Ein interdisziplinäres Konstitutionsmodell Abweichenden Verhaltens 11

1.1 Elemente einer pädagogisch inspirierten Theorie Abweichenden Verhaltens 11
1.1.1 Dimensionen Abweichenden Verhaltens aus pädagogischer Sicht 12
1.1.2 Subjektorientierung und gesellschaftliche Reflexivität 14
1.1.3 Von der Unterschichtfixierung zur Biografisierung im Kontext neuer sozialer Ungleichheit 17
1.1.4 Das Kreuz mit der Norm und die Mauer des Tabus: Zur Mehrdeutigkeit Abweichenden Verhaltens 19

1.2 Das Anomieparadigma als epochales Hintergrundkonzept einer Kritischen Pädagogik Abweichenden Verhaltens 26
1.2.1 Die Anomietheorie als epochales Konzept 27
1.2.2 Vom Anpassungskonzept zur Handlungsperspektive 32
1.2.3 Das gestörte Verhältnis von Systemintegration und Sozialintegration als spätmoderne Anomiekonstellation 34
1.2.4 Leben in anomischen Konstellationen 36
1.2.5 Subjekt und Bewältigung im Anomieparadigma 39

1.3 Das anomische Selbst 41
1.3.1 Zur Tiefenstruktur des Selbst 42
1.3.2 Triebdynamik und soziale Umwelt 45
1.3.3 Deprivation 49
1.3.4 Zur Spannung von Selbstbefindlichkeit und Handeln im Vorfeld Abweichenden Verhaltens - Normalisierungshandeln und Selbstkontrolle 51

1.4 Subkulturelle Dynamiken 56
1.4.1 Subkultur und lebensweltliche Pluralität 57
1.4.2 „Gelernte Devianz" - Zum differentiellen Erwerb antisozialer Dispositionen 60

1.5 Devianz als interaktiver Zuschreibungsprozess 63
1.5.1 Etikettierung 63
1.5.2 Der postmoderne Kontrolldiskurs 66
1.5.3 Der Labeling-Ansatz als Konzept „devianter Sozialisation" 69

1.6 Allgemeine Grundzüge einer Geschlechtertheorie
     Abweichenden Verhaltens 74
1.6.1 Geschlechtstypische Anomien 75
1.6.2 Geschlecht, Devianz und soziale Kontrolle 80

1.7 Zur Verbindung von primärer und sekundärer Devianz:
     Lebenslaufpersistenz, sekundäre Anpassung und
     antisoziale Tendenz 86

1.8 Hegemoniale Kultur und Anomie 92
1.8.1 Macht und Herrschaft als Hintergrund sozialer Kontrolle und
     Etikettierung 92
1.8.2 Normalitätsgestützte Dominanzkultur und
     Konformitäts-Dividende 95
1.8.3 Kriminalisierung 98
1.8.4 Autoritäre Konformität 100

2. Sozialisation und Devianz 103

2.1 Die anomische Familie 106
2.1.1 Familie als biografische Hintergrundkonstellation
     Abweichenden Verhaltens 107
2.1.2 Überforderung der Familie und innerfamiliale Gewalt 112

2.2 Kindheit und Devianz 116
2.2.1 Die antisoziale Tendenz 117
2.2.2 Aggressivität und Selbstbehauptung 120
2.2.3 Die räumliche Dimension von Devianz im Kindesalter 124

2.3 Das Jugendalter als Lebensphase „potentieller Devianz" 127
2.3.1 Das unwirkliche Selbst und das antisoziale Wirklichkeitsstreben ... 130
2.3.2 Die Clique 131
2.3.3 Risikoverhalten 134
2.3.4 Die Straße 138
2.3.5 Jugend und Zukunft - eine neue Dimension der Anomie 140
2.3.6 Jugendliche ausländischer Herkunft und Devianz 143

2.4 Medien und Devianz 146
2.4.1 Jugendtypisches Rezeptionsverhalten 148
2.4.2 Kriminalitätsberichterstattung 150

2.5　Die anomische Arbeitswelt 151
2.5.1 Jugendarbeitslosigkeit und Devianz 152
2.5.2 Arbeitslosigkeit und familiale Desintegration 156

3. Pädagogische Arbeitsfelder als Kontrollinstanzen 159

3.1　Hilfe als Kontrolle:
　　　Der schmale pädagogische Grat der Jugendhilfe 160
3.1.1 Die Jugendhilfe in ihrer institutionellen Dimension sozialer
　　　Kontrolle 161
3.1.2 Etikettierungsprozesse in der Jugendhilfe 163
3.1.3 Prinzipien der Entstigmatisierung 166

3.2　Die Schule als Instanz sozialer Kontrolle und als
　　　anomische Struktur 168
3.2.1 Typisierungsprozesse in der Schule 169
3.2.2 Schule als anomische Struktur 175

4. Pädagogische Konzepte zum Umgang mit Abweichendem Verhalten 179

4.1　Grundprinzipien der Diagnose und Intervention 179
4.1.1 Das Bewältigungsmodell im Überblick 179
4.1.2 Pädagogische Interventionsprinzipien 182

4.2　Strafen im pädagogischen Feld 184
4.2.1 Heinrich Mengs „Strafen und Erziehen" 184
4.2.2 Zum gegenwärtigen pädagogischen Strafdiskurs 187
4.2.3 Grenzen setzen im Pädagogischen Bezug 189

4.3　Die Opferperspektive 191

4.4　Zum Umgang mit Cliquen und Banden 193
4.4.1 Praxisrelevante Ergebnisse der Gang-Forschung 193
4.4.2 Akzeptierende Arbeit mit Cliquen 195

4.5　Zum Umgang mit Abweichendem Verhalten in der Schule 199
4.5.1 Gewalt und Aggression in der Schule 200
4.5.2 Konfliktschlichtung, Krisenintervention und
　　　Prävention in der Schule 204

4.6　Justiz, Polizei und Pädagogik 208

4.7 Krisenintervention und Diversion 214
4.7.1 Ein Kriseninterventions- und Beratungsmodell 215
4.7.2 Grundelemente der Krisenintervention: Selbstbezug,
  Interaktion, Sozialbezug 217
4.7.3 Antiaggressivitäts-Training 220
4.7.4 Diversion. Das Beispiel Täter-Opfer-Ausgleich 223

4.8 Zur Balance von Prävention und Regulation 228

Literatur 233

1. Ein interdisziplinäres Konstitutionsmodell Abweichenden Verhaltens

1.1 Elemente einer pädagogisch inspirierten Theorie Abweichenden Verhaltens

Für das pädagogische Verstehen von Abweichendem Verhalten gilt, dass dieses solchermaßen öffentlich etikettierte und sanktionierte Verhalten in seinem Kern auch als Bewältigungsverhalten, als subjektives Streben nach situativer und biografischer Handlungsfähigkeit und psychosozialer Balance in kritischen Lebenssituationen und -konstellationen erkannt wird. Damit ist der rote Faden in diese Einführung bereits eingezogen.

Aus dieser Zugangsperspektive heraus ist es schlüssig, dass wir einen interdisziplinären Ansatz brauchen, um diese Spannung theoretisch einfangen und in entsprechende Interventions- und Arbeitsprinzipien umsetzen zu können. Wir ziehen dafür soziologische Erklärungsansätze Abweichenden Verhaltens genauso heran wie entwicklungs- und tiefenpsychologische Deutungsversuche und werden sie im pädagogischen Bewältigungsparadigma aufeinander beziehen. Dieser bewältigungstheoretische Ansatz einer Pädagogik Abweichenden Verhaltens kann sich in solcher Absicht natürlich nicht damit begnügen, die Erklärungsmuster der Soziologie und Psychologie/Psychoanalyse einfach *anzuwenden*. Sie müssen sozialisations- und bewältigungstheoretisch reformuliert, aus ihrer innerdisziplinären Systematik herausgeholt werden. R. Fatke (1985) hat in einem ähnlichen Zusammenhang darauf hingewiesen, dass gerade die Pädagogik in ihrem an der Gesamtpersönlichkeit orientierten Handlungsansatz die Souveränität entwickeln sollte, benachbarte Fächer wie die Psychoanalyse (aber auch die Soziologie, Entwicklungspsychologie etc.) als Einzelwissenschaften zu betrachten, deren Erkenntnisse nur Teilsegmente des pädagogischen Gesamtproblems aufschließen können. Sie muss selbst - aus ihrem eigenen Paradigma heraus - bestimmen, was andere Einzeldisziplinen für sie leisten können.

Die Soziologie, die uns in der Pädagogik bis heute mit verschiedensten Erklärungsansätzen zum Abweichenden Verhalten (und ihren Variationen und Revisionen) versorgt, hat mit der subjektorientierten Reformulierung ihrer Devianztheorien einige Schwierigkeiten. Sie kann auf der einen Seite das Verdienst für sich in Anspruch nehmen, die Sicht auf Abweichendes Verhalten entkriminalisiert, gesellschaftlich rückgebunden und relativiert zu haben: So, wie die moderne Industriegesellschaft strukturiert ist, provoziert und produziert sie Devianz, schafft Bedingungen dafür. Gleichzeitig aber waren - und sind zum Teil noch heute - die soziologischen Theorien Abweichenden Verhaltens hinsichtlich der betroffenen Subjekte strukturell starr und unvermittelt; sie lassen den Eindruck entstehen, es handle sich bei den Subjekten eher um passiv reagierende denn um eigensinnig handelnde Menschen. Die neuere kriminologische Diskussion kreist nun gleichsam um die Suche nach dem handelnden Subjekt vor dem Hintergrund gesellschaftlich längst nicht mehr eindeutiger Strukturen der Definition und Produktion von Devianz. Fast könnte man ironisch formulieren: Es zeichnet sich in den letzten beiden Jahrzehnten eine (sozial-)pädagogisch inspirierte Revision der soziologischen Theorien Abweichenden Verhaltens ab, während zuvor die Pädagogik mit der von ihr selbst eingeleiteten „unbedingten" Versozialwissenschaftlichung der Erziehungswissenschaft auch hier keine eigenständigen Akzente setzen konnte.

Schon seit den 20er Jahren des zwanzigsten Jahrhunderts gibt es Theorieansätze, welche die psychische Dimension Abweichenden Verhaltens zu erfassen versuchen. Hier war und ist es bis heute die angewandte Psychoanalyse, die auf die triebstrukturelle Verstrickung des Menschen in einer triebverdrängenden Gesellschaft verwies und verweist - eine Verstrickung, der er ausgesetzt ist, die bearbeitet und bewältigt werden muss. Dort, wo psychoanalytische Ansätze ihren sozialen und gesellschaftsstrukturellen Anschluss suchen und finden, ergibt sich dann auch eine aufregende Verbindung zum Bewältigungsansatz im Horizont einer *Kritischen Theorie* und damit eine Chance der strukturtheoretischen Öffnung der pädagogischen Devianzdiskussion für die heutige individualisierte und in ihrer Pluralität wertambivalente Gesellschaft: Wie sind sowohl subjektive Orientierungen wie auch institutionelle und gesellschaftliche Definitionen Abweichenden Verhaltens in einer vielfach (in sich) normwidersprüchlichen Gesellschaft zu thematisieren? Diese Fragestellung, die uns in dieser Einführung bald einholen wird, bringt uns endlich zu einer paradigmatischen Klärung unseres Zugangskonzepts. Es soll der Versuch unternommen werden, ein pädagogisch inspiriertes, interdisziplinäres Paradigma einer *Kritischen Bewältigungstheorie* Abweichenden Verhaltens zu entwickeln.

1.1.1 Dimensionen Abweichenden Verhaltens aus pädagogischer Sicht

Abweichendes Verhalten hat viele Gesichter. Es ist nicht eindeutig als „Normverletzung" definierbar, sondern kann, je nach Situation und Referenz, relativ sein. Schon die scheinbar eindeutige Gesetzesverletzung, die „kriminelle Handlung", der Bereich der *Delinquenz* also erscheint - je nach kulturellem und sozialem Kontext - in unterschiedlichem Licht. In kapitalistischen Gesellschaften rangieren - aufgrund der verfassungsrechtlich geschützten Priorität des Privateigentums - Eigentumsdelikte ganz oben in der Sanktionsskala. Unterschiedliche soziale Herkunftsmilieus können zu unterschiedlichen Tatbeurteilungen sowie Bewährungs- und Rehabilitationsprognosen führen. Strafandrohungen werden z.B. in gesellschaftlichen Ausnahmezuständen - um ihrer abschreckenden Wirkung willen - verschärft.

Ist der Bereich der Delinquenz schon so schillernd, so erleben wir die Welt des nur *sozial abweichenden* (und entsprechend *sozial sanktionierten*) Verhaltens noch mehrdeutiger. Gerade die Pädagogik und Sozialpädagogik haben hier lange mit Definitionen und Etiketten gearbeitet, die eher auf asymmetrische Interaktionen verweisen, als dass sie die reale Lebenssituation der Menschen treffen: Familien werden als verwahrlost eingestuft, verbunden mit einer negativen Prognose, was die weitere Erziehungsfähigkeit der Kinder anbelangt. Menschen gelten als dissozial oder asozial, wenn sie sich tradierten Mustern „normaler Lebensführung" verweigern, werden sozial ausgegrenzt, wenn sie biografisch scheitern oder sozial und kulturell nicht mithalten können. Die ausschließenden Definitionen gehen von kontrollierenden Instanzen und auf Konformität bestehenden Mitmenschen aus, sind längst ritualisiert, in die Grundwerte des Alltags eingegangen. Solche sozialen oder kulturellen *Stigmata* können oft Menschen stärker beeinträchtigen als strafrechtliche Sanktionen. Pädagogische Hilfe und Entstigmatisierung gehen hier eng ineinander über.

Damit ist die gesellschaftliche Palette der Definitionen sozial Abweichenden Verhaltens aber noch längst nicht erschöpft. Zur Delinquenz und dem sozial desintegrativen Verhalten kommt noch die *institutionell gebundene* soziale Abweichung hinzu. Für die Pädagogik sind dabei vor allem die Handlungsmuster und Definitionsprozesse Abweichenden Verhaltens in Schule und Jugendhilfe von vorrangigem Interesse. Kennzeichen des institutionell gebundenen Abweichenden Verhaltens ist, dass es sozial nicht durchgängig, oft nur in der betreffenden Institution negativ sanktioniert und außerhalb häufig sogar gegenteilig bewertet wird. SchülerInnen, die in der Schule Abweichendes Verhalten zeigen - Leistung verweigern, Unterricht stören, gewalttätig sind - und entsprechend negativ sanktioniert werden, können in ihrer außerschulischen Peergroup (Gleichaltrigengruppe) einen positiven Status innehaben, der sich nicht selten auf ihr schulisches Verhalten gründet, das nun in der Jugendkultur „subkulturell" eine gleichsam entgegengesetzte soziale Bedeutung hat.

Schließlich dürfen wir in der Pädagogik jene Formen Abweichenden Verhaltens nicht übergehen, die sich gegen die Betroffenen selbst richten. Es geht hier um *selbstgefährdende* und selbstdestruktive Handlungen, die zwar in der Regel keinen strafrechtlichen Sanktionen unterworfen sind, aber vielfach sozial geächtet werden und vor allem das subjektive Scheitern des Bewältigungshandelns beleuchten. Sie reichen vom weniger spektakulären Risikoverhalten über selbstzerstörerische und abhängigkeitserzeugende Suchtrituale (Drogenabhängigkeit, Medikamentenmissbrauch) bis hin zum Selbstmord (Suizid). In ihnen spiegelt sich das „Betroffensein" als Grundbezug des pädagogischen Verstehens von Devianz bis ins Extrem. Es verweist gleichzeitig am deutlichsten darauf, wie dünn und fragil die soziale Bindung des Menschen an die Gesellschaft werden kann („Sozialintegration"), aber auch, wie gesellschaftliche Entwicklungen pathogene Strukturen hervorbringen können.

Alle diese unterschiedlichen Definitionen Abweichenden Verhaltens zeigen uns, dass wir es hier mit einem Konstrukt und mithin mit einem *Konstruktionsprozess* zu tun haben, der vielfältigen sozialen, psychischen und institutionellen Einflussfaktoren unterliegt und in dem der Eigensinn und die Eigentätigkeit der fühlenden und handelnden Subjekte zwar eine wichtige, aber längst keine hinreichende Bestimmungsgröße darstellt. *Deshalb - weil es eben ein Konstrukt darstellt - ist Abweichendes Verhalten in dieser Einführung durchgängig groß geschrieben.*

Zum Abweichler wird man gemacht, und trotzdem sind es - im Durchschnitt - ganz bestimmte Kinder und Jugendliche, die in *verfestigte* Zonen Abweichenden Verhaltens geraten. Es handelt sich - in dieser Wechselseitigkeit von Subjekt und sozialer Umwelt - also auch um Prozesse devianter Sozialisation. Hier sind wir dem pädagogischen Zugang schon wesentlich näher. Die Pädagogik als handlungsorientierte Disziplin muss den Familien, Kindern und Jugendlichen im Zuge ihrer Hilfen zur Bewältigung von devianten Lebenskonstellationen Bewältigungsrichtungen und -ziele angeben können. Auch hier zeigt sich das Pädagogische in der Differenz - sei es als Gegenwarts-/Zukunftsbezug oder als Normdifferenz und -verständigung -, auf die pädagogische Absichten ausgerichtet sind. Den Jugendlichen die biografische Perspektive aufzuzeigen, die sie sich durch Devianz verbauen, und sie aus der Abhängigkeit, welche die Verstrickung in Abweichendes Verhalten mit sich bringt, zu befreien, ist in diesem Zusammenhang ein gängiges erziehungsstrategisches Ziel der Pädagogik. Die Frage der Orientierung an der sozialen Norm ist aber heikler. Wie wir bereits gesehen haben, kreist die traditionelle kriminalsoziologische Diskussion ja um die Frage, ob man Abweichendes Verhalten überhaupt von „gesetzten" Normen her definieren darf und wie und in welchen Kontexten solche Normen gesetzt und verbindlich werden. Dennoch gibt es eine normative Perspektive, an die sich die Pädagogik halten kann, die ihren besonderen Zugang zu Abweichendem Verhalten ausmacht: Die Respektierung der personalen Integrität, der Menschenwürde des Anderen.

1.1.2 Subjektorientierung und gesellschaftliche Reflexivität

In den Asymmetrien, die im Konstrukt Abweichendes Verhaltens entstehen, werden die Ambivalenzen und Widersprüchlichkeiten deutlich, welche die Konstellationen von Devianz strukturieren und die Eindeutigkeit der juristischen Norm im Sozial- und Subjektbezug relativieren. Nun reicht es aber für eine solche komplexe Betrachtung nicht, den *pädagogischen* Zugang zum Abweichenden Verhalten handlungs- und normorientiert zu formulieren. Er muss auch *analytisch* so angelegt sein, dass die Widersprüchlichkeiten theoretisch aufgeschlossen und praktisch herausgefordert werden können, damit er die betroffenen Familien, Kinder, Jugendlichen und jungen Erwachsenen auch in ihrer Befindlichkeit - in den Problemen, die sie „haben" - beschreiben kann.

Mit den beiden Schlüsselkategorien, welche das entsprechende pädagogische Grundkonzept im Umgang mit Abweichendem Verhalten strukturieren - *Bewältigung* (als sozialisatorisches Konzept) und *Verstehen* (als reflexive Bedingung der pädagogischen Intervention) -, kann diese Widersprüchlichkeit und Ambivalenz nicht nur kategorial aufgenommen werden. Sie lenken den pädagogischen Blick geradezu auf diese Widersprüche und stellen sich deshalb - in ihrem begrifflichen Bezug - als *kritische* Konzepte dar. Im *Bewältigungsbegriff* steckt die Annahme der Spannung und Widersprüchlichkeit zwischen der subjektiven Suche nach Handlungsfähigkeit und der gesellschaftlichen Erwartung der Normkonformität beim Umgang mit kritischen Lebenssituationen (vgl. dazu ausf. Böhnisch 1997), im Konzept des *Verstehens* ist die entsprechende handlungsleitende These aufgehoben, dass Täter und Tat nicht nur auseinander zu halten sind, sondern dass es einen potentiellen Widerspruch zwischen pädagogischem Verstehen des Subjekthandelns und den gesellschaftlichen Kontrollerwartungen an die Pädagogik gibt.

Sollen widersprüchliche Bezüge so zusammengefügt werden, dass Handeln möglich wird, müssen sie *dialektisch* gedacht werden. Das dialektische Denken als Kernstück der Kritischen Theorie in den Sozialwissenschaften (vgl. dazu Dubiel 1992) muss dabei die *Totalität des Gesellschaftlichen* genauso umfassen können wie die *Widersprüchlichkeiten der sozialen Interaktionen*, die zu Devianz führen können, sowie in der Lage sein, die inneren *tiefenpsychischen Dilemmata des Subjekts* (dabei sind alle drei Ebenen interdependent) aufzuschließen. Das Abweichende Verhalten, die Tat für sich, sagt längst nicht alles oder oft wenig aus über die Täter, und diese wissen selbst meist nicht, was sie tun. Die Erscheinungsbilder von Devianz müssen also zu den dahinter liegenden Strukturen in Bezug gesetzt werden. Unser Versuch einer Kritischen Theorie Abweichenden Verhaltens darf aber nicht mit dem Ansatz der „Kritischen Kriminologie" (Lamnek 1994, Bussmann/Kreissl 1996) verwechselt werden. In dieser geht es um die Kritik der Theorien Abweichenden Verhaltens, die Devianz nur an den geltenden Normen (als Normverstoß und damit täterorientiert) messen und dabei die gesellschaftlichen Prozesse der Normsetzung nicht hinterfragen. Dem stellt sie ein Konzept gegenüber, in dem aufgezeigt wird, dass Abweichendes Verhalten in machtgestützten (asymmetrischen) Interaktions- und Etikettierungsprozessen erst zu solchem *gemacht* wird. Wir werden diesen disziplinär wichtigen Definitionsansatz entsprechend zentral in unser Modell einbauen.

Das Attribut „kritisch", das wir mit unserem Gesamtansatz verbinden, weist aber darüber hinaus, hat grundlegend *methodologischen* Charakter. Wir werden im Verlauf dieser Einführung immer wieder sehen, welche überraschenden Erkenntnisse uns dieses dialektische Vorgehen einer Kritischen Pädagogik Abweichenden Verhaltens eröffnen kann. Gerade die Bezugnahme auf die historisch-gesellschaftliche Totalität lässt Formen des „strukturellen" Verstehens zu, die in der bloßen pädagogischen Anteilnahme für das Subjekt so gar nicht zu erreichen sind. Was bedeutet es, in einer Gesellschaft, die in ihrer sozialen und kulturellen Ordnung auf Arbeit gründet, *arbeitslos* zu sein oder *arm in einer reichen* Gesellschaft? Oder was ist, wenn alles sozial Erreichbare durch veräußerlichte Leistung und Konkurrenz definiert ist und man gleichzeitig mit seiner eigenen inneren Hilflosigkeit nicht zurechtkommt? In dieser kritischen Totalitätsperspektive erscheint Abweichendes Verhalten auf einmal in einem anderen gesellschaftlichen Licht. Das heißt nicht, dass damit die Subjekte zu Marionetten der gesellschaftlichen Widersprüche gemacht werden, sondern es wird der Blick für die widersprüchlichen gesellschaftlichen Strukturen geöffnet, in denen das Individuum agiert, für die unsichtbaren, aber strukturell wirksamen Bewältigungsvorgaben.

Aber auch in der Handlungsebene Abweichenden Verhaltens selbst entwickelten sich typische strukturelle Widersprüche. Wenn wir hier das interaktionistische (interpretative) Paradigma der Sozialwissenschaften anwenden und es kritisch - im Sinne des Rückbezugs auf die historisch-gesellschaftliche Totalität und ihre Macht- und Herrschaftsbezüge - gebrauchen, können wir die Bedingungsfaktoren erkennen, die *hinter* den beschriebenen Asymmetrien devianter Konstellationen liegen. Wer hat die Definitionsmacht in devianzträchtigen Interaktionen, welche Ressourcen haben Betroffene, etwas dagegen zu setzen, solche Definitionen zu umgehen? Was bedeutet es für die Qualität des Bewältigungsverhaltens, wenn sich die Betroffenen durch Übernahme der machtgestützten Definitionen anpassen bzw. ihr Verhalten daran ausrichten müssen? Diese Probleme werden in den kritischen sozialwissenschaftlichen Definitions- und Stigmaansätzen verhandelt, die in dieser Einführung entsprechend vertreten sind.

In diesen Gesellschafts- und Handlungskonstellationen ist das Subjekt aber nicht nur angefragt, sondern genauso - im Sinne der biografischen Bewältigungsperspektive - strukturell *aufgefordert* oder *gezwungen*, sich ins Spiel zu bringen. Dabei steht die *Auseinandersetzung mit sich selbst* in der wechselseitigen Beziehung mit der sozialen Umwelt im Vordergrund der biografischen Subjektivität Abweichenden Verhaltens. Dieser Selbstbezug ist insofern durch in sich widersprüchliche Strukturen und Dilemmata gekennzeichnet, wenn sich die tiefenpsychische Befindlichkeit des Subjekts und die es umgebende äußere soziale Realität in einem potentiellen - und im Falle Abweichenden Verhaltens aktuellen, allerdings meist *symptomatisch* auftretenden - Widerstreit befinden. In der gesellschaftlichen Totalitätsperspektive stellt sich das so dar, wie es die Zivilisationstheorie (Elias 1976) strukturiert hat: Der ökonomische, soziale und kulturelle Fortschritt ist auf menschliche Triebunterdrückung und -sublimierung angewiesen. Mit der Rationalität der Moderne korrespondieren die Irrationalitäten und Pathologien des verdrängten und verkümmerten Selbst. Die aufklärerische Moderne kann die anthropologische Hilflosigkeit des Menschen nur äußerlich überwinden, sie schwelt im Menschen weiter und kommt - in Abspaltungen, Umwegverhalten und Projektionen auf der Ebene sozialer Interaktion - gerade auch dort zutage, wo der Mensch diese Widersprüchlichkeit des Selbst nur in der Devianz bewältigen kann. Das psychodynamische Muster dieser sich so äußernden Menschen ist in dem frühkindlichen Dilemma von Bindung und Verlust und den damit verbundenen geschlechtstypischen Bewältigungsmustern der Identitätsfindung und -formation durch die Lebensalter hindurch strukturell angelegt. Mit diesem dreidimensionalen strukturtheoretischen Bezugsrahmen einer Kritischen Pädagogik Abweichenden Verhaltens - soziologischer Gesellschafts- und Institutionenbezug, (tiefen-) psychologische Dimension des Selbst und pädagogische Bewältigungsperspektive - ist nun auch die eingangs geforderte Interdisziplinarität konzeptionell eingelöst und strukturiert worden.

1.1.3 Von der Unterschichtfixierung zur Biografisierung im Kontext neuer sozialer Ungleichheit

In diesem Sinne könnte man die theoretische Anlage dieser Einführung auch als strukturtheoretisch differenziertes Konstitutionsmodell Abweichenden Verhaltens bezeichnen, das an die Prinzipien Kritischer Theorie rückgebunden ist. Im Bezug auf die Kritische Theorie wird auf Beachtung der Totalität und Interdependenz der Erscheinungsformen und Verursachungsbedingungen Abweichenden Verhaltens insistiert. Mit der strukturtheoretischen Sichtweise kann - im Paradigma der Entstrukturierung gesellschaftlicher Kontexte und der Freisetzung der Wechselbeziehung von „Struktur und Handeln" (Giddens 1990) - eine Beziehung zwischen Subjekthandeln, gesellschaftlichen Strukturen und pädagogischem Verstehen/Intervenieren hergestellt werden. Die Pädagogik, die ja auch im Problembereich Abweichenden Verhaltens an der Personalität und dem interpretativen Handeln des Menschen anknüpft, kann ihren strukturtheoretischen Zugang über das Konzept der Biografisierung und der biografischen Lebensbewältigung (vgl. dazu Böhnisch 1997) realisieren. Das Biografisierungskonzept schließt uns vor allem die Art und Weise auf, wie die Menschen - mehr auf sich gestellt als früher - mit den alltäglichen Problemen der Lebensführung, die sich aus den gesellschaftlichen Individualisierungsprozessen ergeben, umgehen.

Die relativ eindeutige Bindung an eine soziale Schicht ist dabei für die meisten nicht mehr gegeben. Denn die Strukturen und Formen sozialer Benachteiligung sind heute nicht nur relativer und differenzierter geworden, die Subjekte gehen auch anders - eben selbstbezogener und eigensinniger - damit um. In der biografischen Lebensperspektive steht die Optimierung des „eigenen Lebens" trotz sozialer Benachteiligung, Stigmatisierung und Zurückweisung im Vordergrund des Bewältigungshandelns. Die als deviant etikettierten und stigmatisierten Opfer der sozialen Ungleichheit wehren sich nicht selten durch das aktive Ausleben ihres Stigmas (Stigmaaktivisten) und bringen so die Kriminologen durcheinander, die ihnen eine reaktive und sozial restriktive Rolle zugedacht haben. Gleichzeitig erscheint Devianz in sozialen Konstellationen, die überhaupt nicht in das Unterschichtschema passen; deviante Jugendliche und junge Erwachsene gehen selbst aus den 'besten Familien' hervor. Natürlich ist es für die Bewältigungschancen in kritischen Lebenssituationen, die Devianz erzeugen können, weiterhin von Bedeutung, welche Art familialen Unterstützungshintergrundes existiert und wie viel kulturelles Kapital (Bourdieu 1983) man ansammeln konnte, damit letztendlich doch die Bewältigungsbalance zwischen Abweichung und Konformität gelingt und sich Devianz nicht biografisch verfestigt. Aber: Den jungen Leuten ist heute die Schichtzugehörigkeit nicht mehr ins Gesicht geschrieben und der Konsum hat die Jugendkulturen im Vergleich zu den 60er und 70er Jahren deutlich nivelliert. Gleichzeitig haben sich hegemoniale Benachteiligungs- und Durchsetzungsmuster entwickelt, die selbst sozial Minderprivilegierten die Gelegenheit geben, auf Schwächere herabzuschauen, um sich so ihren Selbstwert und sozialen Status zu sichern. Soziale Benachteiligung wird deshalb in dieser Einleitung nicht so sehr als Schichtcharakteristikum, sondern in unterschiedlichen biografischen Konstellationen thematisiert. Denn das traditionelle hierarchische (vertikale) Schichtungsmodell sozialer Ungleichheit ist durch die alltagsnivellierende Wirkung des Konsums und die sozialstaatliche Flankierung der Lebensverhältnisse sozial entgrenzt worden. In den Vordergrund sind dafür *horizontale Ungleichheiten* getreten, die sich im Verhältnis von Zentrum und Peripherie als *soziale Segmentierung* (vgl. dazu Kreckel 1986) beschreiben lassen. Die Menschen sind zwar alle gesellschaftlich integriert, aber mit unterschiedlicher Nähe zu den Kristallisationsbereichen sozialer Chancen in der Mitte der Gesellschaft. Das Wechselspiel von Chancen und Risiken als Strukturierungsmerkmal individualisierter und pluralisierter Gesellschaften ist zwar für alle Gesellschaftsmitglieder lebensbestimmend, für die einen sind aber die Chancen erreichbar, die anderen sind eher den Risiken ausgesetzt. Horizontale soziale Ungleichheit äußert sich also in der unterschiedlich verteilten, sich sozialstrukturell ausprägenden (segmentierten) *Erreichbarkeit* sozialer Chancen. Gleichzeitig ist diese „neue" Ungleichheit im biografisierten Alltagsverhalten verdeckt, denn wir leben in einer Konkurrenzgesellschaft, in der „Mithalten" oberster Wert ist und „Probleme haben" sich statusmindernd auswirkt. Dieser Zusammenhang von horizontaler Ungleichheit und Segmentierung verschärft sich in dem Maße, wie der technologische Strukturwandel der Arbeitsgesellschaft (Rationalisierung) die sozialen Peripherien vergrößert und die sozialstaatliche Flankierung der Lebensverhältnisse (soziale Sicherung) schwächer wird.

Vor diesem Hintergrund kann sich die Soziologie und Pädagogik Abweichenden Verhaltens heute nicht mehr so einfach auf vertikale Schichtgrenzen und -indikatoren beziehen. Dies ist um so gravierender, als sich die neue (kritische) Kriminologie und Kriminalsoziologie der 60er und 70er Jahre, auf der die sozialwissenschaftliche Beschäftigung mit Abweichendem Verhalten bis heute aufbaut, vor allem auf die damals noch eindeutig abgrenzbare Kultur einer sozialen Unterschicht bezog, deren Mitgliedern der soziale Aufstieg und das Ausbrechen aus den angestammten Milieus weitgehend verwehrt war. Mit der Entstrukturierung des vertikalen Schichtgefüges ist nun die biografische Perspektive der unterschiedlichen sozialen Erreichbarkeit neben die der sozialen Determination durch Schichtzugehörigkeit getreten, die sich inzwischen nur noch im sozial abgedrängten Randgruppendasein und weniger in festen Unterschichtmilieus äußert. Statt eindeutiger Schichtung haben wir soziale Segmentierungen, die sich verfestigen oder - biografisch unterschiedlich - verflüssigen können. Soziale Ungleichheit existiert weiterhin, aber sie ist kontingenter geworden. Deshalb werde ich in dieser Einführung das Biografische in den Vordergrund stellen, ohne dabei aber die Bezüge sozialer Benachteiligung zu vernachlässigen. Die verschiedenen kriminologischen Theorien der 70er Jahre, die sehr unterschichtzentriert angelegt sind, werden dabei weiterhin eine wichtige Rolle spielen, allerdings mehr bezüglich ihres theoretisch-systematischen Gehalts und weniger im Hinblick auf ihre sozialstrukturelle Bindung.

1.1.4 Das Kreuz mit der Norm und die Mauer des Tabus: Zur Mehrdeutigkeit Abweichenden Verhaltens

A. Cohen hat in seinem Klassiker „Abweichung und Kontrolle" (1968) eine gleichsam salomonische Formel zum Begriff der Devianz angeboten: Abweichendes Verhalten beziehe sich immer „auf die Existenz einer Regel" und ist mit dem „Auftreten einer Handlung" verbunden. In der Diskussion um Abweichendes Verhalten sind Regeln vor allem geltende Normen als institutionalisierte Verhaltenserwartungen, deren Erfüllung bzw. Befolgung positiver oder negativer sozialer Kontrolle (mit den entsprechenden Sanktionen) unterliegt.

Alles, was über diese Cohensche Definition hinausgeht, ist in der neueren kriminologischen Debatte umstritten: Zum einen wird die Eindeutigkeit von Normen angezweifelt, zum anderen die gesellschaftlich geläufige Annahme zurückgewiesen, Abweichendes Verhalten sei durch die Handlungstatsachen des Normverstoßes hinreichend erklärt: „Eine ausschließlich normorientierte Definition Abweichenden Verhaltens ist fragwürdig" (Lamnek 1993, S. 30). In der kriminalsoziologischen Tradition gibt es hierzu zwei gleichsam polare Theorielinien: Auf der einen Seite die Konzepte Abweichenden Verhaltens, die implizit oder explizit von der Gültigkeit herrschender sozialer Normen ausgehen und entsprechend Abweichendes Verhalten - als Normverstoß - daran messen (so die klassische Anomietheorie oder die Subkulturtheorie). Diesen steht mit den „Etikettierungsansätzen" (vgl. Kap. 1.5) eine Schule gegenüber, die Abweichendes Verhalten ausschließlich oder hauptsächlich als Resultat eines Zuschreibungsprozesses sieht, in dem Macht und Durchsetzung sozialer Interessen eine maßgebliche Rolle spielen und damit normwidriges Verhalten nach Maßgabe dieser Interessen zum Abweichenden Verhalten erklärt wird. Begründet wird diese Theorie mit der empirischen Beobachtung, dass gleiches normwidriges Verhalten einmal als Abweichendes Verhalten, in anderen Fällen aber nicht als solches sanktioniert wird.

Mit der beschleunigten Individualisierung und Pluralisierung der Lebensverhältnisse in der „zweiten Moderne" (Beck/Giddens/Lash 1996) des ausgehenden 20. Jahrhunderts sind auch diese dualistischen Gegenüberstellungen fragwürdig geworden, da sie strukturtheoretisch nicht mehr haltbar sind (Kreissl 1996). Denn mit der offensichtlichen Entstrukurierung von gesellschaftlicher Normsetzung und alltäglicher Lebensbewältigung gehen Handlungs- und Strukturdimensionen so ineinander über, dass weder ein täterorientiertes noch ein kontrollzentriertes Paradigma die innere und äußere Logik und Dynamik Abweichenden Verhaltens hinreichend erfassen kann.

Inzwischen hat sich wohl der kriminologische Diskurs darauf verständigt, dass von einem *Bestimmungsdreieck* Abweichenden Verhaltens - *Norm-Definition-Subjekt* - ausgegangen werden muss, dessen Punkte je nach historisch-empirischer Konstellation und intervenierendem Zugang unterschiedlich zu gewichten sind. Die geltende Norm ist dabei immer im Spiel, ob sie nun Maßstab für Abweichendes Verhalten, Legitimation der Etikettierung oder handlungsstrategische Bezugsgröße des subjektiven Bewältigungsverhaltens ist.

In diesem Bestimmungsdreieck lassen sich auch die pädagogischen Bezüge Abweichenden Verhaltens im Sinne unseres kritischen Ansatzes in ihrer typischen Mehrdeutigkeit lokalisieren:

– Pädagogische Interventionen stehen immer unter der Gleichzeitigkeit der gesellschaftlichen Erwartung der Einhaltung der geltenden Norm und dem Gebot der erzieherischen Interaktion, in der Normen relativiert sind, weil Abweichendes Verhalten auch von seiner subjektiven Seite her „verstanden" werden muss.

– Pädagogisches Handeln ist einerseits Vermittlung von Fähigkeiten zum mündigen Umgang mit Normen, gleichzeitig aber selbst Kontrollhandeln und als solches mit Definitionsmacht und -wirkung bezüglich der Entstehung Abweichenden Verhaltens ausgestattet.

– Die Adressaten der Pädagogik steuern ihr Verhalten nicht nur aus der Orientierung an der Norm heraus, sondern genauso aus der Befindlichkeit des Selbst und dem Streben nach subjektiver Handlungsfähigkeit. Normwidriges Verhalten kann also durchaus *subjektiv* positives (funktionales) Verhalten sein.

Um diese drei Grundambivalenzen von Norm und Abweichung haben sich gegenüber der Pädagogik immer wieder drei klassische Missverständnisse kristallisiert: Die pädagogische Sensibilität gegenüber der subjektiven Relativität sozialer Normen wird nicht selten als Werteverfall in der Pädagogik und als fehlender Mut zur Erziehung denunziert. Auch dem selbstkritischen Eingeständnis des Kontrollcharakters und damit den potentiell stigmatisierenden Wirkungen von Erziehung wird entgegengehalten, dass dies die professionelle Eindeutigkeit und Verlässlichkeit pädagogischen Handelns lähme. Dem pädagogischen Verstehen normwidrigen Handelns im Sinne subjektiven Bewältigungsverhaltens wird -

allerdings oft von außen - immer wieder vorgeworfen, dies käme einer Billigung des Abweichenden Verhaltens durch die Pädagogik gleich. Allerdings ist nicht zu übersehen, dass die Pädagogik Abweichenden Verhaltens nicht nur durch Kontrollöffentlichkeiten von außen, sondern auch von der pädagogischen Fachöffentlichkeit her unter Druck gesetzt werden kann.

Wir wollen in unserem Bestimmungsdreieck bleiben und dessen Ambivalenzen im Sinne einer strukturtheoretischen Reflexivität der Pädagogik Abweichenden Verhaltens auszubalancieren versuchen. In den Dimensionen von Interaktion und Subjekt werden wir das immer wieder demonstrieren können. Im Falle der Normproblematik, die in den einzelnen Konzepten meist implizit bleibt, soll im folgenden ein für die gesamte Einführung gültiger, reflexiver Bezugsrahmen aufgebaut werden. Dabei zeigt sich, dass sich die Pädagogik nicht nur mit der Frage der Norm auseinandersetzen muss, sondern dass diese Auseinandersetzung auch drei typische Strukturprobleme freilegt, welche die Beschäftigung mit der Norm für die Pädagogik zum Kreuz werden lassen:

– Das Generationsprinzip - traditioneller Kristallisationspunkt pädagogischer Normaushandlung und Normdurchsetzung - ist heute in seinen jugendkulturellen Grenzen nicht mehr so ohne weiteres pädagogisch kalkulierbar.

– Die gesellschaftliche Trennung von öffentlich und privat lässt sich in der Pädagogik immer schwerer auseinanderhalten, was zur Normdiffusion führen kann.

– Das Funktionalitätsparadox Abweichenden Verhaltens wirkt sich inzwischen so alltagsnormal aus, dass es der Pädagogik immer schwerer fällt, Normkonflikte und Abweichendes Verhalten personal und sozial einzuordnen.

Seit Karl Mannheim (1926) das Generationsprinzip als soziales Bewegungs- und Konfliktprinzip der Moderne beschrieben hat, wird der Generationenkonflikt vor allem als gesellschaftlicher Normkonflikt thematisiert: Indem die Jugend in ihrem Entwicklungs- und Sozialstatus *neu* in die gesellschaftliche Kultur eintritt, ist ihr soziales Verhalten durch die Tendenz geprägt, dass sie sich „rücksichtslos" gegenüber überkommenen Kulturgütern und sozialen Normen sowie den ihr vorgehaltenen Zukunftsdefinitionen der Gesellschaft verhält. Damit verbundenes Abweichendes Verhalten - vom politischen Protest über eine breite Palette von Alltagsflips bis hin zu Gewaltakten - hat somit immer einen jugendkulturellen Kern und ebbt in der Regel mit dem Verlassen des Jugendstatus' ab. Der Pädagogik - und hier vor allem der Sozialpädagogik - kommt in diesem Zusammenhang die Aufgabe zu, eine Verfestigung dieses jugendkulturell gespeisten Abweichenden Verhaltens über die Jugendphase hinaus zu verhindern und schon während der Jugendzeit einer Kriminalisierung jugendkulturellen Protestes entgegenzuwirken.

Da sich Normkonflikte und Abweichendes Verhalten Jugendlicher bisher größtenteils in den Grenzen dieser Jugendkultur gehalten haben, war und ist die Pädagogik traditionell auf diese Problematik eingerichtet. Aber auch die Jugend selbst konnte weitgehend unbefangen mit Normen und Normverstößen experimentieren, weil sie in einem gesellschaftlich und pädagogisch geschützten Übergangsraum einer weitgehend verlässlichen Zukunft entgegensah. In dem Maße aber, in dem nun diese Zukunft nicht mehr selbstverständlich gegeben ist, die biografischen Risiken kaum kalkulierbar sind und soziale Probleme schon in die Jugendzeit hineinreichen (Bildungs- und Ausbildungskonkurrenz), ist für viele Jugendliche an Stelle der gesellschaftlich gesicherten jugendkulturellen Separation das Bewältigungsrisiko sozialer Ausgrenzung getreten. Im Abweichenden Verhalten Jugendlicher mischt sich nun häufiger als früher die jugendkulturelle Unbefangenheit und Rücksichtslosigkeit mit Angst und Protest angesichts der schon für die Jugend fühlbaren sozialen Bedrohungen. Spiel- und Ernstcharakter gehen im jugendlichen Normverhalten ineinander über. Die jugendkulturelle Trennwand zwischen entwicklungstypischer und „lebenslaufpersistenter" Devianz (Lösel 1995) ist durchlässiger geworden. Auch die Schule wird nun in soziale Probleme hineingezogen, denen sie - vor allem auch aufgrund ihres sich hartnäckig haltenden Sozialtabus - nicht gewachsen scheint. Zudem wird es immer schwerer, Jugendliche auf eine Zukunft vorzubereiten, die sich von der Gegenwart - vor allem, was die Beschäftigungsstrukturen und arbeitsbiografischen Lebensmuster betrifft - radikal unterscheiden wird. Die Schule kann deshalb das in ihr auftretende Abweichende Verhalten nicht mehr nur institutionell eingrenzen, die Sozialpädagogik in den Jugendhäusern arbeitet längst an der Grenzlinie von Förderung der Jugendkultur und Verhinderung von Kriminalisierung.

Normen sind in unserer Gesellschaft vor allem dort institutionalisiert, und somit der öffentlichen Sozialkontrolle unterworfen, wo positionelle, rationale und nicht persönlich-emotionale Beziehungen vorherrschen (Lamnek 1993). Dies entspricht der, der industriellen Arbeitsteilung immanenten, Trennung von öffentlich und privat. Vor allem der private Bereich der Familie ist - bis auf seine gesellschaftlichen Außenbeziehungen (Arbeit, Schule, öffentliche Verpflichtungen) - wenig institutionalisiert; Regeln und Verbindlichkeiten werden durch sozialemotionale Interaktionen täglich neu hergestellt. Dieser im institutionellen Sinne „normfreie" Raum der Familie kann dann zur Zone der Willkür werden, wenn in überforderten und desorganisierten Familien Gewaltbeziehungen vorherrschen, außerfamilial sanktioniertes und geächtetes Abweichendes Verhalten also zur innerfamilial durchgesetzten und (aufgrund seiner Privatheit) nicht sanktionierten Verkehrsform wird. Mit der Individualisierung der Familienstrukturen drängt dieses Abweichende Verhalten - über die Kinder, aber auch die Mütter - nach außen und erzeugt Ratlosigkeit unter LehrerInnen und SozialarbeiterInnen. Alle Beteiligten sind hin und hergerissen zwischen der Wahrung der Intimität der Familie und der auf Öffentlichkeit drängenden Anklage angesichts des Verstoßes gegen personale Integritäts- und elementare Menschenrechtsnormen. Die in dieser Spannung noch verstärkte Normdiffusion macht uns dabei deutlich, dass es hier nicht nur um übliche Normkonflikte geht, sondern dass dies weit in die kulturellen Untiefen des *Tabus* hineinreicht. Darauf werden wir in diesem Kapitel noch zurückkommen.

Zu den aufregendsten Erkenntnissen der Kriminalsoziologie gehört das *Funktionalitätsparadox* Abweichenden Verhaltens. In diesem Zusammenhang werden in der Regel vier Dimensionen (von mir auf fünf erweitert) aufgeführt (vgl. dazu Lamnek 1993), von denen die ersten beiden eher gesellschaftliche, die anderen mehr subjektive Bezüge aufweisen:

- Abweichendes Verhalten kann ein *Indikator für Normwandel* sein. Wenn Normen nicht mehr der realen soziokulturellen Entwicklung entsprechen, begünstigen sie eher Verhaltensunsicherheit und können Abweichendes Verhalten sogar provozieren. Im pädagogischen Bereich bekommt dies vor allem der Jugendschutz zu spüren: Das Konsum-, Sexual- und Medienverhalten Jugendlicher hat längst die traditionelle Jugendschutznorm gesprengt. Damit ist nicht ausgesagt, ob dies gut oder schlecht ist. Vielmehr handelt es sich um eine strukturelle Aussage. Der Jugendschutz ist aber durch dieses Verhalten der Jugend aufgefordert, nach neuen Konzepten, die diese neue Wirklichkeit akzeptieren, zu suchen (Beratung, Selbsthilfeprojekte, Auffangnetze für gefährdete Jugendliche etc.).

- Abweichendes Verhalten, wenn es gesellschaftlich integriert ist, *stärkt die geltende Norm.* Berühmt ist in der Kriminalsoziologie das Beispiel der lizenzierten Prostitution: Mit der gesellschaftlichen Regelung der Prostitution ist die Institution der monogamen Ehe gestärkt, die Prostitution gilt als Ventil (so auch das professionelle Selbstverständnis vieler Prostituierter) der Funktionsfähigkeit der Ehe. Ähnliche Argumentationen finden wir in der Drogendiskussion: Begrenzter legaler und kontrollierter Drogengebrauch führe eben nicht zu einer Verbreitung des Drogenkonsums bei Jugendlichen, sondern löse ein Tabu auf und begünstige somit das Hervortreten klarer Grenz- und Entscheidungslinien, die durch die Illegalität auch für gefährdete Jugendliche verwischt sind. Auch sei ein entsprechender Norm- und Risikodiskurs mit den Jugendlichen wieder eher möglich.

- Abweichendes Verhalten dient als gesellschaftliche *Projektionsfläche* für soziale Unsicherheit und Angst in der konformen Mehrheit der Bevölkerung. Von der eigenen Bedrohung wird abgelenkt, indem sie als Forderung nach härteren Strafen (z.B. im Falle der Jugenddelinquenz) auf die Abweichler projiziert wird. Dadurch kann Sicherheit und Loyalität - trotz eigener Unsicherheit - im Kontrast zu den Abweichenden demonstriert werden.

- Abweichendes Verhalten kann als *Gruppennorm* den Zusammenhalt einer Gruppe fördern, Gruppenaktivitäten strukturieren, Gruppenmitgliedern Selbstwertzuwachs und soziale Anerkennung bringen. Wir werden dieses Phänomen ausführlich in den Kapiteln zu Subkulturen und Cliquen erörtern. Wir werden in diesem Zusammenhang auch sehen, dass in solchen Fällen eine Normverständigung mit den Gruppenmitgliedern - z.B. im Falle eines

Delikts, das um des Zusammenhalts und der Aktivität der Gruppe willen begangen wurde - sehr schwierig ist.

– Abweichendes Verhalten ist immer auch *subjektives Bewältigungsverhalten*, das Kindern, Jugendlichen und auch Erwachsenen (solange sie noch nicht in eine kriminelle Karriere gedrängt sind) Selbstwert und soziale Aufmerksamkeit verschaffen kann. Aus dem Verstehen dieses Zusammenhanges heraus - das kein Billigen bedeutet - ist gerade die Pädagogik in der Lage, trotz des delinquenten Verhaltens hinter dem Täter den Menschen zu erreichen. Dieses vom Resultat (also dem Delikt) des Abweichenden Verhaltens losgelöste Verstehen wird in dieser Einführung zur Grundregel einer Pädagogik Abweichenden Verhaltens erhoben.

Deutlich ist wohl geworden, dass vor dem Hintergrund dieser Funktionalitätsparadoxien Abweichenden Verhaltens ein pädagogisches Vorgehen angebracht ist, das selbstreflexiv und in dieser kritischen Reflexivität kommunikativ angelegt ist. Normdiffusion, Normspaltung und Schwierigkeit in der Normverständigung bedrohen zwar die traditionelle normative Pädagogik, für die heutige interaktions- und subjektorientierte Erziehung stellen sie aber produktive Herausforderungen dar. Aber auch diese gelangt an ihre Grenzen. Sie verlaufen dort, wo die Grauzone der Tabus beginnt. Hier gerät die Pädagogik in Gefahr, regelrecht vorgeführt zu werden. Denn lässt sie sich auf Tabuthemen ein, dann erfährt sie bald, dass diese nicht pädagogisch, sondern nur gesellschaftlich auflösbar sind. *Tabus* sind - folgen wir dem ethnopsychologischen Wissensstand - nicht einfach Verbote außerhalb der gesellschaftlichen Normsetzung, für deren Umgehen oder Brechen man kulturelle Ächtung auf sich zieht. Tabus stellen vielmehr stillgestellte Konflikte und Widersprüche dar, über die die gesellschaftliche Entwicklung hinweggegangen ist, die ungeklärt zurückbleiben mussten, weil ihre Austragung das gesellschaftliche Gleichgewicht hätte gefährden können. In Tabus sind aber auch Bedürftigkeiten und Sehnsüchte der Menschen eingehüllt, die gesellschaftlich nicht zugelassen werden können, obwohl sie der Widersprüchlichkeit der modernen Gesellschaft entspringen, einer Gesellschaft, deren Fortschritt auch auf Triebunterdrückung und Triebleugnung basiert. Der Kern des Tabus ist nicht das Verbot, sondern das Schweigen.

Gewalt in der Familie ist mit einem solchen Tabu verbunden. Die Industriegesellschaft braucht den emotionalen Ausnahmezustand Familie (der die Menschen zugleich glücklich und unglücklich macht), um ihre strukturellen Widersprüche im Privaten aufheben zu können. Was in der Familie passiert, was sich hier an Bedürftigkeiten auftut, darf nichts mit der Gesellschaft zu tun haben, deren Keimzelle sie - nicht nur in der bürgerlichen Familienideologie - sein soll. Schweigen über die Familie bedeutet aber nicht, dass Familien nicht zum Objekt öffentlicher Kontrolle werden können. Desorganisierte und dissoziale Familien, die nach außen ihre gesellschaftlich erwarteten Funktionen im Erziehungsbereich nicht erfüllen können, werden durchaus öffentlich sanktioniert. Auch hier wirkt wieder der Mechanismus: Je institutionell besorgter sich die gesellschaftlichen Kontrollinstanzen den dissozialen, von der durchschnittlichen Familiennorm abweichenden Familien annehmen, desto unantastbarer wird das Bild der „intakten" Familie. Das Schweigen des Tabus meint also nicht die dissoziale, sondern die „heile" Familie, in der nicht vorkommen kann, was nicht vorkommen darf, obwohl es längst geahnt und darüber gemunkelt wird.

Auch die Schule hat ihr Tabu. Ich würde es als das *Sozialtabu* der Schule bezeichnen. Schule darf nur Schule sein, obwohl sie längst zum Ort der Bewältigung sozialer Probleme und Konflikte geworden ist. Gewalt wird in die Schule „hineingetragen", so oftmals die schuloffiziöse Interpretation. Die Schule muss eindeutig bleiben; wenn sie Sozialschule wird, ist sie keine Schule mehr. Im Banne dieses Tabus verlieren die LehrerInnen die Orientierung und klammern sich an eine Schule, die nur Schule und nichts anderes sein soll. Doch die soziale Wirklichkeit der Schule hat sich längst verändert. Das dagegengesetzte Sozialtabu aber, das die einseitig curriculare Schulentwicklung mit ihrem linearen Glauben an die Schule noch gefördert hat, scheint immer noch eine dringend erforderliche soziale Schulentwicklung zu verhindern.

Die Sexualtabus dagegen scheinen heute verschwunden zu sein. Alles ist medial zugänglich. Aber kommen die Menschen auch damit zurecht? Sexuelle Gewalt in der Familie, ausbeuterische Prostitution und wuchernde Pornographie signalisieren Ausbünde sexueller Bedürftigkeit. Die Medien lösen die Tabus nicht auf, verschieben sie nur auf den öffentlichen Pranger, auf dem sie gleichermaßen vorgeführt wie bestärkt werden. Die aufklärerische Moderne baut ein Tabu nach dem anderen ab und bringt neue hervor, die trotz und angesichts fortgeschrittenen Wissens immer unerklärlicher werden. Wenn dann der Begriff des „Archaischen" die Runde macht, befinden wir uns wieder auf der Suche nach einem neuen Tabubegriff. In den Tabuzonen versagt die Balance von Abweichung und Norm. Der medial inszenierte Tabubruch bringt das Verhalten nicht in die Normdiskussion, sondern entrückt es in die Erregungs- und Distanzzonen des Monströsen und Unmenschlichen. Ängste bleiben erhalten, Bedürftigkeiten ungeklärt. Nach der Pädagogik wird gerufen und gleichzeitig bezweifelt, ob sie hier überhaupt helfen kann. Das Tabu ist eben keine Norm, sondern signalisiert einen stillgestellten Ausnahmezustand.

Für die Pädagogik beinhalten Zustände der Normdiffusion die Aufforderung, interaktive Bezüge der Normverständigung zu fördern und Räume dafür zu öffnen, in denen die Gültigkeit nicht mehr hinterfragter („tabuisierter") Verkehrsformen neu thematisiert werden kann. Das gilt gerade auch für den Alltag. Indem wir überkommene soziale Beziehungsmuster zwischen verschiedensten Gruppen - Jugendliche untereinander, LehrerInnen und SchülerInnen, SozialarbeiterInnen und JugendhausbesucherInnen - auf ihren aktuellen sozialen Sinn hinterfragen, sehen wir sie als „hidden contracts", als institutionalisierte und später ritualisierte Beziehungsmuster und Verkehrsformen, welche den Umgang sozialer Gruppen miteinander alltäglich und selbstverständlich regeln. Da sie ritualisiert sind, also nicht mehr in Frage gestellt werden, sind sie stehen geblieben (eben tabuisiert) und - angesichts der heutigen Konflikt- und Bewältigungskonstellationen - disfunktional geworden. Sie müssen deshalb enttabuisiert, d.h. explizit als neu zu verhandelnde *Sozialverträge* thematisiert werden. Solche Sozialverträge gehören in die Tradition der Gesellschaftsverträge der Aufklärung, in denen sozialgebundene Individualität und Wahrung der gegenseitigen personalen Integrität als Grundvoraussetzungen alles Sozialen im Mittelpunkt stehen. Aus diesen Prinzipien der die Individualität und Integrität respektierenden Gegenseitigkeit erwächst die soziale Norm, an der antisoziales Handeln und Abweichendes Verhalten im Einverständnis gemessen werden können. Solche lebendigen kommunitären Übereinkünfte (vgl. Honneth 1993) schärfen auch die Sensibilität für asymmetrische, machtgetriebene Normsetzung und -durchsetzung und wirken autoritärem Konformismus genauso entgegen wie autoritärer Gewalt. In diesem Kontext kann sich die Pädagogik, die in ihrer Tradition genug Schwierigkeiten als gesellschaftlich eingesetzte Hüterin der Norm hatte, nun gesellschaftlich entlastet auch als Lernfeld des *Normexperimentierens* verstehen.

1.2 Das Anomieparadigma als epochales Hintergrundkonzept einer Kritischen Pädagogik Abweichenden Verhaltens

Die Anomietheorie wurde von dem französischen Soziologen E. Durkheim (1893/1897) ausgangs des 19. Jahrhunderts entwickelt und geht in ihrer Grundthese davon aus, dass die industrielle Arbeitsteilung mit ihren Rationalisierungs- und Individualisierungsschüben immer wieder zu - subjektiv auch so empfundener - sozialer Regel- und Normlosigkeit führt. „Anomie ist ein sozialer Zustand, in dem das Kollektivbewusstsein geschwächt ist und die Handlungsziele unklar werden, weil die in der Gesellschaft verankerten moralischen Überzeugungen versagen" (Lamnek 1994, S. 18) oder sich auflösen. Anomische Konstellationen und damit zusammenhängendes Abweichendes Verhalten sind integraler Bestandteil moderner Industriegesellschaften. Abweichendes Verhalten ist mithin - strukturell gesehen - „normal" (Haferkamp 1972).

Anomische Tendenzen entstehen nach Durkheim vor allem im Gefolge von ökonomischen Entwicklungsschüben und -brüchen, seien es nun einbrechende Krisen oder Prosperitätsschübe. Beide - die Rezession, aber auch die überhitzte Konjunktur - können bei den Gesellschaftsmitgliedern kulturelle und soziale Anpassungskrisen hervorrufen, die vor allem auch über Abweichendes Verhalten - wie Kriminalität und Gewalt, aber auch selbstdestruktive Depressionen bis hin zur Suizidgefährdung - bewältigt werden. Die Soziologie und Kriminologie sehen die Pioniertat Durkheims in der sozialstrukturellen Ableitung der Devianz und damit in der Überwindung der vormaligen Täterzentrierung: „Daher können nicht individuelle Täter Gegenstand der Analyse werden (sie sind ja prinzipiell austauschbar), sondern die Tat selbst steht im Zentrum der Überlegungen" (Lamnek 1994, S. 18). Deshalb konstituiert sich die mit anomischen Zuständen einhergehende Orientierungslosigkeit der Menschen auch nicht als subjektives Problem, sondern allein in seiner sozialstrukturellen Bedingtheit: Die strukturelle Diskrepanz zwischen dem, was die Gesellschaft kulturell und sozial (immer wieder neu und abgewandelt) vorgibt, und den Mitteln der Individuen, die gesellschaftlichen Ziele zu erreichen, führt zur Anomie und in deren Gefolge - weil damit auch die Individuen nicht nur die Bindung zur Gesellschaft, sondern nach der Integrationslogik der modernen Arbeitsteilung auch untereinander soziale Bindung und Gegenseitigkeit verloren haben - zu Abweichendem Verhalten.

An diesem Punkt setzt nun unser Interesse der kritischen Reformulierung und Erweiterung der Anomietheorie an. Die Soziologie Abweichenden Verhaltens hat nämlich die Anomietheorie innerdisziplinär dermaßen verengt und auf das Sozialstrukturelle fixiert, dass der historisch-wissenschaftssoziologische Hintergrund, aber auch der - vielfach vermittelte - Handlungs- und Subjektbezug der Theorie in der späteren innerdisziplinären Rezeption übergangen wurde.

1.2.1 Die Anomietheorie als epochales Konzept

Ansatzpunkte für eine Reformulierung der Anomietheorie gab es in der sozialwissenschaftlichen Diskussion immer wieder. Bohle u.a. (1997) haben in einer entsprechenden soziologischen Bestandsaufnahme den bleibenden Wert des Konzepts für sozialstrukturelle Analysen herausgearbeitet. Mit der anomietheoretisch inspirierten Frage „Was treibt diese Gesellschaft auseinander?" hat Heitmeyer (1997) in diesem Sinne einen neuen Anomiediskurs unter den Bedingungen der Postmoderne angestoßen. Da uns aber hier vor allem die pädagogische Seite interessiert, will ich im folgenden eine eigene Rekonstruktion und Reformulierung des Anomiekonzepts versuchen. Impulse dafür habe ich vor allem aus der wissenschaftssoziologischen Interpretation Dörners (1973) erhalten, der die Anomietheorie im „Krisenerlebnis" des ausgehenden 19. Jahrhunderts entstanden sah und aus dem Hinweis aus der Sozialisationsforschung, dass Durkheims Werk durchaus schon fragmentarische Grundzüge einer sozialstrukturellen Sozialisationstheorie enthalte (Schulze/Künzler 1991). Beide Aufschließungen - die wissenschaftshistorische und die sozialisationstheoretische - führen uns zur besonderen sozialisatorisch-pädagogischen Relevanz des Anomiekonzepts.

Dörner verweist auf die Zeit, in der Durkheim seine Anomietheorie in „Der Selbstmord" („La Suicide", 1897) publizierte, und das „Krisenbewusstsein, das das Werk von der ersten bis zur letzten Seite buchstäblich durchzieht" (Dörner 1973, S. 11). Dieses epochale Krisenbewusstsein war typisch für den Zustand der westeuropäischen Industriegesellschaften im letzten Drittel des 19. Jahrhunderts. Die sich überschlagende Entwicklung der kapitalistischen Wirtschaft mit ihren wechselnden Krisen und Prosperitäten, sozialen Verwerfungen und

Umstürzen bisher gewohnter Werte, Sozialformen und -hierarchien nährte die Zweifel an der Beherrschbarkeit des industriellen Fortschritts und damit die Angst vor sozialer Kälte und sozialem Chaos. Die über die neuen Mechanismen industrieller Arbeitsteilung hervorgerufenen Trennungen und Spaltungen der Lebenswelten bei gleichzeitiger, scheinbar zwangsläufiger Verselbständigung der technisch-ökonomischen Entwicklung und ihrer Logik führten zu einem Kultur- und Sozialpessimismus, der sich in Deutschland gerade auch in der Pädagogik - vor allem in der reformpädagogischen Diskussion nach der Jahrhundertwende - niederschlug. Man beklagte den Verlust der „Ganzheit" und der „Gemeinschaft", Individualisierung und ökonomische Vergesellschaftungstendenzen wurden als „seelenlos" angeprangert.

Mit dem Verlust des Menschlichen gehe der arbeitsteiligen industriellen Ordnung auch der Sinn ab, sie degeneriere zum inhumanen, Äußerlichkeit, Geschäftigkeit und vernichtende Konkurrenz kultivierenden Leviathan. Dieser bürgerliche Kultur- und Sozialpessimismus - sozialklimatisch durchaus verbunden mit einem antikapitalistischen Entfremdungspathos - setzte sich im bürgerlichen Alltag um in depressive Grundstimmungen, die zwischen „Klagen über die Unersättlichkeit der Massen [...], über den Verfall der bisher schützenden Institutionen, [und] Dekadenztheorien [...], Flucht in Nihilismus und machtgeschützte Innerlichkeit" (Dörner 1973, S. 11) hin und her schwankten. Die Jugendbewegung in Deutschland symbolisierte entsprechend auch den Auszug aus dieser kalten und geschäftigen Maschinengesellschaft und begab sich auf die Suche nach dem „neuen Menschen" als Suche nach sich selbst, denn die Jugend sollte den neuen Menschen verkörpern (vgl. dazu Niemeyer/ Schröer/Böhnisch 1997).

Während die Pädagogik, die bis dahin traditionell den geisteswissenschaftlichen Anspruch erhoben hatte, über den Menschen die Gesellschaft gestalten zu wollen, mit dem Niedergang des Menschen in der industriellen Moderne ihre eigene disziplinäre Statuskrise erlebte (vgl. dazu Weiß 1929), trat die Soziologie eben im Gefolge der neuen Rationalität auf den Plan. Die Soziologie interessierte sich für die Strukturen und deren Niederschlag, ihre Vermittlung im menschlichen Handeln. Das literarische und pädagogische Krisenerlebnis der sozialen Desintegration, Widersprüchlichkeit, Ausweglosigkeit, des sozialen Konkurrenzkampfes und der Selbstzerstörung landete somit als aufregendes epochales Schwellenexperiment auf dem Seziertisch der neuen Soziologie. Deshalb, weil eben die Soziologie dieses Krisenerlebnis disziplinär anders - eben strukturell - verarbeiten konnte als die Pädagogik, war es für diese seitdem so schwer, die Anomietheorie anzunehmen, genauso wie es der Soziologie lange verschlossen blieb, den Subjektbezug in ihr wahrzunehmen und anzuerkennen.

Nun befinden wir uns heute, Ende des 20. Jahrhunderts, immer noch in jener Epoche der Moderne, die ausgangs des 19. Jahrhunderts - zur Zeit Durkheims - ihren ersten krisenhaften Kulminationspunkt erreichte. Auch wenn wir die Gegenwart als „Spät-" oder „Postmoderne" bezeichnen, so meinen wir damit nicht ein Ende der Moderne, sondern eine „andere" (zweite) Moderne, in der nicht mehr *ein* Entwicklungs- und Fortschrittsprinzip herrscht, sondern plurale und auch einander widerstreitende Entwicklungsvorstellungen von Moderne existieren, die sich in der gesellschaftlichen Diskussion widerspiegeln. Wenn wir uns also - *epochal* gesehen - auch hundert Jahre später immer noch in der Moderne Emile Durkheims befinden und bedenken, dass die heutige „Postmoderne" ebenfalls wieder durch einen enorm beschleunigten und von Menschen kaum überschaubaren Strukturwandel der Arbeitsgesellschaft, durch eine sich in immer neuen Rationalisierungsprozessen überschlagende Weiterentwicklung der industriellen Arbeitsteilung gekennzeichnet ist, dann begreifen wir, warum das Konzept der Anomie gerade zum Ausgang des 20. Jahrhunderts in der soziologischen Fachdiskussion wieder attraktiv geworden ist (Heitmeyer 1997). Die epochale Grundfigur der kulturellen und sozialen Krise der arbeitsteiligen Moderne tritt auf einer neuen Entwicklungsstufe wieder hervor. Mit der nun um sich greifenden Internationalisierung der Arbeitsteilung ist neben dem Effekt der Entwertung der menschlichen Arbeitskraft die Gefahr der „Sozialen Entbettung" (Altvater/Mahnkopf 1996) als neue Anomiedimension hinzugekommen.

Im Anomiekonzept ist also dieses epochale Grundthema gelingender bzw. misslingender sozialer Integration im Prozess moderner Arbeitsteilung bis heute auf den soziologischen Begriff gebracht. Dass die industrielle Arbeitsteilung das zentrale Entwicklungsprinzip der industriekapitalistischen Gesellschaften darstellt, war *die* Erkenntnis, welche die politökonomischen Analysen und Auseinandersetzungen des 19. Jahrhunderts beherrschte. Wir erinnern an die krisentheoretische Analyse von Marx, bei dem die Entfremdungsthematik, die arbeitsteilige Verwandlung der Arbeit zur Ware und damit ihre Entmenschlichung im Vordergrund steht. Durkheim konnte schon - anders als Marx - die neue soziale Entwicklungsdialektik des Kapitalismus zeitgenössisch erfahren und erkennen, wie sich die gegenläufigen Prinzipien von kapitalistischer Wirtschaft und sozialemanzipatorischer (Arbeiter-) Bewegung in der neuen Entwicklungsfigur der *sozialkapitalistischen* Moderne strukturell (also nichtintendiert) miteinander verschränken konnten (vgl. dazu ausführlich Heimann 1929). Für ihn ist nicht die soziale Destruktion, sondern - im Gegenteil - die soziale Integration das Strukturprinzip der modernen Arbeitsteilung: Entsprechend arbeitet er auch die soziologische Dimension der Arbeitsteilung heraus: Mit der steigenden sozialen Ausdifferenzierung der modernen Industriegesellschaften wächst die soziale *Dichte* (d.h. die Menschen sind sozial mehr aufeinander angewiesen als früher) und damit auch die historische Notwendigkeit, Muster sozialer Integration und kollektiver Moral gesellschaftlich herzustellen und durchzusetzen (*moralische Dichte*). Diese gesellschaftlich formulierte, kollektive Moral des Aufeinanderangewiesenseins (Durkheim bezeichnet sie als „organische Solidarität" analog der funktionellen Differenzierung und Integration des menschlichen Organismus) ist gleichsam der soziale Kitt der industriellen Arbeitsteilung. Die moralische Dimension der Integration steht in einer Spannung zur ökonomischen Dimension des materiellen Kalküls, das die industrielle Arbeitsteilung steuert und - wenn es sich verselbständigt und in ökonomische Krisen umschlägt - auch sozial destruktiv wirken kann, indem es die kollektive Moral der Gegenseitigkeit schwächt (individualistische Egoismen) und die Menschen der Krise individuell aussetzt, in eine anomische Situation bringt:

„In der Tat kann es im Falle von Wirtschaftskatastrophen für bestimmte Menschen so etwas geben wie eine Deklassierung. Sie sind also genötigt, ihre Ansprüche herabzusetzen, ihre Bedürfnisse einzuschränken und zu lernen, sich mehr zu bescheiden. Alles ist verloren, was die Gesellschaft ihnen als Frucht ihres sozialen Handelns zukommen ließ, ihre ganze moralische Erziehung muss erneut vollzogen werden. Die Gesellschaft bringt es natürlich nicht von einem Augenblick zum anderen fertig, die Betroffenen an dieses neue Leben anzupassen. Daraus ergibt sich, dass sie sich nicht auf die veränderten, ihnen auferlegten Lebensumstände einstellen, und dass sogar der Gedanke daran ihnen zuwider ist. Daher rührt die Niedergeschlagenheit, die das Band zwischen ihnen und ihrem Leben lockert [...].

Aber die Dinge liegen gar nicht anders, wenn die Krise durch ein plötzliches Anwachsen von Macht und Reichtum entsteht. Da sich die Lebensbedingungen veränderten, kann das Modell, an dem sich die Bedürfnisse orientierten, nicht mehr das gleiche bleiben; denn es wandelt sich mit den zur Verfügung stehenden Mitteln, da es ja den Anteil bestimmt, der einer jeden Gruppe von Produzenten zukommt. [...] Man weiß nicht mehr, was möglich ist und was nicht, was noch und was nicht mehr angemessen erscheint, welche Ansprüche und Erwartungen erlaubt sind und welche über das Maß hinausgehen. Es gibt dann nichts mehr, worauf man Anspruch erhebt. [...] Aber schon in der Höhe der Ansprüche liegt die Unmöglichkeit ihrer Befriedigung. Gleich, was erreicht ist, die überreizten Begierden werden über jedes Maß hinausschießen, denn es erhebt sich keine warnende Stimme zu einem 'Bis hierher, und nicht weiter!' Nichts also befriedigt sie, und diese ganze Unruhe erneuert sich ständig in sich, so dass es zu keiner Beruhigung kommt" (Durkheim 1973, S. 287-289).

Das anomische Problem liegt also in der Unübersichtlichkeit der gesellschaftlichen Entwicklung für den Einzelnen. Egal, ob überzogene Prosperität oder überraschender und nicht absehbarer krisenhafter Einbruch, entscheidend ist in der Anomiethese, dass die Menschen einerseits unter sozialstrukturellem Druck stehen, gleichzeitig aber nicht die gesellschaftlichen Grenzen und normativen Autoritäten erkennen, an denen sie sich orientieren und in dieser Begrenzung auch ihre psychosoziale Balance und damit ihre Befriedigung der Bedürfnisse finden können. Denn auch eine grenzenlose Steigerung schafft keine Befriedigung, weil sie nach immer Neuem verlangt. Gesellschaftliche Anomie ist also - so würden wir heute sagen - mit einer besonderen Form des *Stresses* verbunden, einem Unwohlsein, von dem man nicht weiß, woher es kommt, welches man nicht kontrollieren kann, das unspezifische Bedrohung und Ohnmacht erzeugen kann, die in der arbeitsteiligen Wettbewerbsgesellschaft in Versagens- und Konkurrenzängste umschlagen und so bis zu jenen Formen des sozialpathologischen Verhaltens führen können, wie sie uns Durkheim am anomischen Selbstmord vorgeführt hat. Der Mensch als soziales Wesen braucht also eine ausgewogene gesellschaftliche Resonanz: „Niemand kann sich wohl fühlen, ja überhaupt nur leben, wenn seine Bedürfnisse nicht mit den ihm zur Verfügung stehenden Mitteln einigermaßen im Einklang stehen" (Durkheim 1873, S. 279).

Da Durkheim als Soziologe diesen Zusammenhang nicht psychologisch, sondern ausschließlich soziologisch verstanden wissen wollte, können wir interpretieren, dass die zur Verfügung stehenden Mittel auf die Sozialstruktur verweisen und mit Bedürfnissen die gesellschaftlich erzeugten Bedürfnisse gemeint sind. Damit hat Durkheim die Verbindung von Sozialstruktur und Verhalten der Menschen, die sein Anomiekonzept gesellschaftstheoretisch beschreibt, als soziales Handeln operationalisiert:

„Als Ergebnis der Durkheimschen Forschung ist festzuhalten: Selbstmord [i.S.d. anomischen Selbstmords, L.B.] hat durch und durch soziale Züge, sowohl hinsichtlich seiner eigenen Struktur, wie seiner Bedingungen: Egoismus und Anomie als verursachende Momente zeigen immer wieder eins: [...] Selbstmord variiert mit dem gesellschaftlichen Prozess. Selbstmord ist soziales abweichendes Handeln" (Haferkamp 1972, S. 27).

Das Phänomen der Anomie erwächst aus der Struktur der modernen Arbeitsteilung, die einer ökonomisch-technischen Rationalität folgt, die sozial nicht einholbar sein bzw. die sozial desintegrativ wirken kann. Da diese Grundthematik der Arbeitsteilung auch zum Ende des 20. Jahrhunderts in der Spätmoderne besteht, sich gar kompliziert und verschärft hat, kann die Anomietheorie als heute noch gültiges - also für die Moderne exemplarisches und damit epochales - Paradigma angesehen werden. Wie sich anomische Strukturen heute strukturell verändert haben und damit auch anders auf die Menschen wirken, soll später behandelt werden.

Dieser epochale Gehalt des Durkheimschen Anomiekonzepts lässt sich übrigens heute sehr gut verdeutlichen, wenn man Ulrich Becks „Risikogesellschaft" (1986), die wohl bekannteste spätmoderne Gesellschaftsanalyse ausgangs des 20. Jahrhunderts, zum Vergleich heranzieht. Dann wird man entdecken, dass die Grundstruktur des Beckschen Individualisierungsparadigmas längst bei Durkheim angelegt ist. Beck sagt ja auch, dass die durch die industrielle Arbeitsteilung hervorgerufene und beschleunigte Individualisierung ein epochaler Prozess ist, in dem wir uns heute noch - in einer qualitativ anderen Weise als damals - befinden. Becks Grundthese von der Individualisierung als Freisetzung des Menschen aus traditionalen sozialmoralischen Milieus ist also schon bei Durkheim vorhanden: Die noch nicht ausgebildete oder noch wenig entwickelte Arbeitsteilung der vor- und frühindustriellen Zeit korrespondiert mit Sozialformen tradierter „mechanischer" Solidarität (Becks traditionale sozialmoralische Milieus), die sich im beschleunigten, durch die Arbeitsteilung vorangetriebenen Prozess der Individualisierung auflösen und in eine für den Menschen nicht sichtbare und nicht selbstverständlich verfügbare „organische Solidarität" - die Menschen sind individualisiert, aber gleichzeitig stärker sozial aufeinander angewiesen - übergehen. Wie Durkheim sieht später auch Beck die risikoreiche Suche nach sozialintegrativen Bezügen als Folgeproblem der Individualisierung (mit dem Unterschied, dass sich ausgangs des 20. Jahrhunderts die Individualisierungsschübe beschleunigt und verdichtet haben):

— Anomische Konstellationen fordern ein Handeln heraus, mit dem der Mensch versucht, nicht nur wieder ins soziale Gleichgewicht, sondern gleichzeitig auch mit sich ins Reine zu kommen. Denn so muss man Durkheims Bild vom „gelockerten Band zwischen sich und dem Leben", wie es psychologisch unverständig ausgedrückt ist, subjekttheoretisch interpretieren.

— Durkheims Arbeiten fordern uns - so verstehe ich auch Dörner - geradezu auf, die Fülle der von ihm theoretisch nicht integrierbaren Hinweise zur psychischen Struktur und sozialemotionalen Befindlichkeit des Subjekts auch theoretisch - nun eben interdisziplinär - in das Anomiekonzept zu integrieren.

— Die Ebene sozialen Handelns ist zwar thematisiert, aber theoretisch nicht integriert. Handeln entwickelt sich ja bei Durkheim aus der strukturellen Bewältigungsaufforderung der anomischen Situation, bezieht sich nicht nur auf (in Auflösung begriffene) Normen, sondern genauso auf das eigene Selbst und das Verhältnis zu anderen Menschen. Es ist ein auf Bewältigung ausgerichtetes soziales Handeln.

Wir wollen nun im folgenden der Subjekthaftigkeit und dem sozialen Handeln im Kontext anomischer Sozialstrukturen durch theoretische Erweiterung auf die Spur kommen. Zu diesem Zweck beginnen wir mit dem Mertonschen Anomiekonzept, in dem versucht wird, die von Durkheim aufgeworfene Ziel-Mittel-Problematik im Verhältnis Gesellschaft-Individuum zu systematisieren. Auch bei Merton bleibt der Handlungsbegriff noch immer sozialstrukturell abgeleitet, hat noch keinen Subjektbezug. Dennoch lässt sich dieser Ansatz gut als Ausgangspunkt einer sozialstrukturellen Sozialisationstheorie des Bewältigungshandelns in anomischen Strukturen gebrauchen.

1.2.2 Vom Anpassungskonzept zur Handlungsperspektive

Der amerikanische Soziologe Robert K. Merton hat in den 30er Jahren in Anknüpfung an Durkheim diese verhaltensbeeinflussende Ziel-Mittel-Konstellation des Anomiekonzepts weiter systematisiert und differenziert (Merton 1968). Er richtet sein Interesse dabei nicht nur auf die pathologischen Auswirkungen überzogener gesellschaftlicher Arbeitsteilung, sondern fragt generell danach, wie in modernen arbeitsteiligen Gesellschaften Abweichendes Verhalten erzeugt wird. Gleichzeitig will er in seiner Systematik dem Umstand gerecht werden, dass bei Auftreten sozialer Desintegration abweichendes und konformes Verhalten sich *gleichzeitig* und geradezu *nebeneinander* entwickeln können. Er kommt zu dem Befund: Wenn in einer modernen arbeitsteiligen Gesellschaft die kulturell definierten allgemeinen (gesellschaftlich sanktionierten) Ziele und die sozialen Zugänge zur Erreichung der legitimen Mittel zur Verwirklichung dieser Ziele auseinander klaffen, entsteht ein Zustand gestörter Integration im Sinne einer von den Menschen so wahrgenommenen sozialen Regellosigkeit (Anomie). Diesen anomischen Zustand versuchen die Menschen - je nach ihrer sozialstrukturellen Verortung und ihren biografischen Ressourcen - durch unterschiedliche Formen des Anpassungsverhaltens zu bewältigen, um handlungsfähig zu bleiben. Sie sind also bemüht, die anomische Situation für sich zu normalisieren. Merton hat dabei historisch das Anomieproblem der US-amerikanischen Gesellschaft des 20. Jahrhunderts im Auge: Die Erreichung von Wohlstand (*moneysuccess*) gilt als höchstes Ziel der amerikanischen Gesellschaft und ihrer Alltagskultur, aber die Chancen, dieses Ziel zu erreichen, sind durch die Klassen- und Schichtstrukturen und die migrationsbezogenen sozialen Ausgrenzungen höchst ungleich verteilt. So entsteht für viele eine Kluft zwischen kulturell definierten Zielen und den sozialstrukturell gegebenen Möglichkeiten, an die legitimen Mittel (z.B. guter Beruf und entsprechendes Einkommen) heranzukommen. So bleibt den Menschen nichts anderes übrig, als sich in das Schicksal irgendwie zu fügen oder nach unerlaubten Mitteln zu greifen oder sich gar gegen die gesellschaftliche Ordnung, welche dieses anomische Ziel-Mittel-Verhältnis stützt, aufzulehnen. In diesem Verhaltensspektrum hat Merton eine Typologie des Anpassungsverhaltens auf anomische Ziel-Mittel-Konstellationen einer Gesellschaft gebildet, die fünf Verhaltenstypen umfasst: *Konformität* (Hinnehmen des Zustandes und Anpassung an denselben), *Ritualismus* (zunehmender Verzicht auf das Ziel bei gewohnter und eingefahrener Orientierung an den Mitteln mit Alltagslegitimationen wie: „Geld allein macht nicht glücklich"), *Innovation* (Suche nach anderen Mitteln, um das Ziel zu erreichen), *Rückzug* (aus dem gesellschaftlichen Wettbewerb) und *Rebellion* (Auflehnung gegen das gesamte gesellschaftliche Ziel-Mittel-System).

Aufschlussreich und weiterführend an Mertons Typologie ist, dass Konformität und Abweichendes Verhalten sich nicht nur nebeneinander entwickeln, also in derselben Sozialstruktur entstehen können, sondern dass sich auch innerhalb eines Bewältigungstyps gegensätzliche Anpassungsmuster ausprägen können. So erscheint im Anpassungstyp *Innovation* (Suche nach anderen Mitteln) sowohl der politische Reformer oder gar Revolutionär als auch der ordinäre Dieb. Dies wird nur deshalb möglich, weil es sich hier um *strukturelle* - eben soziologische - Kontexte handelt, aus denen heraus einzelne Menschen, je nach ihrem sozialen und biografischen Hintergrund, reagieren. Auf dieser strukturellen Ebene werden selbst die gegensätzlichen Anpassungstypen aufeinander beziehbar und es wird wiederum die Grundthese deutlich, dass Abweichendes Verhalten ein sozialstrukturell induzierter Verhaltenstyp unter anderen und Anomie ein integraler Bestandteil der arbeitsteiligen Industriegesellschaft ist.

Hier wird der eigenständig soziologische Zugang zum Verhalten der Subjekte im sozialen Geschehen deutlich, auf dem Merton ganz im Sinne des Durkheimschen Denkens insistiert: Soziale Strukturen produzieren Motivationen und Verhalten der Menschen, Verhalten also, das soziologisch rückführbar und deshalb nicht mehr nur psychologisch zu erklären ist. Merton ist in diesem Sinne auch überzeugt und optimistisch, dass die Sozialstruktur angesichts der Ambivalenz der gesellschaftlichen Arbeitsteilung nicht nur pathologische, sondern gerade auch sozial innovative, den Menschen in seiner Gestaltungsfähigkeit weiterbringende Entwicklungsperspektiven erzeugt. Insofern sind nicht alle seine Anpassungstypen als Formen passiven Reaktionsverhaltens zu verstehen; einige - wie z.B. *Innovation, Rebellion* - sind durchaus Ausdruck aktiven sozialen Handelns, das freilich sozialstrukturell *freigesetzt* wird, d.h. seinen Impuls aus dem Sozialen und weniger aus den subjektiven Antrieben der Individuen bezieht. Welche Richtung dieses soziale Handeln schließlich nimmt und welchen Sinn es erhält, ergibt sich aus dem Zusammenspiel zwischen sozialen Bedingungen und individuell-biografischen Handlungsperspektiven.

So wie es im Durkheimschen Befund des anomischen Selbstmordes Menschen gibt, die in Situationen der Anomie das Soziale und damit ihr soziales Leben als sinnlos empfinden, so gibt es - im Spektrum der Mertonschen Typologie - auch solche, die in Zeiten sozialer Desintegration nach einem neuen Sinn (in der Verbindung von gesellschaftlichen Zielen und eigener Lebensperspektive) suchen und sich damit nicht einfach nur abweichend verhalten, sondern im Sinne eines erstrebten Wandels handeln. Wir werden an späterer Stelle auch den Blick für diese sozialintegrative Ausrichtung von sozial abweichendem Verhalten öffnen.

1.2.3 Das gestörte Verhältnis von Systemintegration und Sozialintegration als spätmoderne Anomiekonstellation

Diese Überlegung führt uns zu einer allgemeinen Reformulierung des Anomiekonzeptes im Lichte der modernen soziologischen Diskussion. Während Durkheim und Merton das Verhältnis Individuum-Gesellschaft noch relativ unvermittelt sahen, deuten wir es heute vermittelter, etwa wie es im System-Lebenswelt-Paradigma im Anschluss an Habermas (1981) formuliert ist: Moderne Integrations- und Desintegrationsprozesse haben ihre eigenläufigen systemischen und lebensweltlichen Dynamiken. Durkheim und Merton gingen als Funktionalisten davon aus, dass der Idealzustand einer Gesellschaft in der Harmonie von gesellschaftlichen Normen und personalen Aspirationen gegeben und anzustreben sei. Das Anomische war für sie aus der historischen Erfahrung gegeben, nach der immer wieder krisenhafte Brüche, gleichsam *cultural lags*, zwischen den sozialstrukturellen Folgen der Arbeitsteilung und dem sozialen Anpassungsvermögen der Menschen auftreten können (ja zwangsläufig müssen). Die System-Lebenswelt-Hypothese besagt jedoch, dass sich die Menschen sozial zwar in Wechselwirkung zum Fortschreiten der Arbeitsteilung und dem durch sie erzeugten gesellschaftlichen Strukturwandel entwickeln, dass diese soziale Entwicklung der Subjekte aber auch gleichzeitig in lebensweltlicher Eigengesetzlichkeit und menschlichem Eigensinn verläuft. Die Menschen in modernen Industriegesellschaften müssen *zugleich* offen für den gesellschaftlichen Strukturwandel und an ein authentisches Selbst gebunden sein können. Dieses kann aber nur in eine Balance kommen, wenn gesellschaftliche Systementwicklungen auch lebensweltlich vermittelt und lebensweltliche Strukturen aufnahmefähig für gesellschaftliche Anforderungen sind; sonst treten anomische Tendenzen auf. So bietet sich also das von Habermas (1973) in Anschluss an Lockwood vorgeschlagene Paradigma der Unterscheidung von Systemintegration und (lebensweltlich bezogener) Sozialintegration an, um die modernen Anomieprobleme in ihrer Vermitteltheit erfassen zu können.

„Mit Systemintegration werden die Prozesse der Steuerung funktionaler Zusammenhänge einer Gesellschaft bezeichnet. [...] Demgegenüber regeln soziale Integrationsprozesse die Institutionen des Miteinanderlebens und die Sinnhaftigkeit von Sozialformen" (Hörning/Michailow 1990, S. 505).

Das moderne Anomieproblem besteht nun darin, dass sich Systemintegration und Sozialintegration tendenziell entkoppeln. Somit ist die Gefahr gegeben, dass die Menschen die Gesellschaft nicht mehr verstehen und die Gesellschaft in einem heute vorwiegend technologisch definierten Modernisierungsprogramm keinen Begriff vom Menschen mehr hat.

Das Anomieproblem erscheint in diesem Zusammenhang dem Einzelnen gar nicht mehr so sehr als Ziel-Mittel-Problem, zumal der Konsum Erreichbarkeit für alle verheißt. Das Problem ist vielmehr, dass man auf sich gestellt ist und auch vornehmlich in diesem biografischen Selbstbezug sozial agiert. Das gesellschaftlich Unübersichtliche (Anomische) tritt hinter diesen Selbstbezug zurück, das Auf-sich-gestellt-sein wird nun nicht nur als Risiko (wie bei Durkheim), sondern auch als Chance empfunden und somit gesucht. So ist die paradoxe Situation entstanden, dass es Menschen so wichtig geworden ist, ihre lebensweltliche Perspektive nur auf sich selbst bezogen einbringen zu können, und dies scheinbar um so erhoffter und begieriger, als sich die gesellschaftlichen Systeme gegenüber den lebensweltlichen Bezügen sperren. In dieser anomischen Konstellation der Biografisierung möchten Menschen sozialintegrativ handeln, finden aber in ihrem lebensweltlichen Wollen keine systemische Resonanz und verhalten sich dann egozentriert und antisozial, ohne dass sie es so beabsichtigt haben. Diese moderne Form der Anomie verhindert zunehmend die soziale Gestaltung vom Menschen her. Denn Menschen suchen und verlieren ihren Lebenssinn nach *anomischen Enttäuschungen* nicht mehr im Sozialen, sondern in sich selbst, in der biografischen Selbsterfüllung ohne Rücksicht auf die Belange des Sozialen, aber unter selbstverständlicher Inanspruchnahme der „organischen Solidarität". Die Entkopplung schreitet weiter voran, ein Pluralismus von abweichendem und konformem Individualverhalten wird zur gesellschaftlichen Normalität. Jeder scheint seine eigene, biografisch einzige Subkultur zu leben.

1.2.4 Leben in anomischen Konstellationen

Die spätmoderne Entkopplung von sozialintegrativen und systemintegrativen Bezügen sowie die parasoziale Integrationskraft des Konsums haben heute bewirkt, dass gesellschaftliche Anomiezustände nicht mehr so direkt und unvermittelt empfunden und psychosozial aufgenommen werden wie zu Durkheims Zeiten. Das bedeutet nicht, dass diese Direktheit des anomischen Betroffenseins nicht mehr existiert. Am Beispiel des anomischen Erlebens der ostdeutschen Milieuumbrüche nach der deutschen Wiedervereinigung kann man nachvollziehen, dass solche unvermittelten anomischen Konstellationen auch in der fortgeschrittenen Moderne aufbrechen können.

Die moderne Arbeitsteilung hat aber im allgemeinen zu einer komplexen, innersystemischen und institutionellen Differenzierung und subsystemischen Verselbständigung gesellschaftlicher Teilbereiche geführt. Diese Subsysteme und ihre Institutionen fangen die Risiken anomischer Gesellschaftsentwicklung im Vorfeld der Gefahr der Bestandskrise auf, mediatisieren sie und grenzen sie ein oder aus (vgl. dazu Japp 1996). Wir werden im Verlaufe dieser Einführung die Schule als „anomische Konstellation" erleben und gleichzeitig sehen, dass die damit verbundenen Beeinträchtigungen in außerschulischen Lebensbereichen kompensiert werden können. Schulisches Leiden und Scheitern wird so in der Regel nicht als Leiden oder Scheitern an der Gesellschaft, sondern eben *an der Schule* empfunden.

Gleichzeitig wird uns auch deutlich, dass das gesellschaftsstrukturell hergeleitete Problem der Entkopplung von Systemintegration und Sozialintegration geradezu Umkehrungen der anomischen Subjektperspektive in der Postmoderne hervorrufen kann. Hieß es bei Durkheim noch sinngemäß, niemand könne sich wohl fühlen, wenn die eigenen Bedürfnisse keine gesellschaftliche Entsprechung fänden, so kann (und will) man sich heute wohl fühlen, auch wenn man ahnt, dass es mit der Gesellschaft so nicht weitergehen kann und darf. Die sich darin ausdrückende Biografisierung der Lebensumstände hat zur Entstehung multikomplexer und biografisierter sozialintegrativer Zonen in einer tendenziell anomischen und sozial desintegrativen Gesamtgesellschaft geführt. Dies findet seinen spektakulären Ausdruck im sozialintegrativen Aspekt des postmodernen Gewaltphänomens: Untersuchungen in den 90er Jahren (vgl. Bohnsack u.a. 1995; AgAG 1997) zeigen, dass über Gewalt sozialer Anschluss und soziale Geborgenheit gesucht wird, Gewalt (aufgrund des Fehlens situativ nicht verfügbarer und/oder sozial nicht erlernter gewaltloser Verständigungs- und Konfliktmittel) zum (negativen) Integrationsmuster wird. Dies soll im nachfolgenden Subjektkapitel noch einmal eigens aufgenommen werden.

Die weitreichendsten Wirkungen in Richtung Harmonisierung, Pluralisierung und damit Entschärfung von Anomieproblemen (unterhalb der gesellschaftlichen Bestandsebene) gehen in spätmodernen Gesellschaften aber von der Konsumwirtschaft und ihrer medialen Vergesellschaftung mittels der Werbung aus. Die Konsumwerbung verkauft heute ihre Produkte nicht nach deren in sich begrenzten stofflichen und ökonomischen Produkteigenschaften, sondern preist sie als Medien der Lebensstilbildung, Bedürfnisbefriedigung und Konfliktbewältigung (also als sozial integrative Mittel) - oft sogar ausdrücklich vor dem Hintergrund sozial desintegrativer Zeitumstände - an. Gegensätzliches kann gleichzeitig konsumiert werden, in vielen medialen Produktarrangements wird mit Reiz und Risiko Abweichenden Verhaltens kokettiert. Das, was in den Alltagsbereichen und gesellschaftlichen Institutionen als anomisch empfunden und aus Angst vor Sanktion oder Ausgrenzung durch Konformität oder Ritualismus nicht gelebt, sondern vermieden wird, gerät in der parasozialen Welt der Medien zur Normalität, kann erlebt werden. Gerade für die Jugend - aber natürlich nicht *nur* für diese - ist die Konsum- und Medienwelt zur dominanten (jugendkulturellen) Symbol- und Ausdruckswelt geworden. Indem das Jugendalter - trotz der Entstrukturierung und Pluralisierung der Jugendphase - immer noch die Entwicklungsphase ist, in der sozial experimentiert, neue soziale Rollen erprobt werden müssen und in diesem Zusammenhang auch immer wieder Grenzen ausgetestet und überschritten werden (vgl. das Kapitel zur potentiellen Devianz der Jugend), kann die Abhängigkeit von einem Medium - eben dem Konsum - problematisch werden, da es seiner ökonomischen (Wachstums-) Logik nach grenzenlos ist (es muss immer etwas Neues, Besseres, Riskanteres verbraucht werden). In der Tat werden auch schon im Jugendalter beginnende Abhängigkeiten (Alkohol-, Drogen-, Spielsucht etc.) mit der jugendkulturellen Entwicklungsbesonderheit der gesuchten Grenzerfahrung und der damit verbundenen Bereitschaft zum Risikoverhalten in Verbindung gebracht. Als Faustregel gilt für SozialarbeiterInnen, die in solchen Szenen arbeiten: Jugendliche, die keine sozialen Möglichkeiten haben, Grenzen in symmetrischen Konflikten erfahren zu können, d.h. in sozialen Auseinandersetzungen, in denen die Interessen der Jugendlichen auch zum Zuge kommen (und produktive Konflikte mit Erwachsenen und untereinander, soziale und kulturelle Projekte der Selbst- und Grenzerfahrung sich entwickeln können), sind anfällig für Risikoverhalten und den Anschluss an Risikoszenen.

Sicher darf nicht vorschnell auf eine Kausalwirkung des Konsums und der audiovisuellen Medien (z.B. Gewaltvideos und virtuelle Gewaltspiele) geschlossen werden (vgl. Kap. 2.4). Die kritische Medienwirkungsforschung besagt deutlich, dass es auf den situativen und sozialen Kontext ankommt, in dem Medien rezipiert werden (vgl. Charlton/Neumann-Braun 1992). Allerdings wird beobachtet, dass über ritualisierten (gewohnheitsmäßigen) Konsum von medialen Gewaltdarstellung die Schwelle der Gewaltakzeptanz sinkt (Gewalt gehört eben zum Leben) und Abweichendes Verhalten als alltägliches Mittel der Interessenauseinandersetzung (man darf sich nur nicht erwischen lassen) eine soziale und kulturelle Aufwertung erfährt. Als die Wellen rechtsextremer, ausländerfeindlicher Gewalt zu Anfang der 90er Jahre über Deutschland hereinbrachen, machte die darauf angesetzte Sozialforschung vor allem eine schleichende Enttabuisierung von Gewalt in der Gesellschaft als Wegbereiter dieser nun öffentlichen, nicht mehr versteckten Gewaltbereitschaft aus.

Insgesamt lässt sich an dieser Stelle festhalten, dass der Konsum in seiner parasozialen Qualität gerade im *alltäglichen Sozialleben* (nicht so sehr bei den strafrechtlich sanktionierten Ordnungsnormen) die Grenzen zwischen Normalität und Abweichung verwischt, die Bewältigung von anomischen Lebenskonstellationen gleichermaßen ermöglicht (ich kann mich im Konsum, den Medien symbolisch wiederfinden) wie erschwert (ich laufe Gefahr, in wirklich kritischen Lebenssituationen nicht mehr in die soziale Realität zurückzufinden). Man könnte dies als das *Anomieproblem des Konsums* bezeichnen. Für die Masse der Menschen in der spätmodernen Industriegesellschaft gilt aber wohl, dass Konsum und Medien zumindest ein biografisch befriedigendes Aushalten anomischer Sozialstrukturen ermöglichen. Dieses „Leben-Können in der Anomie", das im Unterschied zum anomischen Krisenerlebnis der Durkheimschen Zeiterfahrung den Alltag in den heutigen spätmodernen Industriegesellschaften charakterisiert, lässt sich wiederum mit dem modernisierten Anomiekonzept der Entkopplung von System- und Sozialintegration plausibilisieren. Denn diese Entkopplung weist auf eine Pluralisierung der Normalitätszonen hin. Während die systemischen Normen in allen Devianzbereichen relativ strikt geblieben sind und entsprechend sanktioniert werden - strafrechtliche Verfolgung von Delinquenz, existentieller und sozialer Zwang zur Arbeit, Schulerfolg als Voraussetzung des sozialen Mithaltens -, können in den sozialintegrativ wirksamen Lebenswelten durchaus abweichende Normen gelten. In ihnen herrscht oft Normdiffusion und die Menschen suchen bewusst Orientierungen, die abseits der systemischen Prinzipien liegen, diesen sogar zuwiderlaufen, aber die systemische Integration dennoch nicht zu stören vermögen: Ich mag meine Arbeit nicht, überblicke sie nicht, suche deshalb Selbstwert und Selbstverwirklichung im Freizeit- und Konsumbereich, in der Familie und bin damit zufrieden, fühle mich „unter dem Strich" wohl. Allerdings *muss* ich arbeiten, sonst kann ich mir den Freizeitkonsum nicht leisten. Die Entwertung der Arbeit in einer arbeitszentrierten Gesellschaft hat in diesem Fall eben nicht zu einer anomischen Entfremdung, sondern zu einer biografischen Neuorientierung geführt. Ich kann die anomische Situation subjektiv ausbalancieren, indem ich die systemischen Anforderungen funktional erfülle und meinen Identitätsbezug im Sozialintegrativen suche. So macht es mir nichts aus, wenn die sozialen Welten auseinander klaffen. Natürlich entferne ich mich dabei von der gesellschaftlichen Entwicklung, habe dabei aber immer noch die Hoffnung, dass der sozialstaatlich-demokratische Kitt der Gesellschaft einigermaßen hält. Allerdings grassiert dann in der Krise des Sozialstaates auch die Angst vor sozialer Ausgrenzung. Ein anderes Beispiel möchte ich aus der Gewaltforschung bemühen. Heitmeyer u.a. (1992) haben in ihren Rechtsextremismusstudien eindrücklich beschrieben, wie Jugendliche in der Woche unauffällig und angepasst in den Büros und Geschäften arbeiten, am Wochenende aber dann „die Sau rauslassen". Sie werden in ihren Cliquen gewalttätig und verwandeln sich - demonstrativ die konformitätstradierte Angst des Normalitätsbürgers herausfordernd - zu „Monstern". Auch hier wird das anomische Erlebnis des monotonen, selbstwertausdünnenden Arbeitsalltags nicht zum existentiellen Frustrationsgefühl - wie noch bei Durkheim -, sondern das Abweichende Verhalten konzentriert und begrenzt sich auf ein lebensweltliches Segment; die Gesamtbefindlichkeit ist nicht bedroht.

1.2.5 Subjekt und Bewältigung im Anomieparadigma

So wie es deskriptiv gelingt, lebensweltliche Bezüge über das Anomieparadigma herzustellen, so sollte es auch gelingen, diesen Bezug subjekttheoretisch zu formulieren, ohne dabei die gesellschaftliche Rückbindung - im Sinne unseres kritischen Ansatzes - zu verlieren. Von der neueren Soziologie Abweichenden Verhaltens wird der Anomietheorie Durkheims ja vorgeworfen, dass sie Abweichendes Verhalten „pathologisiere" (vgl. Lamnek 1994). Diese Vorhaltung ist in sich - theorieimmanent - plausibel, als Durkheim (in biologistischer Analogie) von einem idealen Gleichgewichtszustand der Gesellschaft ausging, dem zufolge Konflikte und soziale Desintegration pathologische und vorübergehende Zustände seien. Diesen idealistischen Einschlag haben damals schon Schmoller und Tönnies an seiner Theorie der Sozialen Arbeitsteilung kritisiert (vgl. dazu Müller/Schmid 1992). Wenn man aber Durkheim nicht disziplinzentriert betrachtet, sondern von seinem impliziten Theoriegehalt her aufschließt, dann treten die subjekt-, handlungs- und strukturtheoretischen Bezüge durchaus in ihrer Interdependenz hervor.

Wir erinnern uns in diesem Sinne an seine zentrale Annahme zur Ziel-Mittel-Relation, lassen nun aber den Subjektbezug auf uns wirken und den Strukturbezug zurücktreten: 'Niemand kann sich wohlfühlen', wenn seine Bedürfnisse nicht mit den gesellschaftlich zur Verfügung gestellten Mitteln im Einklang stehen. Die hier konstatierte Störung des Wohlbefindens, dieses diffuse Unwohlsein würde man heute - so wurde bereits angemerkt - mit dem Stressbegriff umschreiben: Anomische Sozialkonstellationen können Stresszustände auslösen. Aus der sozialtherapeutischen Stressforschung wissen wir, dass Stresszustände psychosomatische Reaktionen auf nicht sinnhaft begreifbare, latente, gebliebene Ursachen sind. *Unwohlsein* bedeutet nun in diesem Zusammenhang, dass sich das Individuum aus dem psychosozialen Gleichgewicht gebracht sieht - ein Zustand, der *Bewältigungsreaktionen (Coping)* auslöst, die in soziales Bewältigungshandeln münden. Weitergehender als Geen (1990), der das stressbezogene Coping-Konzept nur auf Situationen und situative Reaktionen beschränkt, beziehe ich das ihm innewohnende Strukturprinzip auf situationsübergreifende biografische Befindlichkeitszustände, die sicher immer wieder durch ereignishafte Situationen ausgelöst werden. Selbstmord, wie auch Gewalt gegen andere - so würde die entsprechende Coping-These lauten - sind Handlungen, die aus biografisch dominant gewordenen Bewältigungskontexten vor dem Hintergrund einer Reihe anomischer Stresssituationen hervorgehen. Die soziale Dimension des Copings erwächst daraus, dass das Individuum seine soziale Handlungsfähigkeit bedroht sieht. Handlungstheoretisch formuliert kann also Abweichendes Verhalten dann entstehen, wenn in kritischen Lebensbezügen - in Kontexten also, in denen die eigenen Handlungsressourcen versagen oder nicht ausreichen bzw. überfordert sind - die Handlungsfähigkeit bedroht ist und versucht wird, Handlungsfähigkeit durch Abweichendes Verhalten wiederherzustellen, auch wenn dabei geltende Normen verletzt oder umgangen werden. Dies kann mehr oder minder deutlich an anomische Konstellationen in der Sozialstruktur rückgebunden sein, erhält aber durch die auslösende Situation, die Antriebe des Individuums und die Reaktion der sozialen Umwelt erst seine psychosozial eigenständige Qualität und Dynamik.

Damit sind wir auch an einem Punkt angelangt, an dem wir auf die Forderung der Kriminalsoziologen eingehen können, Abweichendes Verhalten als Form sozialen Handelns zu erkennen, bei dem sich erst im Prozess der Handlungskonstitution entscheidet, ob es „abweichend" oder „konform" ist (Haferkamp 1972). Wir haben also inzwischen einen gesellschaftstheoretisch (anomietheoretisch) rückgebundenen Ansatz einer Handlungstheorie Abweichenden Verhaltens geschaffen, der nun aber nach subjekttheoretischer und interaktionistischer Erweiterung verlangt. Die über den Bewältigungsansatz subjektorientiert reformulierte Anomietheorie sagt uns bisher nur, dass das Individuum anomischen Konstellationen so ausgesetzt sein kann, dass sich zwangsläufig eine bewältigungsorientierte Handlungsperspektive konstituieren muss, die in ihrer Anfangslage potentiell abweichend, aber genauso potentiell konform sein kann. Warum handeln also in anomischen und kritischen Lebenssituationen die einen konform und die anderen abweichend? Wir müssen - um diese Frage beantworten zu können - sowohl die tiefenpsychische und psychodynamische Dimension der Betroffenheit und Befindlichkeit des Selbst als auch die interaktive Dimension des sozialen Handelns aufschließen. Hier liegen die Unterschiede und Variationen, welche die Entwicklung des Bewältigungsverhaltens zu sozial Abweichendem Verhalten begünstigen und strukturieren.

Damit befinden wir uns endlich im Bereich des sozialisationstheoretischen Paradigmas Abweichenden Verhaltens. Wenn wir - wie in der Sozialisationsforschung geläufig - unter *Sozialisation* den Prozess der psychosozialen Entwicklung des Aufwachsens von Kindern und Jugendlichen in aktiver Auseinandersetzung mit der stofflichen und sozialen Umwelt und mit sich selbst meinen, dann bedeutet „deviante Sozialisation" bzw. Sozialisation mit der Prognose Abweichenden Verhaltens: Sowohl in der Auseinandersetzung mit sich selbst als auch im Bereich der sozialen Interaktionen gibt es Probleme, die das Bewältigungshandeln im Falle kritischer Verhaltens- und Lebenssituationen in die Zonen der Devianz steuern bzw. soziale Wahrnehmung und Definition von Devianz hervorrufen oder begünstigen.

1.3 Das anomische Selbst

Wenn wir uns im folgenden mit dem personalen Selbst näher - d.h. vor allem auch tiefenstrukturell - beschäftigen, begeben wir uns in den Bereich psychoanalytischer und tiefenpsychologischer Konzepte. Damit werden wir auch in einen kontroversen und heiklen kriminologischen Diskurs verwickelt. Die interaktionistisch orientierte Kritische Kriminologie warnt ja zurecht davor, Delinquenz und familiäre Entwicklungskonstellationen der Kindheit und früheren Jugendzeit in einen ursächlichen (monokausalen) Zusammenhang zu bringen, wie es frühere kriminologische Familienstudien (vgl. Kap. 2.1) suggeriert hatten: Kriminalität wurde „als Konsequenz mangelhafter familialer Sozialisation" (H. Peters 1989, S. 584) betrachtet. Allerdings zeigt sich in dieser Kritik ein oft undifferenziertes und selektives Verständnis von Psychoanalyse. Gerade aber, um Missverständnissen bezüglich meines tiefenpsychologischen Zugangs zu Abweichendem Verhalten vorzubeugen, möchte ich an dieser Stelle unser interdisziplinäres Konstitutionsmodell noch einmal - auf diese Problematik zugeschnitten - verdeutlichen:

Ich sehe einen aufeinander beziehbaren faktoriellen Zusammenhang zwischen familialen Sozialisationsproblemen, dem darauf bezogenen Bewältigungsverhalten von Kindern und Jugendlichen, der Art und Weise, wie sie in devianzträchtige Situationen und Konstellationen hineingeraten (sie manchmal auch „suchen") und den etikettierenden und kriminalisierenden Definitionsprozessen durch Instanzen sozialer Kontrolle. Von daher ergibt sich für die weitere Argumentation eine notwendige Selektivität und Reflexivität beim Heranziehen tiefenpsychologischer Konzepte und Befunde. Es müssen interaktiv anschlussfähige Konzepte in der Perspektive einer *psychoanalytisch rückgebundenen Sozialisationsforschung* sein, und sie dürfen keine kriminalisierenden Definitionsvorgaben produzieren. Gerade letztere Voraussetzung scheint mir im Paradigma des „verwehrten Selbst" von Arno Gruen (1993) und dem der „antisozialen Tendenz", wie es Donald Winnicott (1988, Davis/Wallbridge 1983) entwickelt hat, gegeben.

Die Grundlinien der sozialisatorischen Auseinandersetzung mit dem Selbst sind in den frühkindlichen Tiefenstrukturen der Identitätsentwicklung - und hier sowohl menschlich allgemein wie *geschlechtsspezifisch* - angelegt. Die lebenslange Thematik der Balance von Bindung und Ablösung, Anziehung und Abstoßung, Geborgenheit und Aussetzung bildet den endogenen Grund, aus dem sich Desintegrationsprozesse des Selbst entwickeln und zu abweichenden Handlungsdispositionen werden können. Die Grundthese in diesem Zusammenhang lautet: Wenn die innere Balance des Selbst in Interaktion mit der sozialen Umwelt gestört ist, sind Devianz fördernde Abspaltungs- und Abstraktionstendenzen (sich nicht mehr in den anderen hineinversetzen können) wahrscheinlich. Diese, die Devianzdisposition fördernden Abspaltungen und Abstraktionen sind Antriebe zur Wiedererlangung der inneren Selbstsicherheit und

Selbstwertfähigkeit und der Balance zwischen innerem Triebzustand und äußerem Sozial(Handlungs-)zustand.

In diesem hier nur grob skizzierten psychoanalytisch-sozialisatorischen Modell der Devianzdisposition steckt die Annahme einer bezeichnenden Entsprechung: Die innere Hilflosigkeit (sich selbst nicht sicher sein) und die äußere, soziale Hilflosigkeit (sich der Gesellschaft nicht sicher sein) stehen in einem interdependenten Verhältnis zueinander. Das anomische Selbst und die Umwelt finden zueinander. Die neuere sozialisatorisch orientierte Gewaltforschung hat uns für diesen Zusammenhang empirische Belege geliefert. So wird deutlich, dass Gewalthandeln und Selbstwertstörungen in einem signifikanten Verhältnis zueinander stehen: Jugendliche brauchen Gewalt, um auf sich aufmerksam zu machen, um zu zeigen, dass sie noch da sind, um wenigstens in der Gewaltsituation Macht, die aus ihnen selbst kommt, spüren zu können. Dies läuft nicht intentional ab, sondern erschließt sich aus den Befindlichkeiten, die solche Jugendliche bezüglich ihres Gewalterlebens äußern. In dem Film von Jürgen Leinemann „Jung und böse" (1993), der im Rahmen des ostdeutschen Anti-Gewaltprogramms AgAG mit gewaltbereiten Jugendlichen gedreht wurde, äußerten die jungen Männer immer wieder, dass sie sich in diesem Rauschzustand der Gewalttat „gut" fühlten, es als „geil" empfanden und Lust dabei verspürten, oben zu sein und das Opfer „unten zu haben" ... Sie hatten nur noch ein veräußerlichtes Zustandsgefühl, kannten sich selbst nicht mehr, noch das Opfer. Hier wirken psychophysische Mechanismen der Entladung der eigenen Hilflosigkeit, der Projektion auf Schwächere und der Abstraktion: Es ist nicht der Mensch als Person, der niedergemacht wird, sondern die eigene Hilflosigkeit, und die Lust dabei ist nichts anderes als emotional umgewandelter Hass auf diese Hilflosigkeit. Äußere - im Abweichenden Verhalten demonstrierte - Stärke und innere Bedürftigkeit und Hilflosigkeit scheinen also in einem typischen Bedingungszusammenhang zueinander zu stehen, der - so die weitere These - dann auch das Handeln eigenartig strukturiert. Nun werden wir auch den - bereits angedeuteten - weiteren wichtigen Schritt in der subjekttheoretischen Reformulierung der Anomietheorie wagen können. Wir können nun erklären, dass sich im Individuum die anomische Sozialstruktur nicht einfach abbildet, sondern dass sich in der Identitätsentwicklung des Subjekts ein eigenständiger konfliktreicher Prozess vollzieht, der selbst wiederum anomische Züge aufweist, dabei vom Sozialen zwar beeinflusst wird, aber mit eigenem Durchsetzungsanspruch ins Soziale reicht. Hier liegt die Kernproblematik der Balance zwischen Selbst und sozialer Umwelt, deren Störung die Antriebe und Dispositionen für Abweichendes Verhalten hervorruft (das natürlich als solches sich erst in sozialen Interaktions- und Kontrollprozessen strukturiert).

1.3.1 Zur Tiefenstruktur des Selbst

So wie ich mich selbst sehe und fühle, bewerte und mir etwas zutraue, bin ich auf mein Selbst, mein Selbstbild, meinen Selbstwert bezogen. Diese „Selbstrepräsentanz" als leib-seelische Befindlichkeit stellt - nach Auffassung der psychoanalytisch rückgebundenen Sozialisationsforschung - eine eigene und eigenmächtige innerpsychische Instanz dar, die zwar in fortwährender und sich fortentwickelnder Balance zur „äußeren" sozialen Welt steht, von dieser aber längst nicht determiniert, wenn auch beeinflusst wird. Diese Eigenmächtigkeit des Selbst - wenn man die Erkenntnisse der Psychoanalyse aus sozialwissenschaftlicher Sicht formuliert - hat zwei Wurzeln. Die eine liegt in der anthropologischen Geschichtlichkeit des Menschen, die - verbunden mit seiner Sozialgeschichtlichkeit - eigensinnig existiert, die andere in einem typischen zivilisationsgeschichtlichen Dilemma des modernen Menschen: Der rationale Fortschritt der modernen arbeitsteiligen Industriegesellschaft basiert auf der Zurückdrängung, Unterdrückung, Verdrängung, aber auch auf Sublimierung der menschlichen Triebe (Umwandlung in funktionelle Energien in der Arbeitswelt oder in den kulturschaffenden Bereichen). Jede zivilisatorische Erziehung beruht auf einer organisierten Triebreduktion und erzwungenen Balance zwischen Triebwelt und sozialer Umgebung (vgl. dazu Elias 1976). Diese Triebstrukturen verschwinden aber nicht, sondern existieren - vielfach überformt und in dieser Überformung verwandelt - im Menschen weiter. In kritischen Situationen, wenn die äußeren sozialen Handlungsroutinen versagen, die gesellschaftlichen Kontrollmechanismen personal in den Hintergrund treten und die psychosoziale Balance verloren geht, brechen sie auf, erschrecken und schockieren mit ihrer sozial unwirklichen, „archaischen" Kraft und sozialen Rücksichtslosigkeit. Auch die periodisch aufflammenden expressionistischen Äußerungen in der Kunst, die sich meist in Zeiten von (anomischen) Gesellschaftsumbrüchen und der Erosion tradierter Werte und Ordnungsvorstellungen bemerkbar machen, speisen sich aus tiefenstrukturell ähnlichen Konstellationen. Der große „Triebsublimator" in der modernen Gesellschaft aber ist die Arbeit. Ein weiterer hat sich im Konsum entwickelt. Beide unterscheiden sich in der Art und Weise der Sublimation. Während die Arbeit in der Spannung von nach innen gewandter Familie und nach außen gewandter gesellschaftlicher Kultur, von diffuser Emotionalität und zweckdifferenter Rationalität den Triebstrukturen Grenzen setzt und sie in soziale Antriebe umwandeln kann, ist diese Möglichkeit im Konsum nur bedingt gegeben. Denn der Konsum ist in seiner ökonomischen Logik grenzenlos, in ihm können sich Triebwünsche „parasozial" ausleben, aber dies geschieht weitgehend ohne Sublimierungszwang, verbleibt in der regressiven Form.

Das Selbst in seinem triebstrukturellen Grund hat - so tiefgreifend ihm vieles vom Sozialen aufgezwungen ist - seine eigene „Logik", und diese entspricht nicht unbedingt der Rationalität der gesellschaftlichen Entwicklung. Es speist sich aus Eigenem, eben aus dieser anthropologischen Triebdynamik, und ist in seinen Ausgangsbedingungen geradezu konträr zum Gesellschaftlichen angelegt. Während das Gesellschaftliche - vor allem in seiner neuzeitlich modernen Version der linearen Entwicklung, des unbegrenzten Fortschritts und der unendlichen Rationalität (die Menschen werden dauernd mit neuen Tatsachen konfrontiert, die sie vorher nie für möglich gehalten hätten) - offen scheint, ist die anthropologische Konstitution des Menschen begrenzt durch Geburt und Tod, was ihn letztendlich zum naturgebundenen Wesen macht (wo doch die Moderne die Natur ganz überwinden will). Aus Sicht der naturüberwindenden Moderne bedeutet Abhängigkeit von der Natur Schwäche, „systemwidrige" Hilflosigkeit. In der Vergesellschaftung des Menschen ist dagegen die Perspektive enthalten, ihn aus dieser Abhängigkeit von der Natur und damit aus seinem anthropologischen Selbst herauszulösen. Damit werden die mit der Naturhaftigkeit des Menschen verbundenen Emotionen, Triebwünsche und Äußerungen des Selbst, die sich besonders in der frühen Kindheit und bis zur Pubertät, aber auch in der Konfrontation mit der eigenen Endlichkeit im Alter herausbilden, und Gefühle der Bindung, Geborgenheit und Aufgehobenheit entstehen lassen, sozial denunziert. Die Gesellschaft drängt darauf, sie - über Familie und Erziehung - abzuwerten. Dann ist auch das eigene Selbst sozial abgewertet und der bedingungslosen Anerkennung durch das Soziale ausgeliefert (vgl. dazu Gruen 1993).

Nun ist die Triebstruktur des Menschen zwar psychosomatisch - d.h. in seiner psycho-physiologischen Körperlichkeit - angelegt, dabei aber keinesfalls biologisch, sondern in der Spannung von Physischem und Sozialem definiert: „Die Triebe sind [...] nach Auffassung der Psychoanalyse naturbedingt sozial eingerichtet. Die psychosoziale Formung der Triebe geschieht im Sozialisationsprozess." (Gottschalch 1991, S. 77). Dieses Phänomen des anthropologisch-ursprünglich triebgebundenen, aber im Sozialen triebfliehenden und triebleugnenden Menschen hat sich im wesentlichen in der Moderne ausgebildet. In der vorindustriellen Zeit dagegen waren die innere und äußere Welt noch weitgehend einander ähnlich strukturiert. Der inneren Endlichkeit und Begrenztheit des Menschen entsprach die zyklische Struktur des Sozialen, der inneren naturgebundenen menschlichen Hilflosigkeit die äußere Diffusität des Gesellschaftslebens, das im Alltagsprozess von Mythen und religiösen Eschatologien durchsetzt, also „vorrational" war.

In unserer spätmodernen Gesellschaft dagegen ist das menschliche Selbst als triebunterlegte psychische Instanz Brüchen und Widersprüchlichkeiten ausgesetzt, die man durchaus analog dem Bild (nicht dem Begriff, denn der ist an die sozialwissenschaftliche Argumentation gebunden) als „anomisch" beschreiben kann. Diese „anomische Struktur" ist heute in der Spätmoderne insofern komplexer geworden, als sich über den klassischen Konflikt zwischen triebunterlegtem Selbst und sozialer Welt, wie ihn die Psychoanalyse vielfach unter dem Aspekt des Realitätskonflikts in der frühen Kindheit bearbeitet hat (vgl. dazu Gottschalch 1991, S. 79 ff.), eine anomieträchtige, individualisierte Konsumstruktur gelegt hat, die dem Selbst - mit fortschreitendem Alter - widersprüchliche Botschaften sendet. Einerseits soll dem triebbesetzten „virtuellen Selbst" (Bernfeld 1931) - Gottschalch (1991) nennt es Wunschselbst - durch soziales Entgegenkommen und soziale Zwänge die Omnipotenzillusion genommen werden (das Realitätsprinzip soll die Oberhand gewinnen), andererseits und gleichzeitig senden Konsum und Medien (schon für die Kinder) verführerische parasoziale Signale aus, die dazu ermuntern, das Wunschselbst und die Omnipotenzillusion auch in der sozialen Welt weiterzuleben und das Realitätsprinzip zu unterlaufen. Hier spiegelt sich das Bild vom konsumtiv vermittelten „Leben in der Anomie" im Selbst wider. Die sozialen Zwänge von Schule, Arbeit und sozialer Ordnung verwehren dem Selbst seine triebautonome Entfaltung, der Konsum und die Medien scheinen sie dennoch zu ermöglichen.

Wir haben nun die allgemeine Hintergrundfigur „anomischer" Triebkonstellationen der Entwicklung des Menschen in der modernen Gesellschaft gekennzeichnet. Sie entstehen *psychosomatisch aus* der leibseelischen Natur des Menschen, sind aber nicht „von Natur aus" so angelegt, sondern erhalten ihre Dynamik und Form erst im Austausch mit der sozialen Umwelt, denn Triebe sind „naturbedingt und sozial gerichtet" (Gottschalch).

1.3.2 Triebdynamik und soziale Umwelt

Wie schließlich dieser Austausch zwischen triebdynamischem Ich und sozialer Umwelt abläuft, wird in der tiefensozialisatorischen Analyse der menschlichen Entwicklung in der Moderne als zentral und entscheidend für die Entwicklung devianter Dispositionen bzw. - um den Begriff Donald Winnicotts schon hier zu gebrauchen - für die Ausformung *antisozialer* Tendenzen angesehen. Der Austausch misslingt, wenn das Kind, der Jugendliche - und im gewissen Sinne später auch der erwachsene Mensch - entweder dauernd über die Maßen angepasst ist (und in kritischen Lebenssituationen, in denen er auf sein Selbst zurückgeworfen ist, hilflos wird) oder aber in seinem Wunsch(-Selbst) stecken bleibt, das ihm den Zugang und die Auseinandersetzung mit der Realität verwehrt und ihn - in seiner Omnipotenzillusion - ebenfalls sozial hilflos macht. Zwischen diesen beiden Polen der gleichzeitig triebstrukturierten und sich sozial einstellenden Hilflosigkeit, die ich auch nach meinen Erfahrungen mit Erscheinungen der Gewaltbereitschaft als grundlegend konstitutiv für die Entwicklung devianter Dispositionen halte (ich müsste besser sagen: für Dispositionen, die Menschen in Zonen Abweichenden Verhaltens geraten und Muster von Devianz übernehmen lassen), entwickeln sich allmählich antisoziale Dispositionen. Die Disposition als solche ist noch nicht deviant und auch Winnicot unterscheidet deutlich zwischen der „latenten antisozialen Tendenz" und dem manifesten antisozialen Verhalten. Bei der antisozialen Tendenz liegt - triebsozialisatorisch gesprochen - zunächst eine Störung des Austauschs und der Balance von sozial ausgerichteter Triebdynamik und ihrer Umweltresonanz vor.

Wir wollen uns nun diesen Zusammenhang in zwei polaren Ausprägungen näher betrachten und uns dabei immer vor Augen halten, dass es Extrempunkte sind, zwischen denen eine Vielzahl von graduellen Variationen zu beobachten sind. Den Extremtyp des illusionsbesetzten Wunschselbst hat W. Gottschalch am Beispiel einer alltagsbekannten Comic- und Filmfigur beschrieben, dem Superman:

„Superman kann alles. Für ihn bestehen offensichtlich die Hindernisse der realen Welt nicht. Aber er hat die Säugetiernatur des Menschen abgestreift. Er kann sich nicht fortpflanzen, denn seine enganliegenden Hosen zeigen an, dass er keine männlichen Geschlechtsteile hat. Damit symbolisiert er den Wunschtraum des Narzissten von einer prägenitalen Welt ohne Hindernisse, ohne Generationenkonflikt und Geschlechterkampf" (Gottschalch 1991, S. 84).

Dieses Interpretationsbild könnte man auch für die sonnengereckte, augenscheinlich geschlechtslose Fidusfigur, die Symbolfigur (das „Logo") der Jugendbewegung, anwenden. Damit sollte die historisch-politische Kraft der freideutschen Jugendbewegung nicht geschmälert und ihr lebensstilorientierter Erneuerungswillen nicht denunziert werden. Aber es gab in der Jugendbewegung genug regressive Tendenzen: Ihr proklamierter Auszug aus der Gesellschaft war für manche der Anhänger auch ein gesuchter und dann narzisstisch ausgelebter Auszug aus der Realität. Es gibt immer wieder Jugendkulturen - wahrscheinlich nimmt sich da keine aus, wenn wir die narzisstische Grundstruktur der Adoleszenz betrachten -, in die solche regressiven Elemente besonders eingeschrieben sind. So findet man auch in der Techno-Kultur der 90er Jahre entsprechend regressive Züge. Denn das Lebensgefühl der Techno-Jugend hat ja auch manches von einem zeitweisen, stilisierten Auszug aus der gesellschaftlichen Realität: man übergeht und ignoriert sie einfach, lebt sich neben ihr aus. Werktags geht man - ritualisiert, weil es halt so sein muss - in die Schule oder zur Arbeit. Das *Leben* aber spielt sich andernorts ab. Wenn man unter diesem psychoanalytischen Zugang die Beobachtung interpretiert, dass in der Techno-Kultur die Geschlechter gleichberechtigt und „natürlich" ohne sexistische Zwänge und Machtkämpfe miteinander verkehren (vgl. dazu Schneider/Töpfer 1998), so können hier zwei Interpretationen aufeinanderprallen. Während Jugendkulturforscher hoffnungsvolle Tendenzen eines gegenseitigen Respekts der Geschlechter voreinander und (wenn die Forscher älter sind) sogar geschlechtsemanzipatorische Züge ausmachen, bleibt der psychoanalytische Blick skeptisch, denn die Assoziationen zum geschlechtslosen Regressionstyp des Superman und Fidus sind doch naheliegend: Die Sehnsucht nach prägenitaler Harmonie, die Konfliktverweigerung in der nachgeholten Illusion der vorödipalen Geborgenheit, stilisiert und ästhetisiert in schillernden Selbstpräsentationen (dies ist nicht die Welt und die Gesellschaft, für die ich geboren bin), sind spürbar.

Der US-amerikanische Kulturanthropologe Robert Bly (1997) gewichtet diesen regressiven Trend der Sehnsucht nach einer präödipalen Kindheit sogar als allgemeine Zeitströmung der Wende zum zweiten Jahrtausend und als Ausdruck eines neuen zivilisatorischen Krisenerlebnisses. Wenn man unter diesem Aspekt das Phänomen des Aufflackerns einer „neuen" sozialwissenschaftlichen Kinderforschung (vgl. dazu exemplarisch Honig u.a. 1996) betrachtet, die unter hartnäckigem Übergehen der strukturell unabweisbaren Vergesellschaftung der modernen Kindheit eine „authentische" Kindheit beschwört und dabei merkwürdig naiv das sozial folgenreiche Geschlechterproblem der frühen Kindheit ignoriert, dann kann man den Eindruck gewinnen, dass auch die Wissenschaft in den Sog der regressiven Sehnsucht nach einer besseren Welt geraten ist.

Nun aber zum anderen Extrempunkt der triebstrukturierten Sozialbalance, dem unbedingten sozialen Anpassungszwang und der damit verbundenen einseitigen Zurückweisung und Unterdrückung der aus dem Selbst kommenden Signale und Antriebe. Der Schweizer Psychoanalytiker Arno Gruen hat gerade diesen Pol zum Ausgangspunkt seines Paradigmas vom „verwehrten Selbst" gemacht (1993). Nicht das Selbst darf im Sozialisationsprozess bedingungslos der Umwelt angepasst werden, sondern die Umwelt muss dem Selbst entgegenkommen (hier werden wir später an Winnicotts Begriff der „fördernden Umwelt" anknüpfen können). Denn der Anpassungszwang kann zur Fixierung, zur Pathologie, zum „Wahnsinn der Normalität" (so ein weiterer Buchtitel von Gruen 1991) werden, was in kritischen Sozialsituationen, in denen die gewohnten sozialen Bindungen (und zugleich Ressourcen) wegbrechen und nicht mehr verfügbar sind, zu fataler Hilflosigkeit führen muss. Man ist auf das Selbst zurückgeworfen, das einem aber nicht zugänglich ist, als Bewältigungsquelle und -halt ausfällt.

Die Art des Eingehens auf die Bedürfnisse, die Kinder, Jugendliche und - meist triebüberformt - Erwachsene von sich aus entwickeln, wird damit zum wichtigen sozialisatorischen Problem. Denn je mehr - so Gruen - das, was aus dem Selbst herauskommt, verwehrt und von der sozialen Umwelt - vor allem auch der Erziehung - „als Feind(e) der sozialen Anpassung" abgestempelt wird, je mehr erfahren und in der Wiederholung gelernt wird, dass im Grunde nichts in einem selbst ist, desto eher beginnt man selbst, diese eigenen Bedürfnisse zu unterdrücken und zu fürchten. Es kann geradezu eine Angst vor der Lebendigkeit der eigenen Gefühle entstehen, die als bedrohliche Feinde erlebt werden. Wer zur Erfahrung gezwungen wird, dass nichts aus ihm selbst geschieht, wird - vor allem dann, wenn die äußere Sozialbindung gefährdet ist - in eine emotionale Leere getrieben. Aber „die damit verbundene Hilflosigkeit sowie daraus entstehender Schrecken und Wut werden von der [sozialen] Umwelt [auch] vehement abgelehnt". So muss Hilflosigkeit zum „Objekt der Ablehnung und des Hasses werden. Sie ist es [dann], die einen bedroht und nicht die Situation, die sie verursacht hat. So rächt man sich dann an allem, was die eigene Hilflosigkeit hervorrufen könnte". Deshalb muss auch „zwangsläufig" die Hilflosigkeit bei anderen (und damit geht es ins soziale Handeln ein) verachtet werden. Mit und in diesem Verachten kann die dahinterstehende eigene Angst (vor Hilflosigkeit) verborgen werden. Gleichzeitig wird dadurch aber auch eine „Haltung des Verachtens" gefördert. Diese wiederum geht - meist notwendigerweise - einher mit einer, diese stützende, „Ideologie der Macht und des Herrschens" (Gruen 1991, S. 26). Und, in Richtung der Entwicklung devianter Verhaltensdispositionen aus dem gestörten Selbst heraus, argumentiert Gruen weiter: „In dem Maße, in dem uns die Grunderfahrung menschlicher Hilflosigkeit verwehrt wird, sind wir gezwungen, diese sozial abzuspalten, in Abstraktionen aufgehen zu lassen. Abstraktionen - Ideale, Ideologien, Stereotype - erlauben es uns, unser persönliches Involviertsein von den jeweiligen Resultaten abzutrennen" (Gruen 1991, S. 49).

Wir sind hier wiederum an einer Schlüsselstelle der Subjekttheorie angelangt, von der aus wir Erklärungsbezüge für irrationale, „unverständliche" Züge Abweichenden Verhaltens aufschließen können. Gerade aus dem Erfahrungsbereich des Gewalthandelns kennen wir den phänomenologischen Zusammenhang zwischen einem Milieuhintergrund der Täter, aus dem sie keinen Selbstwert schöpfen können, der nichts fördert, was aus ihnen selbst kommt, und einer für uns unfassbaren Brutalität des Zuschlagens. Im bereits erwähnten Film von Jürgen Leinemann gibt ein Junge auf die Frage, wo denn die Grenze sei, an der er von seinem Opfer ablasse, die Antwort: „Bis ich von meinen Kumpels von ihm weggerissen werde." Auch wenn der andere unten liegt, tritt er weiter „blindwütig" und mit „Hass" auf ihn ein, denn der Täter hat ja keine Beziehung zu dem Opfer. Der Hass auf die eigene Hilflosigkeit und seine Projektion auf andere, Schwächere ist zum abgespaltenen Abstraktum geworden, er beflügelt das Schlagen und Treten, die brutale Gewalt *an sich*. Deshalb kann er sich nicht in das Opfer hineinfühlen, die Empathie geht ihm in dieser Abspaltung und Abstraktion zwangsläufig verloren. Empathie, das Sich-in-andere-Hineinversetzen-Können und das sich so entwickelnde Verständnis für den anderen ist aber Voraussetzung für die Entwicklung eines interaktionsfähigen Selbst, ja für die Konstitution des Selbst im Sozialen überhaupt. Wir werden später sehen, dass bei allem sozial destruktiven, die Integrität des anderen verletzenden oder zerstörenden Verhalten, dieses Vermögen der Empathie verkümmert oder ausgelöscht ist.

An dieser Stelle ist auch die geschlechtstypische Struktur des Selbst im Austausch mit der sozialen Umwelt zu thematisieren. Aus der sozialempirischen Beobachtung und der Literatur zum Geschlechterverhalten wissen wir, dass Jungen und Männern ein Mangel an empathischem Vermögen im Vergleich zu Mädchen und Frauen zugeschrieben wird (vgl. dazu ausführlich Kap. 1.6). Sie agieren - um mit Gruen zu sprechen - mehr in Abstraktionen und können mit ihrem Selbst, mit innerer Hilflosigkeit in kritischen Situationen schlechter umgehen. Wir werden dieser These noch öfter in unserer Einführung begegnen und sie auch sozial und sozialstrukturell aufschließen. Hier interessiert - natürlich idealtypisch - die Differenz in der Befindlichkeit des männlichen und weiblichen Selbst.

Während im Falle des Extremtyps des illusionsbesetzten Wunschselbst die beschriebenen Regressionseffekte geradezu zum Verwischen der Geschlechterunterschiede in der Befindlichkeit zu führen scheinen, werden sie im Extremtyp des sozialen Anpassungszwangs gleichsam freigesetzt. Jungen und Männer - so lautet die These - sind diesem Anpassungszwang nicht nur seitens der Gesellschaft, sondern auch von der Triebstruktur ihres Selbst her sozialen Anpassungszwängen stärker ausgesetzt als Frauen. Dadurch ist ihnen ihre innere Welt der Gefühle immer wieder verwehrt. Die von Gruen thematisierte Tendenz der Hilflosigkeit des menschlichen Selbst im Zusammenhang mit dem gesellschaftlichen Anpassungszwang ist zunächst ein allgemein menschliches, dann aber doch ein geschlechtsdifferentes Phänomen. In der patriarchalischen Gesellschaft müssen Jungen von Vätern und Müttern auf spätere machtvolle, konkurrente und rationale - also Natur überwindende - Positionen vorbereitet werden. Die Frau dagegen ist durch ihre frühe sozialisatorische Bindung an die Beziehungswelt und ihre Nähe zur Natur (über ihre Gebärfähigkeit) dem Eingeständnis der menschlichen Hilflosigkeit näher und damit nach innen selbstsicherer als der zwanghaft nach außen agierende, dort seine Handlungssicherheit suchende Mann (vgl. dazu ausf. Böhnisch/Winter 1997).

1.3.3 Deprivation

Dass also zwischen diesen Extrempolen die Austauschbeziehungen von Selbst und sozialer Umwelt seit der frühesten Kindheit einigermaßen ausbalanciert sein müssen, hat Donald Winnicott, der amerikanische Kinder- und Jugendpsychiater, in seinem Werk immer wieder zum Thema gemacht (vgl. dazu im Überblick Davis/Wallbridge 1983, Winnicott 1984a, 1988). Kinder und Jugendliche brauchen eine „fördernde Umwelt", die es ermöglicht, sich von bisherigen Entwicklungsstufen abzulösen und neu zu binden, ohne dass diese Ablösungen destruktive Verluste beinhalten, die neue Bindungen verhindern. Dennoch müssen Illusion und Narziss als Bestärkungs-, Widerstands- und Orientierungslinien des Selbst - im Sinne Gruens - möglich, die Grenzen der Desillusionierung und Frustration aber spürbar und gleichzeitig so provozierbar sein, dass sie zu produktiver Neuorientierung bei wiedergewonnener psychischer Integrität (ich bin noch wer und mit mir wieder eins) führen können. Die fördernde Umwelt, zu der die Erziehung genauso gehört wie die Gleichaltrigen- und Konsumkultur, ist also der Kontext, in dem sich die immer wieder erneuernde Spannung zwischen Bindung und Ablösung, Wunschfixierung und Verlust abspielt. Die Mutter steht dabei am Anfang als strategische Figur, die in der Kindheit emotionale Illusionen schafft, von der aber auch die erste massive Desillusionierung ausgehen muss. Die Sehnsucht nach und die Enttäuschung an der Mutter beherrscht nicht grundlos die tiefenpsychische Entwicklungsthematik bis an das Lebensende.

Die anhaltende Störung dieser Balance, verbunden bzw. ausgelöst durch die Erosion dieser fördernden Umwelt bereits in der frühen Kindheit, bezeichnet Winnicott als *Deprivation*, als Auslöser einer *antisozialen Tendenz*. „Deprivation bezieht sich auf die Erfahrung und den Verlust einer hinreichend guten Umwelt. [...] Der Verlust ereignet sich zu einem Zeitpunkt, wenn das Kind schon von 'Abhängigkeit' weiß" (Davis/Wallbridge 1983, S. 125). Abhängigkeit bedeutet hier Abhängigkeit von der sozialen Umwelt - vor allem was die Chancen der Behauptung des Selbst betrifft. Hier treffen sich Gruen und Winnicott (aber auch z.B. Laing 1989): Die sukzessive Konstituierung der Anpassung, die notwendige soziale Abhängigkeit, wie sie der sozialisatorischen Entwicklung immanent ist, darf das Selbst und seine triebbesetzten Äußerungen nicht zu „Feinden der sozialen Anpassung" (Gruen) machen. Deprivation und antisoziale Tendenz können sich in der Familie früh entwickeln, „wenn die Anpassung der Mutter an Ich-Bedürfnisse in einer Phase relativer Abhängigkeit" einschneidend verloren geht. Später ist es der Verlust einer unzerstörbaren Umwelt, z.B. die alltäglich wiederkehrende Auflösung der Familie, „die dem Kind die Erforschung zerstörerischer Aktivitäten in bezug auf Trieberfahrungen ermöglichte" (Davis/Wallbridge 1983, S. 126). Schließlich nennt Winnicott vor allem die Überforderung des Ichs durch die Familie (z.B. auf das Kind delegierte Familienkonflikte). Das Kind wird in seiner Entwicklung blockiert, verliert sozialen Kontakt und soziale Kreativität, sodass ihm seine eigenen Triebimpulse gefährlich werden, die es dann abspalten muss, würden wir im Gruenschen Sinne sagen. Es ist also die „fördernde" Umwelt, die dem Kind eine Balance von automotorischer Selbstäußerung und sozialer Anpassung vermittelt. Sie sorgt dafür, dass das Kind im Sozialen „heimisch" wird, sich also weder einem Anpassungszwang unterwerfen muss, noch in die Gefahr gerät, im illusionären Wunschselbst zu regredieren. „Heimisch werden können" (in begrifflicher Anlehnung an Bronfenbrenner 1981) beinhaltet die Chance, sich selbst in seine soziale Umgebung einbringen und sich dann darin wiederfinden zu können.

Im Jugendalter - so Winnicott -, besonders in der Pubertät, bricht die Balance von triebdynamischem Selbst und sozialer Umwelt neu auf einer höher entwickelten Stufe auf. Das Selbst ist zwar vorgeprägt durch die frühkindlichen Erfahrungen, diese wiederholen sich jedoch nicht einfach, sondern die Triebwünsche brechen in einer doppelten pubertären Freisetzung des körperlich und sozial Neuen auf. Die Ungewissheit bezüglich des Selbst auf der einen und die Abwehr bisheriger familialer Rollenzuweisungen auf der anderen Seite führt zur Suche nach eigener Wahrheit und damit aggressiver (Kompromisse ablehnender) Selbstthematisierung und Selbstäußerung ins Soziale hin. Dieses Dilemma wird offensichtlich durch die Tatsache erschwert, dass sich der Körper, in dem das Selbst ruht und den es beseelt, in der Pubertät rasch verändert. Die Jugendlichen sind körperlich und sozial freischwebend - so meine Interpretation - und damit - aus ihrer Selbstsicht - *alles umgreifend* und *isoliert* zugleich. Sie müssen sich allein aus ihrem Selbst heraus ihre Wirklichkeit schaffen. Mario Erdheim (1988) hat dies in seiner Funktionsbestimmung des Narziss für die Adoleszenz ähnlich beschrieben, wir werden darauf im Kapitel über die „potentielle Devianz" im Jugendalter noch ausführlich zurückkommen.

> „Den Versuch, sich als wirklich zu fühlen [in einer unwirklichen, weil freischwebenden Lebenssituation - L.B.], sah Winnicott auch als Ursache antisozialer Handlungen von Heranwachsenden. [...] Aggression gehört wesentlich zu der Feststellung 'ich bin' und zum Vorgang des Heranwachsens. Aggressive Handlungen sind für Heranwachsende insbesondere von Wert, weil sie Psyche und Soma miteinander verbinden. Bekanntlich bringt bei noch unreifen Menschen die Feststellung des 'Ich bin' in der Phantasie oder inne-

ren Realität die Erfahrung von Verfolgung mit sich [da das neue Selbst ja nicht gefestigt und damit angreifbar ist - L.B.]. Das Gefühl des Wirklichen liegt ganz besonders dort vor, wo diese Erwartung erfüllt wird, und so äußert sich Aggression als Suche nach Verfolgung" (Winnicott zusammengefasst nach Davis/Wallbridge 1983, S. 130 f.).

Da das Zusammenspiel von fragiler Wirklichkeitssuche und Verfolgungswahn in der jugendkulturellen Gruppe seine Struktur (Gruppenzusammenhalt) findet, wird die Gleichaltrigengruppe/Clique zum besonderen Ort jugendlicher Selbstsuche und damit verbundener antisozialer Tendenz. Winnicott hat dabei vor allem die Jungen im Auge, ohne die Problematik des männlichen Selbst explizieren zu können. Im Anschluss an Gruen werden wir deshalb, wenn wir die Thematik der Subkultur später behandeln, die räumliche und psychosoziale Dynamik der Clique näher beleuchten, weil sie die männliche Externalisierung nicht nur weiter befördert, sondern auch eine spezifische soziale Männlichkeit schafft.

Am Ende dieses Kapitels über das „anomische Selbst" bleibt noch die wichtige Frage der theoretischen Verbindung zwischen gesellschaftlicher und subjektiver Dimension. Diese sehe ich bei Gottschalchs Interpretation der *Internalisierung*. Die Gesellschaft versucht, ihre Normen und Werte über Rollenanforderungen und -zumutungen in die Sozialisation einfließen zu lassen. Kinder und Jugendliche als in die Gesellschaft durch sukzessive Übernahme von Rollen *Hineinwachsende* integrieren so diese Rollen in ihr personales System (Parsons 1972). Gelungene Internalisierung setzt dabei nicht nur erfolgreiche psychosoziale Triebbalance voraus, sondern auch soziale Erreichbarkeit der mit den gesellschaftlichen Werten verknüpften Ziele. Ist dies nicht der Fall, ist das gesellschaftliche Angebot in sich anomisch (vgl. wieder die Durkheimsche und Mertonsche Ziel-Mittel-Konstellation) und es können sich Devianzformen als Muster „sekundärer Anpassung" (Goffman 1973; vgl. ausführlich Kap. 1.7) entwickeln. Es kommt also darauf an - um mit Winnicott zu sprechen -, wie dosiert und ausgewogen die rollenvermittelten Internalisierungsaufforderungen seitens der fördernden Umwelt sind, ob sie auch eigensinnige und widerständige Selbstausdrucksformen zulassen und vor allem: ob sie Aneignungsraum bieten. In der Sozialisationstheorie versteht man unter „Aneignung" die Chance für das Subjekt, in Lernprozessen das eigene Selbst so einbringen zu können, dass subjektbezogene Umgestaltungen des stofflichen, kulturellen oder sozialen Gegenstandes möglich sind, mit dem sich das Individuum lernend auseinandersetzt.

1.3.4 Zur Spannung von Selbstbefindlichkeit und Handeln im Vorfeld Abweichenden Verhaltens - Normalisierungshandeln und Selbstkontrolle

Wenn das Selbst in Relation zu seiner fördernden Umwelt in seiner gleichzeitig triebstrukturierten wie sozial gerichteten Befindlichkeit *gestört* ist, entwickeln sich Impulse und Ausgangsdispositionen für ein Handeln, das von seiner strukturellen Ungleichgewichtigkeit her (Drang zur Unterwerfung der sozialen Umgebung unter das Selbst oder Regression) antisozial ist und somit die Prognose in sich trägt, zum Abweichenden Verhalten zu werden. Diese Prognose erfüllt sich, wenn das betreffende Subjekt in soziale Interaktionsstrukturen gerät, in denen die antisoziale Tendenz und das davon angetriebene Handeln als *abweichend* definiert und sanktioniert werden und es sich darin auch identitätssuchend einrichtet. Art der Definition und Sanktion ergeben sich nicht nur aus der Interaktionsdynamik, sondern sind vor allem auch durch die gesellschaftlichen Ordnungsmuster und die mit ihnen verbundene Hegemonialkultur (vgl. Kap. 1.8) strukturiert. Diese stehen wiederum in einem für das Individuum meist unübersichtlichen und damit „unverständlichen" Verhältnis zu den anomischen Tendenzen der Gesellschaft.

Der Zusammenhang von antisozialer Tendenz und anomischer sozialer Umwelt bildet nur die Ausgangs- und Hintergrundstruktur für Abweichendes Verhalten. Solches konstituiert sich erst in typischen Interaktionen im Kontext von Definitions- und Aneignungsprozessen, denn die entsprechenden Konstellationen sozialen Handelns sind schließlich und letztlich ausschlaggebend, ob und wann Abweichendes Verhalten eintritt. Aber gerade deshalb ist es wichtig, die bisher nur behauptete Verbindung von der antisozialen Befindlichkeit des Selbst (unter dem Eindruck nicht fördernder, sondern anomischer Umwelten) und entsprechend angetriebenem und herausgefordertem antisozialen *Handeln* aufzuschließen. Diese Verbindung soll im folgenden mit den theoretischen Konstrukten *Normalisierungshandeln* und *Selbstkontrolle* hergestellt werden.

Unter „Normalisierungshandeln" verstehen wir einen sich aus der Befindlichkeit des Selbst heraus entwickelnden Antrieb in kritischen sozialen Situationen und biografischen Konstellationen, in denen die eigenen Handlungsressourcen nicht mehr ausreichen und überfordert sind, psychosoziale *Handlungsfähigkeit* zu erlangen. Das Erlangen von (wenn auch nur zeitlich und situativ begrenzter) Handlungsfähigkeit kann dabei über der Einhaltung der Norm stehen. Streben nach Handlungsfähigkeit aus der Störung der Selbstbefindlichkeit angesichts des Überfordertseins in kritischen Situationen und Normkonformität können also auseinanderfallen. Dies wird ähnlich auch in der Kriminologie thematisiert: „Im Unterschied zum Recht passen sie [die Betroffenen, L.B.] ihr Wissen um Werte und Normen tendenziell eher den jeweiligen Gelegenheiten an" (Messmer 1996, S. 231). Hier liegt also die Bruchstelle, an der das Streben nach Wiedererlangung von Handlungsfähigkeit - wir gebrauchen dafür im Weiteren den Begriff des subjektbezogenen *Bewältigungs- oder Normalisierungshandelns* - in Abweichendes Verhalten mündet. Dies ist sowohl wahrscheinlich, wenn das Normalisierungshandeln von vornherein durch eine *antisoziale Tendenz* strukturiert ist und/oder die soziale Umwelt das Verhalten als abweichend erwartet oder definiert. In dieser Entsprechung von antisozialer Tendenz und Normalisierungshandeln liegt also der Zusammenhang zwischen Selbst-Befindlichkeit und Abweichendem Verhalten begründet. Das in der Sozialpädagogik und Sozialarbeit entwickelte Konzept des Bewältigungs-/Normalisierungshandelns (vgl. dazu Böhnisch 1997; zum Bewältigungsdiskurs im Überblick: Brüderl 1988) geht auf den *Coping*-Ansatz der Stressforschung (Lazarus 1981) zurück. Dieser bezieht sich auf die psychosomatischen Störungen des menschlichen Wohlbefindens unter dem Eindruck nicht bewältigbarer und nicht durchschaubarer oder diffuser, aber deutlich bis existentiell spürbarer Belastungen und zeigt auf, dass diese Belastungen vom leibseelischen Zustand her als Störung des Gleichgewichts empfunden werden.

Vergleichbare Reaktionen kennen wir in - von der Struktur her stressähnlichen - sozialen Konstellationen und der Art und Weise ihrer Bewältigung. Bei der wissenschaftlichen Begleitung des Anti-Gewalt-Programms (AgAG 1997) in den neuen Bundesländern anfangs der neunziger Jahre liefen unsere qualitativen Erhebungen zur Befindlichkeit gewaltbereiter Jugendlicher sowie die entsprechenden Beobachtungen der SozialarbeiterInnen immer wieder in der Erkenntnis zusammen, dass die betreffenden Jugendlichen - was ihnen so natürlich nicht bewusst war - mit ihrer Gewalttat und ihrem Vandalismus wieder handlungsfähig werden, ins Gleichgewicht kommen wollten: Zeigen, dass man noch da ist, dass man *wer* ist und etwas wert ist in einer Welt, die einen nicht braucht. Mit Gewaltakten kann man auch wieder - zumindest situativ - die Orientierung gewinnen, demonstrieren, was und wer oben bzw. unten ist, man kann diffuse und damit bedrohliche, stressige Situationen eindeutiger machen. Winnicott würde wohl sagen: Nur in der Gewalt- und Zerstörungstat können manche spüren, dass sie *wirklich* sind. Diese Verbindung von antisozialer Suche des Selbst nach Wirklichsein und psychosozialer Handlungsfähigkeit in stressigen Sozialsituationen macht also ihre Relevanz für soziales Handeln in Richtung Abweichenden Verhaltens aus. Das Mertonsche - sozialstrukturzentrierte - Konzept des Anpassungsverhaltens an anomische Konstellationen hat hier eine subjekt- und handlungstheoretische Entsprechung gefunden, so dass nun die Verbindung von sozialstruktureller Anomietheorie und Subjekttheorie des Handelns hergestellt ist.

Wir können dieses antisoziale Normalisierungsstreben nach unbedingter Handlungsfähigkeit unter Missachtung der geltenden Norm sozialisatorisch als gestörte Balance zwischen dem Bewältigungshandeln und der Internalisierung von Normen ansehen. Dabei ist es nicht so, dass - auch in extremen antisozialen Handlungssituationen - ein völliger Bruch zwischen Handlung und Norm eintritt. Es ist Aufgabe der Pädagogik, Hilfen zur Herstellung dieser Balance so anzubieten, dass die „Botschaft des Selbst" (welche problematische Befindlichkeit steckt hinter diesem Verhalten, welcher Hilferuf?) nicht unterdrückt, die Norm nicht zwangsvollstreckt wird. Darauf werden wir im vierten Teil des Buches bei der Darstellung der „Akzeptierenden Pädagogik" noch näher eingehen.

Was hier interessiert, ist die Frage, wie das Individuum aus seinem Selbst heraus wieder Kompetenzen entwickeln kann, um diese Balance einigermaßen zu erlangen. Für die Thematisierung dieses Problems bietet sich die kriminologische Diskussion um das Paradigma der „Selbstkontrolle" an. Dieser Begriff ist in der neueren Theoriediskussion zum Abweichenden Verhalten umstritten (vgl. dazu Lamnek 1994). Vor allem an seinem umfassenden theoretischen Anspruch, der - in unbekümmerter soziologischer Theorietradition - auf die *soziale Erklärung* Abweichenden Verhaltens zielt, entzündet sich auch die kriminalsoziologische Kritik. Abweichendes Verhalten (dazu noch vor dem paradigmatischen Hintergrund des handlungstheoretischen Kosten-Nutzen-Modells) als Störung der Selbstkontrolle zu beschreiben, sieht doch zu sehr nach ätiologischer Verengung und individueller Schuldzuschreibung aus.

Für die Pädagogik ist dieses Konzept natürlich erst einmal faszinierend, weil es breite Möglichkeiten der erzieherischen Einwirkung suggeriert. Aber auch hier wäre es fatal, wenn man es nur normativ verstünde. Wir wissen ja inzwischen aus der psychoanalytisch rückgebundenen sozialpädagogischen Subjekttheorie, dass Individuen mit antisozialer Tendenz in kritischen Situationen auch nach Handlungsfähigkeit außerhalb der Norm streben, und dass folgerichtig die Erkenntnis, hier handle es sich um ein Versagen der Selbstkontrolle, die psychosoziale Realität des Subjekthandelns überhaupt nicht erfassen kann. Gleichwohl ist für SozialarbeiterInnen die Erziehung zur Selbstkontrolle eine mögliche Interventionsperspektive. Wir sollten also das Paradigma „Selbstkontrolle" weniger auf seine soziologische Erklärungskraft, sondern vielmehr daraufhin untersuchen, ob es uns theoretische Erkenntnisse zur Verbindung von Selbst und Handlungskompetenz eröffnet und uns damit bei der Begründung einer Indikations- und Interventionsperspektive „Selbstkontrolle" weiterbringen kann.

Dennoch bleiben wir kurz bei der Soziologie, denn es fällt auf, welch breiten Raum Lamnek in seinem Buch „Neue Theorien Abweichenden Verhaltens" (1994) dem Paradigma „Selbstkontrolle" einräumt. Er kreist geradezu um die soziologische Kritik, so als fasziniere ihn dieses Konzept, ohne dass er es aber mit soziologischen Mitteln greifen kann. In der Tat blenden auch beide Autoren, welche das Konzept in der soziologischen Diskussion einbrachten - Gottfredson und Hirschi (1990) - die innerpsychischen Antriebsstrukturen des Selbst aus und lassen die Individuen nach einer handlungsökonomischen Kosten-Nutzen-Kalkulation agieren. Abweichendes Verhalten und Kriminalität haben mangelnde Selbstkontrolle zur Voraussetzung, die sich vor allem darin zeigt, dass das Handeln der Betreffenden in kritischen Situationen „von einer starken Augenblicksorientierung und Unfähigkeit geprägt ist [...], die Zukunft angemessen in die Kosten-Nutzen-Kalkulation des Handelns einzubeziehen" (Lamnek 1994, S. 142). Das subjektorientierte Konzept der Selbstkontrolle ist dabei eng verknüpft mit dem allgemeinen Konzept der sozialen Kontrolle. Selbstkontrolle und Kontrolle von außen - in unterschiedlich gefestigten emotionalen und sozialen Bindungen, durch Erziehungs- und Sanktionsinstanzen, aber auch durch tradierte Sozialmuster der Ächtung und Ausgrenzung vermittelt - wirken zusammen.

Wahrscheinlich ist es die Annahme dieses Kalkulationskalküls sozialer Kontrolle, welche die Kritik an dem Selbstkontrollkonzept so vehement herausgefordert hat, dass sogar die Gefahr einer „neokonservativen Pädagogik" (Lamnek 1994, S. 161) mit autoritären Erziehungs- und Beeinflussungsmustern bis hin zur behavioristischen Dressur heraufbeschworen wurde. Ob diese Kritik fundiert ist, lässt sich spätestens dann anzweifeln, wenn man diese soziologisch gesetzten Behauptungen sozialisatorisch hinterfragt. Aus der Psychoanalyse Abweichenden Verhaltens wissen wir, dass Individuen, die sich strikt sozial anpassen müssen, in kritischen Situationen scheitern, weil die Überanpassung ihr Selbst geschwächt und die kritische Situation die damit verbundene Hilflosigkeit freigesetzt hat. Diese wird dann - vgl. die Argumentation A. Gruens - in der Regel abgespalten und wendet sich gegen andere, die Hilflosigkeit zeigen, wird so zur antisozialen Tendenz. Autoritäre Strategien der sozialen Anpassung können also gar nicht, wie in der zitierten kriminologischen Diskussion einfach unterstellt, Selbstkontrolle erzeugen, sondern müssen zu ritualisiertem Verhalten führen, das in kritischen Situationen - also in solchen, die Hilflosigkeit erzeugen - versagen muss.

Wir sehen hier, dass dem Begriff der Selbstkontrolle auch eine entsprechende Theorie des Selbst unterlegt werden muss, soll er als Sozialisations- und Handlungsbegriff im Diskurs über Abweichendes Verhalten bestehen und so vom Selbst*kontroll*- zum *Selbst*kontrollkonzept werden können. Denn aus der Sicht einer kritischen, psychoanalytisch fundierten Theorie des Selbst wird deutlich, dass der Bewältigungsbegriff - Suche nach unbedingter Handlungsfähigkeit - und der Begriff der Selbstkontrolle eng beieinander liegen. Mangelnde Selbstkontrolle entspricht einem Bewältigungsverhalten, das die Balance zur Norm nicht findet, sondern den Selbstwertflip des Augenblicks sucht. SozialpädagogInnen, die mit in kritischen Situationen gescheiterten Menschen arbeiten, bieten natürlich auch soziales Training an, in dem z.B. Jugendliche lernen, Konfliktsituationen durchzustehen und sich nicht provozieren zu lassen (vgl. Kap. 4.7.3). Auch ist nicht zu leugnen, dass eine nicht kalkulierbare, aber immer wieder spürbare Präsenz polizeilicher Kontrolle den Radius für kriminelle Handlungen aus der Dynamik der Cliquen und Banden heraus einschränkt. Der wichtigste pädagogische Ansatz aber ist, das Selbst dieser Jugendlichen zu aktivieren, d.h. sie zu sich selbst finden zu lassen und ihnen die Chance zu geben, auch ihre Schwächen und Hilflosigkeiten als Teil ihres Selbst anzuerkennen. Dies gelingt oft über vertrauensvolle Beziehungen, in denen das Delikt von der Täterperson abgetrennt und dann über die Beziehungssehnsüchte und Verlustängste, die das Selbst bedrohen, mit den Jugendlichen gesprochen wird (vgl. dazu ausführlich Kap. 4). Ein gestörtes Selbst ist eine Voraussetzung Abweichenden Verhaltens.

Selbstwertschöpfung und -stärkung und nicht ritualisiert erzwungene Anpassung werden damit zu den strukturierenden Dimensionen von Selbstkontrolle. Doch das ist noch nicht alles. Denn wir haben auch bei A. Gruen erfahren, dass ein Selbst, das auf dem Zugang zu den eigenen Gefühlen und deren Anerkennung basiert, auch ein empathisches Selbst sein muss. Nur wenn ich mich in andere hineinversetzen, ihre Integrität respektieren kann, bin ich in der Lage, auch zu mir selbst zu finden. *Selbst*kontrolle stellt in diesem Sinne also eine interaktive Kompetenz dar, die auf der Zugänglichkeit der eigenen Gefühle und dem Respekt vor anderen beruht. Wir werden an späterer Stelle des Buches sehen, dass SozialarbeiterInnen im Umgang mit gefährdeten Jugendlichen versuchen, vertrauensbildende Milieus aufzubauen, in denen man seine Gefühle zeigen kann und sich seiner Schwächen nicht schämen muss, und von dem aus auch der Kontakt zum Anderen, eventuell sogar Fremden, behutsam und stressfrei gesucht werden kann.

Hier findet das personale Selbstkontrollkonzept auch Anschluss an den postmodernen Theoriediskurs zur Sozialen Kontrolle (vgl. im Überblick Hahn 1995). Dort wird deutlich gemacht, dass unter den Bedingungen der Entstrukturierung und Individualisierung der gesellschaftlichen Entwicklung soziale Kontrolle als Strukturprinzip sozialer Ordnung sich nicht mehr nur und hauptsächlich über Institutionen, sondern vor allem auch über individuelle und interaktive Regulationsformen und Konfliktmuster aufbaut. In individualisierten Gesellschaften müssen sich sozialintegrative Prozesse stärker von unten her, aus dem Alltag heraus, entwickeln. Soziale Kontrolle als Aspekt sozialer Gegenseitigkeit, Verständigung und gemeinschaftlicher Gestaltung erhält damit eine neue soziale Bedeutung: Es braucht einen sozial integrativen (kommunitären) Kontrolldiskurs, in den alle Gruppen der Gesellschaft prinzipiell einzubeziehen sind und in dem gerade auch „abweichende" Sozialformen ein - gesellschaftsstrukturell zwingendes - Recht auf diskursive Beachtung und Auseinandersetzung haben.

In diesem postmodernen Zusammenhang erscheinen auch *subkulturelle* Prozesse in einem neuen Licht. Denn sie sind nicht nur als besondere, gruppenzentrierte Konstitutionsformen Abweichenden Verhaltens und mithin in ihren sozial desintegrativen Auswirkungen von Interesse, sondern sie verweisen auch auf aufschlussreiche sozialintegrative Bezüge: Subkulturen in hochindividualisierten Gesellschaften können auch als gruppenzentrierte Anpassungsmuster an anomische Gesellschaftszustände betrachtet werden. So findet z.B. das subkulturelle Gewalt- oder das Aussteigeverhalten von Jugendlichen in diesem Kontext seine bewältigungs- und integrationsbezogene Plausibilität, die durch den traditionellen kriminologischen Kontrolldiskurs, der sich vornehmlich auf die hoheitlichen Institutionen und die ordnungsbeharrende öffentliche Meinung bezieht, verdeckt wird.

1.4 Subkulturelle Dynamiken

Die Subkulturtheorie ist in den 30er Jahren in den USA formuliert worden und eng mit der soziologischen Entwicklungsarbeit der „Chicago-Schule" (vgl. dazu Treibel 1990) verbunden. Diese entwarf deskriptive Modelle, mit denen plausibel gemacht werden konnte, wie die eingewanderten ethnischen Gruppen viele ihrer mitgebrachten soziokulturellen Werte und Normen beibehalten und sich trotzdem in die amerikanische Gesellschaft (mit ihren anderen Werten) integrieren konnten. Dies - so die Erklärungen der Subkulturtheorie - gelang (und gelingt bis heute) dadurch, dass sich die ethnischen Gruppen sozialräumlich (bis hin zur Ghettoisierung) von der Mehrheitsgesellschaft abgrenzten und in den „Zwischenwelten" ethnischer Kolonien (Gemende 1999) unter sich blieben. Im Binnenleben dieser Subkultur gelten die tradierten „mitgebrachten" Werte und Verkehrsformen weiter, nach „außen" aber, in der Teilhabe an der Gesamtgesellschaft, orientiert man sich an den Werten der Mehrheitskultur: man geht zur Arbeit, respektiert die staatliche Ordnung und erkennt die öffentlichen Verkehrsformen an. Subkulturen sind also sozialstrukturelle Mechanismen, die es ermöglichen, dass unterschiedliche, teilweise widersprüchliche und sich auf gleicher Ebene ausschließende Normen nebeneinander bestehen können. Auf der einen Ebene steht die Suche nach Zugehörigkeit zum Gesamtsystem, dessen basale Normen geteilt werden, auf der anderen Ebene die Identifikation mit den subkulturellen Werten der dem Gesamtsystem fremden Teilkulturen.

„Aus dieser Wert- und Normdifferenzierung lassen sich Erklärungen für Abweichendes Verhalten ableiten" (Lamnek 1993, S. 143). Abweichendes Verhalten tritt ein, wenn die Normen der Subkultur auch dann gegenüber der Gesellschaft vertreten und befolgt werden, wenn sie deren Normen widersprechen, wenn also die Balance zwischen subkultureller und gesamtgesellschaftlicher Normorientierung - hier liegt auch der anomietheoretische Einschlag des Subkulturkonzepts - nicht mehr gegeben ist. Dies wurde seit den Tagen der Chicago-Schule immer wieder am Beispiel jugendlicher Banden und ihrer Kriminalität demonstriert. Kriminelle Akte - Betrug, Diebstahl, Gewalt - werden von der Gesamtgesellschaft verfolgt und sanktioniert, während sie ja in der kriminellen Subkultur positiv bewertet sind; in ihnen drückt sich die Gruppe aus, wird der subkulturelle Zusammenhang gestärkt, können sich die Gruppenmitglieder für die Gruppe und in der Gruppe beweisen. Dies ist am ausgeprägtesten in kriminogenen *Cliquen* oder *Gangs*, die sich vorrangig über Abweichendes Verhalten strukturieren und zur sozialen Umwelt in Bezug setzen. Auf diesen devianzgeprägten subkulturellen Typus wird im vierten Kapitel (4.4.1) ausführlich eingegangen.

1.4.1 Subkultur und lebensweltliche Pluralität

Jugendrichter können ihr Lied von der Tücke dieser subkulturellen Dynamik singen. Denn hinter vielen Delikten, auch wenn sie von einzelnen begangen werden, steckt die subkulturelle Gruppennorm und der Cliquendruck. Der Richter als Vollstrecker der gesellschaftlichen Norm erlebt nicht selten die Situation, dass die delinquenten Jugendlichen das Delikt ganz anders als sie es von der Rechtslage her müssten, empfinden. Denn für die Jugendlichen steht nicht der Normbruch im Vordergrund, sondern das Ansehen und der Status in der

Clique, aus deren subkulturellen Dynamik heraus agiert wurde. Der Normbruch wird also von den Jugendlichen angesichts des höheren Werts der Gruppenkonformität nicht nur in Kauf genommen, sondern gilt manchmal geradezu als Ausweis der Cliquenzugehörigkeit. Richter diagnostizieren in diesen Fällen bei den betreffenden Jugendlichen eine Einstellung, die sie gern als „mangelndes Unrechtsbewusstsein" kennzeichnen. Die Jugendlichen dagegen ordnen ihr - bei den meisten latent durchaus vorhandenes - Schuldgefühl dem Gruppenbewusstsein unter oder rationalisieren es (ich tue ja nur etwas, was sich andere nicht trauen) oder lassen es ganz in der Gruppenideologie aufgehen.

Man braucht aber nicht unbedingt zum Gericht zu gehen, um solche subkulturell induzierten Diskrepanzen studieren oder selbst erfahren zu können. So ist z.B. die Schule ein Terrain, in dem solche Prozesse im Verhältnis von Schulklasse und außerschulischer Gleichaltrigengruppe (peer-group) ablaufen (vgl. dazu ausf. Böhnisch 1996). Hier ist zu beobachten, dass Normen und Verhaltensweisen, die in der Schulklasse hoch bewertet werden - Anpassung an schulische Leistungs- und Verhaltensnormen -, in der außerschulischen Clique nichts gelten und oft sogar denunziert werden. Hier gilt dann eher der als King, der sich gegen die Schule auflehnt und andere Verhaltensqualitäten - vor allem solche, welche die Clique zusammenhalten - aufzuweisen hat, als die, die über die Schülerrolle gefordert werden. Ein Großteil Abweichenden Verhaltens in der Schule ist auf die mangelnde Sensibilität der Schulorganisation und der Lehrkräfte gegenüber dieser (scheinbar) außerschulischen Peer-Dynamik zurückzuführen. Dass sie inzwischen mehr in die Klassenzimmer hineinwirkt denn je und dass das Wissen darum zum Grundrepertoire des präventiven Umgangs mit Abweichendem Verhalten gehört, werden wir später - im vierten Kapitel - aufgreifen.

In dieser sozialstrukturell gefassten Perspektive lässt sich die Subkulturtheorie gut auf die Anomietheorie beziehen. Subkulturen können dementsprechend auch als *Anpassungsmechanismen an anomische Strukturen* gesehen werden (Goffman 1973, vgl. auch Kap. 1.7). Bohnsack u.a. (1995) haben am Beispiel der Bildung von Jugendcliquen in Ostberlin nach der Wende aufgezeigt, wie anomische Erfahrungen und soziale Orientierungslosigkeit bei Milieuumbrüchen zur subkulturellen Gruppenbildung führen und wie diese Cliquen von den betroffenen Jugendlichen geradezu gesucht werden, um sozialen Rückhalt und Orientierung zu erlangen.

Allerdings verengt die delinquenzorientierte Subkulturtheorie den Blick auf die gesellschaftliche Ubiquität subkultureller Entwicklungen, wie sie sich vor allem mit der zunehmenden Individualisierung und Pluralisierung der Lebensbereiche abzeichnet. Diese Tendenzen reichen weniger in die Delinquenzzonen als in die allgemeinen Bereiche des sozialen Zusammenlebens und der sich darin entwickelnden sozialen Kontrolle hinein. Denn wenn wir unser modernes Anomiemodell der Entkopplung von System- und Sozialintegration heranziehen, wird deutlich, dass der sozialintegrative Bereich gerade auch durch subkulturelle

Bezüge strukturiert wird. Lebensweltliche *Sinn- und Statussuche* spielt sich zunehmend in kulturellen Ein- und Ausschließungen ab, und diese subkulturelle Pluralität ist nicht nur gesellschaftsstrukturell möglich, sondern wird auch von der Konsumwirtschaft planvoll ausgenutzt. Eigene Originalität auszubilden, sich von anderen abzugrenzen, gleichzeitig im Trend zu liegen und gesellschaftlich dabei zu sein, ist das Grundmuster vieler Werbekampagnen. Diese demonstrierte lebensweltliche Pluralität verdeckt allerdings nicht nur, dass dennoch soziale und kulturelle Hegemonialstrukturen wirken und gesellschaftliche Definitionsmacht ausgeübt wird (dazu später mehr), sondern auch, dass sich in ihr ein schleichender Aufforderungscharakter für antisoziales Verhalten ausbildet. Jeder kann machen, was er will; Hauptsache, er hat bezahlt und versteht es, in seinem Verhalten knapp unterhalb der strafrechtlichen Norm zu bleiben. Diese Einstellung zeigt sich im Verhalten von jugendlichen Randalierern, die im Zug Fahrgäste anmachen und Ausländer anpöbeln, genauso wie im sozial rücksichtslosen „Hinaussanieren" von Mietern durch Immobilienhaie. Gerade für Kinder und Jugendliche in ihrem Entwicklungsstatus kann diese Pluralität fatale Folgen haben, dass sie - unterhalb der polizeilichen Sanktionsinstanzen - verlernen zu beurteilen, was allgemein sozial erstrebenswert und sozial wertvoll ist. Alles ist möglich und es kommt darauf an, was sich durchsetzt. Diese latente, aber scheinbar alltäglich kursierende Alltagsdevise schwächt die Fähigkeit zum moralischen Urteil. Antisoziales Verhalten erscheint strukturell folgerichtig und mithin als legitimer Bezugspunkt sozialen Handelns. Durkheim hatte die strukturelle Dimension empirisch getrennt von der moralischen Dimension betrachtet. Heute, angesichts der Pluralisierung und Nivellierung der Subkulturen in der Konsumgesellschaft, scheinen struktureller und moralischer Bezug ineinander überzugehen: Was strukturell angelegt ist, scheint auch moralisch möglich und gerechtfertigt zu sein.

Diese alltäglich erfahrbare, plurale Beliebigkeit normativ oft konträrer Sozialmuster, welche die soziale Ungleichheit der Durchsetzungschancen über die Alltagssituation hinaus verdeckt (gewalttätige Jugendliche gewinnen zwar in der Gewaltsituation, diese ist aber ein weiterer biografischer Schritt zur sozialen Deklassierung), macht es vor allem der Pädagogik schwer, Kindern und Jugendlichen normative Maßstäbe sozialen Handelns in der Form von „Prinzipien" zu vermitteln. Vielmehr ist sie - vor allem als außerschulische Pädagogik, die nicht über die tradierten Sanktionsmittel der Schule verfügt - zunehmend angehalten, Situationen und Konstellationen zu gestalten, in denen sozial verträgliches und empathisches Verhalten für Kinder und Jugendliche mindestens ebenso attraktiv (oder noch anziehender) ist wie in Gelegenheitskontexten, die in der Peripherie oder gar in der Einflusszone devianter Jugendsubkulturen liegen. Dieser „differentiellen" Pädagogik mit ihrem methodischen Repertoire „funktionaler Äquivalente" werden wir später immer wieder begegnen. Hier an dieser Stelle wollen wir uns zunächst mit dem sozialpsychologischen Konzept der „differentiellen Gelegenheiten" befassen, das uns weitere theoretische

Grundlagen für diesen speziellen Umgang mit Abweichendem Verhalten vermitteln kann.

1.4.2 „Gelernte Devianz" - Zum differentiellen Erwerb antisozialer Dispositionen

Ebenso wie der Subkulturansatz liefern auch die theoretischen Konzepte zum differentiellen Lernen (differentielle Gelegenheiten, differentielle Verstärkungen) Bausteine für die Erklärung Abweichenden Verhaltens in anomischen Konstellationen, d.h. sie bieten eine handlungstheoretische Präzisierung der Ziel-Mittel-Probleme der Anomietheorie an: „Auch die Verfügbarkeit illegitimer Mittel ist abhängig von Zugangschancen, die eher begrenzt als unbegrenzt verfügbar sind und zudem verschieden nach der Position der Person in der sozialen Struktur" (F. Peters 1997, S. 47).

In der in verschiedenen Variationen ausgearbeiteten Theorie der „differentiellen Gelegenheiten" (vgl. zusammenfassend Kerscher 1977, F. Peters 1997) steckt das Paradigma sozialstrukturell induzierten Lernens von Abweichendem Verhalten. Den differentiellen Ansätzen liegt eine sozialisatorische Annahme zugrunde. Sozialisationstheoretisch begreifen wir Lernen als asymmetrischen soziokulturellen Interaktionsprozess, der sich in „differentiellen" Sozialkontakten abspielt, in denen aus der bisherigen biografischen Erfahrung heraus einem zugängliche und positiv erscheinende neue Segmente aufgenommen und personal integriert werden. Dies geschieht im Falle Abweichenden Verhaltens im Kontakt mit abweichenden/delinquenten Sozialgruppen, deren Verhaltensmuster einem leichter zugänglich und biografisch eher plausibel sind als die der sozialkonformen Gruppen, zu denen man ebenfalls - aber beschränkten - Zugang hat. Der Antrieb der differentiellen Kontaktaufnahme ist dabei anomisch strukturiert: Es sind meist Jugendliche, deren biografische Vermögen nicht ausreichen, um Selbstwert und soziale Anerkennung mit konformen/legitimen Mitteln zu erreichen. Dieser Lernprozess ist ein personal ganzheitlicher Prozess. Es werden nicht nur Verhaltensweisen und soziale Verkehrsformen nachgeahmt und ritualisiert übernommen; die Individuen identifizieren sich auch mit dem Gelernten. Differentielles Lernen Abweichenden Verhaltens ist so immer mit einer entsprechenden Aktivierung des Selbst verbunden. Damit kommen wir auch der pädagogischen Relevanz des differentiellen Konzepts näher: Es reicht uns ja nicht aus, (soziologisch) zu erkennen, dass differentielle Gelegenheiten sozialstrukturell gegeben sind, wir wollen ja vor allem wissen, wie Kinder und Jugendliche in solche differentiellen Sozialdynamiken geraten.

Wir haben nach der Wende in Ostdeutschland klassische *differentielle Situationen* erlebt: Jugendliche, die von Haus aus eher normkonforme Einstellungen mitbrachten, gerieten in differentielle Situationen, in denen delinquenzfördernde Einstellungen und Praktiken für sie attraktiver wurden als die bisher gewohnten. Sie lernten in den damit verbundenen Gruppenarrangements „schnell", sich solche Einstellungen zu eigen zu machen und Techniken der Neutralisierung (von Schuldgefühlen und Rückbezügen zum früheren Verhalten) zu entwickeln. Es waren vor allem gewaltbereite, extremistische Gruppen, welche die bisher „normalen" Jugendlichen anzogen. Es war offensichtlich, dass der „äußere Grund", der Wegfall vieler Jugendclubs aus DDR-Zeiten, nicht ausreichte, um die neue Attraktivität der rechten Gruppen zu erklären. Vielmehr faszinierte die Jugendlichen an diesen Gruppen, dass sie Situationen schaffen konnten, in denen man „oben" war, dass sie (autoritäre) Geborgenheit anboten und Ideologie- und Symbolbezüge hochhielten, welche die Abspaltung der eigenen Hilflosigkeit und ihre Projektion auf Schwächere (z.B. rassistische Bezüge) erlaubten. Mit der Stabilisierung neuer (konformer) Milieubezüge in Familie, Jugendarbeit und Gleichaltrigenkultur, in denen nun wieder Angebote sozialen Rückhalts, der Selbstwertschöpfung und des (anderen) Umgangs mit der eigenen Hilflosigkeit gesucht werden konnten, bröckelte diese extremistische Szene ab, verlor ihre allgemeine Attraktivität und wurde zur (wenn auch ausgeprägten) Randgruppenszene.

Das Beispiel zeigt, dass bei den Jugendlichen vier Voraussetzungen gegeben waren, welche die differentielle Situation erst schufen:

— Massive Desorganisation des sozialen Umfeldes und Desintegration des Selbst (Selbstwertverluste).

— Erlebte Beliebigkeit der Normsituation und damit Bereitschaft zum subjektiven Vergleich widersprüchlicher Normen und Verhaltensmuster.

— Hohe sozialräumliche Offenheit bei Zurücktreten oder Schwäche der sozialmoralischen und hoheitlichen Kontrollinstanzen (Familie, Schule bis hin zur Polizei) und damit „Unmittelbarkeit" der differentiellen Situation: Die Gelegenheiten müssen nicht gesucht und vermittelt werden; sie liegen quasi vor der Haustür und sind niedrigschwellig erreichbar. Da Kids und Jugendliche, die ja noch nicht wie Erwachsene in feste Rollen und Positionen eingebunden sind, sondern vor allem *sozialräumlich* agieren und sich dabei über manche institutionelle Vorbehalte und Rollentabus hinwegsetzen, ist bei ihnen die Unmittelbarkeit der differentiellen Situation noch besonders gegeben.

— Wahrnehmbare und wiederholt zugängliche Möglichkeiten der positionellen Teilhabe am Gruppenleben, des Erwerbs sozialer Anerkennung und von Alltagskompetenzen, die im konformen Alltagsgeschehen scheinbar nicht zu erlangen sind.

Die differentielle Attraktivität devianter Konstellationen misst sich also in der Regel an den Signalen, welche sie an das Selbst aussenden. Attraktiv sind sie vor allem dann, wenn sie Selbstwertstärkung und soziale Anerkennung verheißen. Wenn diese Signale ankommen, ist es sekundär, ob die gesuchte Bestätigung des Selbst durch autoritäre Unterwerfung, kriminelles Gruppenverhalten oder Ausgrenzung Schwächerer erreicht wird. Wenn wir das früher entwickelte Bewältigungsparadigma heranziehen, so wird deutlich, dass es hier um differentielle Situationen und Konstellationen in der Suche nach biografischer Handlungsfähigkeit geht; das differentielle Konzept hilft also, den *Prozess* des vom Selbst gesteuerten Bewältigungs- und Normalisierungshandelns - so es in Devianzbereiche gerät - aufzuklären.

Differentielle Prozesse werden meist im Kontext des Abweichenden Verhaltens Jugendlicher beschrieben. Aber es lohnt sich, dieses Konzept auch schon im Bereich der familialen Erziehung anzuwenden. Kinder lernen, indem sie beobachten, wer sich in der Familie mit welchen Mitteln durchsetzt. Gewalt wird in der Familie „gelernt", wenn sie als Mittel der Problembewältigung erfahren wird („dann hat der Vater auf den Tisch gehauen") und kommunikative Verständigungsversuche desavouiert werden („die Mutter geht mir mit ihrem Gelaber auf die Nerven"). Da die Familie immer noch ein privater Taburaum ist, erfahren gewalttätige Mittel keine soziale Ächtung oder Ausgrenzung, sondern werden von den Beteiligten - vor allem von den Kindern - als etwas Selbstverständliches erlebt.

Differentielle Situationen - so die weitere Erfahrung - können sich zu differentiellen Konfigurationen verdichten und verfestigen. Zugehörigkeit und Verhalten zu der delinquenten Szene werden ritualisiert, ein Ausstieg und eine Rückkehr in die „konforme Welt" ist schwierig, weil aufgrund der Ritualisierung auch attraktive Anreize aus der konformen Szene nicht mehr wahr- und aufgenommen werden. Sie werden im nun ritualisierten delinquenten Habitus einfach nicht mehr als different erkannt. Gleichzeitig - hier spielt das differentielle Paradigma in die Subkulturtheorie hinein - hat die Zugehörigkeit zur delinquenten Gruppe und die damit einhergehende Unterwerfung unter diese bereits ein Stadium erreicht, in dem die Herauslösung des Individuums aus dem verwobenen Zusammenhang von Delinquenzroutine und Gruppenkohäsion meist erst nach biografischen Crashs (z.B. Festnahmen) möglich ist. Generell gilt die jugendpädagogische Regel, dass differentielle *Situationen* auch noch gruppendynamisch beeinflussbar sind, während verfestigte differentielle *Konfigurationen* nur noch Einzelfallarbeit zulassen: der Einzelne wird „herausgelöst", indem ihm in kritischen Situationen geholfen wird, zu seinem Selbst Zugang zu finden (vgl. weiterführend Kap. 4). Deshalb brauchen SozialarbeiterInnen und LehrerInnen ein Auge für das Entstehen differentieller Situationen, um auch pädagogisch differentiell arbeiten zu können. Das heißt, sie müssen - vgl. die obigen Ausführungen zur fördernden Umwelt im Kindesalter - genauso jene Selbstäußerungen und Verhaltensantriebe verstehen und (begrenzt) zulassen können, welche Kids und Jugendliche in die delinquenzfördernde Umweltkultur ziehen, genauso wie sie diesen - in der personalen Interaktion und über selbstwertaktivierende Angebote - etwas entgegenhalten und auch selbst Standpunkte beziehen müssen. Dazu mehr, wenn es an späterer Stelle (Kap. 4.2.3) um das pädagogische Mittel des Grenzen-Setzens geht.

1.5 Devianz als interaktiver Zuschreibungsprozess

Wir haben bisher aufgezeigt, wie anomische Tendenzen der (post-)industriellen Arbeitsteilung das Entstehen Abweichenden Verhaltens begünstigen und wie unterschiedlich die Individuen - je nach der Verfassung ihres Selbst im Austausch mit der sozialen Umwelt - in Zonen und Konstellationen von Devianz geraten. Wir haben auch die sozialstrukturell bedingten subkulturellen und differentiellen Kontexte kennengelernt, die Kinder und Jugendliche in Zonen Abweichenden Verhaltens heimisch werden lassen. Wir haben dabei noch vorsichtig von antisozialer Tendenz und Zonen Abweichenden Verhaltens gesprochen. Damit sollte zum Ausdruck gebracht werden, dass Individuen nicht „von Haus" aus deviant oder delinquent sind, sondern dass sich das Faktum der Devianz und der Delinquenz erst konstituieren muss, um auch ein gesellschaftlich wirkliches zu sein. Dieser Konstitutionsprozess von Delinquenz, in dem die antisoziale Tendenz und das entsprechende Bewältigungshandeln schließlich sozial negativ etikettiert werden, wird weniger von den Individuen selbst, als von den Instanzen sozialer Kontrolle gesteuert. Das Kind ist nicht böse, sondern es wird als böse eingestuft, der Jugendliche wird zum Kriminellen gemacht, weil seine Tat als kriminell etikettiert wird. Kurzum: „Das Verhalten des Definitionsadressaten begründet [...] Devianz nicht" (Keckeisen 1974, S. 32). Schon in der Welt des individuellen Selbst sind wir auf diese Perspektive gestoßen, denken wir z.B. an das mangelnde Unrechtsbewusstsein von delinquenten Jugendlichen, die sich an ihrer Clique, jedoch nicht an der sanktionierten Norm orientieren. Hier klaffen die Selbstdefinition des Jugendlichen und die Zuschreibung des Richters deutlich auseinander. Der Richter erst hat also den Jugendlichen zum Kriminellen gemacht. Natürlich ist das nicht so einfach, denn die betroffenen jungen Leute haben ja tatsächlich die körperliche und psychische Integrität oder das Eigentum anderer beschädigt, aber eine tückische Plausibilität steckt doch in dieser Argumentation: Es gibt Jugendliche, die für dieselbe Tat bestraft und solche, die dafür nicht bestraft werden, ebenso wie es in der Gesellschaft sozial destruktive Praktiken gibt, die geächtet und solche, die toleriert werden.

1.5.1 Etikettierung

Diese Erkenntnis, dass Kriminalität, Delinquenz und Abweichendes Verhalten letztendlich Ergebnisse von Etikettierungs- (labeling) und Zuschreibungsprozessen sind, verdanken wir der Theorie des „labeling-approach". Die neuere Kriminologie versteht diesen Ansatz als kritisches Konzept, mit dem sie die Täterzentrierung und Personalisierung Abweichenden Verhaltens seitens der traditionellen Kriminologie radikal in Frage stellt. Sie will aufzeigen, dass im Bereich der gesellschaftlichen Interaktionen und Institutionen Mechanismen wirken, die Verhalten selektiv „als Abweichendes Verhalten bewerten, d.h. gleiche Verhaltensweisen sowohl abweichend als auch konform" (Lamnek 1994, S. 24) definieren und damit die sozialstrukturellen und institutionellen Bedingungen sichtbar machen, unter denen die einen zu Abweichenden abgestempelt werden, die anderen (mit vergleichbarem Verhalten) aber nicht. Damit ist der Spielraum des Menschen in der Selbstdefinition seines Verhaltens erheblich eingeengt. Dies geht sogar soweit, dass er dem eigenen Erleben zuwider solche Etikettierungen übernimmt, sie internalisiert und danach - wie von den Kontrollinstanzen prophezeit - lebt. Er ist dann endlich der Kriminelle geworden, für den man ihn schon immer gehalten hat, der ewig scheiternde Jugendliche, der hoffnungslose Schüler ... Wir sehen an diesem Beispiel, dass sich Etikettierungsprozesse nicht nur in strafrechtlichen Ausnahmebereichen, sondern auch in sozialen und institutionellen Alltagsprozessen abspielen.

Wir haben damit die dritte - zentrale - Dimension unseres Konfliktmodells Abweichenden Verhaltens aufgeschlossen: Die intermediäre Ebene der zuschreibenden und Kontrolle erzeugenden Interaktionen und ihrer institutionellen Kontexte, welche die soziale Praxis von Abweichendem Verhalten und Kriminalität steuern. Wenn Lamnek die Position der am labeling-approach orientierten kritischen Kriminologie wie folgt zusammenfasst: „Kriminalität ist keine Eigenschaft einer Handlung, sondern sie ist das Produkt sozialer Interaktionen, sie entsteht damit in Zurechnungsprozessen auf der Basis sozialer Strukturen." (1994, S. 60), so ist damit nicht gemeint, dass die Handlungsweise des Subjektes sozial „gleichgültig" ist, denn es gibt ja die antisoziale Handlungstendenz. Entscheidend ist vielmehr, ob und wie antisoziales Verhalten - das zunächst dadurch gekennzeichnet ist, dass sich das Selbst ohne Rücksicht auf andere und ihre Integrität durchsetzen will - sozial (gesellschaftlich) bewertet wird. Es gilt also „die Vorgänge [zu] untersuchen, aufgrund derer diese Handlungen für die, die sie wahrnehmen, wirklich wurden" (H. Peters 1993, S. 97) und wie sie entsprechend sozial definiert werden. Damit verlagert sich die Perspektive auf diejenigen, die auf Verhaltensauffälligkeiten reagieren und so ihren Beitrag zur Ausbildung und Verfestigung Abweichenden Verhaltens leisten (Fatke 1972, S. 55). E.M. Lemert hat in seiner klassischen Definition *sekundärer Devianz* diesen Aspekt der Umkehrung der Verhaltensbewertung, der im Etikettierungsansatz steckt, als interaktives Reaktionsverhalten herausgestellt: „Die sekundäre Devianz bezieht sich auf eine besondere Klasse gesellschaftlich definierter Verhaltensweisen, mit denen Menschen auf die Probleme reagieren, die durch die gesellschaftliche Reaktion auf ihr abweichendes Verhalten geschaffen werden" (Lemert 1974, S. 433).

Der sich antisozial Verhaltende bekommt seinen Verhaltensstatus als Abweichler, Krimineller erst durch die Definitionsmacht sozialer Kontrolle, er verhält sich nicht kriminell, sondern sein Verhalten wird erst durch Kriminalisierung zu einem solchen. Dadurch kommt zwangsläufig die Frage auf, welche Interessen (Machtaspekt) solche Zuschreibungsprozesse steuern und wie sich der Einzelne demgegenüber verhalten und wehren kann (Gegenmachtaspekt). Hier wird die interaktionistische Struktur des Etikettierungsansatzes sichtbar: Der Einzelne erhält seine soziale Identität erst in der interpretativen Verständigung mit seiner sozialen Umgebung. Dieser „Aushandlungsprozess" von Selbst- und Fremdwahrnehmung und -zuschreibung ist in modernen Gesellschaften nicht mehr situativ und zufällig, die Definitionen von Kriminalität und sozialer Ausgrenzung werden nicht täglich neu geschaffen, sondern existieren in der jeweiligen Gesellschaft genauso als strukturale Figurationen wie als institutionelle Vorgaben. Der Einzelne „gerät" in sie hinein, und es scheint ihm erst einmal situativ revidierbar, wenn er in Definitionskonstellationen Abweichenden Verhaltens rutscht. Wenn er aber dann einmal in der Mühle der polizeilichen und gerichtlichen Verfahren, der Administration, der schulischen Disziplinarverfahren etc. gefangen ist, merkt er, dass seine eigene Gegenmacht gering ist und dass es nicht mehr um aus- und verhandelbare Situationen, sondern um Kontroll- und Machtstrukturen geht, denen er ausgesetzt ist.

Es geht also nicht mehr um die Tat oder das antisoziale Handeln, sondern um die Instanzen und Formen *sozialer Kontrolle* (vgl. dazu Malinowski/Münch 1975). Mit diesem Begriff ist erst einmal ganz allgemein gemeint, dass der Mensch als soziales Wesen seine Sozialität nicht jeden Tag neu aushandelt, sondern in gesellschaftliche Erwartungskontexte hineinwächst, die gesellschaftliche Normalität definieren und ihm in dieser Normalitätsperspektive eine gelungene Biografie verheißen. Dabei wird gesellschaftlich davon ausgegangen, dass die Einzelnen sich nicht dieser Normalität einfach unterwerfen, sondern sie biografisch integrieren und internalisieren. Soziale Kontrolle als „Sozialisation von Normalität" ist also kein einfacher äußerer Zwangsvorgang, sondern ein interaktiver biografischer Prozess der sozialen Konstruktion von Normalität und der moralischen Gewissensbildung. Letztere stellt die Bedingung dafür dar, dass die Individuen selbst - im Alltag - Abweichen von der Normalität als Devianz empfinden und damit die gesellschaftlichen Sanktionen bei Abweichendem Verhalten als berechtigt ansehen. Dieser Aspekt ist wichtig, will man soziale Kontrolle nicht nur als institutionelles Herrschaftsmittel, sondern vor allem auch - mit dem gesellschaftlichen Individualisierungsprozess zunehmend - als Kontext der alltäglichen Vergesellschaftung, als interaktives Setting, verstehen können. Sich abweichend Verhaltende sind in diesem Sinne auch Akteure sozialer Kontrolle, indem sie diese gleichsam als Reaktion herausfordern (vgl. dazu Hahn 1995), und damit auf Ordnungsprobleme aufmerksam machen. Diese soziale Kontrolle beginnt beim Einzelnen mit der Über-Ich-Bildung (Gewissensbildung) in der frühen Kindheit und zieht sich durch den weiteren Sozialisationsprozess - mental, interaktiv, institutionell. Soziale Kontrolle als Prozess schließt also die Mitwirkung des Selbst ein, strukturiert psychosoziale Balance und mithin Bewältigungsprozesse.

Jetzt können wir auch verstehen, dass Erziehungsprozesse immer auch Kontrollprozesse sind, dass wir, wenn wir uns normal verhalten und diese Normalität und das damit verbundene Normalitätsfinden betonen, zu Akteuren sozialer Kontrolle werden. Insofern ist die „punitive" Kontrolle der Gerichtsbarkeit nicht nur ein äußerer hoheitlicher Akt, den die entsprechenden Institutionen - legitimiert durch das Gewaltmonopol des Staates - vollziehen, sondern diese wird immer auch mitgetragen vom Rechtsempfinden, d.h. also auch vom mehrheitlich geteilten Kontrollempfinden der Bevölkerung. Soziale Kontrolle ist auch gesellschaftlich nicht nur ein einseitiger Prozess der Durchsetzung von Macht, sondern ein wechselseitiger Vorgang von Durchsetzung und Akzeptanz. Autoritäre Systeme werden durch autoritäre Persönlichkeiten gestützt und vice versa.

1.5.2 Der postmoderne Kontrolldiskurs

Diese interaktiven gesellschaftlichen Figurationen sozialer Kontrolle können in sich sehr ambivalent sein. Hinter den rassistischen Gewalttätern, die auf Asylanten losgehen, steht eine unsichtbare (manchmal auch in den Gafferfenstern sichtbare) Front von erwachsenen BürgerInnen, denen die Tat sympathisch ist, die aber gleichzeitig auch die Sanktionen gegen die jugendlichen Täter begrüßen. Sie fühlen sich - in ihrem Wohlstand und ihrer Arbeitsplatzsicherheit - bedroht und sehen in der Aburteilung der Täter einen doppelten Ausgleich ihrer Normalitätsstörung: Die abgeurteilten ausländerfeindlichen Jugendlichen sind in ihren Augen sowohl positive Akteure (Ausländer stören das nationale Gleichgewicht) wie negative Akteure der Normalitätskontrolle (Verstöße gegen die Rechtsordnung müssen bestraft werden; wo kämen wir sonst hin). Hier sehen wir wieder, dass soziale Kontrolle nicht nur *institutionell* ausgeübt wird, sondern dass wir alle - normalitätsorientierte und -abweichende - *Akteure* sozialer Kontrolle sind. Die täglichen Berichte in den Medien - z.B. über Kriminelle oder Aussteiger - bewirken nicht nur eine Aktivierung des Rechts- und Normalitätsempfindens, sondern wecken auch geheime Sympathien, die aus unterdrückten und übergangenen, nicht bearbeiteten Triebwünschen (Tabus) hervorgehen.

Diese Janusköpfigkeit sozialer Kontrolle ist vor allem auch in der Pädagogik von Bedeutung: Der Lehrer wird - bei der Sanktion gegen einen Schüler - seitens der anderen Schüler immer wieder *gleichzeitig* die Sympathie mit dem Mitschüler und die Befriedigung über das wiederhergestellte Gleichgewicht (und damit die Akzeptanz) der Sanktion spüren. Ebenso ergeht es SozialarbeiterInnen, die Sanktionen im Jugendhaus verhängen oder in gestörten Familienverhältnissen intervenieren. Als Akteure sozialer Kontrolle sind sie weniger in Aushandlungen über Normen als in mehrseitig gestörte soziale Gleichgewichte involviert. Pädagogisches Kontrollhandeln ist weniger Normdurchsetzung denn Vermittlung zwischen sozialen Ungleichgewichten innerhalb einer institutionellen Struktur sozialer Kontrolle, wie sie - um bei unserem Beispiel zu bleiben - von der Schulorganisation oder den Regelungen der Jugendhilfe ausgeübt wird.

Diese kurze Phänomenologie sozialer Kontrolle hat uns gezeigt, dass wir nicht nur von institutioneller sozialer Kontrolle - hinter der das Interesse der Aufrechterhaltung der geltenden Ordnung steht - ausgehen können, sondern auch die postmoderne Widersprüchlichkeit, die den sozialen Kontrollstrukturen innewohnt und in der sie vergesellschaftet sind, berücksichtigen müssen. Vor allem die PädagogInnen, die in der Schule und Jugendhilfe/Sozialarbeit unterhalb der gerichtlichen Schwelle sozialer Kontrolle tätig sind, müssen in diesen widersprüchlichen Strukturen arbeiten. Deshalb ist es wichtig, der praktischen Unübersichtlichkeit des Alltags ein theoretisches Strukturierungskonzept entgegenzuhalten, um der scheinbaren Beliebigkeit und „Aufweichung" der postmodernen Kontrollszenerie nicht aufsitzen zu müssen bzw. an ihr pädagogisch orientierungslos werden. Wenn wir nämlich auch in diesem Falle unser Konzept Systemintegration/Sozialintegration zu Hilfe nehmen, wird uns zweierlei deutlich:

– Die institutionell vermittelte, herrschaftssichernde soziale Kontrolle tritt zwar in der Alltagsperspektive zurück, erfährt aber eine stärkere systemische Bindung, die dann vor allem in gesellschaftlichen Krisensituationen sichtbar wird und nach Durchsetzung strebt.

– Die Pluralität lebensweltlicher Verhaltens- und Sozialmuster findet nicht nur ihre Grenzen in dieser systemischen Balance. Aus ihr erwachsen auch Orientierungskonflikte und Sicherheitsängste, welche selbst wiederum das Klima für hoheitliche (systemische) Kontrollinterventionen schaffen.

Es genügt also auch im postmodernen Zeitalter der Individualisierung nicht, nur die Entstrukturierung sozialer Kontrolle zu betrachten und in diesem Sinne das Kontrollparadigma nur sozialintegrativ zu reformulieren. Denn die gesellschaftliche Szenerie sozialer Kontrolle ist komplexer geworden, ist von der Gleichzeitigkeit alltagskultureller (sozialintegrativer) Öffnung und systemischer Verschärfung und ihrer Vermittlung gekennzeichnet. Dies theoretisch einzufangen, hat der französische Sozialphilosoph Michel Foucault mit dem Begriff des „Kontrolldiskurses" versucht (vgl. dazu Althoff/Leppelt 1995). Er zeigt, wie sich moderne systemische Kontrollmechanismen als Diskurse entfalten und damit der Macht- und Herrschaftscharakter der Kontrolle hinter die aufklärerische Rationalität und Plausibilität des Diskurses zurücktritt. Im öffentlichen Diskurs geht es nun nicht um unmittelbare Disziplinierung und Stigmatisierung, sondern um hegemoniale Regulation (vgl. Kap. 1.8). Im Konsum- und Medienzeitalter kommt noch etwas Spezifisches hinzu: Das antisoziale Verhalten wird nicht nur als unterscheidbar und deshalb steuerbar, sondern auch als lebbar dargestellt; gleichzeitig wird es aber auch durch die Art der medialen Zur-Schau-Stellung angeprangert. Hier stoßen wir auf die lebensweltliche Seite des Diskussionsgeschehens. Der Diskurs über Delinquenz und Normalität fungiert so als moderner *Pranger*, in dessen Bannkreis das Verbotene vor *allen* sichtbar wird und *mit*erlebt, *gleichzeitig* aber auch abgespalten und abgeurteilt werden kann. Die Talk-Shows des Fernsehens (vgl. Kap. 3.5) sind solche medialen Pranger, an denen sich der postmoderne Kontrolldiskurs abspielt: Man kann teilhaben, die geheimsten Sehnsüchte mitfiebern lassen und hat gleichzeitig die Sicherheit der Distanz und die Gewissheit, dass hier schlussendlich - so wie das von den Talkmastern inszeniert wird - doch Abweichungen *vorgeführt* und damit abschreckend zur Schau gestellt werden. Das Stigma wird diskursiv erträglich, es ist ästhetisch, es wirkt wohlig und abschreckend auf die Zuschauer. So ist der Pranger. Es geht längst nicht nur um die, die ihre Probleme und

Verfehlungen outen; sie sind verfügbare, der Projektion ausgesetzte Figuren in diesem Kontroll- und Stigmaspiel.

Der öffentlich-mediale Kontrolldiskurs spiegelt also sowohl die postmodernen Normalitätsparadoxien wie auch die Geltung des gesellschaftlichen Ordnungs- und Rechtssystems wider. Die gesellschaftlichen Klassifikationen Abweichenden Verhaltens und ein normdiffuses gesellschaftliches Alltagsspektrum existieren nebeneinander. Die Menschen sind dabei wiederum gleichermaßen Akteure und Abhängige des Kontrollszenarios.

Wenn wir das Konzept des Kontrolldiskurses mit dem der postmodernen Entkopplung von System- und Sozialintegration verbinden, wird uns die scheinbare Widersprüchlichkeit der Szenerie sozialer Kontrolle strukturell plausibel: Die systemischen Definitionen sozialer Kontrolle wirken gerade deshalb, weil die Menschen in den sozialintegrativen Lebensbereichen scheinbar normbeliebig und -widersprüchlich agieren. Je bunter und gegensätzlicher die Lebensstile und sozialen Verhaltensweisen, um so unangetasteter ist das systemische Kontrollsystem. Man gewinnt sogar den Eindruck, dass das Autoritäre - mit dem man lebensweltlich ja nichts zu tun hat - gesucht wird, um die Grenze zu setzen, die man untereinander - in der Verständigung über den Lebenssinn - nicht mehr zu ziehen in der Lage ist.

So erleben wir auch in den Institutionen ein Nebeneinander von alltäglicher Verhaltensbeliebigkeit und unerbittlicher systemischer Kontrolle. In den Schulen weiten sich die Probleme mehr und mehr aus, traditionelle Kontrollrituale des Schulalltags sind längst außer Kraft gesetzt, aber trotz alledem wirkt die äußere Kontrollinstanz der Relegation und die innere Kontrollinstanz der Angst davor, dass man die Schule nicht schafft und damit zu den sozial Perspektivlosen gehört, weiter. Diese innere Widersprüchlichkeit sozialer Kontrolle in der Postmoderne erschwert es, ihre Auswirkungen auf das Individuum so eindeutig und geradlinig zu definieren, wie dies die kritische Kriminologie in den 70er und 80er Jahren getan hat. Zudem erscheint soziales Stigma in den Alltagswelten nicht mehr so folgenreich wie früher. Es gibt Jugendliche, die das Stigma des „Abweichlers" und „Gewalttäters" aggressiv und provokativ vor sich her tragen. Solche Stigmaaktivisten suchen geradezu die antisoziale Konfrontation. Stigmatisierung und Etikettierung zeigen sich heute nicht mehr so sehr als Alltagsphänomene - die Präsenz des Abweichenden ist zur Normalität geworden -, sondern später in den sozialen Resultaten der Biografie. Die soziale Kontrolle wirkt über den langen Arm des Lebenslaufs. Der Lehrer reagiert heute vielleicht gar nicht mehr so situativ-etikettierend, wenn ein Schüler aus dem schulischen Rahmen fällt - er denkt sich eher: „...Warte nur, wie weit du damit kommst ...", und verlässt sich auf seine harten Sanktionsmittel z.B. Versetzungsgefährdung. Darin suchen auch viele LehrerInnen ihre Kontrollmacht letztlich zu befestigen, da sie im Schulalltag immer weniger sozial ordnend eingreifen können.

Auch in der Sozialarbeit läuft das Etikettieren nicht mehr so wie früher. Die praktischen Konsequenzen, die aus der Stigmadiskussion in den Einrichtungen bis hin zum Jugend- und Sozialhilferecht gezogen wurden, lassen heute die Adressaten und KlientInnen besser in ihrer biografischen Eigenart zum Zuge kommen, sie werden seltener als früher über ihre Köpfe hinweg definiert und in die berühmt-berüchtigten Schubladen gesteckt. War es vor zwanzig bis dreißig Jahren in der Schule und in der Jugendhilfe noch so, dass „Lernbehinderte" und „Schulversager", „Verwahrloste" und „Dissoziale" mit Hilfe einer entsprechenden Merkmalstypologie etikettiert wurden, die sich am Abweichungsgrad institutioneller oder sozialer Normalstandards, jedoch nicht an der betreffenden Person ausrichtete, so sind diese Institutionen heute biografisch sensibler, strukturell weniger ausgrenzend und in der Verhaltensakzeptanz pluraler geworden.

Diese Entwicklung zu entstigmatisierten erzieherischen Strukturen hat scheinbar aber nur in der sozialintegrativen Dimension gegriffen. Im systemintegrativen Bereich droht weiter und vielleicht noch verstärkt Ausgrenzung. Die Etikettierung und Stigmatisierung hat sich von der interaktiven stärker auf die sozialstrukturelle Ebene verschoben. Der alltäglichen situativen Chance, etikettierende Konstellationen zu umgehen oder immer wieder zu überstehen, ohne wie früher in eine „Karriere" zu rutschen, steht heute das Risiko gegenüber, eines Tages sozialstrukturell ausgegrenzt zu sein, auch wenn man die Schule einigermaßen gut absolviert und Jugendhilfemaßnahmen durchlaufen hat. Auch hier zeigt sich der Mechanismus Sozialintegration/Systemintegration: Die individuelle Stigmatisierung und Ausgrenzung ist weniger spürbar und über Konsumstile und Nischen umgehbar, der existentielle Druck und die damit verbundene Ausgrenzungsgefahr ist für den Einzelnen aber immer weniger überschaubar. Deshalb kann man trotz der Offenheit im sozialintegrativen Bereich nicht einfach davon ausgehen, dass es überhaupt keine „klassischen" Stigmatisierungen mehr gibt. Deshalb möchte ich im folgenden die klassischen Etikettierungs- und Stigmatisierungsansätze darstellen, um dann zeigen zu können, wie diese Theoriemodelle im neuen Denken des Kontroll-„Diskurses" aufgehen müssen.

1.5.3 Der Labeling-Ansatz als Konzept „devianter Sozialisation"

Das, was wir bisher an gesellschaftlichem Nebeneinander von Abweichung und Normalität, von Stigma und Akzeptanz, von Pluralität und sozialer Ausgrenzung beschrieben haben, wirkt als anomischer Kontext der Sozialisation von Kindern und Jugendlichen. „Anomisch" insofern, als Kinder und Jugendliche in diffusen Ziel-Mittel-Relationen bezüglich der gesellschaftlichen Normkonstellationen aufwachsen und Mühe haben, Erreichbarkeiten zu bestimmen und normative Unterscheidungen vorzunehmen. Während in den sozialintegrativen Lebensbereichen weitgehend Normpluralität, ja Normbeliebigkeit herrscht und antisoziale Verkehrsformen angesichts des frühen Wettbewerbs um Schulabschlüsse und berufliche Platzierungen weitgehend enttabuisiert sind, ist der systemintegrative Block der Ordnungspolitik und der punitiven Sanktionen fester denn je, ist die Gefahr der sozialen Ausgrenzung nicht gebannt, sondern verdeckter, aber für den Lebenslauf um so wichtiger geworden.

Während man noch in den 70er und 80er Jahren von devianten Karrieren sprach, die sich in eindeutigen Interaktionsstufen zwischen Jugendlichen und sozialen Kontrollinstanzen rekonstruieren ließen und die typische Entsprechungen von alltäglicher sozialer Ausgrenzung und Devianz-Definition der Kontrollinstanzen aufwiesen, *schlittern* heute viele Jugendliche und junge Erwachsene in ihr Devianzschicksal, finden sich dort irgendwann, ohne dass für sie und ihre Umwelt ein traditioneller Karrierekontext erkennbar ist. Abweichendes Verhalten und Normalität sind eben auch dem gesellschaftlichen Prozess der Individualisierung und Biografisierung unterworfen, die Milieu- und Schichtherkunft mit entsprechender Devianzprognose ist gegenüber dem individuell-biografischen Risiko in Devianzzonen zu geraten, zurückgetreten.

Wenn wir nun im folgenden den Labeling-approach (oder Etikettierungsansatz) als Konzept devianter Sozialisation formulieren - Sozialisation als biografisch fortschreitender Prozess der Interaktion mit der sozialen Umwelt und mit sich selbst -, dann definiert diese tendenziell anomische gesellschaftliche Normkonstellation den Rahmen für die sozialen Umweltbedingungen und ihre individuelle Bewältigung. Insofern begreifen wir die anomische Konstellation - so wie bei Durkheim und Merton - nicht mehr als Ziel-Mittel-Konstellation im Kontext gesetzter, unhinterfragter gesellschaftlicher Normen, sondern als - aus der Sicht des Subjekts - unübersichtliche (Entkopplung von Sozial- und Systemintegration) und plurale Wirklichkeit, in deren prozessualen Verlauf sich erst Abweichung entwickelt und entscheidet. In dieser interaktiv-sozialisatorischen Sicht können wir also das handlungstheoretisch reformulierte Anomie- und das Etikettierungskonzept miteinander verbinden.

Wir haben an anderer Stelle - im Kapitel über das „anomische Selbst" - bereits dargestellt, dass Kinder und Jugendliche nicht zufällig in Zonen Abweichenden Verhaltens und sanktionierender Kontrolle kommen, sondern im Verlauf der familialen und kindlichen Sozialisation antisoziale Tendenzen entwickeln können, in deren Folge sie leichter in Devianzzonen geraten und sich dort verstricken können, als Kinder und Jugendliche aus psychosozial ausbalancierten Entwicklungskontexten. Solche „Anschlussdispositionen" werden in der Soziologie Abweichenden Verhaltens als *primäre Devianz* bezeichnet. Sie werden aber erst zu Abweichendem Verhalten, wenn sie sozial auffallen und darauf informell oder formell reagiert wird. Informelle Reaktionen, die das gezeigte Verhalten als sozial negativ bewerten, kommen meist aus der näheren sozialen Umgebung, z.B. aus der Gleichaltrigenkultur, die das Kind/den Jugendlichen ausgrenzt, zum Außenseiter werden lässt. Solche ausgegrenzten Jugendlichen schließen sich dann oft Gruppen an, die durch das subkulturelle Merkmal der Ausgrenzung zusammengehalten werden und dies auf andere, Schwächere projizieren (wie z.B. auf Ausländer oder Behinderte) bzw. die Einstufungen „deviant" und „kriminell" als Gruppenstigma übernehmen, sich damit identifizieren und nach außen durch entsprechende Delikte demonstrieren. Dann greift die formelle soziale Kontrolle in Gestalt der Polizei und des Gerichts ein. Abweichendes Verhalten verbleibt solange im Bereich der informellen Sozialkontrolle, solange der Jugendliche formelle Kontrollinstanzen umgehen kann oder von der Familie und der Clique abgeschirmt wird. Hier spielt zudem die soziale Herkunft, das Milieuetikett, eine Rolle: In einem Stadtviertel, das als „sozialer Brennpunkt" anerkannt ist und in dem überwiegend sozial benachteiligte Familien wohnen, von denen man annimmt, dass sie das außerfamiliale Verhalten ihrer Kinder nicht korrigieren können, sondern durch die familialen Umgangsformen nur noch bestärken, wird der Kaufhallenleiter eher einen Diebstahl oder Vandalakt bei der Polizei anzeigen als in einer sozial privilegierten Wohngegend, wo die Eltern an einer gütlichen Einigung und einem privaten Schadensausgleich interessiert sind. Hinzu kommt das unterschiedliche Verhalten der Kinder und Jugendlichen selbst. Gerade in der Labeling-Diskussion der 70er Jahre wurde immer wieder darauf hingewiesen, dass Jugendliche aus der Mittelschicht über mehr kommunikative und sozialstrategische Kompetenzen verfügen, um sich aus devianzträchtigen Kontrollsituationen - vom Schulschwänzen bis zum Bagatelldelikt - im wahrsten Sinne des Wortes „herauszuwinden", während Unterschichtangehörige in ihrem eher „restringierten Code" (Bernstein 1972) meist so „anecken" oder die Situation durch ihr starres Verhalten verschärfen, dass sie in die Zuschreibungsmaschinerie geraten.

Diese Maschinerie der Instanzen formeller sozialer Kontrolle funktioniert stets nach dem gleichen Muster: Der Betroffene wird zum Fall, d.h. sein Verhalten wird von seiner Persönlichkeit losgelöst betrachtet, er verfügt nicht mehr über sich selbst, sein weiteres Handeln wird in die Logik der Falltypisierung eingeordnet. Seine Verhaltensmerkmale werden dann ähnlichen Fallmerkmalen zugeordnet, und es entwickelt sich ein Plausibilitätsmodell sozialer Devianz, auf das alles spätere Verhalten des Betroffenen, auch wenn er es subjektiv anders meint und empfindet, bezogen wird. Es entsteht eine Akte, die sich von ihm entfernt und verselbständigt, die in der Sprache der Kontrollinstanz abgefasst ist und die den Maßstab für die Verhaltensbeurteilung bildet. Akten folgen einer anderen Rationalität als persönliches Verhalten. Sie müssen den Menschen zum „Fall", also vergleichbar mit anderen und so verallgemeinerbar machen, dass die kodifizierten Kontroll- und Sanktionsmaßnahmen auf ihn zutreffen. Die persönliche Befindlichkeit und die daraus erwachsenden Motivationen werden meist nur in den Ermessensspielräumen berücksichtigt, welche die Kontrollinstanzen dem Sanktions- und Vollzugspersonal gewähren. So kann für den Jugendlichen ein Bewältigungsproblem entstehen. Er fühlt sich anders als er sozial und institutionell eingestuft wird. Es entsteht ein psychosoziales Ungleichgewicht, ein Selbstwerteinbruch, den - nach der empirischen Erfahrung - viele Jugendliche durch Übernahme der negativen (devianzhaltigen) Definition und entsprechende soziale Umorientierung im Kontext differentieller Gelegenheiten zu bewältigen versuchen. Herriger (1987) beschreibt diesen Bewältigungsprozess als ein „eigenständiges Rollenspiel", in dem sich das Abweichende Verhalten schließlich verfestigt:

> „Die Erfahrung nämlich, öffentlich als abweichend etikettiert und der kontrollierenden Aufsicht spezieller Institutionen unterstellt zu werden, schafft für die betroffene Person eine neue Realität: Es wird ihr unmöglich, sich in der Interaktion mit anderen so zu verhalten, als ob nichts geschehen wäre [...]. Die öffentliche Zuschreibung eines abweichenden Status und in deren Gefolge die soziale Isolierung und Ausschließung lassen die ohnehin geringen Chancen des Abweichlers auf soziale Anerkennung und Wertschätzung weiter schwinden und machen konforme Handlungsalternativen immer schwerer erreichbar. Der zum 'offiziellen Delinquenten' Gestempelte lockert - in Antwort auf diese schmerzlichen Stigmatisierungserfahrungen - seine Kontakte zu 'Nicht-Auffälligen'. Er schließt sich denen an, die ebenfalls als 'abweichend' definiert werden und übernimmt mehr und mehr das kulturelle Muster einer abweichenden Rolle. Die Erfahrungen dieses Individuums sind fortan um diese abweichende Rolle organisiert und schlagen sich allmählich in einem veränderten Selbstbild nieder. Er [...] übernimmt die ihm in der Interaktion mit anderen vermittelten Fremddefinitionen des 'sozial Auffälligen' in das eigene Selbstkonzept" (Herriger 1987, S. 158/159).

S. Quensel (1970) hat in seinem klassischen Aufsatz „Wie wird man kriminell?" diesen Ablauf entsprechend als Verlaufsformen fehlgeschlagener Interaktion beschrieben. Er kommt dabei auch an den Punkt, wo sich das „Umschlagen" von antisozialem Verhalten (das noch nicht als abweichend etikettiert ist) in Abweichendes Verhalten nicht nur als individuelle Übernahme der Definition, sondern auch als Anschluss an Sozialformen herausstellt, die sich um Abweichendes Verhalten gruppieren. Damit ist nicht nur die Verbindung zwischen Subkulturansatz und Labeling hergestellt; auch der differentielle Lernmechanismus, wie wir ihn bereits dargestellt haben, wird sichtbar: Mit der Dauer der Erfahrung negativer Zuschreibung erhöht sich die Attraktivität devianter Konstellationen - z.B. delinquenter Cliquen -, die offensichtlich Selbstwert und gegenseitige soziale Anerkennung für das vermitteln, wofür man im „normalen Alltagsleben" stigmatisiert und mit Entzug von Anerkennung und damit mit Selbstwertverlust und Ausgrenzung bestraft wird.

Übergangen wird allerdings dabei, dass die psychogenen Mechanismen des anomischen Selbst nicht nur das antisoziale Verhalten in den Zonen primärer Devianz bestimmen, sondern in den Definitionsbereichen der sekundären Devianz weiterwirken. Denn die Übernahme des devianten Selbstbildes ist nach den Erfahrungen, die wir z.B. mit jugendlichen Gewalttätern gemacht haben, keine resignative Anpassung (vgl. Böhnisch/Fritz/Seifert 1997), sondern ist bei jenen, die in ihrer bisherigen Biografie keine Zuwendung und Selbstachtung erfahren haben, geradezu ein „Suchen" nach Auffälligkeit (vgl. Kap. 1.7). Aber auch bei Jugendlichen, die nicht depriviert sind, können wir aktive Übernahmen beobachten. Bei ihnen setzt die Stigmaübernahme entweder strategisches Verhalten (vgl. dazu Esser 1994) oder bislang normkontrollierte Triebwünsche frei. Sie aktiviert das illusionäre Wunschselbst, gibt den Jugendlichen einen „Kick"; sie fühlen sich von den Fesseln sozialer Kontrolle befreit und als Herren ihrer selbst, denen alles erlaubt ist. Und andererseits - so beschreiben es SozialarbeiterInnen - sind sie wieder wie Kinder. Regressiv in der Sehnsucht nach einer starken konfliktlosen Autoritätswelt, als deren Werkzeuge sie sich fühlen. Der Prozess der Übernahme antisozialer und dann devianter Zuschreibungen im Selbstbild ist also auch eine Rückkehr zum vorsozialen Selbst. Damit sind auch die Ventile geöffnet, welche die lustvoll-zerstörerischen Aktionen und Gewalttaten - verschmolzen mit dem antriebsstarken Wunschselbst - ungehemmt hervorbrechen lassen. Hier wird das aktive „Hineinschlittern" der antisozial disponierten Jugendlichen in den devianzfördernden Definitionskreisel (und nicht die bloße Reaktion im Lemertschen Sinne) sichtbar und nachvollziehbar.

So ist deutlich geworden, wie auch die subkulturelle Theorie Abweichenden Verhaltens sowohl von der Psychodynamik des Selbst als auch von der Interaktionsseite her eine erweiterte Bedeutung gewinnt. Subkulturelle Gruppierungen bilden sich auch als Reaktionsmuster auf Stigmatisierung und Etikettierung und festigen sich dadurch, dass sie dem in sozialen und punitiven Kontrollprozessen abgewerteten Selbst einen ihm gemäßen lebbaren Bezug verschaffen. Insofern - das bestätigen auch unsere empirischen Erfahrungen - sind Subkulturen in pädagogisch relevanten Bezügen Abweichenden Verhaltens vor allem als sozialisationsrelevante Bezüge zu behandeln. Gerade im Jugendalter verschmilzt die allgemeine Gleichaltrigenorientierung bei sozial auffälligen Jugendlichen oft mit devianten subkulturellen Zugehörigkeiten. Im übrigen ist in der Jugendphase der Übergang von jugendkulturellem Abgrenzungs- zum subkulturellen Ausgrenzungsverhalten in dem Maße fließend, in dem die Jugendlichen den fördernden Kontakt und sozialemotionalen Rückhalt in ihren Familien eingebüßt haben (Kühnel/Matuschek 1995). Integration und Desintegration liegen also in der subkulturellen Sozialisation eng beieinander.

Dieses hier skizzierte Modell devianter Karrieren hat nicht nur idealtypischen Charakter, es setzt auch eine durchschnittlich geschichtete und werthomogen aufeinander bezogene Gesellschaft voraus. Zwar betonen die Labeling-Theoretiker immer wieder, dass sie eben nicht von den gesetzten durchschnittlichen Normen, sondern von den Interaktions- und Definitionsprozessen in Bezug auf solche Normen ausgehen, aber sie haben doch immer - implizit - eine relativ homogene Gesellschaft im Sinn, in der soziale Kontrolle und Abweichung typisch und in eindeutigen Karrieremodellen nachvollziehbar aufeinander „abgestimmt" sind. Die kontingente, in sich widersprüchliche Gesellschaft mit ihren Normalitätsparadoxien und ambivalenten Kontrolldiskursen, ihren Stigmaopfern und Stigmaaktivisten gleichermaßen, kam ihnen kaum in den Sinn. Die Suche nach den sozialen Ursachen Abweichenden Verhaltens war immer von der Suche nach eindeutigen Modellen geprägt (vgl. zu dieser Kritik Quensel 1986). Die interaktionistischen Ansätze haben in diesem Sinne theoretischen

Fortschritt und Stillstand gleichermaßen gebracht. So verengt sich heute die Labeling-Theorie immer mehr auf die eindeutigen Kontroll- und Sanktionsprozesse im punitiven Bereich. Die Ambivalenz der so schillernden gesellschaftlichen Kontroll- und Devianzdiskurse können sie theoretisch genauso wenig integrieren wie die aktive Bewältigungsleistung des Subjekts, das in den Etikettierungsansätzen eher als „Reaktionsdepp" (Quensel 1986 in Anlehnung an Garfinkel) erscheint. Denn wenn man Abweichendes Verhalten vom Aspekt der Bewältigung interpretiert, merkt man schnell, dass Kinder- und Jugendliche auch dort, wo sie soziale Desintegration heraufbeschwören, Selbstwert, Handlungsfähigkeit und soziale Integration suchen. Aus der Subjektperspektive sehen wir die „irregeleiteten" (Meng 1934) Energien und Vermögen der Jugendlichen, an denen wir pädagogisch anknüpfen können (vgl. dazu ausf. Kap. 4). Der Etikettierungsansatz behält aber seine herausragende Bedeutung dort, wo es darum geht, pädagogisches Handeln selbst als Kontroll- und Definitionshandeln zu hinterfragen (vgl. Kap. 3) und auf die - Kinder und Jugendliche umgebenden - Kontrollinstanzen aufklärerisch und abschirmend einzuwirken (Entstigmatisierung).

Diese Interaktionsstrukturen und -mechanismen von Devianz erfahren nicht nur in der sozialen Wirklichkeit ihre geschlechtsspezifische Differenzierung, sie sind auch in sich geschlechtstypisch geprägt. Die Arbeitsteilung in modernen Industriegesellschaften ist *geschlechtshierarchisch* strukturiert, das Selbst entwickelt sich in geschlechtdifferenten Tiefenkonstellationen von Bindung und Verlust. Allerdings ist die Geschlechterdynamik von Abweichung und Normalität, wie wir sie in postmodernen Industriegesellschaften antreffen, längst nicht mehr eindeutig. Mann- und Frausein sind in sich differenzierter, der Geschlechterdiskurs ist ambivalent geworden. Auch die geschlechtshierarchische Arbeitsteilung trägt heute anomische Züge. Und wir werden sehen: Frauen sind nicht nur Opfer und Definierte in diesem komplexen Geschehen (vgl. zum Problem der Viktimisierung von Frauen: H.J. Schneider 1994), sondern auch Akteure. Insgesamt wird deutlich, dass der Zusammenhang zwischen Geschlecht und Abweichendem Verhalten nicht auf der Interaktionsebene verbleibt und auch im interdisziplinären Gesamtzusammenhang von Gesellschaft, Interaktion, Handeln und personalem Selbst formuliert werden muss.

1.6 Allgemeine Grundzüge einer Geschlechtertheorie Abweichenden Verhaltens

Wenn ich nun ein in sich geschlossenes Kapitel zur Geschlechterfrage und Devianz folgen lasse, so bedeutet das nicht, dass die bisherigen Erkenntnisse und Paradigmen zum Abweichenden Verhalten durch ein Geschlechterparadigma der Devianz abgelöst werden sollen. Es wurde bisher gezeigt, dass die moderne Arbeitsteilung mit ihren definitionsmächtigen Institutionen und triebunterdrückenden Strukturen den allgemeinen Lebenszusammenhang prägt, in dem und aus dem heraus Männer *und* Frauen ihr Leben gestalten (müssen). Diese Grundstrukturen konkretisieren sich aber - gesellschaftlich und im Alltag - geschlechtshierarchisch und geschlechtsdifferent. Dies mit einfließen zu lassen, bedeutet, dass allgemeine kriminologische Erkenntnisse in eine Spannung zur Geschlechterfrage gebracht werden müssen (vgl. auch Althoff/Kappel 1995).

1.6.1 Geschlechtstypische Anomien

Geschlechterhierarchie und Geschlechtsdifferenz spiegeln sich auch in geschlechtstypischen Anomiestrukturen wider: „Mädchen sind in allen Delinquenzbereichen signifikant unterrepräsentiert. Eine traditionelle Orientierung auf die Familie und den Bereich persönlicher Beziehungen [...] bewahrt Mädchen und junge Frauen vor der Wahl illegitimer Mittel, zu denen sie durch ihre geschlechtstypische Sozialisation darüber hinaus seltener Zugang haben als Jungen" (Ziehlke 1993, S. 215). Solche geschlechtsspezifischen Differenzierungen des klassischen Anomieansatzes (Ziel-Mittel-Relation) und des Konzepts der differentiellen Gelegenheiten (vgl. dazu schon Morris 1964) rekurrieren auf der Grunderkenntnis geschlechtsspezifischer Sozialisationstheorie, nach der Jungen und Männer - infolge der Logik geschlechtshierarchischer Arbeitsteilung und ihrer sozialen Rekonstruktion im Alltagshandeln - in ihrem Fühlen und Handeln früh nach „Außen" getrieben („externalisiert") und konkurrent werden und wenig Gefühl für sich selbst und andere entwickeln können, während Mädchen und Frauen stärker am „Innen", dem häuslich-reproduktiven Bereich und der damit verbundenen Moral der Empathie und Fürsorge, ausgerichtet sind (vgl. dazu Gilligan 1984, Böhnisch/Winter 1997). Dem entspricht auch eine typisch weibliche Deliktstruktur: „Die Mehrzahl der weiblichen Delikte bestimmt sich durch die Art der privaten Tätigkeit der Frau" (Brökling 1980, S. 122). Anomisch kann die Situation für die Frauen vor allem dann werden, wenn sie sich auch nach „Außen" verwirklichen wollen, nicht nur dort Barrieren in den Weg gelegt bekommen, sondern gleichzeitig zu spüren bekommen, dass sie für den familialen Innenbereich da sein müssen (Vereinbarkeitsproblematik). Die daraus entstehenden Überforderungskonstellationen können einen diffusen Hintergrund für Familien- und Beziehungskonflikte und Gewalt gegen Kinder bilden. Männer geraten vergleichbar in anomische Bezüge, wenn sie sich stärker dem familialen „Innenbereich" zuwenden, berufliche Verwirklichung zurückstellen wollen und merken, dass diese neue Männerrolle weder gesellschaftlich noch in den Alltagsbeziehungen anerkannt ist.

Den mit der geschlechtshierarchischen Arbeitsteilung verbundenen sozialräumlichen und institutionellen Zuordnungsmustern des männlichen „Außen" und weiblichen „Innen" entspricht auch eine traditionelle Dualität von Öffentlich und Privat. Männer dominieren immer noch in der Öffentlichkeit, Frauen sehen sich selbst heute noch stärker ins Private verwiesen. Insofern sind den Frauen Fähigkeiten der Empathie und der Fürsorge für andere und die Eigenschaft des Weniger-Konkurrent-Seins zugeschrieben; Eigenschaften, die im privaten Bereich der Familie und im häuslichen Beziehungsaspekt gewachsen sind und sich nicht unbedingt so in die Öffentlichkeit verlängern müssen. In diese Richtung weisen Befunde, welche die gängigen Definitionen des Frauseins und die weiblichen Bewältigungsprinzipien des *Innen* von ihrer dunklen Seite her thematisieren: So wird darauf aufmerksam gemacht, dass Frauen, da sie ihre fürsorglichen Tugenden im Binnenbereich der Familie erworben haben - vor allem die Frauen in sozial benachteiligten und isolierten Lebensverhältnissen -, keine oder wenig (und zumeist nur über den Mann vermittelte) Erfahrungen mit der gesellschaftlichen Außenwelt erwerben konnten. Diese ist für sie unübersichtlich und kann zur Bedrohung werden, wenn die eigene Familie in eine Krise gerät. Dann versuchen Frauen - wenn die Sorge um die Familie in Angst umschlägt - diese Angst von der Familiensituation abzuspalten und auf Schwächere, z.B. auf sozial schwächere oder ausländische Familien, zu projizieren. Vor diesem Hintergrund kommen Holzkamp/Rommelspacher zu dem Schluss, dass „in der den Frauen abverlangten Fürsorge für den (eigenen) Mann, das 'eigene' Kind strukturell Ausgrenzung und Feindseligkeit angelegt sind." (1991, S. 19). Aber auch in den Familien selbst können die den Frauen zugeschriebenen fürsorglichen Haltungen umschlagen, vor allem dann, wenn die Familie strukturell überfordert ist. Von der Mutter wird dann alles erwartet: Sie soll wie selbstverständlich die Familie zusammenhalten, auch wenn sie sich dazu nicht in der Lage fühlt. Diese Überforderung kann mit der Zeit zur Gewalt gegen Kinder und schließlich zur Selbstzerstörung führen (vgl. auch Funk 1997). Auch die idealisierte Zuschreibung weiblicher Tugenden kann Frauen einschränken; sie klammern sich aber trotzdem daran, auch wenn sie sehen, dass sie damit bei den Kindern und in der Ehe nicht zurechtkommen. Sie machen sich dann verantwortlich für das Fehlverhalten der Kinder oder des Ehemannes und sind zwischen Schuldgefühlen und hilfloser Wut auf sich selbst (manchmal als Gewalt gegenüber den schwächeren Kindern) hin und her gerissen (vgl. dazu Zeltner 1996).

Männer hingegen neigen tendenziell dazu, ihre externalisierten, Empathie zurückdrängenden Konkurrenz- und Rationalitätsvorstellungen in den Privatbereich der Familie hineinzutragen. Man(n) will, dass die Familie „funktioniert" und versucht deshalb, Probleme und Konflikte zu übergehen oder - auch gewalttätig - zu unterdrücken. Auch die - patriarchalisch durchsetzte - „sexuelle Bedürftigkeit" des Mannes - die ja vor allem daraus resultiert, dass Jungen und Männern früh der Zugang zu Gefühlen und Empathie verwehrt wird und sie das alles nun in der Sexualität suchen, ja geradezu oft unter Sexualisierungszwang stehen, weil sonst für sie die Emotionalität nicht möglich scheint - ist eine Quelle von Konflikten und Bedrohungen im familialen Zusammenleben.

„In geschlechtshierarchisch strukturierten familialen Beziehungen wird oft das Muster sichtbar, dass Frauen sich zurücknehmen, damit die Bedrohungssituation entschärft wird. Die Frauen hoffen, dass sich die Situation verbessere, wenn sie ihre Bedürfnisse gegenüber dem Druck ausübenden bzw. gewalttätigen Partner reduzieren. [...] Die Frauen haben Bilder von Regulationen, die auf ihre Kosten gehen. Dass sich die Situation in der Regel dann nicht verbessert, liegt daran, dass keine Grenzen sichtbar werden, sich ein neues Machtgefälle auftut und das gewalttätige Verhalten scheinbar auch interaktiv legitimiert wird" (Funk 1997, S. 252).

Wir erkennen also, dass die geschlechtshierarchische Perspektive dem Anomieproblem der modernen Industriegesellschaft noch eine besondere Struktur verleiht. Männer und Frauen sind auf geschlechtstypische Mittel verwiesen, die sich bei der Erreichung familialer und außerfamilialer Ziele als problematisch erweisen und damit den Hintergrund für antisoziales Verhalten bilden können. Es soll dabei keineswegs einer Dualisierung des Männer- und Frauenverhaltens das Wort geredet werden. Es handelt sich hier vielmehr - die Anomietheorie ist ja ein sozialstrukturelles Paradigma - um sozialstrukturelle Tendenzen mit hoher Variationsbreite, in der sich unterschiedliche Männlichkeiten und Weiblichkeiten bewegen und mehr oder weniger - je nach eigenen psychosozialen Ressourcen - in den Sog solcher geschlechtstypischen Tendenzen geraten.

Ob dagegen die Männer und Frauen inzwischen gleichermaßen erfassende und in ihren Bann ziehende ökonomistische Erfolgskultur der spätmodernen Gesellschaft die Geschlechtsdifferenzen verwischt, indem entsprechend erfolgsorientierte Frauen genauso öffentlich agieren und sich ebenso abweichend verhalten wie Männer, ist zwar in den 90er Jahren zum Thema geworden, als generelle Entwicklung aber noch nicht abzusehen. Die Magazine und Illustrierten berichten zwar spektakulär von Mädchen, die ebenso gewalttätig sind wie Jungen, und skrupellosen Frauen, die im beruflichen Konkurrenzkampf über Leichen gehen. Diese Tendenz, dass Frauen auch in devianten und delinquenten Verhaltensbereichen gegenüber den Männern „aufholen", wurde übrigens schon in den 70er Jahren in der amerikanischen Kriminologie als „Maskulinisierung" thematisiert (Adler 1975, Simon 1975).

Dass in der spätmodernen Industriegesellschaft des ausgehenden 20. Jahrhunderts sich im Alltag Männer und Frauen sozial und kulturell stark angeglichen, die Frauen entsprechend aufgeholt, die Männer ihre Rollendominanz abgebaut haben, hat die geschlechtstypischen Anomien der arbeitsteiligen Industriegesellschaft keineswegs aufgelöst, sondern eher - nun in bezeichnender Ambivalenz - kompliziert. Wir können dies in dem „modernisierten" Anomiekonzept der Entkopplung von Sozialintegration und Systemintegration gut beschreiben. Auch in der systemintegrativen Logik der spätmodernen Industriegesellschaft besteht das hierarchische Prinzip der Höherbewertung von marktvermittelnder Erwerbsarbeit und der Minderbewertung von „marktexterner" Haus- und Beziehungsarbeit nicht nur weiter, sondern hat sich angesichts des Drucks globalisierten Wettbewerbs noch verfestigt. Der Markt hat sich in vielen Teilen internationalisiert, es wird nur das bewertet, was die Ware konkurrenzfähiger, jedoch nicht, was die Arbeit für den Menschen sinnvoller und menschlich verfügbarer macht. Im Gegenteil: Der Mensch hat verfügbar, fungibel und für jeden technologischen und ökonomischen Wandel bereit zu sein. Auf die Interviewfrage, was ihm an der US-amerikanischen Wirtschaft, die doch kontinuierlich neue Arbeitsplätze schaffe, so imponiere, antwortete ein deutscher Spitzenpolitiker in den 90er Jahren: Die Tatsache, dass kein(e) Amerikaner(in) - im statistischen Durchschnitt - länger als sieben Jahre an einem Ort wohne, weil er/sie wegen der sich permanent wandelnden Arbeitsgesellschaft mobil bleiben müsse. Dies symbolisiert, dass von der systemischen Seite her der Druck der Verfügbarkeit auf den Menschen und damit der Zwang zur Externalisierung eher gestiegen ist. Dieser Externalisierungsdruck lastet heute nicht mehr hauptsächlich auf den Männern, sondern vor allem auch auf den Frauen, die über das öffentliche Bildungs- und Ausbildungssystem gleichgezogen haben und sich nun - auf einer wesentlich entwickelteren Stufe des Geschlechterverhältnisses - *wieder* der Vereinbarkeitsproblematik ausgesetzt sehen. Dies ist vor allem dann der Fall, wenn die ökonomische Geschlechterkonkurrenz, die in den Lebenswelten sozialintegrativ deutlicher abgebaut zu sein scheint und eine soziale und kulturelle Verständigung der Geschlechter sichtbar werden lässt, nun in Zeiten der ökonomischen Krise und des beschleunigten Strukturwandels neu hervorbricht und sozialintegrativ Erreichtes in Frage stellt. Frauen sind von der Arbeitslosigkeit stärker betroffen als Männer, sie sind - wenn sie Mütter werden und eine Familie gründen wollen - weniger verfügbar als Männer. Die externalisierten Sozialmuster der Konkurrenz und Verdrängung greifen wieder um sich und damit eine nun ökonomisch legitimierte Durchsetzungskultur der Männlichkeit.

Auch für viele Männer bringt das anomische Konstellationen mit sich. In den sozialintegrativen Bezügen des Lebenssinns und der sozialemotionalen Gegenseitigkeit haben zunehmend mehr Männer die menschlichen Vorzüge einer anderen Männlichkeit, eines Mannseins entdeckt, das sich der Beziehungsarbeit öffnet, Empathien entwickelt und sich nicht auf Kosten anderer, schwächerer Menschen verwirklichen will. Dies wird durch den systemintegrativen Druck der steigenden Arbeits- und Berufskonkurrenz zunichte gemacht. Während sich also in sozialintegrativer Perspektive plurale Möglichkeiten eröffnet haben, das Mannsein sozial verträglich zu gestalten und andere Männlichkeiten zu leben, wächst im systemintegrativen Gesellschaftsbereich der neue, nun ökonomisch noch aggressivere hierarchische Druck auf die Geschlechter, dem Männer ebenso ausgesetzt sind wie Frauen und unter dem beide Seiten gleichermaßen leiden. Der Konflikt wird aber nun nicht mehr sozial sichtbar (und entsprechend im Kontext von sozialer Abweichung und Konformität verhandelt), sondern verbleibt als biografisches Vereinbarkeitsproblem am Einzelnen hängen. Die Anomie hat ein neues strukturelles Gesicht: Während in den sozialintegrativen Gesellschaftsbezügen Hoffnungen und Sehnsüchte auf ein anderes, menschlicheres Leben wachsen, verwehrt die systemische Entwicklung deren gesellschaftliche Realisierung. Zwei Welten mit widersprüchlichen Werten stehen nebeneinander. Was uns bleibt, ist, sich an diese anomische Konstellation anzupassen und subjektiv-biografisch „für sich" das Beste daraus zu machen. Der Konsum, der in seinen Symbolen diese Widersprüchlichkeit harmonisiert, hilft dabei. Gerade der Mann wird heute in einer Art beworben, die ihm suggeriert, er könne gleichzeitig Macho und Softie sein, empathische Tugenden leben, zu sich selbst kommen und dennoch in der aggressiven Erfolgskultur der Verdrängungskonkurrenz mitmischen und mithalten. Auch diese ist symbolisch längst geschönt: Das hässliche Wort Konkurrenz ist durch das Zauberwort „Erfolg" verdrängt worden. Erfolg ist nun biografisiert, *jeder* sucht ihn für sich, deshalb *kann* der Erfolg gar nicht asozial sein! Die unter Globalisierungsdruck geratene spätmoderne Industriegesellschaft hat eine Kultur entwickelt, in der die Gestaltung des Sozialen nicht mehr „marktfähig" und - das ist gegenüber der klassischen Anomiekonstellation wohl das Neue - für den Einzelnen, solange er nicht ökonomisch und sozial gefährdet ist, nicht mehr „erfolgsfähig" ist. Damit ist der anomische Schwund der Sozialintegration heute schleichend und verdeckt. In der Grundstruktur aber kann man die anomische Krise durchaus noch ähnlich beschreiben, wie es Durkheim vor hundert Jahren getan hat. So nimmt es sich zumindest aus, wenn man sich ein zeitgenössisches Szenario zu den gesellschaftlichen Auswirkungen des globalisierten, hochbeschleunigten „Turbokapitalismus" vorhält: „Der Turbokapitalismus, dessen weltweite Durchsetzung jetzt unaufhaltsam scheint, zerstört die Grundlagen seiner Existenz. [...] Das Tempo der Veränderung erodiert die alten sozialen Einheiten schneller, als das Neue sich entwickeln kann" (Martin/Schumann 1996, S. 90).

Wenn wir diese postmoderne Anomiedefinition auf die Ausführungen beziehen, die wir zum Kontrolldiskurs gemacht haben, so können wir die dortige Skizze nun vervollständigen. Es wurde dort gesagt, dass der gesellschaftliche Diskurs über Abweichung durch eine Vermischung von medial vermittelter Teilnahme an Devianz und Delinquenz und hoheitlicher Abschreckung gekennzeichnet ist. Der Anomiedruck des globalisierten Kapitalismus nun schafft das Klima, in dem sich dies verstärkt, zur Hysterie wird. Die Angst vor sozialem Absturz grassiert *zusammen* mit der biografischen Lust am individuellen Erfolg, am biografischen Davonkommen, am sich *Jetzt*-Ausleben. Die Gesellschaft ist nicht mehr über sozialmoralische Milieus und ihre tradierten Normen und Orientierungsmuster vermittelt, sondern wird im Zuge der Individualisierung stärker *biografisch* erlebt. Dieses biografische Erleben wiederum ist gestimmt und gerichtet nach der Befindlichkeit und Betroffenheit des Einzelnen, die vor allem durch das Geschlecht - das Frau- und Mannsein - geprägt wird. Hier schließt sich der Kreis zu den geschlechtstypischen Aussagen, die wir im Kapitel über das „anomische Selbst" gemacht haben: Sozialstrukturelle Anomie stößt die innerpersonale Hilflosigkeit an und führt bei Männern und Frauen zu geschlechtstypischem Bewältigungsverhalten. Die von A. Gruen beschriebene Abspaltung der Gefühle und deren antisoziale Abstraktion und Projektion läuft bei Männern eher über externalisierte Verhaltensweisen ab (verstärktes Konkurrenz- und Ausgrenzungsverhalten bis hin zur Gewalttätigkeit), bei Frauen mehr über nach innen gerichtete Muster der Selbstbeschädigung oder der antisozial gewendeten Sorge um die Seinen, die man bedroht sieht.

1.6.2 Geschlecht, Devianz und soziale Kontrolle

In Cohens „Delinquent Boys" (1955/1961), der klassischen Beschreibung delinquenter Jugendbanden, über Millers Kristallisationspunkte Abweichenden Verhaltens (1968) - ein weiterer Klassiker zur Cliquendelinquenz - bis hin zu den Delinquenz- und Gewaltstudien der 80er und 90er Jahre in Deutschland (Heitmeyer 1993, Kühnel/Matuschek 1995) zieht sich die *Geschlechtstypik* wie ein roter Faden hindurch. Immer sind es Jungen und Männer, von denen diese Studien handeln, aber meist wird auf dieses Geschlechtsspezifikum von den Forschern kaum oder gar nicht eingegangen; es wird weder danach gefragt, warum Jungen so dominant sind noch wo die Mädchen und jungen Frauen in solchen männlich dominierten Cliquen und Banden bleiben.

Cohen und Miller beschreiben zwei klassische Figurationen, die bis heute und immer wieder neu die jugendkulturelle Szene strukturieren und vielfältiger Gegenstand pädagogischer Diskussionen in der Offenen Jugendhilfe und Streetwork sind, aber auch in die neueren Auseinandersetzungen um das Sozialverhalten von Schülern hineinreichen: zum einen die männliche Prägung der Cliquen- und Bandendelinquenz, zum anderen das Männlichkeitssyndrom im Bewältigungsverhalten von - meist der Unterschicht zugehörigen - Jungen und Männern.

Wir erinnern uns an das Beispiel mit dem Jugendrichter, der beklagt, dass delinquente Jugendliche kein Unrechtsbewusstsein hätten, sodass für sie nicht die übertretene Rechtsnorm, sondern die Erfüllung der subkulturellen Gruppennorm im Bewusstsein oberste Priorität besitzt. Sie haben eine Tat begangen, die ihre Position in der Gruppe und damit Selbstwert und soziale Anerkennung gestärkt hat. Sie sind auffällig und schließlich delinquent geworden, weil die Gruppennorm Gewalt nicht in der Gruppe blieb und damit zwangsläufig mit der gesellschaftlichen Norm der Gewaltächtung kollidieren musste. Subkulturen werden eben als auffällig und schließlich abweichend wahrgenommen, wenn ihnen die Balance zwischen subkultureller Normgeltung und der Akzeptanz übergeordneter gesellschaftlicher Normen nicht gelingt.

Soweit der uns bekannte subkulturelle Ansatz. Dieser erklärt uns natürlich nicht das Phänomen der männlichen Dominanz. Aus der Theorie männlicher Sozialisation (vgl. dazu Böhnisch/Winter 1997) wissen wir nun, dass Jungen von früher Kindheit an auf der Suche nach männlicher Identität sind. Sie werden - so wie wir es am Phänomen der *Externalisierung* beschrieben haben - nicht nur nach außen und damit stärker in die delinquente Auffälligkeit getrieben als die Mädchen, sondern sie sind auch seit der frühkindlichen Lebensphase Bindungs- und Ablösungskonflikten ausgesetzt, die in die existentiellen Betroffenheiten des Mannwerdens und Mannseins hineinreichen. Schlüsselereignis dabei ist die erzwungene Ablösung von der Mutter und die Suche nach dem gleichgeschlechtlichen, männlichen Orientierungs- und Identitätspunkt. Mädchen dagegen müssen sich ihre Geschlechtsidentität nicht durch solch rigides Ablösen von der Mutter und ungewisser Suche nach dem gleichgeschlechtlichen Bezug erkämpfen. Sie können in der frühen und mittleren Kindheit „in Ruhe" ihre aus der Mutter-Kind-Dyade weiterbestehende und damit emotional gesicherte Geschlechteridentität „behalten". Bei ihnen kommt es darauf an, dass sie ihre Geschlechterrolle ausdifferenzieren und in dieser erkannten und erlebten Differenz ihr Mädchensein spüren und selbstbewusst leben. Der Ablösungskonflikt von der Mutter findet erst in der Pubertät statt, wenn das Mädchen in die gesellschaftliche Kultur eintritt und die gesellschaftliche Abwertung der Frau erfährt, eine Erfahrung, die sie dann möglicherweise in die Distanz zur bis hin zum Hass auf die Mutter (Demütigung) treibt.

Jungen sind einerseits früh gezwungen, sich auf die Suche nach dem Vater oder einer männlichen Bezugsperson zu begeben, und andererseits verstrickt im Hin- und Hergerissensein während des Trennungsprozesses von der Mutter, bei der man weiterhin emotional geborgen sein möchte, die man noch braucht, von der man aber weggestoßen wird, auf Distanz gehen muss, weil sie einem das Männliche nicht geben kann. Dieses Hin- und Hergerissensein im Verhältnis zur Mutter, zur Freundin, Partnerin und Geliebten begleitet den Mann sein ganzes Leben lang. Man(n) braucht die Mutter (Frau), die einem das emotionale Innere gibt und verheißt und einem doch so fremd ist, weil sie kein Mann ist. Man(n) *muss* sie abwerten, geringschätzen, wenn man(n) von ihr loskommen will, gerade weil sie einen so in Bann zieht. Von dieser *strukturellen*, d.h. in der Logik der männlichen Sozialisation verankerten *Abwertung der Frau* als (struktureller) Voraussetzung des Mannseins werden alle Jungen und Männer - nicht nur in unserer industriegesellschaftlichen Kultur - heimgesucht. Sie ist heilbar und bewältigbar, aber nicht aus *dieser* Welt zu schaffen. *Diese* Welt ist die der Väter, die in der arbeitsteiligen Gesellschaft *außerhalb* der Familie und ihrer inneren Emotionalität stehen und für die Jungen - vor allem, was die notwendige alltägliche Identifikation mit den Stärken *und* Schwächen des Mannseins betrifft - nicht entsprechend zur Verfügung stehen. Der Vater in seinem Außenbezug schaut mehr auf das Funktionieren des Jungen als auf seine innere Hilflosigkeit bei der Suche nach männlicher Identität. Der Vater ist zwar der unentbehrliche Außenspiegel - auch für die Mädchen, die dieses „Außen" des Vaters suchen und im Kontrast zur Mutter brauchen -, aber es reicht für den Jungen oft nur bis zur Bewunderung, nicht zur Identifikation. Er kann dem „Außen" des Vaters nacheifern, durchschaut aber kaum die Fassade. So nähert er sich dem Männlichen in der Symbolik des Idols, das er dann später um seinen Vater herum und über diesen hinaus mit anderen Idolen anreichern wird. Die innere Hilflosigkeit und Unsicherheit, ob man nun wirklich ein Mann ist, die Angst vor Schwäche, die diese Idole zerstört, bleiben bestehen. Deshalb müssen sich Jungen auch permanent in ihrer „äußeren" Männlichkeit beweisen, Schwächen und Gefühle leugnen, den Idolen nahe kommen.

Frauenabwertung und Idolisierung des (äußeren) Männlichen sind also die sozialisationsstrukturell erzeugten Spannungspunkte des Aufwachsens von Jungen. Nun ist dies ein idealtypisches Modell, mit dem in differenten Familienkonstellationen unterschiedlich umgegangen, Mannsein verschiedenartig bewältigt wird. Es gibt Väter, die versuchen, sich alltagswirklich in die Beziehungsstrukturen der Familienkindheit einzubringen, es gibt elterliche Partnerbeziehungen, von denen der Junge den Respekt vor dem anderen Geschlecht lernt, und es gibt Formen der Familienkommunikation, in denen innere Probleme der Geschlechteridentität und damit des hilflosen Selbst nicht tabuisiert, sondern behutsam thematisiert werden. Unterschichtfamilien wird in diesem Zusammenhang - gerade auch in den Kriminalitätsstudien - vorgehalten, dass sie nicht in der Lage seien, diese Entwicklungskonflikte auszuhandeln, eine neue Ebene der Familienkommunikation zu entwickeln, sondern dass sie das Strukturelle - Frauenabwertung und Idolisierung - direkt und unvermittelt (autoritär) ausleben. Mittelschichtfamilien dagegen verfügten eher über Mechanismen des Umwegverhaltens (Liebesentzug) und der Tabuisierung, die zwar diese Spannungen nicht zum Ausbruch kommen lassen, die aber weiterhin mitschwingen und in späteren Lebensjahren von dem Jungen oder jungen Mann bearbeitet werden müssen.

Demonstration und Idolisierung männlicher Stärke und Abwertung von Frauen (und Schwächeren) schafft auch eine verfügbare und deshalb lebbare Machtposition, die der Mann im Familienalltag der Ohnmachtsposition und dem Fügungszwang im Betrieb entgegensetzen kann. (Bei der steigenden Rationalisierung, die auch in den höher bewerteten Arbeitsvollzügen um sich greift, und den damit verbundenen Entwertungserlebnissen ist zu erwarten, dass auch Männer der Mittelschicht wieder in männliche Dominanzphantasien getrieben werden).

Insofern ist die männlich dominierte Clique - als eine Form der Gleichaltrigenkultur, die zur Ablösung von der Familie und zum sozialen Selbständigwerden gebraucht wird - der erste soziale Ort außerhalb der Familie, wo Jungen über Idolisierung und Abwertung soziale Beziehungen knüpfen, Selbstwert und soziale Anerkennung erlangen können und dabei - zum ersten Mal - nicht Untergeordnete in der Familienhierarchie und Opfer in Familienkonflikten, sondern „ihr eigener Herr" sind. Die subkulturelle Basisstruktur der Gleichaltrigengruppe - Normen und Muster des Umgangs zu entwickeln, die anders sind als die der Erwachsenen - wird in Männlichkeitsphantasien transformiert und wirkt damit über die Gruppengrenzen hinaus: Männergewaltige Abwertung und Idolisierung vermitteln sich in die entwicklungstypischen Narzissmen der Pubertätszeit und formen die Realität der Gruppe. Ihr Doppelgesicht macht sie dabei so explosiv: Sie halten einerseits die Gruppe zusammen, brauchen aber, um diese kohäsive Funktion zu ermöglichen, dauernde Bestätigung von und Demonstration nach außen (würden sie sich nach innen wenden, würden sie ja die Gruppe zerstören). Die nach innen integrativen Orientierungsmuster sind also nach außen antisozial und sozial destruktiv, suchen geradezu Auffälligkeit und geraten dadurch in die neuralgischen Zonen öffentlicher Aufmerksamkeit und Kontrolle. Abwertung und scheinbar „naturgebundene" (und deshalb nicht sozial aushandelbare) Männeromnipotenz bilden schließlich die Grundstruktur der Delikte (Körperverletzung, Raub, Sachbeschädigung), die vorzugsweise von männlichen Jugendlichen begangen werden.

Soweit zur Erweiterung des subkulturellen Modells um die Perspektive „männliche Dominanz". Dass diese - je nach sozialer Herkunft - mehr oder weniger direkt und unvermittelt ausgelebt und in dieser Direktheit alltagsselbstverständlich wird, lässt auch die Verhaltensmuster externalisierter Männlichkeit in der sozialen Interaktion hervortreten: Suche nach riskanten Grenzerfahrungen, um idolisierte Männlichkeit nachleben und sich in ihr auch endlich erfahren zu können, autoritäre, auf äußerer Stärke basierende Umgangsformen, Abwertung und Ausgrenzung Schwächerer, wenig Empathie und damit wenig Verantwortungsbewusstsein für das antisoziale Handeln (eher Rationalisierung dieses Handelns über männliche Omnipotenzphantasien). Miller (1968) hat diese Verkehrsformen männlicher Jugendsubkulturen so beschrieben, und wir können sie jetzt sozialisations- und geschlechtstheoretisch einordnen.

Aber wo sind die Mädchen? Wenn man von männerdominanten Jugendcliquen spricht, beschreibt man ja lediglich, dass das Männerverhalten die Gruppen strukturiert und nicht, dass *nur* Jungen und junge Männer die Cliquen bilden. Es sind auch viele Mädchen dabei. In Ostdeutschland, wo Männer und Frauen zu DDR-Zeiten öffentlich gleichwertig auftreten konnten, haben die Mädchen bis heute wenig Scheu, sich Cliquen anzuschließen; oft sind die Hälfte der Gruppenmitglieder Mädchen. Und dennoch - nach der Wende, als die öffentliche Abwertung der Frau über Arbeitsplatzkonkurrenz und Arbeitslosigkeit Einzug hielt - setzen sich auch hier die jungen Männer wie selbstverständlich durch. Es gab also auch in der DDR eine institutionell überformte Struktur der Männerdominanz.

Die Mädchen stehen in den subkulturellen Cliquen hinten an, sind nicht sichtbar - oder sind sie nur dem männlichen Forscher-, Lehrer- und Sozialarbeiterblick entzogen? „Die Unsichtbarkeit von Mädchen in Jugendkulturen ist allerdings nicht nur eine Quantität, sondern das Resultat der Herangehens- und Sichtweise von Forschern", haben Mädchenforscherinnen (Savier u.a. 1984, S. 19) schon in den 80er Jahren bemerkt. Die Mädchen mussten auch in der Subkulturforschung erst „entdeckt" werden (Stange 1993). Der Grundtenor dieses mädchenorientierten Subkuluransatzes lautet in etwa: Mädchen, die durch ihre Herkunftssozialisation wenig Chancen haben, länger anhaltende Mädchenfreundschaften aufzubauen und später in den halbwegs geschlechteremanzipierten Schülerkulturen der Sekundarstufe II eigene und eigenbestimmte Außenbezüge zu entwickeln, sind auf die untergeordnete Teilnahme an Jungencliquen angewiesen, wenn sie überhaupt die Ablösung aus ihrer Herkunftsfamilie schaffen, *Jugend erleben* und nicht gleich eine neue Familie (frühe Heirat) gründen wollen. Gerade Mädchen in Unterschichtverhältnissen unterliegen stärker der häuslichen Kontrolle als die Jungen und den in der Familie herrschenden patriarchalisch-autoritären Moral- und Lebensstilvorstellungen und der damit verbundenen Diskriminierung des „Alleinseinwollens" (Savier u.a. 1984).

Im Gegensatz zu Jungen werden Mädchen früh eigene Außenorientierungen verweigert, sie unterstehen dem ambivalenten Mechanismus von Schutz und Kontrolle. Sie haben - vor allem in den geschlechterrollenrigiden, sozial benachteiligten Familien - nur gelernt, ihre patriarchal zugelassenen Weiblichkeitsformen zu stilisieren und gegebenenfalls, wenn sie aus der Familie herausgedrängt worden sind, aggressiv und öffentlich zu demonstrieren. Ihr Abweichendes Verhalten und ihre Delinquenz sind also „Ausdruck spezifischer weiblicher Konfliktlagen, die den Widersprüchen der sozialen Lage der Frauen" und dem weiblichen Sozialisationsmodus immanent sind (Brökling 1980). Diese „Konfliktkriminalität" (Brökling) der Frauen zeigt sich besonders im typisch weiblichen Delikt des Ladendiebstahls, der auf die materielle und psychosoziale Abhängigkeit vom männlichen Ernährer verweist, auf die die Frau mit Abweichendem Verhalten reagiert. Ebenso eng wird die Verbindung von weiblicher Gewalt gegen Kinder und der Überforderung von Frauen gesehen, der familialen und der Erziehungsrolle so zu genügen, wie es gesellschaftlich und vom Manne erwartet wird. Zudem werden Mädchen heute immer noch, wenn sie sich in der Öffentlichkeit abweichend verhalten, sexualisiert und negativen Etikettierungsprozessen ausgesetzt, die ihre persönliche Integrität verletzen. Wenn sie sich dagegen auch öffentlich, d.h. außerhalb dieses familial-privaten Mechanismus von Schutz und Kontrolle, wehren wollen, sind sie auf den Anschluss an Jungencliquen angewiesen. Dabei ordnen sie sich nach innen zwar der Männerdominanz unter, sind aber die eigentliche „Seele" der Clique, schlichten, vermitteln bei inneren Konflikten und schaffen Gegenseitigkeit. Sie sind aber oft auch gleichzeitig verfügbare Objekte emotionaler und sexueller Bedürftigkeit, profitieren jedoch von der Öffentlichkeit der Clique. Denn nach außen können sie sich in die antisoziale Aggressivität und räumliche Dominanz der Clique gegenüber schwächeren Jugendlichen und verschreckten BürgerInnen einbringen, indem sie sich über ihre (klassisch zugeschriebenen) „weiblichen" Attribute - Körper und Mode - kontrovers und gegen die herrschenden Sitten in Szene setzen und dadurch auffällig werden. Aber weniger, weil sie an delinquenten Handlungen beteiligt sind, sondern weil sie nun in die Kriminalisierungsfalle von Moral und Anstand geraten. Wir haben es hier mit einem Muster des weiblichen *Bewältigungsverhaltens* zu tun, das nach jugendkultureller Handlungsfähigkeit sucht und sich dabei in eine nicht überschaubare Spannung zur herrschenden Norm begibt: Diese Mädchen verhalten sich zwar von ihrer geschlechtsspezifischen Sozialisation her „traditionell" weiblich, verlassen aber - von der aggressiven Öffentlichkeit der Jungenclique getragen - ihren gesellschaftlich zugewiesenen häuslichen Raum und werden zu „Straßenmädchen" (demgegenüber ist „Straßenjunge" ein positiver Begriff). Nun kippt die Sicht auf die Mädchen um; sie werden so definiert und integrieren dies schließlich auch - in meist aktiver und aggressiver Stilisierung - in ihr Selbstbild.

In dieser Darstellung geschlechtstypischer Devianz wird deutlich, dass im Kindes- und Jugendalter die geschlechtshierarchischen Zuweisungen seitens der Gesellschaft - und vermittelt über die familialen und öffentlichen Instanzen sozialer Kontrolle - vor allem *räumlich* vermittelt sind.

> „Der Ort männlicher Abweichung findet sich in der Regel im öffentlichen Raum. Jungen verstoßen in erster Linie gegen kodifizierte Normen und Regeln, die die herrschende Eigentumsverteilung und Gewaltausübung legitimieren, und sie unterliegen im Leistungsbereich einer besonderen formellen und informellen Kontrolle. Der originäre Ort weiblicher Devianz ist die Privatsphäre [...]. Auch die Mädchendelinquenz spiegelt weibliche Rollennormen wider: Sie ist 'leise', sie findet eher im Verborgenen statt und richtet sich in den meisten Fällen nicht gegen die Machtstrukturen männlicher Hegemonie." (Ziehlke 1993, S. 187).

Daraus entwickeln sich auch - allerdings nun geschlechtsspezifisch aufschließbare - typische anomische Konstellationen. Die Gesellschaft richtet eine Jugendphase ein, sie kann aber nur von den Jungen entsprechend jugendkulturell ausgelebt werden, vielen der Mädchen ist eine eigenständige Jugendkultur verwehrt bzw. nur um den Preis des Anschlusses an frauenabwertende Jungencliquen und damit verbundener öffentlicher sexistischer Diskriminierung lebbar. Gleichzeitig können viele Jungen und junge Männer ihre Jugendkultur nur im Rahmen geschlechtshierarchischer Verwehrungen - noch rigider externalisiert und ohne Identitätsgewinn - ausleben. Beide - Mädchen und Jungen - streben nach Identität, werden um sie betrogen und geraten sogar in den Sog der Kriminalisierung.

Dieses geschlechtstypische Anomieproblem ist seinem Wesen nach ein strukturelles, also verdecktes. Es ist den Jugendlichen nicht bewusst, sie hängen vielmehr an seinen Abspaltungen und Projektionen und suchen ihren Selbstwert, ihre soziale Anerkennung darin. Deshalb ist es gerade für die Pädagogik schwierig, mit normativ-kognitiven Konzepten Alternativen aufzeigen zu wollen, auch angesichts der Problematik, dass sich der öffentliche Diskurs und die sozialintegrativen Bezüge zur Thematik Abweichenden Verhaltens kontingent, oft nahe der Beliebigkeit entwickeln. Sie ist deshalb - unterhalb der „unumgänglichen" institutionellen und punitiven Sanktionsinterventionen von Schule und Jugendgerichtsbarkeit (die nicht institutionell tabuisiert sein dürfen, sondern begründbar sein müssen) - angehalten, entsprechend den räumlich-geschlechtstypischen Vermittlungsmechanismen von Devianz zu agieren: mit deeskalierenden und differentiellen Angeboten, mit räumlich gestalteten funktionalen Äquivalenten, in den pädagogischen Arrangements von Nähe, Begegnung und Distanz, in den räumlich vermittelten Möglichkeiten der Aneignung und Selbstwertschöpfung. Wir werden im pädagogischen Teil (Kap. 4) dieser Einführung näher und praktischer auf die entsprechenden Möglichkeiten sozialräumlicher Pädagogik eingehen.

1.7 Zur Verbindung von primärer und sekundärer Devianz: Lebenslaufpersistenz, sekundäre Anpassung und antisoziale Tendenz

Wir sind nun an dem Punkt angelangt, wo wir eine theoretische Bilanz bezüglich unseres Konstitutionsmodells Abweichenden Verhaltens ziehen können. Insgesamt ist wohl deutlich geworden, wie die drei Kräftefelder - anomische Sozialstrukturen, antisoziale Tendenzen des Selbst und interaktive Zuschreibungs-/Etikettierungsprozesse - aufeinander bezogen und miteinander verschränkt sind.

In den siebziger Jahren wäre ein solches Vorgehen nicht denkbar gewesen. Der damals die sozialwissenschaftliche und im Gefolge auch die pädagogische Diskussion beherrschende Labeling-Approach hatte eine eindeutige konzeptionelle Priorität gesetzt und vor allem die Frage nach personalen und familialen Entwicklungsbedingungen Abweichenden Verhaltens ausdrücklich zurückgedrängt, wenn nicht gar denunziert. Im Mittelpunkt stand nun die Herstellung abweichender Verhaltensmuster durch interaktive Zuschreibungsprozesse seitens gesellschaftlicher Kontrollinstanzen und sozialer Umwelt und in gewissem Sinne auch ein Verdikt gegen eine Einbeziehung personaler und familialer Dispositionen. Diese - so hieß es - würden Devianz personalisieren und von der Gesellschaft und ihren Kontrollinstanzen als den eigentlichen Verursachern ablenken. Fritz Sack, der prominente deutsche Kriminologe im Kreis der Labelingtheoretiker, formulierte dies unmissverständlich im Hinblick auf die traditionelle Familienzentriertheit („broken home") der älteren Kriminologie:

> „Die ganze Diskussion um Familienstruktur und Kriminalität [wird] charakterisiert durch eine Haltung, die in dem Zusammenhang zwischen dem Grad familialer Gestörtheit und der Delinquenz in Wirklichkeit ein willkommenes und herbeigeführtes Ergebnis sieht, um die Familie, die gegebene Familienstruktur abzustützen und ideologisch zu untermauern" (Sack 1973, S. 141).

Auch die furiose Kritik an der „Täterorientierung" der traditionellen Kriminologie und die unbedingte Unterstreichung „der Notwendigkeit einer täterabgewandten Betrachtungsweise" (Sack) überhöhte ihren ideologiekritischen Hintergrund (Personalisierung von gesellschaftsbedingter Kriminalität) und erhielt dadurch eine Schlagseite, welche die Empirie von vornherein neu selektierte. Das akademische Lauffeuer, mit dem sich der Etikettierungsansatz danach verbreitete, der Rausch, das alte kriminologische Weltgebäude umgestürzt zu haben, führte dazu, dass die Kritik der alten Konzepte und die neue Theorie sich ineinander vermischten und verwischten, der personale und familiale Entwicklungsbereich von Devianz - als „primäre Devianz" - zurückgedrängt, übergangen und schließlich zur Black-Box der neueren Kriminologie wurde.

So war es nicht verwunderlich, dass diese primäre Devianz irgendwie zum unspezifischen Wurmfortsatz der kritischen Kriminalsoziologie geriet. Schon in E.M. Lemerts (1974) klassischer Unterscheidung von primärer und sekundärer

Devianz wurde die Diffusität, ja Hilflosigkeit bei der Bestimmung personaler und familialer Faktoren von Devianz deutlich:

„Die primäre Devianz beruht im Gegensatz zur sekundären auf mehreren Ursachen. Sie entsteht aus einer Vielzahl von sozialen, kulturellen, psychologischen und physiologischen Faktoren, die teils in verschiedenen, teils in gleichen Kombinationen auftreten. [Gesellschaftlich geht man mit ihr um - L.B.], indem man die Devianz als normale Andersartigkeit ansieht - das ist ein ganz alltägliches Problem -, oder durch Steuerung und Kontrollen, die so geringfügig sind, dass sie die grundlegenden Kompromisse des gesellschaftlichen Zusammenlebens nicht ernsthaft stören" (Lemert 1974, S. 433).

Hier wurde eine eindeutige Entkopplung der familial-biografischen Entwicklungsbedingungen und dem Auftreten von Devianz vorgenommen. Heute aber sagen wir, dies relativierend: Der Labeling-Ansatz sekundärer Devianz weist uns darauf hin, dass antisoziale Tendenzen der biografischen Entwicklung (die ja nicht sozialstrukturell losgelöst verläuft) nicht zwangsläufig zu Abweichendem Verhalten und Delinquenz führen müssen (im Sinne Lemerts), weil es eben schließlich darauf ankommt, wen die Gesellschaft und ihre Instanzen als abweichend bzw. kriminell definieren und wie er/sie mit diesen Definitionen umgehen kann. Dennoch gibt es genug Kinder und Jugendliche, bei denen sich offensichtlich primäre in sekundäre Devianz „verlängert".

Eigentlich hatte Tilman Moser schon damals in seiner paradigmatisch vermittelnden Arbeit zu Jugendkriminalität, Gesellschafts- und Sozialstruktur" (1971/1974) einen Weg gezeigt, den man heute weiter beschreiten kann:

„Es muss sich um divergierende Weisen der Unerträglichkeit der Realität für das Kind handeln, denen es durch unterschiedliche Fehlentwicklungen zu entgehen versucht: In der Delinquenz, durch aktive Versuche der Selbstentschädigung an der Außenwelt, die ihre Einschränkungsforderungen nicht durch liebevolle Kompensation honoriert; in der Psychose durch Preisgabe der Realität als Schutz vor den identitätszerstörenden divergenten Erwartungen" (1974, S. 339).

„Erstaunlich ist, in welchem Ausmaß die Gesellschaft diesen Kindern Zeit lässt, sich zu Kriminellen zu entfalten, sie kümmert sich kaum um sie, solange sie Opfer sind. Erst wenn die Gesellschaft sich selbst als Opfer fühlen oder darstellen kann, greift sie ein" (Moser 1974, S. 387).

Hier ist schon der Zusammenhang zwischen individueller Selbstbehauptung, sozialisatorischer Bewältigungsproblematik und institutionell-gesellschaftlicher Definitionsstruktur angelegt, wie wir es in dieser Einführung zu konzipieren versuchen.

Mosers damalige Forderung, dass eine Verbindung hergestellt werden muss „zwischen individueller Charakterstruktur mit ihren lebensgeschichtlichen Voraussetzungen" (S. 373) und ihren sozialstrukturell bedingten sozialen Ausprägungen (damals vor allem auf die Unterschicht bezogen), hat heute in dem Maße an Plausibilität gewonnen, wie mit biografischen Methoden empirischer Sozialforschung (Längsschnittstudien) die Verknüpfung von primärer und sekundärer Devianz in ihrer Eigenart, aber auch Ambivalenz erschlossen werden konnte. Dabei zeigt sich, dass es einen sozialbiografischen Typus von Kindern und Jugendlichen gibt, die nicht nur eher als andere in Zonen Abweichenden Verhaltens geraten und als deviant etikettiert werden, sondern die darüber hinaus ihre Lebensführung biografisch zunehmend dichter und selbstverständlicher an Mustern Abweichenden Verhaltens orientieren. Es handelt sich dabei nicht einfach nur um eine interaktive Übernahme devianter Verhaltensmuster im Sinn des Etikettierungsansatzes, sondern - entsprechend Mosers Argumentation - um entsprechendes Bewältigungshandeln und den Aufbau einer eigenen, subjektiv lebbaren (wenn auch sozial devianten) Bewältigungsrealität. Deshalb verfestigen und verstetigen sich auch solche devianten Verhaltensmuster bei diesen Jugendlichen über die Jugendzeit hinaus.

F. Lösel geht in der Bilanz solcher biografischen Längsschnittstudien (die vor allem mit der Erhebung selbstberichteter Delinquenz arbeiten) von der Unterscheidung zwischen *jugendtypischem* und *lebenslaufpersistentem* antisozialen Verhalten aus. Bei dem Gros der Jugendlichen in den Industrieländern zeigen „die offiziellen Statistiken [...] eindeutig, dass die Kriminalitätsbelastung der Jugend stark ansteigt, in der späteren Adoleszenz oder im jungen Erwachsenenalter einen Höhepunkt erreicht und dann wieder kontinuierlich abfällt" (Lösel 1995, S. 37). Der Höhepunkt dieser Alterskurve liegt zwischen 17 und 20 Jahren, viele der in der Jugendzeit begonnenen Kriminalitätslaufbahnen werden danach nicht fortgesetzt. Dennoch bleibt eine Gruppe - mit der es dann vor allem die Jugendhilfe und die Jugendgerichte zu tun haben -, bei der sich Abweichendes Verhalten verfestigt und biografisch bestätigt hat. Die bezeichnenden „Deliktbiografien" (Hermann/Kerner 1988), die hier vorliegen, haben eine ansteigende Struktur: Schon die Kindheit war gekennzeichnet durch antisoziales Verhalten - Schlagen im Kindergarten, kleine Ladendiebstähle, später notorisches Schulschwänzen -, in den mittleren Jahren kam es zu Fahrzeugdiebstählen und Körperverletzungen, später zu Drogenhandel, Raub- und Sexualdelikten (Lösel 1995, S. 34). Diese Kinder und Jugendlichen stammen meist aus Familien, in denen die Bindungsstrukturen aufgelöst oder inkonsistent waren und die Kinder immer wieder Ablehnung von den Eltern erfuhren. Familien also, die nicht in der Lage waren, eine fördernde Umwelt aufzubauen und den Kindern positive Sozialkompetenzen für das Leben außerhalb der Familie zu vermitteln. Im Gegenteil: Die dauernde Erfahrung einer zerstörbaren familialen Umwelt (im Sinne Winnicotts) hat das Selbstbehauptungsstreben dieser Kinder irregeleitet, antisozial geformt und die Ausprägung von Selbstkontrolle verhindert. Dazu kommt, dass aufgrund der inkonsistenten familialen Interaktionsstrukturen nur ein sehr eingeschränktes Verhaltensrepertoire erlangt werden konnte, was in kritischen, selbstwertbedrohenden Lebenssituationen dann oft dazu führt, dass die Gewaltschwelle im Bewältigungsverhalten sehr niedrig ist.

Wir werden in den Kapiteln über Familie und Kindheit diese Konstellationen näher beleuchten. Dabei werden wir die Familienproblematik nicht - der Sackschen Warnung eingedenk - separat behandeln (und damit vielleicht wieder ideologische „broken-home"-Assoziationen wecken), sondern zeigen, wie solche Familienstrukturen gesellschaftlich rückgebunden sind (gesellschaftlich induzierte Überforderung) und wie diese Kinder und Jugendlichen auf eine soziale Umwelt stoßen, die sie negativ bestärkt und zunehmend in die Stigmafallen treibt, indem sie ihre irregeleiteten biografischen Bewältigungsversuche nicht nur verkennt, sondern das damit verbundene Verhalten sanktionierend „erwartet" und so in gewissem Sinne gesellschaftlich integriert. Die sekundäre Devianz ist dann tatsächlich nichts anderes als eine andere Form sozialer Anpassung.

Den Begriff der *sekundären Anpassung* hat Erving Goffman (1973) geprägt. Er versteht darunter ein bestimmtes Verhalten, das vor allem in Organisationen auftritt, welche rigide Mitgliedsrollen abverlangen: Organisationsmitglieder versuchen, die Erwartungen der Institution zu umgehen, indem sie im Organisationsalltag unerlaubte Ziele und Mittel verfolgen und anwenden. „Sekundäre Anpassung" stellt eine Möglichkeit dar, wie sich das Individuum der Rolle und der Selbstaufgabe entziehen kann, welche die Institution von ihm verlangt (S. 185). Der Clou bei der Geschichte ist, dass dieses Abweichende Verhalten die Institution zwar herausfordert, aber gleichzeitig in ihren Normen und Prinzipien bestärkt. Sie reagiert - wird das Abweichende Verhalten offenkundig - mit Gegen- und Strafmaßnahmen, welche die Norm- und Prinzipienfestigkeit der Organisation demonstrieren können. Der Täter gibt also der Organisation gleichsam die Gelegenheit, sich wieder neu zu stabilisieren. Gleichzeitig können die Täter - auch wenn sie ihrer Tat überführt werden - von diesem Zusammenhang profitieren: Sie erlangen Aufmerksamkeit und Statuszugewinn unter Ihresgleichen. Aber auch unterhalb der Sanktionsebene funktioniert dieses Wechselspiel: In den Organisationen bilden sich deviante Subkulturen heraus, in denen - in unserem Fall - Kinder, Jugendliche und junge Erwachsene, welche die Mitgliedsrollen nicht erfüllen können oder wollen, ihre (abweichende) Identität behaupten und subkulturell sozial verankern. Auch hier wird sich so verhalten, dass die Organisationsnormen den Kontrast bilden (so wird das Subkulturelle erst als solches sichtbar und erfahrbar) und somit letztendlich informell stabilisiert werden. So halten die Mitglieder nicht nur durch konformes, sondern durch Abweichendes Verhalten das institutionelle Gefüge aufrecht; es ist ein wechselseitiges „kollusives" Zusammenspiel.

Goffman hat sein Paradigma der sekundären Abweichung aus Beobachtungen in geschlossenen (totalen) Institutionen wie Gefängnissen und psychiatrischen Anstalten gewonnen. Es lässt sich aber - so auch seine Auffassung - auf alle Organisationen mit mehr oder minder rigiden Mitgliedsrollen beziehen. Deshalb werde ich es auch an späterer Stelle auf die Schulen anwenden. Darüber hinaus würde ich behaupten, dass es sich auf jegliches Abweichende Verhalten anwenden lässt, das sich in sozialen Kontrollrahmen abspielt bzw. diese herausfordert. Ich würde also auch versuchen, deviantes Verhalten von Cliquen und Gangs in Stadtvierteln, bei dem Bevölkerung und öffentliche Institutionen herausgefordert werden und sich entsprechend formieren, mit diesem Paradigma aufzuschließen. Aus meinen Beobachtungen und Erfahrungen, aber natürlich auch aus wissenschaftlichen Befunden zur Devianz bei Kindern und Jugendlichen, lassen sich - relativ durchgängig für schulische und außerschulische Kontexte sowie die (straßen-)öffentliche Devianz junger Erwachsener - folgende Formen sekundärer Anpassung (mit entsprechenden „Devianzvorteilen") aus der Liste Goffmans verallgemeinern:

– Man wird dadurch beachtet, kann andere in soziale Interaktionen verwickeln.

– Man kann - ohne Zwang und Nötigung (denn die Konformen trauen sich nicht, Gegenwehr zu zeigen) - andere für seine eigenen Zwecke benutzen.

– Man kann durch demonstrativ Abweichendes Verhalten - vor allem gegenüber öffentlichen Moralvorstellungen - Selbstbehauptung und Unabhängigkeit nach außen demonstrieren.

In allen drei Kontexten werden die Kontrollinstanzen herausgefordert, die den Abweichler bestärken und bestätigen, gleichzeitig werden ihre Normen und Prinzipien stabilisiert. Das Konzept der sekundären Anpassung - so angewendet - kann sowohl der Blindheit des Labeling-Approachs gegenüber dem aktiv handelnden Subjekt entgegensteuern (er kennt ja nur das passive Subjekt, das Etikettierungen übernimmt) als auch eine (vorerst strukturale) Verbindung zwischen antisozialem Verhalten (Winnicott) im Bereich primärer Devianz und dem kollusiven Verhalten in den Kontexten sekundärer Devianz herstellen. Nun kann z.B. plausibel gemacht werden, warum Jugendliche und junge Erwachsene mit den sie betreffenden negativen Etikettierungen nicht nur reaktiv, sondern offensiv, stil- und identitätsbildend umgehen (Stigmaaktivisten). Auch wird begreiflich, dass Institutionen wie die Schule, die von ihrer institutionellen Verfassung und organisatorischen Struktur her Brüche zwischen Mitgliederrolle und Persönlichkeit (Schülerrolle versus Schülersein) riskieren, krisenresistenter sind, als dies das allseitig belegte Ansteigen von innerschulischer Devianz vermuten lässt. Für die Pädagogik hat dieses Konzept den Vorzug, dass sich das Verhältnis von Handeln und Struktur (Giddens 1995) in seiner Interdependenz aufzeigen lässt. Damit kann nicht nur die Reichweite von pädagogischen Interventionen, die auf Verhaltensänderung zielen, thematisiert, sondern auch Forderungen nach entsprechenden Strukturreformen in den Institutionen begründet werden. Für unseren theoretischen Zugang, das Bewältigungskonzept, bietet sich im Paradigma sekundärer Anpassung die Möglichkeit der strukturellen Erweiterung, indem Abweichendes Verhalten als Bewältigungsverhalten in ein spezifisches Verhältnis zur sozialen und institutionellen Kontrollumwelt gebracht, dadurch von seiner Subjektzentriertheit befreit und auch im Person-Umwelt-Verhältnis (also sozialisatorisch) verstanden werden kann.

Das biografieorientierte Modell der Lebenslaufpersistenz und das Goffmansche Konzept der sekundären Anpassung sind deskriptive Plausibilitätsmodelle, welche die *strukturale* Verbindung von Sozialisations- und Bewältigungsformen und institutionellen Definitions- und Reaktionsmustern aufschließen können. Bei Lösel ist es die Kumulation von instabilen und sozial belastenden Sozialisationsfaktoren, welche die Kinder zwar immer wieder zwangsläufig in Definitionskreise Abweichenden Verhaltens führen, die aber auch für sich eine antisoziale Struktur biografisch-sozialisatorisch aufbauen. Goffman führt uns darüber hinaus in einen Mechanismus ein, der deutlich macht, dass der/die Einzelne nicht bloße Reaktionsfigur im etikettierenden Spiel der Instanzen ist, sondern sich aktiv - und dieses für sich biografisch ausnutzend - einbringt, wenn er/sie nun dem stigmatisierenden Zugriff ausgesetzt ist. „Dazwischen" fehlt uns noch immer die Erklärung, welchen Anteil das Subjekt an diesem Hineingeraten in deviante Konstellationen letztendlich hat, warum es diesen sozial belastenden biografischen Hintergrund so bewältigt, dass es auffällig wird und sich damit notgedrungen den Kontrollinstanzen aussetzt.

In beiden Ansätzen - bei Goffman explizit, bei Lösel m.E. implizit - steckt die Annahme eines bewältigungsorientierten Selbstbehauptungsstrebens, das die Kontinuität der Biografie bzw. das Überleben in abhängig machenden Konstellationen gleichermaßen zu sichern sucht. Um dies den beiden Ansätzen unterlegen zu können, haben wir schon gelegentlich auf Winnicott zurückgegriffen. Mit seinem Ansatz - in dem auch Mosers Perspektive aufgehen kann - können wir schließlich die Subjektperspektive, die bisher nur mehr oder weniger hineininterpretiert ist, formulieren. Man kann nämlich in diesem Zusammenhang Winnicotts Ansatz auch so betrachten, dass Kinder und Jugendliche aus solchermaßen belasteten familialen und biografischen Hintergrundkonstellationen geradezu nach sozialer Auffälligkeit *suchen,* weil sie um ihres Selbstwertes und ihrer Selbstbehauptung willen „darauf angewiesen" sind. Die Winnicottschen Kids - so formulierte er (vgl. Kap. 2.2.1) - organisieren hoffnungsvoll antisoziale Handlungen, werden also auffällig, um zu zeigen, dass sie da sind und dass sie anerkannt werden wollen. Sie fordern über ihr Verhalten die Zuwendung ein, die sie - mangels Erfahrung mit und Vertrauen in konforme(n) Mittel(n) - bisher nicht erhalten konnten. Dies unterscheidet sie auch von den Kindern und Jugendlichen, die im Rahmen üblicher jugendkultureller Auffälligkeit - vor dem Hintergrund relativ konsistenter Familienkonstellationen - Abweichendes Verhalten zeigen. Denn diese sind nur jugendkulturell-experimentell, nicht aber *sozial-existentiell* in Devianz involviert. Deshalb gelingt es ihnen auch eher, die kontrollierenden Instanzen zu umgehen, sich ihrem Zugriff zu entziehen bzw. wieder herauszukommen. Bei ihnen ist es mehr eine (jugendkulturelle) *Gelegenheitsdevianz*, während man bei den persistent auffällig werdenden Kids, wie sie Lösel und Winnicott beschreiben, von einer *Bewältigungsdevianz* sprechen kann.

So ergibt das Zusammenspiel von familial-biografischen Sozialisationsbedingungen, nach Auffälligkeit suchendem antisozialen Verhalten und paradoxer (strukturell gesehen „kollusiver") Selbstbehauptung gegenüber den kontrollierenden Instanzen, jenen ambivalenten Kontext von Struktur und Handeln, der zu Devianz und Delinquenz führt. So gesehen aber macht es wenig Sinn, begrifflich über eine Verbindung von primärer und sekundärer Devianz zu sprechen. Es sollte vielmehr vom Zusammenhang von antisozialem Verhalten, gesuchter Devianz und sekundärer Anpassung geredet werden.

1.8 Hegemoniale Kultur und Anomie

Als die Soziologie Abweichenden Verhaltens und Kritische Kriminologie in den 70er Jahren die Machtfrage aufgespürt hatten, wurde dies als gleichsam revolutionäre Entdeckung gefeiert: Soziale Kontrolle und Etikettierung sind keine in sich geschlossenen interaktiven Aushandlungsprozesse - so wie sie die ethnomethodologische Schule ins Labeling-Spiel gebracht hatte -, sondern sind in der Regel asymmetrisch strukturiert und mithin Macht- und Herrschaftsprozesse. Mit der Machtdiskussion verlor der Etikettierungsansatz seine theoretische Eigenständigkeit, seine Aussagen erhielten so den Charakter abhängiger Variablen. Allerdings fehlt der Kriminologie bis heute ein epochal angemessenes theoretisches Machtmodell. Verwiesen wird in der Regel auf die staatliche Sanktionsmacht, die Herrschaft oligarchischer Gruppen und die kapitalistische Eigentumsordnung, die für die Normdurchsetzung und devianten Zuschreibungen verantwortlich sind.

1.8.1 Macht und Herrschaft als Hintergrund sozialer Kontrolle und Etikettierung

Lamnek (1994) weist in diesem Zusammenhang darauf hin, dass - bis auf marxistische Ansätze, welche aber monolithisch von der Eigentumsordnung und ihrer Durchsetzung ausgingen - lange Zeit kein differenziertes Macht- und Herrschaftskonzept in den Theorien Abweichenden Verhaltens vorhanden war. Vielmehr wurde von gesellschaftlich existierenden und gesetzten Normen ausgegangen, an denen sich Konformität und Abweichung, soziale Kontrolle und etikettierende Institutionen ausrichteten. Der historisch-gesellschaftliche Prozess der *Normsetzung* und die dahinterliegenden Macht- und Herrschaftsinteressen blieben weitgehend ausgeblendet.

Erst die machttheoretische Gewichtung von Handlungsmodellen Abweichenden Verhaltens (Haferkamp 1987) und die interaktionistische Öffnung marxistisch inspirierter Strukturansätze (Smaus 1993) ließen den Macht- und Herrschaftsaspekt in den devianztheoretischen Kontexten lebendig werden. Nicht nur hinter dem gesellschaftlichen Normensystem und seiner Durchsetzung liegende Interessen wurden aufgedeckt, sondern es wurde auch gezeigt, dass mittels sozialer Kontrolle und Mechanismen der Etikettierung und Stigmatisierung gesellschaftlich unerwünschten Verhaltens - d.h. den herrschenden Normen und dahinterstehenden Interessen zuwiderlaufenden Verhaltens - Macht- und Interessenpolitik betrieben wird.

Allerdings scheint mir der handlungstheoretische Ansatz von Haferkamp (1980, 1984, 1987) zu wenig die historisch-systemische Entwicklung von Macht- und Herrschaftsstrukturen zu berücksichtigen, da er sich sehr dezidiert auf die asymmetrischen und damit herrschaftsbesetzten Interaktionen zwischen gesellschaftlichen Gruppen - die aufeinander bezogen die „Mehrgruppengesellschaft" konstituieren - konzentriert (Herrschende, herrschaftsstützende und herrschaftsunterworfene Gruppierungen):

> „Der Prozess der Normsetzung lässt sich unter der Perspektive der von Haferkamp dargestellten allgemeinen Handlungstheorie als 'Anbieten' von inklusiven Normensystemen (bzw. Teilen davon) an andere Gruppen oder Akteure verstehen. [...] Dabei gilt, dass sich Inklusiventwürfe mit dem höheren Allgemeinheitsgrad der Systemsprache durchsetzen. Die höchsten Allgemeinheitsgrade weisen dabei [...] Institutionalisierungen auf, die den ursprünglichen Gruppeneinfluss zu Recht groß werden lassen" (Lamnek 1994, S. 113).

Inklusion und Exklusion sind hier die zentralen, aufeinander bezogenen Mechanismen institutionalisierter Gruppennormbildung. Zugehörigkeit, Schutz und damit Unterwerfung unter die Normen der eigenen Gruppe werden durch *Ausschluss* des Fremden, Anderen (und damit Bedrohlichen) gefestigt. So kann erzwungene Konformität handlungstheoretisch erklärt werden. Die Vorzüge dieses handlungstheoretischen Modells liegen darin, dass Macht- und Herrschaftsmechanismen als interaktive Prozesse sozialer Gegenseitigkeit und damit auch als Konstruktionsprozesse erkannt werden. (Vor allem dieser Aspekt kommt in den herrschaftssystemischen Modellen marxistischer Provenienz zu kurz). Der Untergebene profitiert von der ihn unterwerfenden Macht, sie schützt ihn, gibt ihm Orientierung und eigene (abgeleitete) Macht, indem er mit seiner Konformität über den Abweichlern der Out-Group steht, sie ausgrenzen und abwerten kann. Der Blick wird damit auch auf die Legitimationsabhängigkeit von Herrschaft und sozialer Kontrolle gelenkt. So lässt sich auch ein Bezug zum gesellschaftlichen Prozess der *Individualisierung* und *Biografisierung* herstellen: Mit der Individualisierung wächst die Pluralität der Handlungsformen und die Spannbreite zwischen Konformität und Abweichung. Die herrschenden Gruppierungen wiederum müssen ihr Toleranzverhalten erhöhen und aktuelle Herrschaftsverluste hinnehmen. Allerdings - das wissen wir aus der Problematik der Entkopplung von Sozialintegration und Systemintegration - haben sich meist die „harten" Machtfaktoren von der sozialintegrativen Alltagsebene auf die systemische Steuerungsebene verschoben. Und an eben diese gesellschaftsstrukturellen Aspekte der systemintegrativen und sozialintegrativen Ausdifferenzierung von Macht und Herrschaft reichen Handlungskonzepte nicht heran. Auch sind handlungstheoretische Machttheorien den im alltags- und subjektbezogenen Kapitel zum „Leben in Anomie" gemachten Aussagen gegenüber indifferent, nach denen die Menschen, wenn sie nicht gerade abgeurteilt werden, diese Macht nicht als solche in ihrem Alltagshandeln zu erkennen vermögen. Sie *begegnet* ihnen nicht als eindeutiges Symbol in den interaktiven Prozessen. Sie ‚fühlen sich zwar nicht wohl' (sinngemäß nach E. Durkheim), höchstens orientierungslos, sind sonst aber eher arglos, weil sie - im Konsum oder im ambivalenten Kontrolldiskurs - Macht dauernd relativiert sehen und sich oft sogar immun gegen gesellschaftliche Macht fühlen. Individualisierung und Biografisierung haben einen sowohl omnipotenten wie regressiven Charakter erzeugt: Ich bin der Mittelpunkt der Welt; solange es mir gut geht, ist es mir egal, was um mich herum passiert; Konflikte sind Krampf von gestern; Ihr SozialarbeiterInnen könnt mich solange ihr wollt als „Betroffenen" etikettieren, mir mein Stigma vorhalten, ich mache daraus, was ich will. Manche benutzen sogar ihr Stigma aktiv als Stigmaaktivisten, es suggeriert ihnen Macht aus dem biografischen Anderssein und aus dem (daraus resultierenden) Zurückweichen der anderen heraus. Die Biografisierung bringt nichtbewältigte Omnipotenzphantasien des Selbst ins soziale Spiel. Natürlich ist eine solche „Selbststigmatisierung" biografisch kurzlebig. Aber als Erkenntnis bleibt: Die gesellschaftlichen Machtstrukturen sind im Alltag nicht handlungseindeutig. Dabei wissen wir, dass die Machtstrukturen gesellschaftlich existent sind, brauchen aber - zumal für die Pädagogik - Vermittlungstheorien, um dieses paradoxe Verhältnis von gesellschaftlichen Machtstrukturen und davon scheinbar unbeeindrucktem Alltagshandeln erfassen zu können.

Als einen solchen strukturtheoretischen Versuch könnte man durchaus die schon in den 70er Jahren vorgestellte Konflikttheorie Abweichenden Verhaltens bezeichnen (Schumann 1974). Damals wurde argumentiert: In den konkurrenzstrukturierten Industriegesellschaften sind Menschen gezwungen, ihre Lebenschancen immer wieder auf Kosten anderer (deren Lebenschancen dadurch eingeengt werden) zu sichern und zu verbessern. Das Paradoxe dabei ist, dass dieses antisoziale Verdrängungsverhalten - wenn es ökonomisch legitimiert und entsprechend machtpositionell gestützt ist - nicht als abweichend eingestuft wird, während die Auflehnung dagegen bzw. die Ablehnung dieses Verhaltens eher als abweichend gilt. Es sind die dahinterliegenden Machtstrukturen, in denen sich entscheidet, welche Konflikte bis zu welcher Grenze als legitim gelten und welche als abweichend etikettiert werden. Der Verdienst der Konflikttheorie besteht aus pädagogischer Sicht darin, dass sie aufzeigt, wie Abweichendes Verhalten hier gesellschaftlich normalisiert, dort negativ sanktioniert wird und wie vor allem die Menschen selbst dies in ihrem alltäglichen Verhalten interaktiv konstruieren und damit reproduzieren. Allerdings kann die Konflikttheorie diese Interaktionsdimension nur als Abbild der Machtstrukturen herausarbeiten. Wie die Interaktionsebenen sich gegenüber den hintergründigen Machtstrukturen ausdifferenzieren, in sich gegenläufig entwickeln und (subjektiv) verselbständigen können, vermag dagegen das *hegemonialtheoretische Paradigma* aufzuschließen.

1.8.2 Normalitätsgestützte Dominanzkultur und Konformitäts-Dividende

Hegemonialisierung bedeutet Entstrukturierung direkter hin zu indirekten, pluralen Machtkonstellationen. Im Erklärungsmodell Systemintegration/Sozialintegration stellt sich das so dar: In den sozialintegrativen Bezügen des Alltags erscheint vieles pluralistisch, kontingent, ja widersprüchlich zu den gesellschaftlichen Normen und Normalitätsmustern. Aber dennoch gibt es eine systemische Scheidelinie, an der - besonders in Krisensituationen - die Macht- und Herrschaftsstruktur der Gesellschaft dann doch hervortritt: Die Eigentumsverfassung, die öffentliche Ordnung, das Muss der Erwerbsarbeit, die Geschlechterhierarchie etc. Das Integrationsparadigma kann also das gesellschaftliche Nebeneinander von kultureller Abweichungsvielfalt und dennoch weiterhin geltender Durchsetzungsmacht des systemisch Erzwingbaren aufschließen. Die Hegemonialtheorie nun bringt uns noch ein Stück weiter: Sie kann nicht nur historisch-soziologisch erklären, wie das scheinbar Entkoppelte miteinander verbunden ist, sondern vor allem auch, wie die Menschen durch ihr soziales Handeln dazu beitragen, solche Dominanzkulturen aufrechtzuerhalten, indem sie - die Beherrschten und Unterlegenen - diese selbst reproduzieren.

Die politökonomische Hegemonialtheorie ist im ersten Drittel des 20. Jahrhunderts unter dem Eindruck der historischen Wandlungsfähigkeit des Kapitalismus in verschiedenen Zugängen formuliert worden. Die finale Krise und der Zusammenbruch des kapitalistischen Systems blieben aus, der Kapitalismus hatte sich zum Sozialkapitalismus modernisiert (vgl. Heimann 1929). Die Arbeiterbewegung in Europa sah sich mit den nun sozialstaatlich regulierten kapitalistischen Verhältnissen arrangiert. Die Klassenfrage schien in die historische Struktur abgewandert und nicht mehr alltagsbestimmend zu sein. Die fordistische Moderne mit ihrer Erfindung der Massenproduktion und der Schöpfung des Massenkonsumenten verhieß soziales Glück jenseits des Klassenkampfes.

Diese den traditionellen marxistischen Zugang zur Industriegesellschaft sprengende oder doch zumindest entstrukturierende Entwicklung hat der italienische Sozialphilosoph Antonio Gramsci (vgl. Riechers 1970) in seine bis heute gültige - aber zu selten verwandte - Theorie der sozioökonomisch-kulturellen Hegemonie gebracht. Diese versucht, den historischen Umstand zu erfassen, dass die Machtstellungen von Gruppen und die Vorherrschaft von Ideologien in modernen Gesellschaften nicht durch direkte ökonomische Gewaltausübung, sondern über gesellschaftskulturelle, mediale und habituelle Einfluss-, Einschließungs- und Ausschließungsmuster aufgebaut und gefestigt werden. Hintergrund und Anlass für die Formulierung der Hegemonialtheorie war der Versuch, angesichts der historischen Wandlungen des Kapitalismus im Prozess der Modernisierung die Marxsche Grundthese von der ökonomischen Determination alles Sozialen und Kulturellen zu reformulieren. Ähnlich wie bei Heimann (1929) wird nun zwischen den objektiven Gesetzmäßigkeiten der kapitalistischen Ökonomie, die „letztendlich" weiterbestehen, und deren, jeweils über die Menschen konkret wirkenden, historischen Erscheinungsformen unterschieden (vgl. dazu Schmidt 1972). Marx hatte eben nur begründet, dass die Ökonomie die Strukturen der Moderne - als kapitalistische Industriegesellschaft - bestimmt, nicht aber, auf welche Weise sich diese objektiven Strukturgesetzlichkeiten in konkrethistorischen Programmen ausformen und verändern. Das 20. Jahrhundert des fordistischen Kapitalismus (vgl. dazu Hirsch/Roth 1986) erlebte dementsprechend eine hegemonial ausgerichtete Entstrukturierung des kapitalistischen Systems.

Die für den Sozialisationsbereich und damit für die Pädagogik interessante Transformation des Hegemonialkonzepts lässt sich auf die amerikanische Geschlechterforschung, und hier vor allem auf die Arbeiten des Männerforschers Bob Connell (1987/1998), zurückführen. Er formulierte den Ansatz der „hegemonialen Männlichkeit": Das moderne Patriarchat fußt nicht mehr auf direkter Männerherrschaft, sondern ist durch eine männliche Dominanzkultur strukturiert, in der unterschiedliche, bis zu einem gewissen Grade auch alternative Männlichkeiten existieren können. Es gibt unterschiedliche Formen der männlichen Lebensführung, verschiedene, alltagsphänomenologisch oft gegenläufige Männlichkeitsmuster nebeneinander oder sozial hierarchisiert. *Eines* haben sie aber miteinander gemeinsam: das Dominanzgefühl gegenüber Frauen. Die einen haben es unbewusst verdrängt oder kulturell und sozial nivelliert (es bricht dann aber anlässlich kritischer Lebensereignisse oft wieder auf), die anderen leben es weiter manifest aus. Allen Männern, sind sie auch noch so sozial unterprivilegiert oder ausgegrenzt, ist so die Teilhabe an einer hegemonialen Männlichkeit möglich. Für den damit verbundenen männlichen Machtvorteil hat Connell den Begriff der „patriarchalen Dividende" geprägt. Hegemoniale Männlichkeit bezeichnet also eine gesellschaftlich rückgebundene Struktur von alltäglichen männlichen Praktiken, die ganz unterschiedlich, sogar antipatriarchalisch erscheinen können und dennoch an eine weiter existierende patriarchalische Hintergrundstruktur rückgebunden sind. *Letztendlich* - und kann es Männern noch so schlecht gehen - hält sie doch das Dominanzgefühl Frauen gegenüber aufrecht. Dieser auf den sozialkulturellen Hintergrund der geschlechtshierarchischen Arbeitsteilung aufbauende Dominanzstatus wird in der männlichen Sozialisation und deren (strukturellen) Tendenzen zur Idolisierung (von Männlichkeit) und Abwertung (von Frauen) interaktiv reproduziert. In den bisherigen Abschnitten zur Geschlechtstypik Abweichenden Verhaltens wurde schon das Wesentliche dazu gesagt.

Dieses *letztendlich* signalisiert auch die systemische Grenzlinie hegemonialer Elastizität - wenn wir unser Paradigma Sozialintegration/Systemintegration über das Hegemonialkonzept legen -, an der deutlich wird, dass die Systemimperative der patriarchalischen Arbeitsteilung trotz Entkopplung, Pluralität und einer gewissen Beliebigkeit in den sozialintegrativen Alltagsbezügen systemisch gewahrt werden müssen. Männer, die alternative Männlichkeiten gesellschaftlich durchsetzen wollen, bekommen dies zu spüren und machen so ihre anomischen Erfahrungen. Hegemonialkulturen lassen zwar - in sozialintegrativen Bezügen -

Gegenmodelle zu, blockieren sie aber in ihren systemischen Anschlussstellen: Die geschlechtshierarchische Arbeitsteilung darf nicht in den Grundfesten erschüttert werden, vor allem in Krisenzeiten schlagen die Systemimperative schmerzlich zurück.

Auf den Gesamtbereich von Devianz und Kontrolle übertragen, können wir mit dem Hegemonialkonzept wie folgt argumentieren: Vor dem Hintergrund der industriekapitalistischen Arbeitsteilung, angesichts des Legitimitätsdrucks, dem die gesellschaftliche Machtausübung - ordnungspolitisch übertragen auf den Staat - ausgesetzt ist, und in der Folge der gesellschaftlichen Individualisierung und Pluralisierung hat sich das gesellschaftliche Machtsystem in Richtung einer hegemonialen Dominanzkultur entstrukturiert und entsprechend modernisiert. In dieser sind abweichende Sozialpraktiken bis zu einer systemischen Grenze zugelassen, und plurale Verhaltensmuster werden toleriert. Gleichzeitig existieren aber Stigmatisierungs- und Ausgrenzungsmuster gegenüber Abweichendem Verhalten - vor allem wenn es bei sozial Schwächeren auftritt - weiter und werden aktiviert, wenn Teile der konformen Mehrheitsbevölkerung von Risiken und sozialem Abstieg bedroht sind. Die Menschen nehmen teil an dieser Dominanzkultur; sie sind nicht einfach die Beherrschten, sondern sie profitieren in Alltag und Biografie von einer *Konformitäts-Dividende* des Normalen (in Anlehnung an Connells Begriff der patriarchalen Dividende). Die Hegemonialkultur - strukturell verbunden mit, aber im Alltagshandeln entkoppelt von der sozialökonomischen Hintergrundstruktur - liefert Maßstäbe für Konformitätshandeln und das Hinnehmen von und die Abgrenzung gegenüber Abweichung gleichermaßen. 'Ich lebe zwar in einem Einwanderungsland und muss die vielen Fremden hinnehmen, aber wenn es drauf ankommt, bin ich eben Deutscher und denen überlegen. Mir kann es noch so dreckig gehen, aber als Mann bin ich Frauen überlegen'. Und: Auch der Dieb ist dem Eigentum verpflichtet und verteidigt es als Sozialprinzip, wenn es um sein eigenes geht. Die Familie kann noch so kaputt sein, aber man fühlt sich denen überlegen, die in nichtlegalisierten Verhältnissen leben. Der Arbeitslose verteidigt gegenüber dem Sozialhilfeempfänger das Prinzip der Erwerbsarbeit, obwohl seine Aussichten auf Wiedervermittlung schlecht stehen. Rechtsextreme, die selbst außerhalb der Gesellschaft stehen (sich aber mit ihnen gleichgesinnten, schweigenden Mehrheiten verbunden fühlen), spielen eine nationalistisch legitimierte Konformitätsdividende gegen Punks, Ausländer, Schwule etc. aus.

Mit dem strukturtheoretischen Hegemonialkonzept können wir also nicht nur erklären, wie Machtverhältnisse und Bezüge sozialer Kontrolle entstrukturiert, modernisiert werden und dennoch - aber nun struktural „verschoben" - Bezugspunkte der Durchsetzung von Konformität und Ausgrenzung von bestimmtem Abweichenden Verhalten bleiben. Wir können auch den ambivalenten und oftmals (scheinbar) paradoxen Zusammenhang von Machtstruktur und Handeln (als alltäglich wiederkehrende Praktiken der Konstruktion von Konformität und Abweichung) bestimmen. Dieses gleichermaßen struktur- wie handlungstheoretische Hegemonialmodell der Konformität ist nicht nur komplexer, sondern auf den historisch-gesellschaftlichen Wandel eher rückbeziehbar als das handlungstheoretische Machtmodell von Haferkamp. Es erkennt, dass Machtverhältnisse sich heute nicht einfach als Unterdrückungs- und Ausschließungsverhältnisse ausbilden, sondern in - in sich vielfältige - Interaktionsstrukturen eingelassen und über sie ambivalent reproduziert sind.

Wir sehen, dass die Hegemonialkultur nicht nur Raum lässt für eine nonkonforme Praxis, sondern auch denen, die sie sichtbar beherrscht, indem sie sie sozial benachteiligt, eben diese Prinzipien der Benachteiligung als alltägliche Machtmittel gegen Schwächere an die Hand gibt. So wird die Dominanzkultur auch von den Abhängigen reproduziert. Die hegemoniale Kultur sozialer Kontrolle ist also komplex und ambivalent. Sie lässt in sozialintegrativen Bezügen Experimente mit alternativen Sozialmodellen zu - Beschäftigungsmodelle außerhalb der Erwerbsarbeit, multikulturelle Vielfalt, offene Familienformen -, blockiert aber deren systemische Transformationen in die allgemeine Rechts-, Wirtschafts- und Sozialordnung. In der Hegemonialkultur ist das Durkheimsche Anomieproblem der Arbeitsteilung nicht nur über den Konsum abgefedert, sondern in sich ausbalanciert. Anomische Erfahrungen machen nur jene, die von den sozialintegrativen Alltagsbezügen aus Alternatives durchsetzen und leben wollen, es aber gesellschaftlich nicht zurückgespiegelt bekommen.

1.8.3 *Kriminalisierung*

Allerdings gibt es eine Lebensphase, in der dieser hegemoniale Regulationsmechanismus sozialer Kontrolle seine Tücken hat. Denn gerade sozial benachteiligte und gefährdete *Jugendliche* versuchen, sich diese hegemoniale Dividende sofort und öffentlich zu holen. Sie agieren offen sozialräumlich, nicht versteckt hinter den Positions- und Rollenfassaden der ritualisierten Konformitätskultur der Erwachsenengesellschaft. Sie desavouieren und entlarven so die Hegemonialkultur, indem sie als Neonazis, Randalierer, Sozialdeserteure und überhaupt als Stigmaaktivisten ihren sozialen Anteil - je benachteiligter und zurückgesetzter, desto extremer - einfordern. Diese Jugendlichen fühlen sich dann oft nicht als Randgruppe und sozial Benachteiligte, sondern als Vollstrecker der Systemprinzipien oder auch „dessen, was gesellschaftlich 'dran' ist" (Hornstein 1996, S. 33). In ihrer Devianz und Delinquenz fühlen sie sich immer noch als die besseren Deutschen, sehen sich als Retter autoritärer Tugenden, stellvertretend für den schlappen Staat, der nichts gegen „Fidschis" (z.B. Asylanten) und „Zecken" (Skin-Schimpfwort für Punks im allgemeinen) unternimmt. Diesen rassistischen und gewalttätigen „Peinlichkeiten", die von ihrer eigenen hegemonialen Regulationskultur hervorgebracht werden, versucht die Gesellschaft durch *Kriminalisierung* zu begegnen.

Kriminalisierung ist insofern ein typisches Medium der Hegemonialkultur, in dem die, die sich der herrschenden hegemonialen Dominanzkultur über die Grenzen hegemonialer Elastizität hinaus widersetzen, als „Abweichler" stigmatisiert und damit gesellschaftlich ausgegrenzt werden. Die Durchschnittsbevölkerung trägt diesen Kriminalisierungsprozess mit, da sie ja mit einer etwaigen Duldung dieses Abweichenden Verhaltens ihre Konformitätsdividende bedroht sähe und zudem durch die im eigenen Alltag vorgenommene Abwertung und Ausgrenzung der Abweichler subjektiven Status- und Machtgewinn erreicht. Sie fühlt sich moralisch und sozial über die Abweichler gestellt.

Diesem hegemonialen Mechanismus der Kriminalisierung entspricht ein typisches Vorgehen der Kontrollinstanzen. Deren Bestreben ist es, „die biografischen, sozialen und gesellschaftlichen Zusammenhänge Abweichenden Verhaltens so zu verarbeiten", dass diese - obwohl im hegemonial entstrukturierten Alltag lebbar - gesellschaftspolitisch (systemisch) der „generalpräventiven Zwecksetzung" dienen können (Albrecht 1985). Unter „Generalprävention" ist die Absicht von gesellschaftlichen Sanktionsinstanzen zu verstehen, durch Stigmatisierung und/oder Bestrafung sowohl eine allgemeine abschreckende Wirkung zu erzielen als auch die Konformitäts- und Integrationsbereitschaft der Bevölkerung - trotz hegemonialer Anomietendenzen - mit Hilfe der Kriminalisierungssymbolik zu fördern. Kriminalisierung soll also im Alltag soziale Orientierung wiederherstellen und trägt somit zur Reduktion von Anomie bei der Durchschnittsbevölkerung bei. Die eigenen Normalitätsstandards werden weiter gestützt, auch wenn sie selbst in sich brüchig geworden sind. Kriminalisierung ist mithin eine Bewältigungsstrategie der Konformen und in gewisser Weise die Kehrseite der Medaille Abweichenden Verhaltens.

Im Prozess der Kriminalisierung wird sozial unerwünschtes Verhalten so definiert, dass eine generalpräventive Devianz- oder Delinquenzprognose daraus ableitbar ist. Gleichzeitig werden bestimmte soziale Verkehrsformen und auch Muster des Gruppenverhaltens sozial ausgegrenzt. Dieser doppelte Effekt der Kriminalisierung macht sie nicht nur zum Medium der Generalprävention, sondern zum Mittel gesellschaftlicher Regulation überhaupt.

Die Kriminalisierung von Teilen Jugendlicher ist ein besonderes Kapitel der deutschen Erziehungsgeschichte. Wurden im Kaiserreich des ausgehenden 19. Jahrhunderts vor allem proletarische Jugendliche, die der Arbeiterbewegung zuliefen, kriminalisiert, so war es in den 20er Jahren die „bindungslose" Kino- und Vergnügungsjugend, die in gefährdungspädagogischen Schriften der damaligen Zeit in die Nähe Abweichenden Verhaltens gerückt wurde. Aber auch die 50er, 70er und 90er Jahre des 20. Jahrhunderts haben ihre Kriminalisierungsgeschichte, was die Jugend anbelangt: die Rocker, die „Haschhöhlen" der Jugendzentren, die Skins und Punks, die Drogenszene. Die Gesellschaft und deren öffentliche Meinung greifen gern zu Mitteln der Kriminalisierung, wenn Teile der Jugend die gesellschaftliche Integration verweigern. Die modernen Medien tragen das Ihrige dazu bei, mit plazierten symbolischen Effekten diese Kriminalisierungstendenzen aufzuschaukeln und zu verdichten. Die Jugend „eignet" sich deshalb besonders zur Kriminalisierung, weil sie als gesellschaftlich noch machtlose und auf dem Wege der Integration befindliche Gruppe ohne hohes gesellschaftliches Legitimationsrisiko gleichzeitig sozial stigmatisiert und dennoch pädagogisch integriert werden kann. Die Pädagogik dient also gleichsam als Kriminalisierungspuffer, der das Ausgrenzungsrisiko mindert, gleichzeitig aber die generalpräventive Wirkung erhält. Dennoch sind Kriminalisierungskampagnen auch bei Jugendlichen immer mit einem massiven Ausgrenzungsrisiko verbunden. Da die Kriminalisierung ja nur wirkt und gesellschaftlich verträglich ist, wenn sie sich auf eine Minderheit bezieht, zeitigt sie in der Regel und Folge subkulturelle Effekte: Die kriminalisierten Gruppen schließen sich in sukzessiver Übernahme der ausgrenzenden Zuschreibungen zusammen und grenzen sich selbst aggressiv - die kriminalisierenden Erwartungen aktiv bestätigend - von der Mehrheitskultur ab.

Die Pädagogik hat vor diesem Hintergrund die „Entkriminalisierung" zur Strategie im Umgang mit gefährdeten Jugendlichen und einer kriminalisierungsbegierigen Öffentlichkeit erhoben. Dabei kommt es darauf an, den betroffenen Jugendlichen strategische Kompetenzen zu vermitteln, ihr Auftreten zu deeskalieren und bei der lokalen Bevölkerung in arrangierten Bewegungen kriminalisierungsfördernde Berührungsängste abzubauen. Darauf soll im vierten Hauptteil zum „Umgang mit Abweichendem Verhalten" näher eingegangen werden.

1.8.4 Autoritäre Konformität

Mit dem hegemonialtheoretischen Zugang haben wir - ähnlich wie bei den Kapiteln zur Anomie und zum Konsum - in dieser Einführung plausibel machen können, wie Abweichendes Verhalten im Alltag relativiert und normalisiert wird, warum sich Menschen selbst ein- und ausgrenzen, wie Ausgrenzung und Konformität nebeneinander bestehen und letztendlich ein Konformität erzwingendes Ordnungssystem im Einverständnis mit der Mehrheit der Bevölkerung existieren kann. Dabei spielen - hegemonialtheoretisch betrachtet - die alltäglichen Praktiken der Menschen eine wichtige Rolle, in denen sie ihr konformes Verhalten durch die Ausgrenzung und Stigmatisierung nicht-konformen Verhaltens belohnt und stabilisiert sehen wollen.

Dieser symbolische Zusammenhang von Bestätigung des konformen Verhaltens durch Ausgrenzung und Bestrafung derer, die abweichen, und den wir im weiteren mit dem Begriff der „autoritären Konformität" belegen, macht uns nun auf die gesellschaftliche Regulationsfunktion sozialer Kontrolle in der Spannung und Gleichzeitigkeit von Konformität und Abweichung aufmerksam. Denn über diesen Mechanismus wird die gesellschaftliche Ordnung internalisiert. Aktiviert wird er vor allem in gesellschaftlichen Krisen, in denen Anomie droht und die konsumtive Entlastung nicht mehr ausreicht. Der bedrohte Bürger sieht seinen Platz zumindest dadurch gesichert, dass die Grenze zu denen, die sich abweichend verhalten, deutlich gezogen wird. Dieser negative Bestätigungsmechanismus von Konformität hat nach A. Gruen (1997) drei ineinandergreifende Aspekte:

– Die eigene Konformität wird durch die Bestrafung der Anderen distinktiv hervorgehoben und bestärkt;

– von der eigenen Hilflosigkeit, der Schwäche des Selbst, wird abgelenkt, indem sie auf andere, Schwächere projiziert wird; damit wird Handlungs- und Integrationsfähigkeit im Kontrast zu den Abweichenden suggeriert;

– das damit verbundene Wohlbefinden fördert nicht nur die Loyalität gegenüber der autoritären Politik, sondern kann geradezu zur Identifikation mit dieser Ordnungspolitik führen.

Gruen hat mit diesem Ansatz das fehlende personale Versatzstück, gleichsam eine implizite Persönlichkeitstheorie des Hegemonialkonzepts geliefert. Er erklärt uns, warum in anomischen Gesellschaftssituationen viele Menschen ihre Loyalität dem System gegenüber dadurch wahren, dass sie autoritäre Einstellungen gegenüber Schwächeren an den Tag legen. Kriminalisierung ist somit nicht nur ein Machtmittel der Politik, sondern auch ein Medium der Bestätigung des Normalbürgers, der darin seine eigene soziale Hilflosigkeit umwandelt. Wir haben es hier also wiederum mit einer hegemonialen Verschränkung von Struktur und Handeln zu tun und sind so zu einer strukturtheoretischen Begründung der Kriminalisierung gelangt.

Nun muss man vorsichtig sein, dass man diesen Zusammenhang nicht veralltäglicht. Er erhält seine Brisanz in gesellschaftlichen Krisensituationen, in denen die Bürger die Übersicht verlieren und befürchten müssen, selbst ausgesetzt und auf sich selbst zurückgeworfen zu sein. Dann werden auch die verschiedenen Selbstbefindlichkeiten frei, und es kommt darauf an, ob Mann/Frau aus sich selbst heraus noch soziale Stärken entfalten, das heißt z.B. Empathien weitergeben kann, oder ob Konformität und daraus geschöpfte soziale Sicherheit auf Kosten anderer, Schwächerer gesucht wird. Die öffentlich erhobenen Forderungen nach Rückkehr zur geschlossenen Heimerziehung, Vorverlegung der Strafmündigkeit und Verschärfung der polizeilichen Präsenz werden in diesem Zusammenhang immer so erhoben, dass sie sich gegen die richten - z.B. Pädagogen -, die dieser autoritären Kriminalisierung und Aktivierung der Konformitätsdividende entgegenwirken wollen.

Die andere Menschen ausgrenzende Aktivierung von autoritärer Konformität, die die Kriminalisierungs- und Ausgrenzungsdiskussion der neunziger Jahre kennzeichnet, passt in eine Zeit der Wirtschaftsentwicklung, in der durch das Zusammenspiel von Globalisierung und Rationalisierung (vgl. dazu Böhnisch/Arnold/Schröer 1999) Menschen durch Massenarbeitslosigkeit *überflüssig* werden. Ökonomische Rationalisierung, sozialstaatliche Krise und Kriminalpolitik hängen also eng zusammen. Schon in den zwanziger Jahren wurde darauf hingewiesen, dass in ökonomisch-gesellschaftlichen Krisen das Strafrecht verschärft wird, in Zeiten der Prosperität dagegen, in denen zusätzliche Arbeitskräfte gebraucht werden, Strafrechtsreformen in Gang gesetzt werden (Meng 1934). Nun - an der Schwelle zum 21. Jahrhundert - ist die Krise nicht periodisch-konjunkturell, sondern - als eine Folge rationalisierungsintensiver und globalisierter Wirtschaftsentwicklung - strukturell bedingt. Diese Krise wird nun als ökonomisch zwangsläufig verkauft. Michel Foucault hatte sich schon in seiner Auseinandersetzung mit dem Rationalitätsbegriff Max Webers gegen die idealtypische Vorstellung einer solchen strukturellen Zwangsläufigkeit gewandt. Er spricht vielmehr von „ausdrücklichen Programmen" (Taurek 1997), die sich aus Praktiken in der Spannung von Struktur und Handeln entwickeln und Macht und Konformität - also hegemoniale Zusammenhänge - herausbilden, in denen die Ausgrenzung der einen mit der Macht der anderen und der Konformität der (selbst bedrohten) Masse korrespondiert. Menschen werden überflüssig gemacht, aber die Praktiken der Rationalisierung gaukeln etwas anderes vor und werden implizit doch zu Praktiken des Überflüssigmachens, auch wenn sie das Gegenteil behaupten und die Krisenbedrohung *auf sich ziehen wollen*. So heißt es bei der Legitimation der Rationalisierungsprogramme der Betriebe immer wieder: 'Wenn wir heute nicht einige entlassen, müssen morgen alle entlassen werden'. In dieser Weise wird das Programm des Überflüssigmachens zum paradoxen Konformitäts- und Loyalitätsangebot an die Bevölkerung umgemünzt. Die Mächtigen stellen sich dann selbst als Opfer der Verhältnisse dar und das bewirkt bei uns Ohnmächtigen Verständnis und „auf einer wenig bewussten Ebene, auch Mitleid mit uns selbst, weil auch wir uns von Feinden bedroht fühlen, die in Wirklichkeit keine sind, und uns damit unserem ursprünglichen Opfersein nicht zu stellen brauchen" (Gruen 1997, S. 276).

Das, was ich hier als analoge Assoziation aus Arno Gruens Programmsatz „Opfersein als Basis der Gewalttätigkeit" für die politisch-ökonomische Gewaltentwicklung in der Rationalisierung und Globalisierung herauslese, verrückt die alte Szenerie von Abweichung und Kontrolle dramatisch und lässt die staatliche Ordnungspolitik „unter der Hand" - von ökonomischen Standortzwängen geleitet - zur sozialen Selektionspolitik werden. Deshalb kann einmal mehr „unbefangen" Strafverschärfung und soziale Ausgrenzung delinquenter Jugendlicher gefordert werden. Der nationale Sozialstaat als tendenzielles Opfer der Globalisierung sucht sich zu retten, indem er seine Feinde im Inneren sucht, um von seiner Ohnmächtigkeit abzulenken: Asylanten, kriminelle Jugendliche, Drogenabhängige, „Sozialschmarotzer". So büßt er zunehmend die Fähigkeit ein, zwischen denen zu unterscheiden, die wirklich Opfer sind und denen, die Gewalt ausüben und denen Einhalt zu gebieten wäre. Er straft und grenzt dann blind aus, um der stillhaltenden Bevölkerungsmehrheit zu suggerieren, dass er weiterhin für sie da ist.

2. Sozialisation und Devianz

Die Sozialisationshypothese öffnet uns den Blick dafür, dass das Hineingeraten in Abweichendes Verhalten auch als Entwicklungsprozess zu sehen ist, in dem das Subjekt in interaktiver Auseinandersetzung mit der sozialen Umwelt und sich selbst biografische Identitäts- und Bewältigungsbezüge sucht. Kinder und Jugendliche wachsen in eine Gesellschaft hinein, in der bestimmte Definitionen von Normalität und Abweichung dominant sind, müssen sich mit entsprechenden Normen und Mustern der Lebensführung auseinandersetzen und reproduzieren dies alles in ihren alltäglichen Praktiken. Das ist kein linearer, sondern - wie wir im Theorieteil immer wieder gesehen haben - ein inkonsistenter, asymmetrischer und ambivalenter Prozess. Deshalb macht es keinen Sinn, bei Abweichendem Verhalten von „misslungener" Sozialisation zu sprechen; nicht nur, weil in der Zeit der Pluralisierung und Biografisierung der Lebensverhältnisse eindeutige Sozialisationsverläufe nicht mehr selbstverständlich sind, sondern vor allem auch, weil die biografische Bewältigungsdimension, die diesen Prozess pädagogisch zugänglich und gestaltbar macht, damit nicht hinreichend erfasst werden kann.

Sozialisationskarrieren werden hier also als Bewältigungsbiografien gesehen. In dieser Perspektive können auch die Wirkungen, die von den Institutionen ausgehen, thematisiert werden, wie auch die Interaktionsbezüge, die sie ausbilden und die Wechselbeziehungen, in die sie mit den Kindern und Jugendlichen eingebettet sind. Diese Wechselseitigkeit von Struktur, Institution und Subjekthandeln hervorzuheben, ist in der Pädagogik Abweichenden Verhaltens besonders wichtig, weil sie sich damit dem Vorurteil der Personalisierung und Pädagogisierung Abweichenden Verhaltens erwehren kann. Dies ist am Beispiel der Familie besonders heikel. Gerade die kritische Kriminologie hat ja bei der Entwicklung des Labeling-Ansatzes - wir haben es bereits angesprochen -, vor allem die traditionellen Ansätze zur Erklärung Abweichenden Verhaltens angegriffen und abgeurteilt, welche die Ursachen von Devianz in der gestörten Erziehungspraxis von Familien suchten (vgl. z.B. Glueck/Glueck 1950, Mc Cord/Mc Cord 1959, Götz/Seitz 1979) und ihnen (zumindest aber ihren zahlreichen Rezeptoren wohl zu Recht) unterstellt, sie wollten damit die bestehende Normalfamilie legitimieren und immunisieren.

Dieser notwendige ideologiekritische Zug hat sich aber dann bei vielen Labeling-Theoretikern in einen gleichfalls ideologischen Umkehrschluss verwandelt: Um eben ganz von diesem Ideologieverdacht frei zu sein, klammerten sie die Familie nicht nur aus ihren Überlegungen aus, sondern versuchten, diese Indifferenz auch immer wieder in ihren Analysen zu bestätigen. Dadurch verloren sie aber die Familie und die moderne Familienentwicklung aus dem Blick. Die Familie geriet ihnen unter der Hand gleichsam zu etwas Monolithischem, außerhalb der Gesellschaft Stehendem, das auch dann noch umschifft und gemieden werden musste, als sich die Botschaften häuften, dass die Familien sich entstrukturiert hätten. So mussten sie übersehen, dass sich in den Familien und um sie herum Interaktionsbezüge zu entwickeln begannen, die Devianzbetrachtungen herausforderten, die längst nicht mehr mit den traditionellen Kausalmodellen des „broken-home" in einen Topf geworfen werden konnten:

> „Dabei weichen frühere Annahmen über unmittelbare Zusammenhänge beispielsweise zwischen funktional gestörtem Familienleben und der Wahrscheinlichkeit erheblicher Delinquenz heute differenzierteren Betrachtungen; sie gehen von wechselseitig wirksamen, reziproken Beeinflussungen von Störfaktoren und Risiken in der Entwicklung sowie Delinquenz aus [...], auch dürfte man Störfaktoren in der Entwicklung anders gewichten; es sind dann nicht mehr die Probleme der Familie, Schule, Freizeit und Partnerorientierung an sich, welche Delinquenz wahrscheinlicher werden lassen; vielmehr können es sowohl Menschen sein, die einem nicht mehr zu bewältigenden Übermaß an Problemen und Konflikten ausgesetzt sind und daran scheitern, wie auch solche, die gerade wegen Konfliktarmut, Überbehütetsein und Beziehungslosigkeit an einer normalen Identitätsfindung und sozialen Entwicklung gehindert sind" (Kreuzer 1993, S. 190).

Diese Entstrukurierung sowohl der Familien (vgl. dazu auch Böhnisch/Lenz 1997) als auch des familialen Umfeldes, lässt die Familie selbst als multiplen Sozialisationsbereich erscheinen, der gleichermaßen unter vielfältigen sozialen Einwirkungen steht und in dieser Interdependenz an der Konstruktion von Sozialisationswirkungen (und mithin von Einflüssen auf die Entwicklung antisozialen Verhaltens) maßgeblich beteiligt ist. Gleichzeitig wird der Blick frei für Abweichendes Verhalten *in der Familie* (z.B. Gewalt in der Familie), das nicht mehr als privat verbleibt und so in den allgemeinen Devianzdiskurs integriert werden kann. Schließlich sind mit dieser Entstrukurierung der Familienkonstellation die handelnden Subjekte stärker in den Vordergrund getreten: Väter und Mütter als Männer und Frauen, aber auch Kinder und Jugendliche, agieren als eigenständige Subjekte, die sich früh ein Bild über „ihre" Familie machen, die Familie *bewältigen* müssen. Der Zusammenhang zwischen Familie und Abweichendem Verhalten entwickelt sich also in einem Konstruktionsprozess in der Spannung zwischen familialer Desorganisation und subjektiver Bewältigungspraxis.

Erst in dieser konstruktivistischen Bewältigungsperspektive erhalten bestimmte Erkenntnisse, auch der älteren Kriminologie, einen neuen Bezug. Wenn man damals schon von „Inkonsistenz" der Familie als Bezugspunkt antisozialen Verhaltens gesprochen hat und wenn wir solche Inkonsistenzen heute wieder in der Familienbiografie devianter Jugendlicher finden, dann stellen wir das jetzt in einen anderen Zusammenhang. Es geht nicht mehr so sehr um die Erziehungsfähigkeit *der* Familie, sondern um Probleme der sozialen Überforderung von Familien und um Schwierigkeiten von Kids, mit dieser ihrer Familie eine Normalbiografie aufzubauen. In diesem multiplen Modell ist kein Platz mehr für Kausalerklärungen. Gleichzeitig reicht auch die lapidare Interpretation der Labeling-Theoretiker, es handle sich meist um jene Familien, die selbst schon unter massiver institutioneller Kontrolle (z.B. der Jugendhilfe) stehen, nicht aus. So führt die immer noch vorfindliche dualistische Sicht - die einen suchen die Gründe bei der Familie, die anderen bei den Kontrollinstanzen, und in den achtziger Jahren neigt es sich wieder zur Familie, weil die Kontrollinstanzen angeblich „weicher" geworden wären - in die Sackgasse.

Den Schlüssel für die Auflösung dieses Problems liefert für mich - allerdings in nun gegenläufiger Interpretation - H. Peters, wenn er formuliert: „Wenn es richtig ist, dass Kriminalität wesentlich ein zugeschriebenes [...] Merkmal von Handeln ist, dann ist es offenbar nicht 'wesentlich' herauszufinden, wie dieses Handeln entstanden ist. Wesentlicher wäre es, herauszufinden, wie und unter welchen Umständen das Merkmal 'kriminell' zugeschrieben wird" (H. Peters 1989, S. 588).

Für die subjektbezogene Pädagogik ist aber beides wesentlich, zumal die Thesen des Labeling empirisch nicht hinreichend geklärt sind, „daher Spekulation bleiben" (H. Peters 1989, S. 589). Vor allem Winnicotts Ansatz und seine Befunde haben uns gezeigt, wie bestimmte Kinder und Jugendliche unter spezifischen Umständen Auffälligkeit *suchen* und damit in devianzfördernde Kontrollzonen geraten. Damit ist die Eigenart und Eigenständigkeit der primären Devianzbereiche schlüssig und der pädagogische Zugang - ohne dem Ideologieverdacht der Labeling-Theorie ausgesetzt zu sein - möglich geworden. Die Pädagogik - orientiert am Individuum und seinem Vermögen der Bewältigung und Gestaltung der biografischen Entwicklung - findet so auch ihren eigenen Zugang zum Abweichenden Verhalten. Damit wird auch nicht die Familie als solche, sondern die bewältigungsorientierte Interaktion in Familienkonstellationen und - später - vor dem *biografischen Hintergrund Familie* zum Ansatzpunkt der pädagogischen Analyse und Intervention. Dann tritt auch deutlicher hervor, wie Jugendliche im Zusammenspiel von Auffälligkeit suchendem Bewältigungsverhalten (das auf die Familienkonstellation verweist) und Auffälligkeit etikettierenden Instanzen in deviante Prozesse geraten.

Wir werden deshalb beim Auffädeln der Bezugsorte und Stationen der Sozialisation diesen Bewältigungsaspekt im Kontrast zum Kontrollaspekt thematisieren. Im Fall des Familienbezugs habe ich dabei ein Beispiel - Straßenkinder - gewählt, in dem die Faktoren auseinander gehalten werden und demonstriert werden kann, dass die Familie nicht einfach Ursache Abweichenden Verhaltens ist, dass sie aber in den Bewältigungsbiografien von Straßenkindern, die ja erst auf der Straße kriminalisiert, von der Familie aber auf die Straße getrieben werden, eine wichtige Rolle spielt.

Vor diesem Hintergrund wird dann auch deutlich, dass es bei der Beschäftigung mit Delinquenz bei Kindern wiederum nicht um die Problematik „misslungener Sozialisation", sondern um die Bewältigungskonstellation Kindheit geht, in der Abweichendes Verhalten eine bestimmte Bewältigungsform darstellt. Die Selbstbehauptung der Kinder in einer Umwelt, die sie nicht zum Zuge kommen lässt, steht nun im Vordergrund des Interesses. Ebenso stellt sich - in dieser Perspektive - das Jugendalter nicht mehr hauptsächlich als Lebensabschnitt „potentieller Devianz" dar - so aufschlussreich dieses Paradigma weiterhin ist -, sondern vor allem als Risikophase, in der jugendkulturelles Experimentier- und problembelastetes Bewältigungsverhalten sich zu einem brisanten Gemisch verdichten können. Aus dieser biografisch-bewältigungsorientierten Sichtweise heraus erhält die Pädagogik ihren Zugang zu Kindern und Jugendlichen, die in Zonen Abweichenden Verhaltens geraten, ohne in Gefahr zu kommen, dieses zu personalisieren. Denn der Bewältigungsaspekt verweist genauso auf die sozialen und gesellschaftlichen Kontexte, in denen Devianz als Zuschreibung definiert und produziert wird.

2.1 Die anomische Familie

Wir gehen also im folgenden von diesem allgemeineren Befund - Familie als bewältigungsrelevante biografische Hintergrundkonstellation Abweichenden Verhaltens - aus. Die Jugendlichen, die ich aus den Erfahrungen meiner Praxisbegleitungen im Auge habe - Straßenkids und delinquente Jugendliche, die in die Krisenintervention kommen -, werden dort von den SozialarbeiterInnen im deliktabgewandten Gespräch behutsam zu ihrem Selbst geführt, erzählen über ihre Bindungs- und Verlustdilemmata in ihren Familien, von der Enttäuschung an der Mutter, der Distanz vom (bis zum Ignorieren des) Vater(s), der immer nur ihr (Nicht-)Funktionieren, jedoch nie ihre Probleme gesehen hat. Wir bewegen uns hier im inneren Identitätskreis des Selbst, in den Konstruktionsprozessen antisozialer Tendenz, wie wir sie im Kapitel über das „Anomische Selbst" beschrieben haben. So gesehen ist die Familie mitverantwortlich für die innere Destabilisierung des Jugendlichen, die sich im außerfamilialen Bereich dann so auswirken kann, dass antisoziale Abspaltungstendenzen und irregeleitetes Suchen nach Selbstwert und Anerkennung in der Auffälligkeit in kritischen Lebenssituationen eher auftreten als bei Jugendlichen, die in einer „fördernden" Umwelt aufgewachsen sind.

Die Familie des Jugendlichen und der außerfamiliale Bereich des Devianzgeschehens sind zwei unterschiedliche Welten und schon von daher nicht unvermittelt aufeinander beziehbar. Die Familie ist ein emotional strukturierter, triebdynamischer, personal-privater Bereich, die außerfamiliale Welt ist durch verallgemeinerte, d.h. personenübergreifende Normen und rationale Sozialabläufe strukturiert. Der Identitätsbegriff, den die Kriminalsoziologie in der Regel in ihren Analysen gebraucht, ist ein interaktionistisch-kognitiver Begriff: Ich bin, so wie mich die anderen sehen und ich mich in ihnen sehe. Die Identitätsbalance ist hier eine kognitive Balance, wie bei der Ausbalancierung einer Rolle, nicht viel mehr. Das tiefen- und triebbezogene Selbst aber liegt darunter, ist davon überformt, muss aktiviert werden. In dieser emotionalen Tiefendimension liegt auch der Identitätsbezug, wie ihn die Familie herstellt. Dieser ist strukturiert durch die Befindlichkeiten des Selbst in der Abhängigkeit von der geschlechterdynamischen Familienkonstellation. Deswegen kann der Zugang zu diesem, in der Familie aufgebauten und verstörten Selbst nicht über die Außenwelt der Delikte, sondern nur über die tiefenwirksame familiale Innenwelt der Bindungs- und Verlusterfahrungen gelingen. Dies gilt auch für die Erforschung dieser Zusammenhänge: Durch herkömmliche Befragung ist hier wenig aufzuschließen; es braucht einen vertrauensvoll aufgebauten, pädagogischen Bezug (vgl. Kap. 4.2.3), in dem sich die Kids öffnen und den familialen Bezug, der sie quält, preisgeben.

Der tiefenstrukturelle Hintergrund, den die Familie bei der Konstitution von Abweichendem Verhalten abgibt, muss allerdings - entsprechend der Geschlechterdynamik des familialen Innenlebens - geschlechtstypisch differenziert werden. Die Problematik der familialen Unübersichtlichkeit, Inkonsistenz und wechselnder Familienkonstellationen als Hintergrund antisozialer Tendenzen kann sich bei *Jungen* prekärer auswirken als bei Mädchen, weil sie früh und oft abrupt zur Ablösung von der innerfamilialen Geborgenheit der Mutter-Kind-Dyade gezwungen sind. Um die Sozialisationsbalance zwischen sozialem Außen und innerfamilialem Rückhalt wahren zu können, ist der Junge darauf angewiesen, dass die Familie bzw. die elterlichen Beziehungen - auch wenn er nach außen gedrängt wird - für ihn stabil und überschaubar bleiben. Damit wird auch hier wieder ein geschlechtstypischer Zusammenhang zwischen familialem Selbstbezug und antisozialer Tendenz behauptet, so wie wir ihn im Kapitel zum anomischen Selbst und zur Geschlechtsspezifik Abweichenden Verhaltens konstruiert haben: Familiale Überforderung bei unübersichtlicher und inkonsistenter Familienstruktur kann bei Kindern und Jugendlichen innere Hilflosigkeit und verstärkte narzisstische Antriebe erzeugen, aus denen heraus sich antisoziale Abspaltungen (dieser Hilflosigkeit) und sozial desintegrative Dynamiken entwickeln können.

2.1.1 Familie als biografische Hintergrundkonstellation Abweichenden Verhaltens

Diese Grundproblematik familialer Überforderung, die Jugendlichen vor allem dann zu schaffen macht, wenn sie ihre emotionalen, inneren Signale nicht mehr in der Familie setzen können, kann in eine Abkehr der Jugendlichen von der Familie umschlagen. Wir wollen dies am Beispiel der „Straßenkids" (vgl. dazu auch Permien/Zink 1998), jener typischen Übergangsform zwischen primärem und sekundärem Abweichenden Verhalten - und hier zuerst am Beispiel der Jungen -, vertiefen.

„Besonders Jungen, die auf der Straße leben, sind aus Familien mit mehreren Geschwistern. Meistens war nicht ausreichend Geld vorhanden. Es kam zu sozialen Krisensituationen, die zu Gewalt, häufig in Verbindung mit Alkohol, in der Familie führten. Für die Jugendlichen entsteht ein zu großer Druck. Sie erkennen das Problem, finden aber keine Lösungsmöglichkeiten. Oft verfallen sie in eine Art Paniksituation und der einzige Ausweg, diese Situation zu bewältigen, ist die Flucht aus der Familie".

In dieser Schilderung einer Streetworkerin aus einer sächsischen Großstadt liegt eine exemplarische Überforderungssituation für den Jungen. Während die Mädchen eher unter der Kontrolle der Familie stehen und Familien geradezu Angst haben, dass ihnen ihre Tochter als „Straßenmädchen" „Schande" macht, wird dem Jungen zugemutet, dass er sich draußen durchschlägt und der Familie nicht allzu lange zur Last fällt. Außerdem werden Mädchen in solchen Familien eher an das Haus gehalten. Sie müssen sich um ihre Geschwister kümmern und den Haushalt mitmachen. Wie allerdings das „Draußen" für die Jungen aussehen soll, dafür geben die Eltern wenig oder keine Orientierungshilfen. Wenn es beim Jungen dann nicht „funktioniert", erhöhen solche Familien eher den Druck, anstatt emotionalen Halt und Unterstützung geben zu können. Landet der Junge dann „auf der Straße", ist die Trennung längst vollzogen und wird auch von den Eltern oft als logisch hingenommen.

„Die Eltern des Jungen arbeiten beide in den alten Bundesländern. Sonntags packen sie ihm den Kühlschrank voll und legen Geld für die Woche auf den Tisch. Erst Freitag Abend kommen sie beide zurück. Sie 'wundern' sich über ihren Sohn, der doch alles von ihnen bekommt. Emotionale Bindungen und Verständnis werden von den Eltern durch materielle Werte ersetzt. Emotionen, Selbstwert und Familienersatz suchen die Jungen dann in Cliquen auf der Straße".

In diesem Bericht eines Streetworkers aus einer anhaltinischen Großstadt stecken Anlässe, die wir auch in Biografien anderer Straßenjungen wiederfinden. Es gehört zu den Schattenseiten männlicher Sozialisation, dass Eltern - vor allem Väter - glauben, Jungen bräuchten keine emotionale Zuwendung und müssten lernen, sich durchzubeißen. Vor allem die elterliche Anerkennung und Wertschätzung dessen, was dem Jungen wichtig ist, geht in dieser Konstellation ab. Die Eltern nehmen in der Regel nur wahr, dass sich der Junge so gut allein kümmert und übergehen damit seine Befindlichkeit und seine individuellen Alltagsprobleme. Straßenszene und Clique werden dann zu emotionalen Bezugspunkten, die Ausschließlichkeitscharakter gewinnen können, wenn die Eltern - trotz Abwesenheit - diese Außenbeziehungen misstrauisch betrachten oder dem Sohn gegenüber gar abwerten.

„Der Junge hat nach einem ordentlichen Hauptschulabschluss eine Schlosserlehre begonnen. Die macht ihm aber keinen Spaß, und mit der Lustlosigkeit wächst die Tendenz, die Lehre abzubrechen. Er schwänzt immer häufiger und bricht dann die Lehre ab. Nun hätte er den Halt der Familie gebraucht, um nicht auf die schiefe Bahn zu geraten, was ihm aber versagt blieb. Das Gegenteil, der kompromisslose Herausschmiss durch den Stiefvater, machte ihn zum Straßenkind".

Die Stiefvaterkonstellation ist für Jungen immer eine prekäre Situation. Die Rivalitätssituation, die Enttäuschung an der Mutter, das gegenseitige Austesten und Provozieren der männlichen Dominanz in der neuen Familie kann in prekären Situationen dazu führen, dass die Schwierigkeiten des Jungen vom Stiefvater als Machtvorteil genutzt, zur funktionellen Bereinigung der Familiensituation (oft unbewusst) benutzt werden. Da die Vaterrolle von dem „neuen" Mann erst - interaktiv - erlernt werden muss, besteht in solchen Stiefvaterkonstellationen - vor allem in Familien, die wenig soziale und kulturelle Ressourcen haben, die neue Konstellation auszuhandeln und experimentell zu erproben - eine brisante „Hierarchielücke" der Männerrivalität, in der sich der positionell arrivierte, aber emotional unsichere „neue" Mann gegen den emotional in der alten Familie verankerten, aber sozial noch schwachen Jungen durchzusetzen versucht - bis hin zur Hinausdrängung des Jungen. Männlich konkurrentes Verhalten und unübersichtliche Vatersituation verdichten sich hier.

Um diese geschilderten Extrempunkte gruppieren sich unterschiedliche Variationen der emotionalen Vernachlässigung, Überforderung, des Ausgrenzungsdrucks und der Ausgrenzungsgewalt. Dabei wird hier nur die Grundkonstellation aufgeführt. Natürlich gibt es bei der Stiefvaterkonstellation auch besondere Mutter-Sohn-Beziehungen und -konflikte, welche diese Konstellation verzerren. Auch können Gewaltstrukturen in der Familie (Bsp. Vater ist Alkoholiker) vorhanden sein, unter denen Jungen anders leiden als Mädchen (die als Gewaltopfer mit der Mutter stärker ans Haus gebunden sind und dann meist abrupt die Familie verlassen): Jungen werden bei der Gewaltfokussierung auf die Mutter (und ggfs. Co-Abhängigkeit der Tochter) schrittweise aus der Familie ausgegrenzt, erleben die Gewaltakte und Rituale des Vaters als männliche Machtwillkür. Auch hier scheint wieder das Grundmuster der Rivalität und Unterdrückung des jungen Mannes durch den älteren Mann, die Abwertung und Verletzung des Jungen in seiner männlichen Identität durch.

Dass dies eben bei Jungen brisanter ausfällt als bei Mädchen, hängt vor allem damit zusammen, dass der innerfamiliale Ablösungsprozess bei den Mädchen „weniger aggressiv" verläuft (Metz-Göckel/Nyssen 1990, S. 45). Wir haben bereits darauf hingewiesen, dass die Mädchen auf der einen Seite in der Kindheit gegenüber den Jungen die *ungebrochene* Chance der (weiblichen) Geschlechtsidentifikation im Verhältnis zur Mutter haben, dass dafür aber in der Pubertät ein doppelter Konflikt ausbricht, der von Mädchen zu Mädchen unterschiedlich bewältigt werden muss: in dem nun sozial gebrochenem Trennungsakt von der Mutter und in der als sexualisierende Kontrolle erfahrenen Auseinandersetzung mit dem Vater.

„Die Abgrenzung von der Mutter wird für das Mädchen problematischer und schmerzvoller beim Eintreten in die Pubertät, einem Zeitraum, in welchem etwa gleichaltrige Jungen eine „festere Grenze" zur primären Bezugsperson gefunden haben. Die Mutter wird durch die Tochter als das Eigene erlebt. Der Trennungsprozess der Tochter von der Mutter und umgekehrt bedeutet oftmals eine schmerzliche Auseinandersetzung und Hinterfragung typischer weiblicher Fähigkeiten und Kompetenzen" (Menz 1996, S. 23).

Die Mutter - und damit auch das eigene Weibliche - ist nun in ihrem sozialen und gesellschaftlichen Status als *Frau* erkannt. Damit nehmen die Mädchen die sozialen Bezüge der Abwertung des Weiblichen an sich selbst wahr. Die damit erzeugte Hilflosigkeit wird - getragen von den jugendtypischen narzisstischen Antrieben - oft auf die Mutter oder auf die „Frau überhaupt" abgespalten: Mütter und Weiber werden gehasst.

Aber auch der Vater, zu dem in der Kindheit ein unbefangenes emotionales Verhältnis bestanden hat, das nicht wie beim Jungen dem ödipalen Druck ausgesetzt war, wird nun in der Pubertät von den Mädchen anders als bisher wahrgenommen. Bisher war er der „Außenspiegel", in dem man sich und die soziale Welt erfahren und sich an ihr begeistern konnte, der aber auch die Angst und Strenge des späteren Lebens verkörperte, zu dem man sich und sein Streben hingezogen fühlte. Nun, in der Pubertät, wird der Vater für die Mädchen plötzlich zum Abgrenzungsobjekt: In der Distanz zu ihm wird sich das Mädchen seiner jetzt aufbrechenden weiblichen Sexualität gewahr. Das in der Kinderzeit selbstverständliche Schmusen, der emotionale und körperliche Kontakt erweckt nun auf beiden Seiten zwiespältige Gefühle und wechselt in gesuchte und gewollte Distanz. Der Vater wird nun auch zur ambivalenten Kontrollinstanz. Er ist nicht mehr der unbefangen betrachtbare soziale Außenspiegel, sondern dieser Spiegel reflektiert nun auch die sexistische Kultur der Außenwelt in der Weitergabe des „Widerspruchs von Sittsamkeit und Sinnlichkeit" (Trauernicht 1988, S. 117). Viele Väter werden so zu unsicheren und oft ungewollten Kontrolleuren in der unbewältigten Gefühlsambivalenz von „Schutz und Kontrolle", welche sowohl die Unbefangenheit zur Familie nach innen zerstören, als auch die Handlungsspielräume des Mädchen nach außen unübersichtlich verengen kann. Mädchen spüren nun massiv die bisher wohlgelittene Bindung an das familiale Innen, an häusliche Pflichten als Einengung, vielleicht sogar als Einkerkerung; die sexistisch gefärbte Kontrolle nach außen erscheint ihnen dagegen nicht selten als Demütigung. Es entstehen Ausbruchsphantasien, die - wenn sie nicht in der Familie kommunizierbar oder über Freundschaften und familiennahe Netzwerke auffangbar sind - sich zu Bewältigungsalternativen (in denen die Norm- und Risikofrage ausgeblendet ist) verdichten können. Die Konstellation familialer Desertion hat also ein deutlich geschlechtsdifferentes Profil. Jungen fühlen sich aus der Familie gedrängt, Mädchen brechen aus.

„Ausreißen" und „Ausbrechen" aus der Familie in einem Alter (12-15), in dem es der Normalfall ist, in der Familie zu sein, den jugendspezifischen Ablöseprozess im „organischen" Dreieck Jugendliche-Familie-Gleichaltrigenbeziehung zu erleben, gilt sowohl in der Öffentlichkeit als auch im Definitionsspektrum der

Instanzen sozialer Kontrolle (einschließlich der Jugendhilfe und der Schule) als Abweichendes Verhalten. Es entspringt einer anomischen Hintergrundstruktur (das, was Familie an emotionalem Halt in diesem Alter geben soll, kann die eigene nicht schaffen, eher das Gegenteil) und sucht sich dann eine Bahn über differentielle Gelegenheiten und subkulturelle Landepunkte. Mädchen (aber auch Jungen) erscheint die Ausreißerkultur dann attraktiver als der Dauerkonflikt in der Familie, und die ersten subkulturellen Kontakte verheißen Anerkennung und Selbstwertgewinn, zumal über Gruppennormen und Umgangsformen, die dem verhassten Elternhaus und der es stützenden Gesellschaft entgegengerichtet sind oder einfach auf deren Normalität pfeifen. Auch wenn die Ausreißerkultur sehr oft repressiv und autoritär ist - die Jungen kommen möglicherweise in neue Gewaltverhältnisse und den Mädchen wird auch in der Ausreißerkultur traditionelles Rollenverhalten abverlangt - behält sie ihre Attraktivität in stetiger Aktivierung des differentiellen Rückbezugs auf die verhasste und gleichzeitig vermisste Familie.

Die Art und Weise, wie die Instanzen öffentlicher Kontrolle das Ausreißen von Mädchen als Abweichendes Verhalten etikettieren und definieren, zeigt auch, wie hoch die innerfamiliale Dynamik gesellschaftlich tabuisiert ist, wie wenig Chancen Kinder und Jugendliche haben, das für sie Krisenhafte und Bedrohliche in desorganisierten Familien an die Außenwelt zu bringen und wie verborgen deshalb auch die familialen Hintergründe späterer Abweichenden Verhaltens sind. Gerade auf Mädchen wird - wenn auch verdeckt und nicht thematisiert - ein öffentlicher Druck auf ein bestimmtes Familienverhalten ausgeübt. Dies wird in der neueren Literatur in Anlehnung an die Grundannahmen der feministischen Devianztheorie (Smaus 1993) wie folgt aufgeschlossen: Von Mädchen wird ein bestimmtes geschlechtertypisches und geschlechterrollenstereotypes Verhalten in familialen Konfliktsituationen - analog der herrschenden Normalitätskonstruktion von Weiblichkeit - erwartet. Wenn sie dieses durchbrechen, sich anders als erwartet verhalten, gelten sie als deviant. Mädchen haben im überkommenen Geschlechterrollenverständnis ihre familialen Konflikte unauffällig, privat und nach innen gerichtet zu bewältigen. Angesichts der alltäglichen Selbstverständlichkeit solcher kulturell legitimierten weiblichen Bewältigungsstrategien werden die „eher unauffälligen sozialen und psychischen Signale, die sich als Ängste und Körpersymptome - wie z.B. Gehemmtheit, Depressionen, psychosomatische Reaktionen und Selbstverstümmelungen - äußern, von der Umwelt kaum wahrgenommen" (Ziehlke 1993, S. 201). Abweichendes Verhalten von Mädchen enthält in diesem Sinne auch immer ein Element der Auflehnung gegen die normalen und für sie - über die sexistische Kontrolldynamik in der Familie - als unterdrückend erfahrenen Weiblichkeitsbilder. Wenn sie dann auf der Straße in Outfit und Habitus schrill, extrem und provokant auftreten, karikieren sie die gängigen Schönheits- und Beziehungsideale. Auf der Straße „überleben" beinhaltet für sie jene Eigenständigkeit, die ihnen die Familie verweigert hat. Dennoch - so wird berichtet - mischen sich in der Straßenkultur desertierter Mädchen extrem abweichende und konforme (ja kleinbürgerliche) Verhaltensweisen (Langhanky 1993). Diese ambivalente Verhaltenskonstellation ist wiederum ein Indiz dafür, dass die Erfahrung der anomischen Zuspitzung in der Familie den Hintergrund Abweichenden Verhaltens bildet, dass aber die Sehnsucht nach familialen Bezügen, in denen die Eigenständigkeit und Gleichberechtigung akzeptiert und gefördert wird, auch auf der Straße nicht erloschen ist.

2.1.2 Überforderung der Familie und innerfamiliale Gewalt

Schon die familiale Desertion von Kindern und Jugendlichen weist auf tabuisierte - von den Kindern gespürte, aber nicht in der Familie bewältigbare - Gewaltverhältnisse hin. Das Grundproblem familialer Gewaltverhältnisse liegt wohl darin, dass die moderne Kleinfamilie in industriekapitalistischen Gesellschaften strukturell überfordert ist, und dass diese Überforderung in dem Maße auch zugenommen hat, in dem die Arbeitswelt stärker rationalisiert und damit entemotionalisiert worden ist. Dadurch hat der von der Gesellschaft ausgelöste emotionale Druck auf die Familie zugenommen. Die Familie soll das bringen und ersetzen, was im gesellschaftlichen Leben nicht (mehr) erreichbar scheint: Soziale Bindung und sozialen Rückhalt, Gegenseitigkeit und existentielles Vertrauen. Die Familie ist somit im Zuge der gesellschaftlichen Individualisierung nicht nur zur „Aushandlungsfamilie" der Einzelinteressen ihrer Mitglieder geworden (gegenüber der tradierten Hierarchie der Generationsrollenfamilie), sondern unter diesen Umständen auch eine auf sich gegenseitig angewiesene Intimgruppe *Bedürftiger*. Ist diese Bedürftigkeit inner- und außerfamiliär nicht kommunizierbar, sondern tabuisiert, und bestehen keine außerfamilalen Entlastungsmechanismen, dann - so meine These - kann diese Bedürftigkeit in Gewalt umschlagen. Sei es nun körperliche Gewalt der Partner untereinander und gegen die Kinder, sei es nun sexuelle Gewalt; letztere wird auch als „sexuelles Ausbeutungsverhältnis" bezeichnet, was wiederum auf den Bedürftigkeitsantrieb der Täter verweist.

Wiederum müssen wir erst einmal formulieren: Aus der Tatsache der strukturellen Überforderungen der Familie entsteht noch kein delinquentes Verhalten (hier: Gewaltverhalten). Nur: Diese Überforderungen müssen alltäglich bewältigt werden. Misslingt aber diese Bewältigung, so kann in der Folge eine innerfamiliale Vermischung von Hilflosigkeit und Bedürftigkeit entstehen. Diese erhält ihre besondere Verstrickung dadurch, dass die Familie ein privater, in vielem scheinbar den öffentlichen Regeln und Normen entzogener Raum ist. Die Familie wird so zum *Ausnahmezustand*, in dem die Grenzen zwischen Liebe und Gewalt, Bedürftigkeit und Ausbeutung, Vertraulichkeit und Abhängigkeit, Nähe und Übergriff verwischen können. Diese, in der Spaltung von privat und öffentlich begründete, strukturelle Ambivalenz macht innerfamiliale Gewalt zu einer Sonderform Abweichenden Verhaltens.

Ich will nun versuchen, die so skizzierten Hypothesen zu begründen und zu differenzieren. Zum Problem der ambivalenten Überforderung der Familie in der industriekapitalistischen Gesellschaft liegt seit der berühmten Studie des Frankfurter Instituts für Sozialforschung zur „Autoritären Familie" (1936) eine umfangreiche Literatur vor (vgl. im Überblick Rerrich 1988, Böhnisch/Lenz 1997). Die Familie soll die Arbeitsgesellschaft sozialemotional stützen und reproduzieren, muss aber *gleichzeitig* damit zurechtkommen, dass Konflikte und Belastungen aus der Arbeitsgesellschaft in die Familie hineinreichen und ihre Bindungs- und Regenerationsfähigkeit bedrohen. Sie soll also funktionieren, indem sie Probleme integrieren muss, die immer wieder ihre Funktionsfähigkeit bedrohen. Das Prekäre dabei aber ist, dass sich in solchen Überforderungskonstellationen unterschiedliche Welten vermischen: Die zu bewältigenden und auszugleichenden Probleme kommen aus einer rationalitätsgesteuerten, arbeitsteiligen und normdistinktiven gesellschaftlichen Außenwelt und treffen auf eine emotionale, in Gegenseitigkeit verschmolzene und immer wieder normdiffuse familiale Binnenwelt. Hier werden sie umgewandelt in Bedürftigkeit, Schuldgefühle und Verlustangst. Gesellschaftliche Problematik und familiale Intimität vermischen sich im Subjekt und werden in ihrem Verhältnis zueinander unkenntlich gemacht (Honig 1986). Die damit verbundenen innerfamilialen Abspaltungen von Hilflosigkeit - wenn es dann soweit gekommen ist - sind nicht, wie in der außerfamilialen Welt, auf Abstraktionen verwiesen (z.B. Ausländerhass), sondern suchen ihre Bahn konkret und selbstverständlich in den tradierten Macht- und Gewaltverhältnissen der Männer-Frauen-Eltern-Kinder-Hierarchien in den Familien selbst.

Gleichzeitig wirkt aber der gesellschaftliche Mechanismus der Trennung von öffentlicher und privater Sphäre (als Konsequenz der industriegesellschaftlichen Arbeitsteilung) weiter, der die Familie zum privaten, von den Subjekten nicht selten als normfrei empfundenen Raum macht. Da die familialen Beziehungen auf emotionalen und partikularistischen Kommunikationsformen und natürlich vor allem auf Blutsverwandtschaft aufgebaut sind, vermischt sich die gesellschaftliche Kategorie des Privaten mit der subjektiv erlebten und empfundenen Ideologie des Naturhaften. Die Familie wird so auch ideologisch und legitimatorisch - im Mehrheitsbewusstsein der Bevölkerung, aber auch in der Tradition der christlichen Religionen und der bürgerlichen Gesellschaftsphilosophie - dem gesellschaftlich-staatlichen Rationalitätssystem gegenübergestellt, die „heile Familie" als ein überhistorischer, zu erstrebender Naturzustand immer wieder erhofft. In diesem Zusammenhang wird dann auch von einer „Modernisierungsfalle" (Wahl 1989) gesprochen, die einen besonderen Zustand der Anomie in der Familie erzeugen kann:

– Die Familienmitglieder klammern sich umso stärker an diese Ideologie der heilen Familie, je bedrohter und desolater der familiale Zusammenhalt ist. Schuldgefühle und -zuweisungen werden frei, die gesellschaftliche Überforderung der Familie erscheint ihren Mitgliedern als privates Problem. Die in diesem Zusammenhang entstehende anomische Hilflosigkeit kann in gegenseitigen abwertenden Hass und innerfamiliale Ausgrenzung (z.B. das Kind als der Sündenbock), umschlagen.

– Wenn dabei die in der Familie eingelassenen Gewaltverhältnisse freigesetzt werden, also Gewalt - vor allem gegen Frauen und Kinder - ausgeübt wird, erscheint dies für die Täter als „natürliches" Gewalt- und Besitzrecht, das privat ist und deshalb niemanden etwas angeht. Aber auch die betroffenen Frauen und Kinder sind in diesem Bann der „natürlichen" Gewaltverhältnisse in der Familie gefangen. Sie halten oft still, die Gewalt in der Familie ist so von einer Mauer des Schweigens umgeben. Die gesellschaftliche Öffentlichkeit wollte lange Zeit vom Thema Gewalt in der Familie nichts wissen. Die „heile Familie" war (und ist zum Teil immer noch) ein öffentliches Tabu. Wir haben an anderer Stelle bei der Klärung des Tabubegriffs deutlich gemacht, dass ein modernes Tabu auf gesellschaftliche Widersprüche hinweist, die nicht geklärt, aber auch nicht hinreichend austragbar sind, weil sie sonst den legitimatorischen Bestand des gesellschaftlichen Systems bedrohen würden. Solche Tabus verkörpern also stillgestellte, ungelöste „Fälle" der Gesellschaft. Beim „Fall Familie" liegt es auf der Hand: Alle wissen, wie problematisch die Familie in ihrer modernen Überforderung ist und dennoch muss man an ihr festhalten, sonst geht der sozialemotionale Rückhalt, den sie zu verkörpern hat, angesichts der anomischen Entwicklung der Gesellschaft verloren. Also muss jeder grundlegende Zweifel an der Familie stillgestellt, tabuisiert werden.

Gewalt in der Familie ist dann etwas, was nicht sein kann, weil es nicht sein *darf*. So ist ein gespaltener Diskurs entstanden: Gewalt wird zwar in der modernen aufgeklärten (medialen) Öffentlichkeit als Bewältigungsverhalten erkannt und klassifiziert, für den Bereich der Familie wird dieser Zusammenhang aber weiterhin tabuisiert (Wolff 1990). Allerdings hat der Individualisierungsprozess vielerorts die intime Geschlossenheit der Familie aufgeweicht. Man kann vor der Gewalt in Familien nicht mehr die Augen verschließen, wenn Frauen und Kinder den Bann des Schweigens brechen, LehrerInnen und SozialarbeiterInnen die Symptome anzeigen und damit öffentlich machen. Dennoch entsteht kein offener Diskurs. Es entwickelt sich vielmehr wieder jene verschobene Diskursform des modernen „Prangers", die einerseits Ventil ist, gleichzeitig aber das Tabu durch die Art seiner schrillen Medialisierung weiterwirken lässt. Alle fühlen sich von den Medienberichten zutiefst angerührt, viele beschleicht aber gleichzeitig die diffuse Angst, dass da auch etwas Abgründiges in ihrem Inneren angesprochen sein könnte und sind froh, dass ihnen das mediale Extrem Distanzierung und Abscheu ermöglicht und so den Glauben an die prinzipiell heile Familie erhält.

Das Tabu „Gewalt in der Familie" ist also in der Postmoderne brüchig geworden, aber in der Substanz nicht gefährdet. Die Individualisierung hat die Familien auseinandergetrieben, die Einzelinteressen freigesetzt und damit die tradierten innerfamilialen Gewaltverhältnisse erschüttert. Gleichzeitig hat sie aber auch das Angewiesensein auf die Familie neu bestätigt: Die Familie als *der* Zufluchtsort und Rückhalt angesichts einer bedrohlich offenen und unübersichtlichen Risikogesellschaft.

Wenn man vor diesem Hintergrund die Studien über Gewalt in Familien betrachtet, so wird die gesellschaftliche Konstellation, in der solch Abweichendes Verhalten zwangsläufig entsteht, sichtbar. Die in M.S. Honigs Studie zur „verhäuslichten Gewalt" (1986) erschlossenen Befunde, nach denen Gewalt in der Familie dann entstehen kann, wenn Hierarchie- und Abhängigkeitsverhältnisse selbstverständlich sind, Gewalt also als subjektiv verfügbares Mittel angesehen wird, und dass Gewaltakte meist Enttäuschungen an der Familie ausdrücken, verweisen auf diesen Kontext. Auch er betont die Problematik der „Naturalisierung" der familialen Gewaltverhältnisse und ihre damit entstehende Mystifikation von Gewalt. Hier scheint mir aber der Begriff des Tabus weitergehender, denn in ihm kann der Bezug zwischen mystifizierter Gewalt und gesellschaftlicher Funktion dieser Mystifikation aufgeschlossen werden.

Diese Dimension des Tabus wird von H. Funk (1997) auf die inner- und außerfamiliale Interaktionsebene Abweichenden Verhaltens übertragen. Sie spricht von einem *Schweigen* der Täter wie der Betroffenen, dessen strukturelle Rückbindung darin erkennbar ist, dass das *Reden* darüber nicht möglich, das Eigene an der Tat für die Täter nicht thematisierbar ist. Die Gesellschaft sieht nur die Tat und isoliert sie als etwas Schreckliches, das außerhalb der Norm steht (vgl. dazu auch Honig 1986). Die Bedürftigkeiten und Selbstwertzerstörungen, die hinter dem Gewaltakt liegen, können nicht zutage treten, weder für den Täter noch für die gesellschaftliche Öffentlichkeit. Erfahrungen in der Täterberatung zeigen hier wiederum: Gelingt es, die Männer im therapeutischen Gespräch in ihrem Selbst von der Tat, in die es dumpf eingefangen ist, zu lösen, auf ihre Hilflosigkeit und Bedürftigkeit zu stoßen, dann kann der Verstrickungs- und Verdeckungszusammenhang (Funk 1997) familialer Gewalt aufgeschlossen werden.

Die Phänomenologie familialer Gewalt eröffnet sich uns in dieser strukturellen Interpretation besser, als dies jede Klassifikation familialen Gewalthandelns vermag. Die selbsterzwungene familiale Isolation solcher Familien wird ebenso plausibel wie die Angst der Mütter, die Familie werde durch ein Bekannt werden der Gewaltpraxis (und nicht durch die Gewalt selbst!) zerstört. Die Kinder haben Furcht vor dem gewalttätigen Vater und gleichzeitig Angst, ihn zu verlieren. Die Individualisierung hat die Gewaltverhältnisse zudem modernisiert: Eltern wollen sich in ihren Kindern zwanghaft verwirklichen. Was bei der sexuellen Gewalt die zum Elend gewordene Bedürftigkeit ist, zeigt sich in den kommunikativ verdeckten Gewaltverhältnissen mancher „Normalfamilien" als Selbstwertverlust, den das Kind ausgleichen soll. Das Kind muss so auch die Familie stützen. Solche Überforderungskonstellationen - und damit sind wir wieder am thematischen Ausgangspunkt - können, so sie sich verstetigen, zum Auslöser für das Ausbrechen des Kindes aus der Familie, zumindest aber Verstärker antisozialen Verhaltens (als zuwendungsbedürftiges Suchverhalten nach außen) werden.

2.2 Kindheit und Devianz

„Der listenreiche Säugling" - so fasst Tilman Moser (1993) in seiner Bilanz der modernen Säuglingsforschung die biopsychischen Entdeckungen zusammen, die in den letzten Jahrzehnten mit Hilfe mikromedialer Beobachtungsverfahren bei Kleinkindern gemacht wurden. Im Mittelpunkt steht dabei die nun empirisch gefestigte Erkenntnis, dass das Kleinkind - bereits dann, wenn sich die Gehirnfunktionen noch nicht voll eingestellt haben - nach wenigen Tagen sein emotionales Eigenleben entwickelt, Wohlbefinden oder Unwohlsein verspürt und Signale, Botschaften, Wünsche nach Nähe und Distanz, Bewegung und Austausch, Selbstschutz und Bestätigung aussendet. Diese ersten Gefühle und vorläufigen Fähigkeiten konstituieren sich immer im Wechselbezug zu seiner Umwelt, zuerst vor allem zur Mutter und später auch zum Vater und zu anderen Bezugspersonen:

> „Man könnte sogar sagen, dass in der erlebten Wechselseitigkeit die Wurzeln der Menschenwürde liegen. Ein Kind, das mit seinen Signalen nicht ankommt, das erleben muss, wie sie uminterpretiert werden je nach den Bedürfnissen nach den Ängsten der Eltern, baut kein gutes Selbstgefühl, kein gutes Selbstwertgefühl auf. Es lernt nicht seinen Reaktionen zu trauen. Es muss die Stimmungen der Eltern erschließen lernen, muss auf andere Wege sinnen, sie doch noch zu beeinflussen, wenn seine ursprünglichen Mittel nicht ausreichen" (Moser 1993, S. 92).

Im frühen emotionalen Erfühlen des Selbst in der Wechselwirkung mit der Umwelt, im Formieren des Selbstschutzes, der körperlichen und seelischen Integrität, bildet sich auch die *Aggressivität* heraus. Aggressive Gefühlsäußerungen zeigen das Unwohlsein, die erlebten Bedrohungen an. Es kommt nun darauf an, wie die Umwelt darauf reagiert, ob sie diese Signale aufnehmen und damit den Spannungszustand ausbalancieren, also zur „fördernden Umwelt" (Winnicott 1984a) werden kann. „Erst wenn die subtilen Verletzungen, Verkennungen, Überfremdungen zunehmen und die aggressiven Reaktionen die Mutter (den Vater) nicht mehr erreichen, reagiert er [der Säugling] wütend, gekränkt, rache- und zerstörungslustig" (Moser 1993, S. 93).

Wir können hier direkt an den Befunden der psychoanalytisch rückgebundenen Kindheitsforschung (vgl. dazu Gruen 1993, Winnicott 1984a, 1988) anknüpfen. Kinder müssen anerkannt bekommen, dass sie aus sich selbst heraus etwas sind, sie müssen fühlen können, dass das, was aus ihnen kommt nicht von vornherein abgewertet wird. Sie brauchen die Erfahrung, dass ihre Gefühle aufgenommen werden und außen etwas bewirken, indem auf sie eingegangen wird, wie sie sind. Rigide soziale Anpassung und Abwertung der kindlichen Gefühle erzeugen dagegen innere Hilflosigkeit, die abgespalten, von der abstrahiert werden muss und die sich dann als Hass auf das Schwache in sich selbst und Hass auf alles Hilflose, Schwache, Fremde in der Umwelt äußert (so das Modell nach Gruen). Winnicott (1984a) sieht in ähnlicher Weise die frühe Spannung von Aggressivität und Kreativität: Wenn das Kind spürt, dass es seine Umwelt mit erschaffen kann, indem diese es versteht und seine Impulse aufnimmt und ihm neu (nun in der Interaktion sozial eingebunden) zurückgibt, dann entsteht eine kreative Gefühlsspannung, in der das Aggressive der selbstbezogenen, narzisstischen Äußerung aufgeht. Aggressivität muss ja immer als auf die Wahrung der psychophysischen Integrität des Selbst bezogene Aktivität verstanden werden.

Dieses Aggressionsmotiv durchzieht die gesamte Sozialisation des Kindes- und Jugendalters. Krappmann/Oswald (1995) sehen z.B. das Verhalten von Schulkindern untereinander und in Kindergruppen durch dieses leibseelische Integritätsprinzip gesteuert und deuten die Aggression in Kindergruppen untereinander in diesem Sinne als Versuche der gegenseitigen Wahrung von räumlichen Integritätszonen. Diese selbstbezogene Aggressivität prägt auch das Bewältigungsverhalten in kritischen Lebenssituationen. So wird plausibel, wie eng das Problem der *Handlungsfähigkeit* in solchen Lebenssituationen rückgebunden ist an die triebstrukturell gespeiste Aggressivität als Verteidigung des Selbst, und dass diese einem näher ist als die einzuhaltende Norm. Winnicott hat in diesem Sinne unser pädagogisches Gespür dafür geschärft, dass Aggressivität erst einmal als triebgebundene Aktivität zu verstehen ist und dass es auf die Umwelt ankommt, wie sie diese Aggressivität zulässt und ob es ihr gelingt, mitzuhelfen, Aggressivität in Kreativität umzuwandeln.

2.2.1 Die antisoziale Tendenz

Hier setzt nun auch jenes Modell von Winnicott an (1988, S. 109ff), das wir als zentral für das Verstehen des Punktes einschätzen, an dem aggressive Aktivität umschlagen kann in eine „antisoziale Tendenz" (und damit das Kind in die Zone des Abweichenden Verhaltens bringen kann). Wir kommen hier zur Konkretisierung des familial ausgelösten Bewältigungsverhaltens vom Kinde her. Aggressive Aktivitäten (als sozial gerichtete Triebimpulse) entwickeln sich dann kreativ, wenn das Kind die soziale Umwelt, auf die sich seine Aktivität richtet, als „unzerstörbar" erfährt. Das heißt, seine (nach außen „zerstörerischen") aggressiven Impulse werden für das Kind nicht gefährlich, schlagen nicht unvermittelt zurück, werden aufgenommen und in dieser, nun an die Umwelt gebundenen, Aufnahme zurückgegeben. Das Kind kann also mit seinen Aggressionen experimentieren, erfährt dabei Möglichkeiten und Grenzen, entwickelt eine Gewissheit des Selbst, die nicht immer wieder neu aufgebaut werden muss, weil ja in ihm die Erfahrung des „begrenzten" Experimentieren-Könnens gewachsen ist.

Antisoziale Tendenzen hingegen treten dann ein, wenn das Kind seine Umwelt als zerstörbar erfährt, das heißt, wenn seiner Aggression nichts entgegengesetzt wird, wenn die aggressiven Impulse für das Kind grenzenlos werden und irgendwann - aus einer nicht mehr überschaubaren Umwelt heraus auf ein nicht mehr beherrschbares Selbst - zurückschlagen. Dies ist im Kinder-Familien-Bezug vor allem dann zu erwarten, wenn das Kind die bisher als unzerstörbar erlebte Umwelt verliert: z.B. beim Auseinanderbrechen der Familie, bei extremer Entfremdung der Eltern, aber auch bei stetig zunehmender Inkonsistenz und Unüberschaubarkeit der Familienabläufe und der dadurch für das Kind entstehenden alltäglichen Überforderungskonstellationen. So büßt das Kind eine familiale Umwelt ein, „die dem Kind die Erforschung zerstörerischer Aktivitäten im Bezug auf Trieberfahrungen ermöglichte" (Davis/Wallbridge 1983, S. 126).

Das Gefühl des Verlusts einer unzerstörbaren Umwelt kann bei Kindern vor allem dann aufkommen, wenn Ängste und Verwirrungen im Hinblick auf Objektverluste (Beziehungen zu Menschen, die einem nahe sind) entstehen. Sie werden belastet, weil sie nun selbst die Kontrolle übernehmen sollen, die für sie vorher in der unzerstörbaren Umwelt gegeben war. In dieser diffusen Überforderung schlagen die Aggressivitätsantriebe auf das Kind zurück: sowohl als Ängste angesichts des Kontrollverlusts als auch als Erfahrung der schutzlosen Preisgabe des Selbst, da die Aggression von sich aus nicht mehr bewältigbar erscheint. Das so *vernachlässigte* (das heißt auf sich gestellte) Kind traut sich nichts mehr zu, es passt sich der Umwelt an, es ist „hoffnungslos unglücklich und wird (erst einmal) nicht auffällig" (Winnicott zit. n. Davis/Wallbridge 1983, S. 127). Verbessern sich die Umweltbedingungen, dann - so Winnicott - „gewinnt das Kind wieder Zuversicht und organisiert hoffnungsvoll antisoziale Handlungen" (ebda). *„Die antisoziale Tendenz ist ein Hinweis auf Hoffnung"* (Winnicott 1988, S. 161). Durch Delikte, wie vor allem das Stehlen (aus der Selbstbehauptung des Sich-auch-etwas-Nehmens heraus oder durch Zerstörung als Akt der negativen Aneignung), sucht es die Anteilnahme anderer, will auf sich aufmerksam machen oder begeht destruktive Handlungen - Gewalt an Sachen, gegenüber anderen Kindern etc. -, um die Umwelt bzw. deren entschiedenes Handeln und ihre Stärke herauszufordern (um dadurch Zuneigung zu erlangen). Dieses scheinbare Paradox - hoffnungsvolles Auf-Sich-Aufmerksam-Machen als Grundantrieb Abweichenden Verhaltens - löst sich wie folgt auf: Dem in seinem Selbst zurückgewiesenen und von einer überforderten familialen Umwelt nicht empathisch begleiteten Kind scheinen die legitimen Zugänge zu sozialer Zuwendung verschlossen. Treten Personen auf, die sich ihm zuwenden - z.B. JugendpädagogInnen oder LehrerInnen - keimt in ihnen die Hoffnung auf, dass es doch noch angenommen wird, so wie es ist. Es greift nun nach Mitteln Abweichenden Verhaltens, weil es ihm mit konformen Mitteln bisher nie gelungen ist (und im Wettbewerb zu anderen schlecht gelingen kann), auf sich aufmerksam zu machen. Dagegen hat es gelernt, sich aggressiv und antisozial in einer bedrohlichen, zerstörbaren (es weiß immer wieder nicht, ob es weiter geliebt wird) Umwelt zu behaupten. Verbreitetes Beispiel für solches Kinderverhalten findet man bei Kindern aus Alkoholikerfamilien (vgl. Gottenströter 1991, Wegscheider-Cruse 1988). Sie gehen in der auf den alkoholkranken Vater fixierten Co-Abhängigkeit in der Familie unter und machen außerhalb der Familie durch Abweichendes Verhalten auf sich aufmerksam. Sie laufen Gefahr, ebenfalls suchtabhängig zu werden, wenn diese Suche nach Anerkennung und Zuwendung nicht erkannt wird. Ähnliche Konflikt- und Ausgrenzungsstrukturen, die uns auch als „Sündenbockproblem" bekannt sind, können sich bei Jungen in Stiefvaterkonstellationen (s.o.) entwickeln.

Winnicott hat hier einen komplexen Grundzusammenhang aufgeschlossen, aus dem heraus sich vieles von der Ambivalenz und Brisanz des pädagogischen Umgangs mit delinquenten Kindern aufklären lässt, wobei sich aber auch immer zeigt, wie zwangsläufig (und in dieser fatalen Zwangsläufigkeit plausibel) solche Kinder negative Etikettierungsprozesse auf sich ziehen. SozialpädagogInnen aus der Kinder- und Kinderhausarbeit berichten in diesem Sinne auch von Kindern, die zu Hause als angepasst, unauffällig erscheinen, im Umfeld des Kinderhauses oder des Jugendclubs sich aber destruktiv verhalten, gegen andere losgehen, zerstören, klauen. Die PädagogInnen spüren - das bekomme ich immer wieder berichtet -, dass die Kinder auf sich aufmerksam machen wollen, „mit Gewalt" Zuwendung suchen. Diese Konstellation führt oft dazu, dass das antisoziale Verhalten der Kinder nun der Kindereinrichtung angelastet wird (in der Familie und in der Schule fallen die doch gar nicht so auf), weil eben die dortigen Räume und PädagogInnen solche Kinder „hoffnungsvoll" anziehen und sich die Hoffnungen, die die Kinder mit ihren antisozialen Taten verbinden, auch auf sie richten. Dies den Instanzen sozialer Kontrolle verständlich machen zu können, überfordert viele PädagogInnen in der außerschulischen Arbeit mit Kindern. Die Kinder werden als delinquent etikettiert und damit ihre Dispositionslage verkannt. Wenn die Kinder dann, wenn sie gestellt oder ertappt werden, auch noch kein Schuldgefühl zeigen (sie haben ja damit ein positives Gefühl gesucht), ist der Kreisel der negativen Zuschreibungen meist geschlossen. Hier wird deutlich, in welcher Ausnahmesituation PädagogInnen in der außerschulischen Jugendarbeit sind, und welche Schwierigkeiten es alltäglich bereitet, die Handlungen der Kinder nicht nur selbst zu verstehen, sondern auch in ihren Intentionen einer verständnislosen Umwelt begreiflich zu machen.

Wir können jetzt auch verstehen, was Kinder bewegt, Gelegenheiten und soziale Gruppierungen Abweichenden Verhaltens attraktiver zu finden als konforme Sozialbezüge. Das Konzept der differentiellen Gelegenheiten (s.o) kann diesen Umstand ja nur beschreiben und lerntheoretisch plausibilisieren. Aus der Kenntnis der tiefenpsychologischen Mechanismen heraus, wie sie im Konzept der „antisozialen Tendenz" aufgeschlossen werden, wird uns nun diese differentielle Attraktivität erklärlich. Den betreffenden Kindern erscheint die devianzträchtige Umgebung als „fördernde Umwelt", weil sie ihnen Signale aussendet, die eine neue, unzerstörbare Umwelt verheißen. Wenn die eigene Umwelt zerstört, das heißt die Familien in sich entfremdet und unübersichtlich geworden sind, ist es die abweichende Clique, welche daraus entstehende antisoziale Dispositionen und die damit verbundenen Signale aufnehmen und dem Kind das Gefühl geben kann, trotz des erlittenen Verlusts das eigene Selbst entfalten zu können: Antisoziales Verhalten wird von abweichenden Gruppen *direkt* - und nicht nur als ungewisses Signal wie bei den PädagogInnen - aufgenommen und in Gruppenzusammenhalt und Anerkennung (allerdings bei Unterwerfung unter und Abgabe der überfordernden Selbstkontrolle an die Gruppe) umgesetzt. Hier zeigt sich auch die Sinnhaftigkeit des pädagogischen Konzepts der „funktionalen Äquivalente": Es kommt darauf an, den Kindern in den angebotenen pädagogischen Arrangements das Gefühl zu vermitteln, dass ihre Signale erkannt werden, ihnen der (familiale) Verlust ersetzt wird, dass sie nicht domestiziert und stillgestellt werden, sondern sich ihnen ein überschaubarer Raum zum Experimentieren eröffnet. Es ist dann ein Experimentieren, das ihnen selbst nicht mehr gefährlich werden oder Hilflosigkeit erzeugen kann, die dann wieder in ungerichtete Aggressivität umschlagen würde. Wenn JugendarbeiterInnen davon sprechen, dass sie sich oft als „Mutter-" oder „Vater-" Ersatz fühlen, dann ist das nicht wörtlich zu verstehen, sondern verweist auf diese Funktion der Wiedergutmachung familialer Verluste, die diese Kids erlitten haben. Dabei wird die Familie nicht für sich als Verursacher gesehen („broken home"), sondern als gesellschaftlich überforderte und darin sozialemotional belastete Konstellation (s.o.).

2.2.2 Aggressivität und Selbstbehauptung

Die Individualpsychologie im Gefolge Alfred Adlers hat diese Konstellation der kindlichen Triebdynamik der aggressiven Selbstbehauptung mit dem Macht- und Überlegenheitsaspekt aufgeladen und pointiert. Einer ihrer engagiertesten Vertreter, Otto Rühle, leitete sein Buch „Die Seele des proletarischen Kindes" (1925) in diesem Sinne gleichsam mit einem Axiom ein:

> „Die Natur hat es so eingerichtet, dass der Mensch als kleines Kind zur Welt kommt [...]. Groß sind die Erwachsenen, die das kleine Kind in Empfang nehmen [...]. Zwar ist ihnen dieser Gegensatz noch nicht bewusst [...]. Das Kind kommt mit einem Erbgut mehr oder weniger differenzierter Triebe auf die Welt, die alle den naturgegebenen Sinn haben, seine Existenz gegenüber den ihm drohenden mannigfaltigen Gefahren zu sichern. Eine dieser Gefahren besteht darin, von der Übermacht der Erwachsenen erdrückt zu werden. Auf sie reagiert der kindliche Instinkt" (Rühle 1925, S. 26).

Diese frühe asymmetrische Konstellation lässt das Geltungsgefühl (Selbstwertgefühl) zum entscheidenden Antrieb der seelischen Entwicklung des Kindes werden. Findet der kindliche „Minderwertigkeitskomplex" eine fördernde Umwelt, in der das „Geltungsgefühl nie unter ein gewisses erträgliches Maß herabgesetzt ist", dann ist jene Trieb-Umwelt-Balance möglich, die auch das Grundthema der bisher referierten tiefensozialisatorischen Zugänge zur Kindheitsentwicklung ist. „Ist dies jedoch nicht der Fall, so erzeugen die unbefriedigten Minderwertigkeitsgefühle Anspruch auf übersteigerte Befriedigung aus der Logik des Lebens heraus und enden in der Neurose" (Rühle 1925, S. 34). Das Kind reagiert mit neurotischer Abwehr, indem es - mit fortschreitender Entwicklung - seine Minderwertigkeit in der Höherbewertung des starken Gegenübers aufgehen lässt und in dieser autoritären Unterwerfung die emotionale

Verteidigung und Sicherung des Selbst organisiert. Es ist verblüffend, wie klar die psychoanalytisch angeleiteten Kindheitsforscher der zwanziger Jahre pathogene Strukturen des kindlichen Aufwachsens schon damals strukturiert haben.

Im neurotischen Syndrom wird seitdem ein zentrales Grundmodell des inneren Konflikts des kindlichen Selbst gesehen: Das „verbietende Über-Ich steht im ungelösten Konflikt mit verdrängten Triebansprüchen" (Moser 1974, S. 25). Die Balance zwischen Triebanspruch und Selbstkontrolle ist nachhaltig gestört.

Die neurotische Struktur kindlicher Aggressivität - als Konflikt zwischen Bedürfnissen des Individuums und Interessen seiner Außenobjekte (vgl. Bittner 1996) - muss aber nicht unbedingt zum sozial destruktiven Verhalten führen. Das neurotische Kind wird, wenn es versucht, mit kleinen (symbolischen) delinquenten Handlungen die im rigiden Über-Ich wirksame Außenkontrolle zu unterlaufen, von Schuldgefühlen heimgesucht. Insofern ist seine aggressive Tendenz immer wieder zurückgehalten, die Chancen sind gegeben, die Spaltung später aufzuheben und auszubalancieren. Gelingt das nicht, wird das Kind von dieser Verhaltenskonstellation abhängig und handelt entsprechend *zwanghaft*, erleben wir das bekannte Phänomen, dass Abweichendes Verhalten in symbolischen Ersatzhandlungen und Ritualen, aber auch im Verborgenen geschieht, oder bei Menschen aufbricht, bei denen man es - angesichts ihrer auf neurotische Schuldgefühle fixierten Selbstkontrolle - im Alltag nicht vermutet.

Neurotische Tendenzen, solange sie nicht zwanghaft werden und sich verselbständigen, gehören ganz allgemein zur Entwicklungsnormalität des Kindes- und Jugendalters. Denn diese ist ja immer wieder neu gekennzeichnet durch Triebschübe, die abrupt ausbrechen und - bevor sie psychosozial verarbeitet, umgewandelt und in einer neuen Entwicklungsstufe integriert werden können - rigide (durch innere Schuld und/oder äußere Unterwerfungsautorität) zurückgewiesen werden. Sie werden verdrängt und suchen sich ihre Ausbruchswege in symbolischen antisozialen Handlungen, wie wir sie von der Trotzphase bis zur Jugenddevianz in den unterschiedlichsten Formen kennen. Hier erklärt sich das scheinbar Motivlose an delinquenten Handlungen von Kindern und Jugendlichen, die in äußerlich geordneten Verhältnissen leben. Hier stoßen wir auch auf die Tiefenstruktur der jugendtypischen Devianz und das Episodenhafte der Jugenddelinquenz wird uns plausibel (vgl. dazu ausf. Moser 1974).

Extrem antisoziale bis gewalttätige Kinder mit deutlichen Bindungsschwächen und extrem niedriger Selbstkontrolle, wie sie z.B. der Jugendhilfe oft von der Schule zugewiesen werden, entstammen dagegen eher „psychotisch-aggressiven" Familienkonstellationen. Die Verhaltensmerkmale von Kindern aus solchen Familien werden wie folgt gekennzeichnet: „Die Unfähigkeit des Kindes [...] zu befriedigendem und dauerhaftem sozialen Kontakt, der völlige Mangel an adäquaten Handlungskontrollen und die mangelnde Toleranz gegenüber Bedürfnisversagungen sowie die erhebliche und scheinbar ziellose Aggressivität, die sich häufig in gewalttätig ausgeführten Delikten niederschlägt" (Herriger

1987, S. 92). Es sind Kinder von Ich-schwachen Eltern, die selbst mit ihren Familienrollen nicht zurechtkommen, Bindungsschwäche und direkte Aggression in den Familienbeziehungen zeigen und das Kind immer wieder Ablehnung spüren lassen oder es zum „Sündenbock" für Konflikte machen. Sie strafen sie deshalb meist in eigener Aggressionsabfuhr. „Solche Kinder haben nie positive Erfahrungen mit den Eltern machen können [und bleiben] auf die aggressiven, strafenden und bedrohlichen Aspekte des Elternbildes beschränkt" (Herriger 1987, S. 100). Sie scheinen unfähig zur Liebe und bleiben auf einer infantil-narzisstischen Entwicklungsstufe stehen, weil sie in ihrer Umwelt nie erfahren haben, dass es ein „Liebesobjekt" gibt, für das es sich lohnen würde, Triebverzicht und -hemmungen auf sich zu nehmen.

Das in der kinder- und jugendpsychiatrischen Diskussion gebräuchliche neurotische und psychotische Modell der „Verwahrlosung" (vgl. dazu ausf. Blos 1992, Bittner 1996) verweist auf Familienstrukturen, wie sie Winnicott (1984) als Hintergrundstruktur antisozialer Tendenz bei Kindern beschrieben hat: Entweder sind die Erwartungen seitens der Erwachsenen, die auf dem Kind lasten, zu rigide, werden zu nicht integrierbaren Belastungen, oder die Familie selbst ist in sich so destruiert, dass sie als unzerstörbare Umwelt ausfällt, die eigenen Affekte ungerichtet und damit für das Kind sehr bedrohlich werden und die familiale Umwelt zur feindlichen Umwelt gerät. In beiden pathogenen Modellen sind die intrafamiliären Ausgangsbedingungen für das Kind von Inkonsistenz und Willkür gekennzeichnet. In beiden Fällen bekommt das Kind seine Gefühle nicht zurückgespiegelt, kann sich kein (sozial akzeptiertes) Bild von sich selbst machen, muss seine Hilflosigkeit entweder zwanghaft unterdrücken (oder in noch höheren Kompensationsanstrengungen sublimieren) oder abspalten und aggressiv auf andere projizieren (Gruen). Aus solchen neurotischen oder psychotischen familialen Hintergrundkonstellationen erhalten auch die Störungen in der Balance von Selbst und Umwelt ihre Fixierung und Zwanghaftigkeit. Hier wird also erst recht deutlich, wie eng die Entwicklung des Selbst und familiale Bindungskonstellationen miteinander verwoben sind.

Was in der familien- und kinderpsychiatrischen Literatur und in der Jugendhilfediskussion als „Verwahrlosung" des Kindes erscheint, ist also nichts anderes als eine familienstrukturell bedingte *Vernachlässigung der Innenwelt des Kindes*: Es wird von vornherein der äußeren familialen Dynamik ohne Möglichkeiten zur inneren Gegenwehr und zur Ausbildung eigenen Selbstvertrauens ausgesetzt. Schon Otto Rühle schrieb in seinem 1929 erschienen Aufsatz über „Kindliche Kriminalität":

„Das kriminelle Kind ist ein entmutigtes Kind. [...] Es fürchtet, zu spät zu kommen und die Gelegenheit zu verpassen. Es traut sich nicht, mit üblichen Mitteln sein Ziel zu erreichen" (S. 330). „Es ist noch nie ein Kind entlaufen, zum Dieb geworden und der Kriminalität verfallen, um etwa die Wonnen des Verachtetseins, der Minderwertigkeit und der Demütigung zu genießen. Stets war die Kriminalität ein Mittel, sich in Geltung zu setzen"

(S. 329/330). „Es besteht ein Missverhältnis zwischen der individuellen und sozialen Wertung" (S. 331).

So, strukturell ähnlich, haben es später Winnicott und Gruen formuliert: Antisoziales Verhalten ist ein Mittel, um auf sich aufmerksam zu machen, Teilhabe an dem kindlichen Selbst zu erzwingen. Von dem „Missverhältnis", von dem Rühle spricht und das die Kinder durch delinquentes Verhalten - vor allem Stehlen, auch hier wieder die ähnliche Beobachtung wie später bei Winnicott - ausgleichen wollen, wissen vor allem die SozialpädagogInnen in der außerschulischen Kinder- und Jugendarbeit zu berichten. Meist bricht dieses Verhalten der Kinder aus, wenn die trotz aller neurotischen und psychotischen Störungen - vor denen ja keine Familie verschont ist - bestehende und von den Eltern nach außen hochgehaltene soziale Kontrolle des Familienzusammenhalts zusammenbricht und die Familienstruktur für das Kind nicht mehr überschaubar ist: Aggressive - offene oder versteckte - Entfremdung der Eltern voneinander, Zurücksetzung des Kindes durch neue Familienkonstellationen, Projektion von Familienkonflikten auf das Kind („Sündenbock"), Ablehnung des Kindes.

Ihren sozialen Ausbruch findet die so beim Kind geschürte antisoziale Tendenz vor allem im Freizeitbereich außerhalb von Familie und Schule. Sicher laufen vernachlässigte Kinder aus inkonsistenten Familienverhältnissen in Gefahr, den Rollenanforderungen einer Bedürfnisaufschub fordernden und das Selbst weiter nicht zum Zuge kommen lassenden (aber es voraussetzenden) Schulorganisation nicht zu genügen. Da die Schule in ihrer institutionellen Rigidität aber nicht die emotionale Seite des Problems aufnimmt, können sich die Kinder entweder unterwerfen oder stören - beides ist im Rollensystem der Schule vorgesehen. Der „Problemschüler" wird für die Schule erst sozial auffällig, wenn sein außerschulisches Abweichendes Verhalten auch an die Schule zurückgemeldet wird - bis dato hat ihn die Schule im Griff (es sei denn, sie relegiert).

Ganz im Gegensatz dazu ist die Jugendarbeit ein offenes, sozialräumlich strukturiertes Feld ohne nennenswerte institutionalisierte soziale Kontrolle, in dem sich die emotionale Dynamik des Zurückgesetztseins und der Minderwertigkeit des Kindes entfalten und sich in seiner sozial destruktiven und bindungssuchenden Seite gleichermaßen und gleichzeitig ausdrücken kann. Praxisberichte von SozialarbeiterInnen über delinquente Kinder sprechen immer wieder von dieser Gleichzeitigkeit: Die Kids haben kaum Unrechtsbewusstsein; es hat wenig Wert, sie über ihre Delikte packen zu wollen; sie müssen dort angegangen werden, wo ihr Abweichendes Verhalten seinen Hintergrund hat: in der emotionalen Thematik von fehlender Bindung und erlittenem Selbstwertverlust.

Solche familialen Hypotheken werden also erst in den Räumen antisozial wirksam, die der manifesten (institutionalisierten) sozialen Kontrolle nicht unterworfen sind. Kein Wunder, dass „die Straße" in der Kriminologie und der Pädagogik lange Zeit (teilweise bis heute) als Inbegriff der Gefährdung für die Kinder, als „Lernort" für delinquentes Verhalten galt. Hier bieten sich die differentiellen Gelegenheiten und können sich die subkulturellen Cliquen und Banden formen, hier gelten andere Gesetze als in der Schule und anderen öffentlich geregelten Institutionen, hier ist es möglich, das auszuleben, was einem bisher immer verwehrt war und dadurch auch Anerkennung und Geltung zu erlangen. In der Winnicottschen Sprache können wir sagen: Die offene Straße und ihre subkulturellen Möglichkeiten lassen Aggressionen für die Kinder sozial produktiv erscheinen, denn sie schlagen (vorerst) nicht auf sie zurück, sondern stärken den Selbstwert über die Gruppe. Die antisoziale Tendenz bekommt nun eine ambivalente subkulturelle Strukturierung: Sie kann sich ungehemmt nach außen richten; gleichzeitig aber bleibt die autoritäre Unterwerfung (von der Familie her gewohnt) in der Binnenstruktur der Gruppe erhalten, das Kind wird so auf der Straße heimisch. Zudem haben Kindercliquen keine festen Führungsstrukturen, die autoritären Konstellationen wechseln, die Aggressionshemmungen halten sich somit in Grenzen. Kindliche Aggressivität und Delinquenz sind deshalb wesentlich ungerichteter und unvermittelter als Jugenddelinquenz.

2.2.3 Die räumliche Dimension von Devianz im Kindesalter

Dies ist nun die Stelle, an der wir etwas näher auf die Bedeutung des Räumlichen eingehen müssen, denn im Raum ist für die Pädagogik beides enthalten: Zum einen ist er Ermöglichungsraum Abweichenden Verhaltens für Kinder und Jugendliche, zum anderen liegt im Räumlichen auch der pädagogische Schlüssel für Prävention und Korrektur Abweichenden Verhaltens.

Kinder entwickeln sich in ihrem Eigenleben vor allem sozialräumlich (vgl. dazu Deinet 1992). Der Begriff des „Eigenlebens" verweist auf die Spannung zwischen „Erziehung und Eigenleben" (vgl. dazu Böhnisch 1997), in der Kinder aufwachsen. Während die Erziehungsinstitutionen primär auf soziale Anpassung - und damit verbunden Triebunterdrückung und -sublimierung - aus sind, können sich im sozialen Raum die Kinder ohne institutionelle Zwänge emotional entfalten - sofern die Räume für sie verfügbar sind. Dies betrifft vor allem das räumliche Wohnumfeld und dessen Aneignungsmöglichkeiten. Unter „Aneignung" haben wir dabei die Möglichkeit verstanden, die eigenen Antriebe und Affekte - natürlich auch die aggressiven Anteile - in die räumliche Umwelt so einzubringen, dass man etwas verändern, sich wiedererkennen kann. Für Kinder sind offene und von ihnen selbst gestaltbare Räume Quellen der Selbstwertschöpfung und Orte des Experimentierens mit sich selbst. Krappmann/ Oswald (1995) haben dieses Eigenleben der Kinder beobachtet und können zeigen, dass sie auch im Normverhalten eigene Akzente setzen. Manches, was wir Erwachsene als abweichend und sanktionsbedürftig bewerten, wird von den Kindern nicht so empfunden und von ihnen - manchmal wie selbstverständlich - interaktiv geregelt. Das verweist wiederum darauf, dass die Kinder in ihrem Normverständnis noch nicht positionell gebunden sind (wie die Erwachsenen) und dass sie das räumlich Offene ihrer Entwicklungssituation eigensinnig für die Regulierung ihrer Peer-Beziehungen nutzen.

Sind solche Räume aber einseitig funktionalisiert, der sozialen Kontrolle ausgesetzt, verbaut und verriegelt, können von ihnen gegenteilige Wirkungen ausgehen: Kinder erleben solche Verriegelungen und Blockierungen als *strukturelle Gewalt*, die auf sie zurückschlägt und reagieren mit entsprechend ungerichteter und destruktiver Aggressivität. Indem die räumlichen Umwelten der Kinder gesellschaftliche Vergegenständlichung repräsentieren - man sieht auf den ersten Blick, welche Werte und Funktionen in einem Viertel vorherrschen und wer ausgeschlossen ist -, sind Kinder gerade in den Räumen außerhalb der Schule in ihrer Befindlichkeit und ihrem Selbstwert direkt berührt. Während man aus der Schülerrolle immer wieder schlüpfen, sich ihr entziehen oder sie gemäß den (äußeren) Erwartungen der Institution Schule managen kann, ist man im Raum direkt ergriffen und im emotionalen Selbst getroffen: Hier bin ich mir und den anderen preisgegeben, hier muss und kann ich mich in Gleichaltrigenbeziehungen darstellen „so wie ich bin" und muss nicht so sein, wie mich andere sehen und einpassen möchten: Um so folgenreicher sind Verletzungen und Zurückweisungen in der sozialräumlichen Umgebung. Sie sind nicht selten der Hintergrund für nicht erwartete Einzeldelikte. In dieser Richtung sind m.E. auch jene kriminalgeografischen Befunde zu interpretieren, die im Stadt-Land-Vergleich feststellen, dass das Verhältnis zwischen Stadt- und Landkriminalität bei den Nichterwachsenen sehr viel unausgeglichener ist als bei den Erwachsenen, d.h. die Kriminalität der Jugendlichen steigt in den Städten [...] gegenüber dem Land höher an, als die Kriminalität der Erwachsenen (Hellmer 1981, S. 59). Die räumlichen Aneignungsbarrieren und Erfahrungen räumlich-struktureller Gewalt sind in den Städten größer, die sozialräumlichen Reaktionsmuster der Kinder und Jugendlichen entsprechend gegenläufiger, d.h. sie werden eher in abweichendes Territorialverhalten getrieben.

Wenn man sich das Bild einer großstädtischen Trabantenstadt vor Augen hält, kann man sich vorstellen, wie familiale Hintergrundkonstellation und räumliche Wohnumwelt devianzfördernd ineinander greifen. Gerade die familial vernachlässigten Kinder suchen den Nahraum für das Ausleben ihrer zu Hause zurückgewiesenen Affekte und Gefühle, deren antisoziale Tendenz dadurch verstärkt wird, dass sie auch im Wohnumfeld auf rigide soziale Kontrolle (die Leute möchten ihre Ruhe im Privaten haben) und räumliche Zurückweisung (fast jeder Quadratmeter ist funktional zugeordnet) stoßen. Die Straßen sind von den hohen Wohnblocks her total einsehbar und damit „überwacht", es bleiben nur Ausflüge in andere Stadtteile oder Graffiti und Zerstörungen im Schutze der Dunkelheit. Einbrüche in Kaufhallen richten sich - nach Auskunft von SozialarbeiterInnen - gar nicht so sehr auf die Waren, sondern auf den „Wirbel", der damit verursacht wird und die Aufmerksamkeit des Viertels auf die Kids lenkt. Abenteuerspielplätze und Kinderhäuser haben hier die grundlegende Bedeutung von fördernden Umwelten, die Aggressionen zulassen aber gleichzeitig auch kanalisieren, auf funktionale Äquivalente umleiten: Etwas selbständig aufbauen (z.B. Hütten), auch um einen eigenen Bezug zu den Wirkungen von Zerstörungen zu bekommen; Bindungen eingehen und zurückgespiegelt bekommen, dass man wer ist, auch wenn man manchmal durchdreht, dass man es mit Erwachsenen zu tun hat, die einem Standpunkte entgegenbringen, Grenzen so setzen, dass man entlastet und nicht belastet ist.

Im Räumlichen verlängert sich nicht nur das Geschlechtstypische des antisozialen Verhaltens, es erfährt hier auch seine geschlechtsspezifische Differenzierung und Strukturierung. Das Männliche tritt nun sozial hervor, raumgreifend und raumbesetzend. Die antisoziale Tendenz bekommt ihr räumliches Sozialmuster als geschlechtstypisches „Außen" und „Innen". Die familial vernachlässigten Jungen können nun ihre - in der außerhäuslichen Distanz zum Vater - ungerichtete Aggression mit der gesellschaftlich sanktionierten Macht des Männlichen verbinden. Sozialräumlich inszenierte Männlichkeit, Stärke und Gewalt dienen gleichsam als „Identitätskrücken", an denen sich das sich nicht sichere und instabile, bindungsschwache oder autoritär zurückgehaltene Selbst aufrichten kann. In den sexistischen Männlichkeitsritualen der Jungencliquen verbergen sich alle unerfüllten Sehnsüchte und Wünsche nach Bindung und konfliktloser Geborgenheit, auf die „ein Mann" - da es ihm in der frühkindlichen Beziehung ausgetrieben und verwehrt wurde - nun ein Recht hat. Die vernachlässigten Mädchen dagegen sind in ihrer Aggressivität auf das Innen verwiesen - bis hin zur krankmachenden Autoaggression - oder müssen die männlichen Aggressionsrituale „auf ihre Art" mitmachen. Dies spiegelt sich auch in den öffentlichen männlichen und versteckten weiblichen Deliktbildern wieder.

Selbstwert und Selbstbehauptung sind also die zentralen tiefenstrukturellen Mechanismen der Sozialisation, die sich - wenn sie nachhaltig gestört sind - geschlechtstypisch als antisoziale Motive in delinquentes Handeln bei Kindern verlängern können. In Delinquenz umgeschlagen werden sie im öffentlich kontrollierten sozialen Raum, in dem sie geschlechtsspezifisch akzentuiert werden, und in dem sich die differentiellen und subkulturellen Gelegenheiten der Kinder entwickeln. Hier liegt auch der Ansatzpunkt für die pädagogische Arbeit der selbstwertvermittelnden funktionalen Äquivalente. Im Raum wird allerdings auch die soziale Benachteiligung der Kinder schonungslos bloßgelegt. Wenn die Familien arm sind, haben die Kinder wenig Chancen, ihr Selbstgefühl in der Konsum- und Ressourcenkonkurrenz mit anderen Kindern zu stärken. Früher, als die Armut noch milieudefiniert und milieubegrenzbar war, waren arme Kinder geschützt, weil sie meist unter ihresgleichen waren. Heute ist Armut biografisiert, nicht mehr strikt milieubegrenzt. Arme Kinder sind der Selbstwertkonkurrenz zu wohlversorgten Kindern ausgesetzt. Das schafft differentiellen und subkulturellen Druck für diese Kinder. Wenn wir bedenken, dass 1997 jedes fünfte Kind in Ostdeutschland aus einer armen Familie stammte, so wird deutlich, dass die Thematik des Zusammenhangs zwischen Kriminalität und Sozialstruktur, die in der Kriminalsoziologie gern als historisch vergangene abgetan wird, ausgangs des zwanzigsten Jahrhunderts eine neue Brisanz erhalten hat.

Selbstwert und Selbstbehauptung werden wieder zu fragilen Bezügen, wenn das Kind aus der Familie und der familialen Nahwelt heraustritt und sich gleichermaßen seine „zweite" fördernde Umwelt schaffen muss. Gerade weil es als Kind im Alter von 10-14 Jahren schon früh beginnt, sich von der Herkunftsfamilie abzulösen - gleichzeitig aber auf sie immer noch angewiesen bleibt -, gerät es in eine ambivalente Situation. Auch wenn in der Familie die Zuwendungsbalance klappt, kann es passieren, dass das Kind „draußen" keine emotionale Anerkennung findet. Es ist dann in Familie und Schule unauffällig, gerät aber im außerfamilialen und außerschulischen Bereich in Gefahr, Aufmerksamkeit auf sich durch antisoziales Verhalten und den Anschluss an Kindergruppen, die sich durch Abweichendes Verhalten strukturieren, suchen zu müssen. Bei Kindern aus Familien mit autoritär-neurotischen oder inkonsistentpsychotischen Strukturen hingegen wird die zweite Umwelt zwangsläufig zur entscheidenden Identitätspassage. Finden sie keine, das verschüttete oder das entmutigte Selbst bestärkenden und ermutigenden sozialen Bezüge, sind sie auf Wege angewiesen bzw. von solchen Wegen angezogen, die abseits der sozial legitimen und konformen Zugänge liegen, da ihnen ja diese Wege verschlossen und versagt scheinen, um Aufmerksamkeit und soziale Zuwendung zu erreichen. In der in diesem Alter bereits ausgeprägten Gleichaltrigenkultur finden sich solche von der sozialen Umwelt (vor allem auch der Schule) enttäuschte und entmutigte Kinder dann oft in Cliquen, welche das psychosozial gesuchte Abweichende Verhalten organisieren und ermutigend zurückspielen können. Dies alles wird dadurch verstärkt, dass es sich hier um ein frühpubertäres Alter handelt, in dem der fragile Übergangszustand der körperlich-seelischen Entwicklung den Selbstbehauptungsdrang verstärkt und den biografisch bisher erworbenen Selbstwert schwächt. Der narzisstische Schub in der Pubertät in die Unwirklichkeit des Ichs verfängt sich so in einer bereits aufgebauten antisozialen Tendenz, wodurch das antisoziale und Abweichende Verhalten für diese Kinder „unwirklich", d.h. den Realitätsprinzipien und Definitionen einer rationalen gesellschaftlichen Umwelt entzogen und daher wenig zugänglich bleibt. Um so fragwürdiger ist es, wenn sich Politiker neuerdings wieder für eine Vorverlegung der Strafmündigkeit ins Kids-Alter stark machen. An Kindern muss das Realitätsprinzip der Strafe vorbeigehen, denn es wird ihnen die Umwelt noch bedrohlicher und liebloser erscheinen lassen, als sie für sie schon ist (vgl. dazu ausf. Kap. 4.2).

2.3 Das Jugendalter als Lebensphase „potentieller Devianz"

Das Jugendalter ist der Tummelplatz der wissenschaftlichen Konzepte und Alltagstheorien zu Abweichendem Verhalten und Devianz. Lässt sich doch auf der einen Seite alles, was man über die Konstitution von Devianz und Kriminalität weiß, an der Jugend durchdeklinieren und bleibt andererseits die Hoffnung, Interventionen und Sanktionen könnten in diesem Alter immer noch deutlich (re)sozialisierende Effekte zeitigen. So ist die Jugenddelinquenz ein gleichermaßen weites wie diffuses Feld, dessen sich alle auf ihre Weise bedienen: Die Kriminologen benutzen es als konzeptionelles Übungsfeld, die Politik schätzt es als Regulationsbereich, die Polizei als Experimentierraum der Vertrauensbildung und die Pädagogik als Legitimationsbezug der Prävention. Nur: Der Pädagogik ist meist nicht so recht wohl dabei, wenn sie ihre Angebote als Kriminalprävention darstellen bzw. verkaufen muss. Dabei geht es gar nicht so sehr darum, dass es statistisch schwierig ist, den Zusammenhang zwischen pädagogischer Intervention und Senkung der Jugenddelinquenz (z.B. in einem Stadtteil) nachzuweisen. Problematischer ist die Ambivalenz, die in solchen Referenzen steckt. Denn sie provozieren ein pädagogisches Denken und Tun, das nicht an den psychosozialen Vermögen und Stärken der Jugendlichen ansetzt, sondern an Defiziten, ohne dabei die Kontrolle darüber zu haben, wie und in welchem Kontext Defizite den Jugendlichen *zugeschrieben* werden. Deshalb gilt auch hier - wie oben begründet - als pädagogische Orientierung, dass wir das Abweichende Verhalten Jugendlicher zuvörderst als Bewältigungsverhalten sehen und es erst einmal analytisch von den Delikten ablösen. Wir fragen also danach, was Jugendliche in ihr antisoziales Befindlichkeits-, Orientierungs- und Handlungsdilemma gebracht hat, welche sozialen und interaktiv-kommunikativen Chancen sie (nicht) hatten, um sich aus Zonen Abweichenden Verhaltens herauszuhalten und welchen Kontroll- und Kriminalisierungsprozessen sie im Verlauf der institutionellen Reaktionen auf ihr antisoziales Verhalten ausgesetzt waren. Deswegen sprechen wir im weiteren auch nicht mehr von Jugendkriminalität (ein Begriff, der sich auf das Tatverhalten bezieht), sondern von Jugenddelinquenz, um damit auszudrücken, dass es sich hier um Jugendkonflikte (Brusten/Herriger/Malinowski 1983) handelt, die für diese Lebensphase von der Anlage her entwicklungstypisch sind.

So vorgewarnt und pädagogisch eingestimmt können wir uns an die Skizze eines Plausibilitätsmodells von Abweichendem Verhalten und Delinquenz im Jugendalter machen, ohne Gefahr zu laufen, seiner offensichtlichen Schlüssigkeit aufzusitzen. Aufgabe der Pädagogik ist es dabei - wenn wir das oben Angemahnte nun operationalisieren - das Devianzmodell in eine Spannung zum Entwicklungs- und Sozialisationsmodell des Jugendalters zu bringen. Nur so können wir den für unsere devianztheoretische Sicht konstitutiven Bezug zwischen Delinquenz und Bewältigung herstellen. Gerade die ambivalente Struktur und Entwicklungsdynamik des Jugendalters macht uns deutlich, wie zwingend ein interdisziplinärer Zugang in der Pädagogik Abweichenden Verhaltens ist: Die Balance zwischen Triebstruktur des Selbst und sozialer Umwelt ist in der Pubertät erneut gestört und aggressive Selbstbehauptungstendenzen behalten weiter einen entwicklungsprägenden Stellenwert. Gleichzeitig sind Jugendliche heute in alltagskulturell-konsumtiven Bereichen längst selbständig, dennoch ist ihnen die Teilhabe in zentralen gesellschaftlichen Bereichen (Politik) verwehrt. Anomische Tendenzen entstehen vor diesem Hintergrund vor allem dann, wenn das Jugendalter nicht mehr gesellschaftlich geschützt, sondern von zukünftigen sozialen Bewältigungsproblemen überschattet ist. Wenn zudem der Jugend gesellschaftlich das Gefühl gegeben wird, dass sie nicht gebraucht wird, obwohl diese Gesellschaft „Jugend" als eines ihrer höchsten Güter immer wieder ideologisch hochhält, kann sich ein allgemeines anomisches Reizklima entwickeln, in dem Abweichendes Verhalten und Delinquenz den Jugendlichen selbst als gerechtfertigt oder ihnen gar aufgezwungen erscheint.

Auch durch die sozialräumliche Ausrichtung der Jugendkultur und ihre entwicklungsbedingte Normdiffusion ist das Jugendalter differentiellen und subkulturellen Einflüssen sowie ihren devianzfördernden Wirkungen stärker ausgesetzt als andere Lebensalter. Die Jugendzeit ist eine Phase der Erprobung und des Austestens von normativen Regeln und Grenzen, so dass die Grenzen zwischen Jugendkultur und Devianz oft fließend sind und es letztlich darauf ankommt, wie die öffentlichen und institutionellen Reaktionen auf dieses Verhalten ausfallen, bzw. welche Kompetenzen die Jugendlichen entwickeln können, sich aus solchen Definitionszonen herauszuhalten. Denn die Jugendphase fordert in ihrer Sozialräumlichkeit, aber auch aufgrund ihrer selbstverständlichen Einbindung in Kontrollagenturen (z.B. die Schule) gerade dazu auf, Definitionen Abweichenden Verhaltens über die jugendkulturelle Vielfalt und Unübersichtlichkeit zu legen und sie damit gesellschaftlich zu ordnen. Dieses Charakteristikum gesellschaftlicher Kontrollpolitik gegenüber der Jugend findet sich in allen Institutionen, die auf Jugendliche bezogen sind und zu denen sie sozialisatorisch in Beziehung treten, wieder. Jugendliche laufen eher als andere Altersgruppen Gefahr, in deviante bis kriminelle Karrieren hinein definiert zu werden. Deshalb ist es hier vornehmlichste Aufgabe der Pädagogik, zur Entkriminalisierung des Jugendalters beizutragen und zu verhindern, dass sich abweichende Karrieren über das Jugendalter hinaus verfestigen.

Das besondere öffentliche Kontrollrisiko, dem Jugendliche ausgesetzt sind, findet seine Entsprechung in der Art und Weise, wie über den gesellschaftlichen Umgang mit Jugenddelinquenz - im Wechselbad von Kriminalisierung und pädagogischer Beschwichtigung - soziale Regulationspolitik betrieben wird. Da Jugendliche noch keinen gesellschaftlichen Primärstatus haben und somit ihre Interessen nicht gesellschaftspolitisch organisieren können, eignen sie sich als „strategische Sozialgruppe", an der die Politik mit relativ niedrigem Legitimationsrisiko soziale Regulation erproben kann. Jugend fungiert so als eine Art gesellschaftliche Bühne, auf der die Integrations- und Legitimationsfragen der Gesellschaft dramatisiert werden können. Deshalb ist auch der Rekurs auf das jeweilige gesellschaftliche Klima, in dem Jugendprobleme verhandelt werden, wichtig, um Definitionen Abweichenden Verhaltens, die auf Jugendliche gemünzt sind, entschlüsseln zu können.

Im folgenden soll nun versucht werden, auf den Ebenen des Selbst, der sozialstrukturellen Einbettung und der institutionellen Definition von Jugend sowie der Dynamik jugendlicher Subkulturen, die Analyse der bisher allgemein skizzierten Hintergründe und fördernden Mechanismen von Jugenddevianz zu vertiefen und zu differenzieren.

2.3.1 Das unwirkliche Selbst und das antisoziale Wirklichkeitsstreben

Die Grundthematik des „anomischen Selbst", die wir allgemein als Störung der Balance von Triebstrukturen und sozialer Umwelt gekennzeichnet haben und die in den polaren Ausprägungen von Wunschselbst auf der einen und rigider Anpassung auf der anderen Seite ihre Charakteristik findet, wirkt auch und gerade im Jugendalter. Ebenso gerät der Selbstbehauptungstrieb - in der mittleren Kindheit eingebunden und mediatisiert in der familialen Umgebung - nun in der leibseelischen Eruption der Pubertät aus der psychosozialen Balance und erfährt eine aggressive Freisetzung und potentiell antisoziale Tendenz. Es spielen sich nun Dinge ab, die wir aus der Aggressionsthematik der frühen Kindheit kennen, die sich aber in der Adoleszenz nicht einfach wiederholen, sondern aus einem Selbst hervorbrechen, das inzwischen - über die Kindheit hinaus - sozial geworden ist, dieses Gewordensein aber nicht begreifen, für sich in Anspruch nehmen kann, weil es sich von seiner familialen Form lösen muss. Das Selbst ist nun gezwungen, neu zu werden und - im Übergang von der emotionalen Geborgenheit der Familie zur rationalen Selbständigkeitswelt der gesellschaftlichen Kultur, die sich nun in qualifikationsgerichteten Bildungs- und Arbeitsstrukturen manifestiert (Erdheim 1988) - aus sich selbst heraus eine Lebensperspektive zu finden. Diese Suche richtet sich - im Schwebe- und Isolationszustand des Sich-ablösen-Müssens von einer vorangegangenen Realität (des familialen Selbst) und im Suchen nach einer noch nicht feststehenden oder gekannten Realität (des gesellschaftlich gerichteten Selbst) - an dem eigenen „unfertigen" Zustand als Jugendliche(r) und damit an einer psychischen und sozialen „Unwirklichkeit" (Winnicott) aus. Dieses Unwirkliche ist aber die Wirklichkeit des Selbst. Getragen von einem in der Pubertät freigesetzten Aggressions-(Selbstbehauptungs-)trieb entsteht der jugendliche Protest mit potentiell antisozialer Tendenz. Der ungehemmte Narziss wird zum hauptsächlichen Orientierungssinn, das unwirkliche Selbst zum Dreh- und Angelpunkt einer Welt, in die man nicht mehr und noch nicht gehört (Erdheim 1988). Das von Karl Mannheim (1926) aufgestellte Theorem, die moderne Jugend zeichne sich durch Rücksichtslosigkeit gegenüber dem Alten und durch Bereitschaft für alles Neue aus (egal in welche Richtung es zeigt), hat hier seinen tiefenstrukturellen Grund. Diese Unwirklichkeit des Selbst strukturiert den inneren Protest, der nun aus der Familie heraustritt und sich - nicht mehr nur als Abwehr wie in der Kindheit - in die antisoziale *Selbständigkeit* verlängert. Dem innerlich Unwirklichen entspricht äußerlich das von der gesellschaftlichen Wirklichkeit Abweichende, ihr Entgegengesetzte.

> „Weil alles in der Schwebe ist, fühlen sie sich unwirklich und tun deshalb gewisse Dinge, die sie als wirklich empfinden und die nun allzu wirklich

sind im Sinne, dass die Gesellschaft davon betroffen wird" (Winnicott zit. nach Davis/Wallbridge 1983, S. 132).

Nun entsteht wieder das Problem der Balance, die Frage, wie sich die soziale Umwelt auf den antisozialen Protest aus der Unwirklichkeit des Selbst heraus einstellt. Ich versuche nun auch hier das Winnicottsche Konzept von der fördernden Umwelt anzuwenden. Ist diese Umwelt - nun gesellschaftlich ausgeweitet - in der Lage, die produktive Konfrontation mit dem jugendlichen Protest auszuhalten, oder lässt sie sich „zerstören", setzt sie keine Standpunkte entgegen, lässt sie die Jugendlichen ins Leere laufen (durch falsches, weil hierarchisches Verstehen, Ignorieren, Kriminalisieren), so dass der Protest auf sie zurückschlägt, für sie selbst gefährlich wird?

Wir werden auf die Problematik des „falschen Verstehens" im Praxisteil dieser Einführung zurückkommen. Eines sei hier aber festgehalten: Eine Gesellschaft, die ihre Jugend links liegen lässt, und die Kreativität, die im unwirklichen Protest der Jugend liegt, nicht ernst nimmt (auch wenn es schwer fällt, den Inhalten des Protests zu folgen), riskiert eine Verstärkung antisozialer Tendenzen bei Jugendlichen und erhöht damit das gesellschaftliche Risiko, dass Jugendliche in devianzfördernde Zonen geraten, weil sie diese geradezu suchen müssen, um auf sich aufmerksam zu machen, um ihre Wirklichkeit in der Konfrontation des unwirklichen Selbst mit dem Sozialen zu finden.

2.3.2 Die Clique

Das Bestreben, aus einem (unwirklichen) Selbst heraus sich *wirklich* zu fühlen und dies sozial durchsetzen zu können, bildet die emotionale Hintergrundstruktur antisozialer Haltungen bei Jugendlichen. Dieses Streben erhält seinen sozialen Rahmen in der subkulturellen Szenerie der Jugendkultur (Gleichaltrigenkultur), welche die Gelegenheit bietet, das Unwirkliche sozial wirklich werden zu lassen und die ihm innewohnende antisoziale Tendenz zu kanalisieren. So entsteht der „kulturelle Block" (Winnicott) der Jugend in eigener Musik, Kleidung, eigenen sozialen Verkehrsformen und Abgrenzungsritualen. Der subkulturelle Mechanismus der Gleichaltrigenkultur erlaubt es, dass das Unwirkliche sozial gelebt und dennoch - in Schule und Ausbildung - die zentralen Entwicklungsaufgaben des Übergangs in die gesellschaftliche Kultur (Arbeit) angepackt und gelöst werden können. Wo die Subkultur diese Balance zur Gesellschaft allerdings nicht hat, wirkt sie nur nach innen auf die Anerkennung des Selbst, so wie es in seiner Unwirklichkeit ist, nach außen aber verstärkt sie die antisoziale Tendenz des unwirklichen jugendlichen Protests. Der gesellschaftliche Faden reißt, wenn der jugendliche Protest sozial übergangen wird, wenn Schule und Arbeit „zerstörbar" sind, das heißt den Jugendlichen nichts entgegensetzen und somit keinen Realitätsgewinn erzeugen können. Dies geschieht dann, wenn die Schule nicht mehr sozial verbindlich, die Arbeitsweltperspektive bedroht scheint. Die subkulturelle Gruppe dient dann als ersatzfördernde

Umwelt, an die man sich klammert, weil sie scheinbar der einzige Ort ist, wo noch gilt, was aus einem selbst kommt.

„In der Gruppe, die sich der Adoleszent zur Identifikation sucht [...], handeln die extremen Gruppenmitglieder für die Gesamtgruppe. Alles was in den Kämpfen Jugendlicher vorkommt - Stehlen, Messerstechen, Ausbrechen und Einbrechen -, alles muss in der Dynamik in dieser Gruppe aufgehoben sein [...], und wenn nichts passiert, verlieren die einzelnen Gruppenmitglieder allmählich den Glauben an die Wirklichkeit ihres Protests; sie sind aber selbst nicht gestört genug, um die antisoziale Handlung zu begehen, die alles zurechtrücken würde. Wenn es aber in der Gruppe eines oder mehrere antisoziale Mitglieder gibt, die zur antisozialen Tat bereit sind, die eine Reaktion der Gesellschaft hervorruft, so spüren alle anderen einen Zusammenhalt; sie fühlen sich real, und die Gruppe wird vorübergehend umstrukturiert. Jedes einzelne Mitglied verhält sich loyal und unterstützt das Individuum, das für die Gruppe handelt, wenn auch kein einzelnes Gruppenmitglied die Tat gebilligt hätte, die der extreme Antisoziale getan hat" (Winnicott, i.d. Übers. Davis/Wallbridge 1983, S. 134; vgl. auch Winnicott 1984, S. 127).

Diese tiefenpsychologischen Erkenntnisse lassen sich gut auf die kriminalsoziologischen Beobachtungen zur Gruppendelinquenz beziehen, wie sie von Kühnel/Matuschek (1995) gemacht wurden. Bei ihnen wird deutlich, dass die delinquente Tendenz in Jugendcliquen dann steigt, wenn die Selbst-Umwelt-Balance durch die Clique gefährdet ist, weil sie nicht mehr im Stande ist, zu mediatisieren, sondern selbst zur alleinigen Umwelt wird und damit der antisozialen Tendenz nichts entgegensetzt, sondern sie bestätigt. Das antisoziale Verhalten schlägt aber - so lange es unter dem Schutz der Clique steht - nicht auf den Jugendlichen zurück. Erst wenn er die Clique verlässt und aus ihr herausgelöst wird (z.B. durch eine Einzelanklage), bekommt er das Antisoziale seines Tuns zu spüren, versteht es aber nicht, da er den Bezug zur Umwelt außerhalb der Clique verloren hat.

Nun wissen wir aus der Jugend- und Jungenforschung, dass deviante Jugendcliquen meist von *Jungen* aus sozial und kulturell benachteiligten Herkunftsmilieus dominiert sind. Jungen - so haben wir in den bisherigen Hinweisen zur männlichen Sozialisation erfahren - werden in der Erziehung früh nach außen gedrängt und sind auf ihrer Suche nach männlicher Geschlechteridentität dem strukturellen Mechanismus von Idolisierung (des Männlichen) und Abwertung (des Weiblichen, Schwachen) ausgesetzt. Das Streben nach einem „unwirklichen Selbst" ist bei Jungen deshalb stärker (oder ganz) nach außen verwiesen als bei Mädchen, die männliche Antriebsstruktur von Idolisierung und Abwertung hat in der pubertären Konstellation von Unwirklichkeit und narzisstischer Ausrichtung des Selbst eine verblüffende Entsprechung. In der Verbindung von Unwirklichkeit des Selbst und der Suche nach Wirklichkeit wird das männliche Idol und die Abwertung des Weiblichen zum Wirklichen.

Dies alles bedeutet wiederum nicht, dass die (männliche) Clique deviant werden muss. Es kommt wieder darauf an, mit welchen biografischen Ausgangssituationen die Jugendlichen in die Clique gehen (z.B. Jungen mit gestörter männlicher Geschlechtsidentifikation und verhärteten familialen Verlusterfahrungen) und wie sich die Struktur der Clique entwickelt (autoritär oder unterschiedliche individuelle Strömungen zulassend). Cliquen sind - aus psychoanalytischer, soziologischer und pädagogischer Sicht - alterstypische Medien der Regulation, in denen Triebdynamik kanalisiert, soziale Differenzierung entwickelt und Übergangssituationen bewältigt werden. Sie sind deshalb „potentiell" deviant, weil sie subkulturell angelegt sind (sein müssen). In ihnen symbolisiert sich die Ablösung von der Herkunftsfamilie (das Nicht-Mehr) sowie der unstrukturierte und deshalb normdiffuse bis normverweigernde Übergang in das spätere Erwachsenenalter (das von sich weggeschobene Noch-Nicht) gleichermaßen. Bei der Mehrzahl der Kinder- und Jugendgruppen ermöglicht die Clique auch die Regulation von Devianz: Das normwidrige Verhalten bleibt in der Gruppe bzw. in der Gleichaltrigenkultur, nach außen wird Konformität signalisiert. Zinnecker/Silbereisen (1996) haben dies an jüngeren Jugendlichen empirisch so beobachtet:

> „*Viel* haben [...] Cliquen gegen Diebstahl, Sachbeschädigung und übermäßigen Alkoholgenuss. Etwas lockerer nehmen die Gleichaltrigen es, wenn man sich miteinander prügelt oder die Schule schwänzt" (S. 95).

So kommen wir mit Kühnel/Matuschek (1995) dann auch zu dem Schluss, dass über die Clique hinausreichendes und sozial wirksames Abweichendes Verhalten bis hin zur Delinquenz nur dann gefördert oder initiiert wird, wenn die Cliquen in sich gesellschaftlich abgeschlossen, ihre Mediatisierungsfunktion verloren und zum einzigen Haltepunkt ihrer Mitglieder geworden sind. Das schafft zwangsläufig autoritäre Gruppenstrukturen, die wiederum zu einer Verstärkung der ethnozentristischen sozialen Abschottung der Gruppe und zur Unterdrückung von Individualität in der Gruppe führen. Das deviante Verhalten ist dann als Gruppenverhalten selbstverständlich, auch wenn es der Einzelne von sich aus nicht tun würde, da die Gruppe keinen sozialen Austausch ermöglicht, sondern Unterwerfung verlangt (vgl. auch Winnicott, s.o.). Antisoziale Tendenzen entwickeln sich also in Cliquen, die nur durch soziale Ausgrenzung und damit verbundener Abwertung anderer Zusammenhalt finden können. Natürlich neigen Gleichaltrigengruppen immer wieder zu sozialen Abschließungen, denn ihr pubertärer Zustand der Unwirklichkeit und der Ungewissheit des Übergangs fände ja sonst keinen sozialen Halt. Die Jugendlichen in der Clique sind alle im gleichen Gefühl gefangen: Sie haben sich von den Eltern in ihrer Gefühlswelt gelöst, sie geben die Eltern als zentrale Liebesobjekte auf und haben gleichzeitig noch Angst und Scheu vor der eigenverantwortlichen, sozial gerichteten und verbindlichen Sexualität. Dadurch erhält die Clique eine hohe emotionale Dichte:

> „In der starken libidinösen Besetzung der Gruppe liegt offensichtlich auch die Ursache für ihre spätere Mystifizierung. [...] Man versteht als Erwachsener oft gar nicht mehr, wie diese ungewöhnliche Nähe zustande kam und warum es später nicht mehr gelingt, Gruppenbeziehungen von vergleichbarer Intensität einzugehen" (Schröder 1991, S. 94/95).

Die Clique kann, wenn sie in sich eine plurale Struktur hat, in der die Einzelnen zum Zuge kommen, *der* Ort sein, in dem sich die Einzigartigkeit des Jungseins im sozialen Gegensatz zu Familie und Gesellschaft leben und sozial demonstrieren lässt. Alles, was die Gruppe aus sich heraus gibt - Gegenseitigkeit, Anerkennung, Erregung, Aktivität - geschieht *in* der Gruppe; die Clique genügt sich selbst und ihr ist es egal, was in der gesellschaftlichen Umwelt über sie gedacht wird oder wie man sie bewertet. Deshalb ist das Erleben der Gruppenzugehörigkeit für Jugendliche so wichtig: Das gegenüber Familie und Gesellschaft isolierte unwirkliche *Ich* öffnet und bezieht sich in der Intimität des *Wir* der Gruppe.

Wenn aber dieses Wir-Gefühl nicht in sich pluralistisch ist, wenn es keine interpersonelle Dynamik in der Clique gibt, weil die meisten Mitglieder ein hilfloses Selbst mitbringen, das sie in der Abhängigkeit von der Gruppe aufgehen lassen (analog zur Abspaltung bei Gruen, aber hier als eigene Unterwerfung), dann werden auch Außenstehende nicht als einzelne Personen, sondern als Zugehörige zu einer schwächeren oder stärkeren Gruppe wahrgenommen. Die Gruppenmitglieder nehmen dieses kollektive „Gruppen-Ich" an und versuchen, ihre (auf Unterwerfung beruhende) Gruppenidentität durch Abgrenzung oder Abwertung der Schwächeren zu stärken oder unterwerfen sich der stärkeren Außengruppe und sind dadurch ebenfalls in ihrer Gruppenidentität bestätigt. Als Fazit bleibt: Autoritär strukturierte Gruppen, die keine Interpersonalität und Individualität zulassen, *brauchen* antisoziale Aktivitäten, um Gruppenidentität herzustellen. Der dabei wirkende Mechanismus der Abstraktion senkt die Schwelle für gewalttätiges, delinquentes Handeln.

2.3.3 Risikoverhalten

In den letzten beiden Jahrzehnten hat neben dem Begriff des Abweichenden Verhaltens Jugendlicher der Begriff des „Risikoverhaltens" in der Devianzdiskussion zum Jugendalter an Boden gewonnen. Während der traditionelle Devianzdiskurs sich vor allem auf die besondere subkulturelle Eigenart und Übergangsdynamik des Jugendalters bezog, orientiert sich der Begriff des „Risikoverhaltens" vor allem an der Tatsache, dass ins Jugendalter zunehmend soziale Bewältigungsprobleme - Bildungs- und Ausbildungskonkurrenz, Arbeitslosigkeit, sozial desintegrative Umwelten - hineinreichen, die eine spannungsreiche Balance von jugendgemäßer Entwicklung und psychosozialer Bewältigung erzeugen. Ist diese Balance gestört, kann sich ein brisantes Gemisch von jugendkultureller Unwirklichkeit und psychosozialer Überforderung zu Formen des Risikoverhaltens verdichten.

Der Begriff des Risikoverhaltens drückt zweierlei aus (vgl. dazu Franzkowiak 1989). Zum einen signalisiert er, dass die Jugendzeit sich von der gesellschaftlich eingerichteten Schonphase Jugend hin zur Risikophase Jugend entwickelt hat. Zum anderen ist damit gemeint, dass sich Jugendliche „riskant" verhalten, das heißt, vor allem sich selbst (aber auch andere) in ihrer leibseelischen Integrität gefährden oder diese gar zerstören, weil sie nicht mehr die Grenzen zwischen kulturellem Experiment und sozialem Bewältigungsdruck kalkulieren können und somit Opfer einer fortschreitenden gesellschaftlichen Diffusion der Adoleszenz geworden sind. Dieses widerfährt Jungen und Mädchen gleichermaßen, wobei es geschlechtstypische Unterschiede gibt: Männliches Risikoverhalten zeigt sich stärker in der Selbst- und Fremdgefährdung nach außen (Alkohol- und Verkehrsrausch, Körperverletzung, Randale, Einlassen in Gewaltszenen), weibliches Risikoverhalten richtete sich eher nach innen (Medikamentenmissbrauch, Magersucht). Beide treffen sich in der Drogenkultur.

Risikoverhalten ist also jugendsubkulturell enthemmtes und rücksichtsloses Bewältigungsverhalten in einem Lebensgefühl, in dem Wohlsein und Unwohlsein, Omnipotenzerleben und (dennoch nicht zu verscheuchende) psychosoziale Belastung nebeneinander bestehen. Solange sich - in der jugendkulturellen Dynamik - die Grenzen des Selbsterlebens hinausschieben lassen, so lange überwiegt der Rauschzustand des jugendkulturellen Kicks. Sind solche Grenzen erreicht, wird es kritisch, droht Depression, Leere oder „Zwang zur Gewalt". Die gesellschaftlichen Individualisierungs- und Biografisierungsschübe haben das Risikoverhalten noch stärker freigesetzt. „Das ist mein Leben, ich kann damit machen was ich will", hören Eltern und PädagogInnen, wenn sie Jugendlichen dieses Risiko, ihre Zukunft betreffend, vorhalten. Die pädagogische Verantwortung, aus der erkannt wird, dass das jugendkulturelle Experiment nicht mehr trennbar ist vom sozialen Bewältigungsdruck, ist für diese Jugendlichen nicht begreifbar, sie wird zur Gegnerschaft des unbedingten und sofortigen Erlebenmüssens: 'Ihr habt die Kohle und wollt uns das einzige nehmen was wir haben: unsere Lebendigkeit und unsere Lust, uns aufs Spiel zu setzen'.

Inwieweit Risikoverhalten im Jugendalter in seiner jugendkulturellen Ausformung überdehnt wird und in antisoziales Bewältigungsverhalten umschlägt, das sich dann über die Jugendzeit hinaus verfestigen kann, hängt zum einen davon ab, wie stark das Jugendalter schon durch frühe Deprivations- und Ausgrenzungsverfahren sozialbiografisch belastet ist (vgl. Engel/Hurrelmann 1989, Jugend '97) und gleichzeitig davon, über welche Schutzmechanismen (protektive Faktoren) der Einzelne verfügt, um die Risiken zu bewältigen. Mit dem Begriff der „protektiven Faktoren" (Kolip 1993) werden solche Mechanismen bezeichnet, welche „die Wirksamkeit von Risikofaktoren und die dadurch ausgelöste erhöhte Verletzlichkeit für Abweichungen, Auffälligkeiten und Beeinträchtigungen [...] abschwächen können" (Hurrelmann 1994, S. 141). Solche Schutzmechanismen bildet das Selbst in seiner Befindlichkeit und Betroffenheit aus, sie entwickeln sich in der emotionalen Gegenseitigkeit in den Beziehungen in der Familie, zu engeren Freunden und nahestehenden Erwachsenen und sind schließlich auch im sozialen Stützsystem und Netzwerk der Gleichaltrigengruppe enthalten (wenn sie als solches funktioniert und nicht selbst durch Abweichendes Verhalten zusammengehalten wird).

Wie insgesamt im Problemkreis Abweichenden Verhaltens, so bildet die subjektive Bedeutung des Risikofaktors, das Erleben des Risikoverhaltens im Hinblick auf Selbstwert und soziale Anerkennung auch hier den strategischen Punkt, an dem sich Risikofaktoren und protektive Mechanismen treffen und wo sich entscheidet, ob Ansätze von Risikoverhalten immer wieder abgeschwächt werden und aufgehen können in sozial konformem Verhalten oder ob sie umschlagen in verstetigte riskante Lebensformen. Reichen die biografisch verfügbaren protektiven Faktoren - Selbstvertrauen und soziale Anerkennung im Rahmen sozial konformer Lebensführung - nicht aus, gilt es Unterstützungsangebote zu entwickeln, die ein Erleben von Selbst und sozialem Erfolg vermitteln können, das nicht auf Abweichendes Verhalten angewiesen ist („funktionale Äquivalente").

Erst in der Art des Zusammentreffens und des Zusammenspiels von protektiven Faktoren und Risikofaktoren entscheidet sich, ob und wie die protektiven Faktoren als solche wirken. Anders ausgedrückt: Wenn jemand keine Drogen nimmt, kann man noch lange nicht sagen, dass er immun gegen Drogen ist und deshalb über einen hohen Selbstwert und gute soziale Anerkennung verfügt. Erst mit dem Drogengebrauch, in der kontrollierten oder riskanten Art des Umgangs mit Drogen, wird sichtbar, ob die Selbstwert- und Sozialbezüge, über die Jugendliche (bzw. Erwachsene) verfügen, auch protektive Wirkungen erzeugen können. Man weiß immer erst, wenn Jugendliche drogenabhängig sind, dass es sich dabei in der Mehrzahl um solche handelt, die ein geringes Selbstwertgefühl (bei meist hohem Anspruch auf Selbständigkeit) aufweisen und unübersichtlichen, überfordernden oder auch ausgrenzenden sozialen Erwartungen - vor allem als Deprivationserfahrungen im Vergleich zu anderen Gleichaltrigen - ausgesetzt sind (Engel/Hurrelmann 1989).

Engel/Hurrelmann (1994) haben eine breite Palette von Dispositionen für den Drogengebrauch von Jugendlichen - im folgenden unser Beispiel für Risikoverhalten - aufgemacht. Sie reicht von klassischen jugendtypischen Motiven, wie: elterliche Kontroll- und Moralvorstellungen provozieren, Langeweile vertreiben, Zugang zu Cliquen finden (und dies auch positiv ausleben, vgl. Reuband 1992), Überlegenheit gegenüber Erwachsenen demonstrieren, grenzüberschreitende und bewusstseinserweiternde Erfahrungen machen können, bis hin zum generellen Motiv, einen eigenen abweichenden Lebensstil sichtbar machen zu wollen. Drogen werden aber auch genommen, um Ohnmachtserfahrungen und Handlungsunfähigkeit überwinden und psychosoziale Probleme bewältigen zu können. Hier treten also wieder die beiden Dimensionen - die jugendkulturelle und die bewältigungsbezogene - des Risikoverhaltens hervor.

Aufschlussreich ist in diesem Zusammenhang die Beobachtung, dass im mittleren Jugendalter noch die Motive nach sozialem Anschluss, sozialer Darstellung und Erprobung im Vordergrund stehen, im späteren Jugend- und jungem Erwachsenenalter dagegen die subjektiven Bewältigungserwartungen an die Drogen zunehmen (Engel/Hurrelmann 1994). Dies könnte sich verstärken oder gar verfrühen, wenn soziale Belastungen schon zu einer Zeit in das Jugendalter hineinreichen, wo Jugendliche noch mitten in der Entwicklung sind und jugendkulturelle Experimentierlust und sozialer Bewältigungsdruck sich ineinander vermengen. Dann entsteht die Gefahr, dass der Drogengebrauch nicht mit der Jugendzeit ausläuft, sondern zum selbstverständlichen und gesteigerten Bewältigungsmittel und damit zur Lebensform werden kann. Dann ist auch der Wendepunkt erreicht, wo sich Risikoverhalten und Drogengebrauch nicht nur nach innen gegen sich selbst, sondern auch nach außen - als Beschaffungskriminalität - wenden können. Dies ist den Betroffenen gar nicht so bewusst, da sich nun alltägliche Bewältigungsprobleme mit Beschaffungsproblemen mischen, die so eine existenzsichernde Legitimation erhalten (Kreuzer/Wille 1988).

In dieser Hinsicht hat sich in der neueren Gesundheits- und Suchtforschung eine scheinbar paradoxe Argumentation durchgesetzt: Jugendliche müssen selbständig mit Drogen umgehen können, wenn sie nicht in diese Bewältigungsfallen der Drogenabhängigkeit hineingeraten wollen. Das Sichzurechtfinden in der Drogenkultur - überhaupt der Umgang mit riskanten Lebensweisen - wird gar als neu hinzugekomme Entwicklungsaufgabe im Jugendalter gesehen (Silbereisen/Kastner 1985). In den neunziger Jahren gilt bereits, dass Jugendliche „in einer von Drogen geprägten Lebensumwelt sozial inkompetent bleiben würden", wenn sie ahnungslos gegenüber dem Drogengebrauch wären (Hurrelmann 1994).

Hier ist natürlich ein Problem entstanden, bei dem es schon auf die Wirkung protektiver Faktoren ankommt, wenn Drogen versucht, aber noch nicht riskant gebraucht werden. Entsprechend des Wissens über protektive Faktoren ist zu schließen, dass ein Umgang mit Drogen, der nicht abhängig macht, selbstwertgestärkte Selbstkontrolle und eine soziale Umwelt voraussetzt, in der es genug Erlebnis- und Verhaltensalternativen gibt, die die Jugendlichen in ihrem Alltagsleben und ihrer Alltagsbewältigung nicht auf Drogen angewiesen sein lassen.

Generell aber bleibt die anomische Konstellation, dass öffentlich gegen den Drogengebrauch zu Felde gezogen wird, gleichzeitig die Konsumkultur grenzenlose Avancen macht und damit - zumindest klimatisch - suchtfördernd wirkt. Vor allem auch - so berichten JugendarbeiterInnen aus ihrer Alltagspraxis immer wieder - macht sich der frühe Konkurrenzdruck und Mithaltestress mit seinem Ausgrenzungsrisiko bemerkbar, der Jugendliche nach Mitteln des Ausweichens und der Alltagsflucht suchen lässt. Diese anomische Konstellation scheint auch die kognitiv strukturierten Versuche öffentlicher Aufklärung (Antidrogenplakate und TV-Spots mit Stars) weitgehend zu neutralisieren.

2.3.4 Die Straße

Die Einsicht, dass man das Jugendalter als Phase „potentieller Devianz" (Eisenstadt 1956) begreifen muss und mit Jugenddelinquenz anders umzugehen hat als mit Erwachsenenkriminalität, hat sich in unserer Gesellschaft auf allen Ebenen - der rechtlichen, medialen, pädagogischen - durchgesetzt. Jugendliche - so hat uns die bisherige tiefenpsychologische rückgebundene Herleitung gezeigt - leben im Übergang, im gesellschaftlich Unwirklichen und orientieren sich über diese omnipotente, weil ihnen alleingehörige und zugängliche Unwirklichkeit, wenn sie sich - außerhalb der Zwangsinstitutionen Familie, Schule und Berufsausbildung, für die sie nur Rollensegmente, aber nicht ihr Ganzes hergeben - sozial erproben und mit der sozialen Wirklichkeit anderer messen. Die soziale Umwelt definiert solches Jugendverhalten als „abweichend".

Soziologisch und sozialpsychologisch gesehen ist die Jugend durch ein typisches Kriterium soziokultureller Differenzierung gekennzeichnet: Sie zeigt ein subkulturelles Sozialverhalten und hat ein gegenwartsorientiertes Zeitverständnis. Daraus ergibt sich eine typische strukturelle Rücksichtslosigkeit, welche die Jugend in der modernen Gesellschaft auszeichnet: rücksichtslos gegenüber dem Bestehenden und Überkommenen, rücksichtslos gegenüber der gesellschaftlichen Zukunft. *Subito* heißt der Jugendcode seit der Jugendbewegung. In den Institutionen der Bildung und Ausbildung kann sich dieser Gegenwartsdrang nicht entfalten, denn diese sind auf Entwicklung im Verhältnis zu Gegenwart und Zukunft und mithin auf Bedürfnisaufschub angelegt. Der triebdynamische Gegenwartsdrang aber kann in den offenen Räumen außerhalb der Institutionen losgelassen werden, hier kann das Unwirkliche des Selbst sozial wirklich werden. Jugendliche werden deshalb vor allem *sozialräumlich* auffällig.

Die Jugendpädagogik außerhalb der Schule hat deshalb von alters her (ungefähr seit der letzten Jahrhundertwende) die Aufgabe, diese räumliche Auffälligkeit zu mediatisieren und zu kanalisieren, also ihre Kriminalisierung zu verhindern. Die traditionelle öffentliche Erwartung, die Jugendarbeit sei dazu da, die Jugendlichen „von der Straße zu holen", fand auch (und heute bisweilen noch) in der Pädagogik ihren fachlichen Niederschlag: Die westdeutschen Jugendfreizeitheime als „Häuser der Offenen Tür" hießen in den fünfziger Jahren „überdachte Straßenecken"; der Begriff der Straße und des Räumlichen findet sich heute in den Bezeichnungen für Arbeitsformen wie Straßensozialarbeit und Mobile Jugendarbeit. „Die Straße" ist seit jeher der Inbegriff für „Auffälligkeit und Verwahrlosung", der Fixpunkt vieler Etikettierungsprozesse im Hinblick auf ein Jugendverhalten, das der sozialen Kontrolle räumlich entzogen scheint. Die Straße ist schillernd: Sie ist einerseits in ihren Funktionen rational und kontrolliert. Auf der Straße bewegt man sich auf ein Ziel hin - zur Arbeit fahren, Einkaufen, Behördengänge -; auf der Straße „hängt man nicht rum". Dies ist der erste Schritt zur Typisierung: Wer auf der Straße rumhängt, verhält sich eben abweichend.

Die Straße ist aber weniger ein Verlegenheitsraum für Jugendliche, sondern ein *Gelegenheitsraum*. Zur Straße zieht es Jugendliche immer wieder hin, auch wenn die Jugendarbeit Freizeiträume und Angebote bereithält. Hier sind die Jugendlichen öffentlich, können das Unwirkliche sozial zelebrieren, ohne dass es gleich auf sie zurückschlägt und sind - nicht nur gespielt - auch oft echt erstaunt, wenn es die Passanten als Provokation empfinden. Der Reiz steigt, wenn trotzdem niemand gegenhält, die Grenzen werden hinausgeschoben, weil sie gesucht werden: Das alte Muster ambivalenter jugendtypischer Entwicklungsdynamik scheint wieder auf.

Die moderne Jugendarbeit will die Jugendlichen nicht mehr von der Straße holen, sie schickt „Streetworker" auf die Straße. Dabei geht es nicht mehr so sehr um die Kanalisierung des „auffälligen Verhaltens". Auch die Straße ist toleranter geworden, hat ihre Säkularisierung erfahren. Auf der Straße stehen jetzt auch Cafétische, hängen Erwachsene rum, wird nicht mehr nur zielstrebig gehetzt. Was die StreetworkerInnen dennoch auf die Straße bringt, ist die Problematik der fehlenden Grenzen und der damit verbundenen Hilflosigkeit und Abhängigkeit, der die Jugendlichen ausgesetzt sind, obwohl sie öffentlich demonstrativ das Gegenteil verkörpern. Die Straße ist zum Risikoort geworden. Da laufen die Fäden zusammen, aus dem das Netz gesponnen ist, in dem sich heute manche Jugendliche verfangen. Die Straße eröffnet den Zugang zu den Gegenwartsabenteuern, die das Grenzen-Suchen zum Kitzel machen: Risikotrips mit Auto und Motorrad, riskante Einbrüche, Drogen, Gewaltprovokationen.

Riskant war das Jugendalter zwar vorher auch, denn es müssen ja entwicklungstypisch Grenzen erprobt und Normen in Frage gestellt werden. Aber das Riskante hatte für die meisten einen verlässlichen Schutzraum, der auch die Risikofiguren - „Jugendstreiche" - selbst in Grenzen hielt. Das ist übrigens bei vielen Jugendlichen heute noch so. Doch - so haben wir bereits dargestellt -, dieser geschützte Jugendraum ist nicht mehr selbstverständlich. Jugendliche sind früh Belastungen ausgesetzt, die aus dem Später kommen, obwohl das Später gar nicht so interessieren will, denn sie haben doch eigentlich noch Zeit. Wenn die Shellstudie Jugend '97 aufzeigt, dass Jugendliche nicht nur pessimistisch hinsichtlich der allgemeinen Gesellschaftsentwicklung sind - das sind sie sowieso aufgrund ihrer Gegenwartsorientierung, angesichts derer die Zukunft ja weniger wert sein muss -, sondern auch ihre individuelle Zukunft düster sehen (Furcht vor Arbeitslosigkeit), dann werden wir hellhörig: Der jugendtypische, rücksichtslose Gegenwartsoptimismus scheint dahin. Jugendliche fühlen sich direkt auch *ausgesetzt*. Die Gegenwart - das, was der Jugend als Jugend gehört - muss erzwungen werden: Mit Gewalt, Drogentrips, Rauschzuständen. Nicht so sehr, dass sie es tun, sondern wie es manche erzwingen (sich vornehmen, bis zum Umfallen zu saufen, jemanden platt zu machen, an die Kick-Grenze gehen etc.), macht die Sache heute so problematisch. Was die Gesellschaft der Jugend als Flucht aus der Gegenwart vorhält, ist für diese eine Flucht *in* die Gegenwart. Das Unwirkliche will Wirklichkeit werden und muss sich diese Wirklichkeit selbst erzwingen. Kein Wunder, dass solche Jugendlichen „aus der Welt" sind. Ihr destruktives Verhalten findet dann auch keine antisoziale Richtung mehr, sondern wirkt selbstzerstörerisch. So werden sie dann auch in der Gesellschaft abgeschrieben, weil sie sich selbst abschreiben.

So gesehen ist die Szene Jugenddelinquenz gespalten, auch was die Etikettierung anbelangt. Die Delikte werden aufgrund des sozialen Bewältigungsdrucks immer erwachsener, aber auch die Selbstzerstörung steigt. Die Unbefangenheit der jugendkulturellen Devianzdiskussion ist dahin. Schon fordern Politiker die Herabsetzung der Strafmündigkeitsgrenze ins Kindesalter hinein; dies ist ein Indiz, aber auch ein Eingeständnis dafür, dass die Gesellschaft immer weniger in der Lage ist, die Bedingungen für einen experimentellen Jugendraum jenseits der Kriminalisierung zu schaffen.

Das Risikoverhalten Jugendlicher wird auch gefördert durch die Struktur des Konsums, der im modernen Jugendalter eine herausragende Rolle spielt. Jugendliche erlangen ihren soziokulturellen Selbständigkeitsstatus vor allem über ihren Konsumstatus. In der parasozialen Welt der Medien (vgl. Kap. 2.4) und des Konsums können sie ihre „unwirklichen" Antriebe „verwirklichen". Da der Konsum ständig neuen Verbrauch fordert, das Verbrauchte entwertet, ist er grenzenlos; die Konsumumwelt setzt der narzisstischen Triebdynamik nichts entgegen, sie ist permanent zerstörbar und schlägt irgendwann - in der Sucht und der von ihr erzeugten Abhängigkeit - auf Jugendliche zurück. Sind Jugendliche in diese Suchtabhängigkeit so weit hineingeraten, dass sie die Macht über das Selbst gewinnt und zum existentiellen Reproduktionsmittel wird, das nun um seiner Erhaltung willen alles abverlangt, entsteht die neue Form der Devianz: die Beschaffungskriminalität. Sie ist nicht mehr sozial gerichtet, denn in ihr ist der Einzelne aus allen sozialen Bindungen herausgelöst, um nur noch der Erhaltung eines selbst nicht mehr greifbaren Selbst nachzujagen und von sich selbst gejagt zu sein.

2.3.5 *Jugend und Zukunft - eine neue Dimension der Anomie*

Unter dem Eindruck dieser - zugegeben extremen und auf eine Minderheit beschränkten - Sucht- und Abhängigkeitsdynamik kann man dem Abweichenden Verhalten Jugendlicher - sobald es die jugendkulturellen Grenzen sprengt - nicht mehr nur mit der traditionellen Schablone des Anpassungsverhaltens an anomische Zustände beikommen. Die klassische anomische Erklärung für Abweichendes Verhalten Jugendlicher liegt ja darin, dass sie auf Grund ihrer modernen soziokulturellen und konsumtiven Selbständigkeit ihre ökonomische Abhängigkeit und die damit verbundenen sozialen Vorenthaltungen als Benachteiligung erfahren und damit das tradierte Prinzip des Bedürfnisaufschubs, des Vertröstetseins auf morgen, nicht mehr akzeptieren wollen.

> „Als weiteres wesentliches Merkmal der empirisch ermittelten Verteilung von Eigentums- und Vermögenskriminalität hatten wir die Überrepräsentati-

on von Jugendlichen genannt. Auch sie lässt sich in Einklang bringen mit der Mertonschen Theorie, [...] wenn man annimmt, dass Jugendliche beginnen, die Erfolgsziele von Erwachsenen zu übernehmen, dass jedoch ihre Mittel, diese Ziele den regulativen Normen entsprechend zu erreichen, etwa so unzureichend sind, wie die von Angehörigen unterer sozialer Schichten. Auf Jugendlichen lastet danach derselbe Druck zum Abweichen, der nach Merton auf diesen Schichten liegt" (H. Peters 1993, S. 46).

Beim Suchtverhalten Jugendlicher aber zeigt sich - im Kontrast zum Klauen und Einbrechen -, dass es weniger die Ziel-Mittel-Diskrepanz in der biografischen Vertikale ist, welche den Antrieb zu Abweichendem Verhalten hervorruft, sondern die für manche unüberbrückbare Kluft zwischen ungehemmter narzisstischer Triebdynamik und einer entstrukturierten sozialen Umwelt. Diese wird als zerstörbar und damit für die Identitätsfindung als irrelevant erfahren. So schlägt das Suchtverhalten zwangsläufig auf das Selbst zurück und wird existentiell und habituell integriert.

Aber auch wenn wir vom Minderheitsfall der jugendlichen Suchtabhängigkeit absehen, ist die Mehrheit der Jugendlichen nicht so ohne weiteres aufgrund ihres *Jugendstatus* im Mertonschen Schema der Anpassung an anomische Zustände unterzubringen. Kühnel/Matuschek (1995) haben ein differentielles Bild von Jugenddevianz erschlossen, nach dem das Anomieproblem bezüglich seiner Devianzwirksamkeit nur einer bestimmten sozialen Gruppe von Jugendlichen zuzuordnen ist. Damit wird deutlich, dass der Anomiedruck nicht unbedingt und allein durch den Jugendstatus, sondern maßgeblich durch die soziale Lebenslage und den sie kennzeichnenden Mangel an ökonomischen, sozialen und kulturellen Ressourcen hervorgerufen wird. Hier greift auch das Mertonsche Paradigma wieder. Obwohl die qualitative Erhebung (problemzentrierte Interviews) in Ostdeutschland (großstädtischer Bereich) nach der Wende durchgeführt wurde und deshalb auch von den Milieubrüchen und Umorientierungsproblemen der Zeit überschattet ist, hat sie doch in ihrer Kernstruktur Ergebnisse hervorgebracht, aus denen sich auch entsprechende Bezüge zu westdeutschen Erhebungen (z.B. den Bielefelder Studien der Gruppen um Hurrelmann und Heitmeyer) herstellen lassen.

Kühnel/Matuschek können gut den Unterschied zwischen jugendkulturell getriebener Devianz und (über das Jugendkulturelle hinaus) biografisch verfestigter Bewältigungsdevianz (Abweichendes Verhalten als Bewältigungsverhalten) herausarbeiten. Die erstere tritt nur „episodenhaft" auf, die letztere ist jugendkulturübergreifender, integraler Bestandteil der sozialen Lebenslage und strukturiert sie auch. Dazwischen liegen Mischformen. Die Voraussetzung dafür, dass Jugendliche deviantes Verhalten episodenhaft zeigen und durchaus jugendkulturell von ihrer gesamten Lebenslage absetzen können, liegt darin, dass diese Jugendlichen - was soziale Herkunft und Biografie anbelangt - auf familiale Unterstützung, soziale Beziehungen und kulturelle Kompetenzen zurückgreifen können, die sie - bei hohem Selbstbewusstsein - vor anomischem Druck weitgehend schützen.

> „Die Jugendlichen [...] gehen in flexibler und kreativer Weise mit den veränderten Anforderungen in ihrem Ausbildungsweg um. Für die Gestaltung ihres Bildungsweges sind sie mit einem günstigen Ressourcenfundus durch die Herkunftsfamilie ausgestattet, können mit differenzierten Beziehungsarrangements umgehen und vermögen ihre Handlungsoptionen zu steigern" (Kühnel/Matuschek 1995, S. 94).

Im Kontrast zu dieser, vor allem der Schülerkultur weiterführender Schulen zugehörigen Gruppe steht das Gros der Jugendlichen, die - bei ökonomisch relativ stabilen Herkunftsfamilien und „einförmigem" Gleichaltrigenbezug - ein geregeltes und angepasstes Leben in der Gegenwart führen und bei denen zu erwarten ist, dass diese Anpassungsbereitschaft auch in der Zukunft anhält. Sie verlassen sich auf ihre vertrauten familialen und lokalen Sozialbeziehungen. Von diesen Jugendlichen ist zu erwarten, dass sie sich auch dann, wenn sich Schatten der Erwartung zukünftiger Arbeitslosigkeit auf sie legen (vgl. dazu wiederum die Shellstudie Jugend '97), ein normkonformes Anpassungsverhalten (ein sich Einfügen in die Verhaltenserwartungen) an den Tag legen werden. Sie zeigen ein „strategisches, sozial kontrolliertes und konformes Verhältnis zu Devianz" (Kühnel/Matuschek 1995, S. 198). Da ihre familialen und sozialen Netzwerke zwar stabil, aber wenig kommunikativ-flexibel - eher repressiv-konform - sind, reagieren sie allerdings auf für sie nicht überschaubare Situationen oft mit Ausgrenzung bis hin zur Gewalttätigkeit. Diese bleibt aber im Rahmen der lokalen Sozialbezüge und der örtlichen Sozialkontrolle. Auch nach unseren Erfahrungen aus der AgAG-Jugendstudie (1997) finden deviante Überschreitungen dieses Rahmens außerhalb des lokalen Lebensbereiches nicht statt.

Bleibt die Gruppe der Jugendlichen, deren Zukunftsplanung „stets von der Spannung bestimmt [ist], einerseits Chancen zu sehen, die die Gesellschaft verspricht, jedoch andererseits nicht über die sozialen Ressourcen zu verfügen, diese Chancen auch aktiv zu realisieren" (Kühnel/Matuschek 1995, S. 90):

> „Der Gestaltung ihres eigenen Lebens können die Jugendlichen oft nicht mehr abgewinnen als den Traum vom schönen Leben in Wohlstand und Reichtum. Die Jugendlichen verfügen kaum über zureichende soziale Ressourcen, um Beziehungen und Handlungskompetenzen herauszubilden, die es ihnen ermöglichen, ihre Herkunft zu überschreiten" (S. 94). „Für die Jugendlichen dieser Gruppe gehören Gewalt und Drogengebrauch zur Normalität ihrer Bewältigungsmuster" (S. 197). „Beziehungslosigkeit, konflikthafte Auseinandersetzungen und eingeschränkte Optionen prägen die Lebenswelt der Gruppe" (Kühnel/Matuschek 1995, S. 95).

Hier schließt sich der Kreis zur Thematik des anomischen Selbst und den Thesen von Gruen und Winnicott. Die Balance von Selbst und Umwelt in der biografischen Herkunftskonstellation und die anomische Erfahrung der verwehrten gesellschaftlichen Möglichkeiten bedingen einander. Der pädagogische Blick wird von den Verhaltensmustern auf Befindlichkeit, Selbstbehauptung und den Selbstwert gelenkt. Die Bedürftigkeit dieser Jugendlichen ist aber meist verdeckt durch ihre aggressive Außensymbolik. Sie sind die Zielgruppe, von der die Rede sein wird, wenn wir im Schlusskapitel das Konzept einer akzeptierenden Pädagogik vorstellen werden.

2.3.6 Jugendliche ausländischer Herkunft und Devianz

Wenn wir von den in Deutschland lebenden Jugendlichen ausländischer Herkunft vor allem jene aus *Gastarbeiterfamilien* betrachten, weil sie in das Bildungs-, Arbeits- und Sozialsystem der Bundesrepublik integriert und somit eine inzwischen „normale" pädagogische Zielgruppe sind, gilt (nach der Forschungslage) ein doppelter - kriminologischer und sozialisatorischer - Befund:

— „Analysen aus den letzten Jahren zeigen, dass junge Ausländer nicht häufiger als junge Deutsche als Mehrfach- oder Intensivtäter registriert werden" (Villmow 1993, S. 44). Das weist darauf hin, dass

— „die Gastarbeiterkinder oder jungen Gastarbeiter, die aus mindestens sieben verschiedenen Staaten und somit aus sehr verschiedenen Kulturkreisen kommen, die von manchen als 'soziale Zeitbombe' bezeichnet werden, in erster Linie Jugendliche wie andere auch [sind], mit Problemen, wie sie alle Jugendliche haben. Nur: Sie haben ein paar Probleme mehr" (Bendit/Steinmayr 1985).

Diese „paar Probleme mehr" versucht das sozialisationstheoretisch differenzierte Konzept des *inneren Kulturkonflikts* aufzuschließen: „Spannungen im Verhältnis zu den Eltern, die meist einem traditionell autoritären Erziehungsstil verhaftet sind, verstärkt durch beengte Wohnverhältnisse, außerdem mangelnde Bereitschaft oder Fähigkeit zur Kompensation der erlebten Benachteiligungen, da die Orientierung im Vergleich zu den gleichaltrigen Deutschen und nicht zu den Bedingungen im Heimatland erfolgt." (Schöch/Gebauer 1991, S. 57). Andererseits wirkt aber wieder der hohe familiale Zusammenhalt bei kritischen Ereignissen und Belastungen, was die Variable Kulturkonflikt wieder kompliziert, da nicht übersehbar ist, ob dadurch Abweichendes Verhalten verstärkt oder zurückgehalten wird.

Dennoch wird eine erhöhte Gefahr der Deprivation und antisozialen Tendenz gesehen, die aus dieser sozialen Wirkung der interkulturellen Faktoren resultiert und die dazu führen kann, dass Jugendliche ausländischer Herkunft in den differentiellen Sog ethnisch-subkultureller Gleichaltrigencliquen geraten, die diese interkulturellen, sozial wirksamen Statusbenachteiligungen über deviantes Gruppenverhalten zu kompensieren versuchen.

Diese Aussagen beziehen sich vor allem auf Westdeutschland und die dort lebenden Jugendlichen ausländischer Herkunft. Sie beanspruchen insofern auch nach der deutsch-deutschen Wende allgemeine Gültigkeit, da in den ostdeutschen Bundesländern keine statistisch hervortretende ausländische Kinder- und Jugendpopulation - außer den vietnamesischen Arbeitsmigranten und ihren Familien, die ähnliches Integrationsverhalten zeigen wie westdeutsche Arbeitsmigranten - zu verzeichnen ist. Viele der neuen Arbeitsmigranten sind männliche Singles (vor allem polnische Bauarbeiter), die übrigens auch nicht überdurchschnittlich auffällig sind, da sie ihren (zeitbegrenzten) Job behalten oder verlängern wollen und feste Bindungen an ihre Familien in der Heimat haben. Hier ist vielmehr zu fragen, inwieweit die psychosozialen Aufenthaltsbedingungen dieser Migranten - in unserem Blickfeld stehen vor allem die jungen Erwachsenen unter ihnen - Anlass zur sozialpolitischen Intervention geben müssen. Sie sind oft sozial isoliert, ohne soziokulturelle Unterstützungssysteme und meist prekären Arbeits- und Versicherungsbedingungen ausgesetzt.

Dass bei Jugendlichen ausländischer Herkunft (aus Gastarbeiterfamilien) dennoch manchmal auf eine „geringfügige Höherbelastung" bei Delinquenz hingewiesen wird (Karger/Sutterer 1990), ist möglicherweise zuerst einmal dadurch zu erklären, dass sie schon aufgrund ihrer ethnischen Eigenart eher einem öffentlichen Ettikettierungs- und Kontrollrisiko ausgesetzt sind (vgl. dazu Geißler 1995). Zum zweiten darf nicht übersehen werden, dass diese Kinder und Jugendlichen überproportional unteren Schichten mit sozialen Mängellagen angehören. Dafür spricht auch die vergleichsweise deutlichere Rate von bagatellhaften Eigentumsdelikten (Traulsen 1988), die gerade bei Kindern und jüngeren Jugendlichen auf Selbstwertprobleme und die Suche nach Anteilnahme verweisen. Zudem scheint die Cliquenbezogenheit bei Jugendlichen ausländischer Herkunft höher und jugendkulturell existentieller zu sein, als bei deutschen Jugendlichen:

„Für ausländische Jugendliche besitzen die Gruppen der Gleichaltrigen eine wichtige Funktion, da diese Gruppen oft der einzige Ort sind, an dem die Jugendlichen sich wohl fühlen, 'Leute mit denselben Problemen' treffen und aufgrund bestimmter persönlicher Eigenschaften oder Fähigkeiten [...] Anerkennung und Achtung finden, die ihnen sonst fehlen. Ein Problem dieser Gruppen und Freundeskreise liegt darin, dass die Jugendlichen, vor allem wenn sie arbeitslos und ohne Geld sind - und die Witterungsbedingungen es auch nicht erlauben im Freien zu sein -, keine Treffpunkte finden, in denen sie ihren Hobbys, Interessen- und Partnerschaftsbedürfnissen nachgehen können" (Bendit/Steinmayr 1985, S. 204).

Kein Wunder, dass die Jugendhäuser der kommunalen Jugendarbeit in den 80er und 90er Jahren vor allem von Jugendlichen ausländischer Herkunft aufgesucht und genutzt werden. Für manche - vor allem wenn die Eltern ihnen aus den kulturellen Traditionen des Herkunftslandes heraus keine Entwicklungsperspektiven und Freiräume vermitteln und zulassen - sind es Fluchtpunkte gegenüber dem Elternhaus, für die meisten aber jugendkulturelle Treffs. Erst langsam gelingt es den SozialarbeiterInnen, die kulturellen und sozialen Segregationstendenzen gegenüber der deutschen Jugendkultur aufzuweichen. Vor allem geht es dort auch darum, Gewalt von (deutschen und ausländischen) Jugendlichen untereinander zu deeskalieren und zu kanalisieren. Die Gewalt der Jugendlichen untereinander wird bei der Diskussion um Jugenddelinquenz meist zu wenig berücksichtigt.

Die soziale Segregation Jugendlicher ausländischer Herkunft ist eng verbunden mit der schulischen Segregation. In den Städten sind die Hauptschulen überwiegend multikulturell, die Berufs- und Aufstiegschancen der Jugendlichen entsprechend niedrig, die Schulhilfen seitens der Eltern gering. Gerade an den Hauptschulen, die hohe Anteile von Schülern ausländischer Herkunft aufweisen, schlägt diese familiale Bewältigungsproblematik oft in Gruppenkonflikte um, zumal die wenigsten Hauptschulen interkulturelle Vermittlungsstrukturen im curricularem und sozialen Bereich entwickeln konnten. Insofern kann Gewalt *zwischen* deutschen und Schülern ausländischer Herkunft als größeres Problem registriert werden (Spaun 1994) als die Gewalt, die von ausländischen Jugendlichen ausgeht und die auch an Schulen nicht signifikant höher ist als die durchschnittliche Gewaltrate (Fuchs 1997). Dagegen haben weiterführende Schulen immer noch einen vergleichsweise geringen Ausländeranteil.

Angesichts dieser Benachteiligungen - die eben auch an der mangelnden Förderung der Jugendlichen seitens der Schule liegen - ist es bemerkenswert, wie ausländische Jugendliche versuchen, ihre Lebensprobleme normkonform zu bewältigen (vgl. dazu Der Spiegel Nr. 25/1997). Dass sie durch ihre ausgeprägte Cliquenorientierung und den Mangel an eigenen Räumen möglicherweise eher in Auffälligkeits- und Aufmerksamkeitszonen sozialer Kontrolle geraten, steht auf einem anderen Blatt. Denn dies gehört nicht in den Kriminalitäts-, sondern in den Jugendhilfediskurs, also den Problemkreis fehlender räumlicher und sozial unterstützender Angebote.

So bleibt keine signifikante Beziehung zwischen ausländischer Herkunft und Abweichendem Verhalten bei Gastarbeiterkindern und Jugendlichen. Kubink (1993) kommt in diesem Sinne zu dem Schluss: „Die negative Lebenssituation [ausländischer Familien - L.B.], die eine Vergleichbarkeit mit deutschen Unterschichtfamilien ermöglicht, wirkt auf die ausländische Bevölkerung verstärkt als Belastungsfaktor ein. Diese marginale Lage verursacht jedoch keine qualitativ unterschiedliche Kriminalität. Vielmehr führt die stärkere Wirksamkeit besagter Faktoren zu punktuellen statistischen Überhängen, die jedoch bei entsprechender Bereinigung keine nationalitätenspezifischen Interpretationen zulassen." (Kubink 1993, S. 80). Das Problem bei devianten jungen Ausländern liegt - wie bei vergleichbar auffälligen deutschen Jugendlichen auch - in den Sozialisations- und Chancenbedingungen, die selbstwertschwächend und sozial segregierend sind und damit die Jugendlichen einem Bewältigungsdruck aussetzen, in dem die Normbalance oft schwer aufrechtzuerhalten ist. Dass sie damit dennoch, so wie die Einheimischen auch, damit zurechtkommen, liegt an der offensichtlichen „Anpassungswilligkeit", welche gerade die Arbeitnehmer ausländischer Herkunft prägt. Diese ist trotz Kulturkonflikt familial vermittelt - denn die Familien stützen genauso, wie sie kontrollieren - und wird an die Jugendlichen neuerer Generationen weitergegeben: „Die zweite Migrantengeneration ist [...] im Vergleich zu ihren Eltern höher belastet, was jedoch nicht bedeutet, dass sie auch häufiger kriminell wird, als vergleichbare Gruppen des Gastlandes. [...] Einwanderer sind stärker als die Einheimischen bereit, sich an die Gesetze des Gastlandes zu halten." (Geißler 1995, S. 35/36). Das „gefährliche Gerücht von der hohen Ausländerkriminalität" (Geißler 1995) entpuppt sich auch hier wieder - vor allem bei den Jugendlichen aus Gastarbeiterfamilien - als Kriminalisierung von besonderen Bewältigungsproblemen.

2.4 Medien und Devianz

Es gibt wohl in der Diskussion um die Ursachen und Bedingungen Abweichenden Verhaltens nichts, was umstrittener und widerspruchserregender ist, als der Streit um die Wirkung der Medien. Die in den neunziger Jahren gezogene Bilanz der medienkriminologischen Forschung spiegelt exemplarisch die wissenschaftliche Unsicherheit und die hohe Plausibilitätsneigung in diesem Feld wieder:

„Es dürfte weitgehend Konsens darüber bestehen, dass Mediengewalt kurzfristig oder auf Dauer durchaus Einstellung oder Verhalten beeinflusst, auch wenn vereinzelt noch die Nullhypothese vertreten wird. Hingegen bleibt in der Kernfrage, inwieweit Gewaltdarstellungen stimulierend auf das Verhalten des Rezipienten wirken, noch manches im Streit, was mit auf die komplexe Struktur sozialer Lernprozesse zurückzuführen sein dürfte. [...] Auch wenn die exakte Beweisführung in ein non licet zu münden scheint, geht man heute überwiegend davon aus, dass die These, wonach Mediengewalt ein Gefährdungspotential innewohnt, von hoher Plausibilität ist. Als besonders gefährdet gelten Kinder und Jugendliche. Um freilich delinquentes Verhalten auszulösen, müssen noch zusätzliche Bedingungen gegeben sein. Es mangelt noch an Erkenntnissen über diese Zusatzbedingungen" (Jung 1993, S. 348/349).

Da wir uns in dieser pädagogisch-soziologischen Einführung vor allem mit Kindern, Jugendlichen und jungen Erwachsenen beschäftigen, wollen wir diesen brüchigen Faden der Medienkriminologie auch dort aufnehmen und diese Bilanz wie folgt kommentieren: Kids und Jugendliche befinden sich - so haben wir an früherer Stelle hergeleitet - besonders in der Pubertät im leibseelischen Zustand der Unwirklichkeit (Winnicott) und sind gleichzeitig in der Phase des Experimentierens mit den Möglichkeiten und Grenzen der Selbstbehauptung in der sozialen Welt. Diesem Schwebezustand entspricht in gewisser Weise das *Parasoziale* der audiovisuellen Medien. Dieser Begriff weist auf den Vorgang der sozialräumlichen Entgrenzung während des Medienkonsums, der mentalen Freisetzung aus den alltäglichen sozialen Gebundenheiten hin, wobei die Art und Weise, wie sich diese Freisetzung und Entgrenzung im Verhalten der Kinder und Jugendlichen zeigt, wiederum abhängig ist vom sozialbiografischen Hintergrund, der alltäglichen sozialen Einbettung der Kids. Dennoch entsteht eine neue soziale Qualität, die aber weder den medialen Inhalten noch der für die Jugendlichen aktuellen sozialen Wirklichkeit entspricht. Diese neue soziale Qualität der Medien liegt in der sozialen Entstrukturierung und Verflüssigung, die den Jugendlichen ein konkretes jugendkulturelles Lebensgefühl vermittelt.

Die komplexe Struktur sozialer Lernprozesse, besonders im Jugendalter, beeinflusst dabei in der Tat die Art der Medienwirkung erheblich. Denn all die kommunikations- und aggressionspsychologischen Plausibilitätstheorien zur Medienwirkung (vgl. dazu ausführlich Kunczik 1993) müssen, obschon sie selbst in sich begrenzt und untereinander kontrovers sind, noch einmal unter den Bedingungen der Entwicklung und Sozialisation im Kindes- und Jugendalter relativiert werden. Ob dies nun die Ansätze sind, die der Wirkung massenmedialer Gewaltdarstellungen eine hemmende und habitualisierende (gewöhnende) oder gar aggressionsabbauende Qualität durch (Identifikation mit der medial dargestellten Gewalt und Ableitung der eigenen Aggression auf diese) zuschreiben, alle müssen letztlich mit einem jugendspezifischen Rezeptionsverhalten rechnen, das ihre Annahmen in einen anderen Kontext stellt. Auch die kommunikationstheoretischen Verstärkungs- und Selektionshypothesen, nach denen nur bestimmte (vorhandene) Einstellungs- und Verhaltensmuster bei den Rezipienten verstärkt und verfestigt werden, erhalten erst ihre Bedeutung, wenn wir uns über die Modi des selektiven Rezeptionsverhaltens von Kids und Jugendlichen schlüssig werden.

Deshalb will ich im Folgenden auch erst auf das Jugendtypische im medialen Rezeptionsverhalten eingehen und mich dabei vor allem auf die audiovisuellen Medien (Fernsehen, Kino, Video, Computerspiele) beziehen. Im Vordergrund steht dabei der Wirkungsaspekt, d.h. die Frage nach der Art und Weise, wie diese Medien Einstellung und Verhalten von Kids und Jugendlichen beeinflussen. Natürlich ist dabei auch der „Konstruktionsaspekt" (vgl. Jung 1993) nicht zu vernachlässigen. Darunter wird das Problem gefasst, wie Medien soziale Wirklichkeit - und mithin auch Bilder von Devianz - konstruieren, wie sie herrschende Normen und Verhaltensmuster transportieren, akzentuieren, mischen und verzerren und auch - mit ihren parasozialen Möglichkeiten - gleichzeitig konterkarieren, d.h. delinquente Sozial- und Verhaltensmuster medial gleichbedeutend neben den konformen Mustern „leben" und bestehen lassen. Wir haben dabei vor allem Aggression und Gewalt als mediale Inhalte Abweichenden Verhaltens im Sinn, nicht zuletzt, weil die medienkriminologischen Wissensbestände sich vor allem auf diese Verhaltensbereiche beziehen. Sicher verengt sich dadurch der medienkriminologische Blick, aber dies wird plausibel, wenn man bedenkt, dass andere Aspekte, wie z.B. die des Nachahmens und medialen Stimuliertwerdens bei Alltagsflips und Delikten von Jugendlichen besser in der Jugendkulturdiskussion abgehandelt werden sollten.

2.4.1 Jugendtypisches Rezeptionsverhalten

Dass Kids und Jugendliche in besonderer Weise von audiovisuellen Medien angezogen werden, hängt also mit einer emotional herstellbaren Entsprechung zwischen dem Parasozialen der Medien und der pubertätstypischen Unwirklichkeit des Jugendalters zusammen. Dabei gilt aber die diesem Zusammenhang entsprechende Faustregel: Die Kids und Jugendlichen sind an dem medial gemeinten Thema in dem Maße interessiert, in dem sie *ihre* Entwicklungsthemen darauf beziehen können.

Diese jeweils zentralen Themen der Adoleszenz - z.B. Selbständigwerden, Abschied von den Eltern, Freundschaft und Sexualität, Mann-/Frau-Werden, Erwachsenwerden, Sehnsucht nach Geborgenheit, Schulfrust etc. - werden in den Inhalten der Medien und durch sie hindurch gesucht. Die äußere Ablauffassade des medialen Programms ist dabei nicht das Entscheidende und deshalb ist es plausibel, dass Handlungsabläufe eines Films nicht einfach nachgeahmt werden. Bei dem, was Jugendliche z.B. in Actionfilmen suchen, geht es „nicht um das Niederschlagen, Niederbrennen und Töten, vielmehr um das Bestehen von Prüfungen und Aufgaben, sowie um die Frage, wie verhält sich ein Mann in bestimmten Situationen und wie kann ein Mann siegen - mit der Kraft seines Körpers und mit Geschicklichkeit oder Mut [...]. Mit Heavymetal oder Rap, die ihre Eltern als 'schrecklich' empfinden, demonstrier(en) [die Jugendlichen - L.B.] gegenüber ihren Eltern ihre Eigenständigkeit und verschaff(en) sich einen Freiraum innerhalb des Familienalltags" (Barthelmes/Sander 1994, S. 33/34).

Charlton/Neumann-Braun haben in ihrer handlungstheoretisch begründeten Einführung in „Medienkindheit und Medienjugend" (1992) in diesem Sinne aufgezeigt, dass Medien gerade von Kindern und Jugendlichen *benutzt* werden, um Selbsterlebtes symbolisch auszugestalten und anderen gegenüber auszudrücken. Sie steuern also gleichsam in eigener Regie den Verlauf der Medienrezeption und zeigen, dass sie „es verstanden haben, das Ausmaß der Konfrontation mit dem Thema und den Grad des emotionalen Engagements zu regulieren" (S. 95). Es geht also nach dieser Interpretation nicht so sehr und direkt um die Medieninhalte, sondern um die von den Kindern und Jugendlichen geteilten *Bedeutungen*, die sie in der Interaktion mit den medialen Inhalten verbinden.

Barthelmes und Sander haben in einer differenzierten Untersuchung zu „Medien in Familie und Peergroup" (1997) diesen Zusammenhang empirisch aufgeschlossen:

„Der Zusammenhang zwischen Entwicklungsaufgaben sowie relevanten persönlichen Themen weitet sich auf den Umgang mit Medien aus, denn das von Mädchen und Jungen benannte 'beeindruckende Erlebnis der letzten Zeit' bezieht sich in allen Fällen unmittelbar auf die jeweils persönlichen Themen und aktuellen Lebenssituationen. Die Jugendlichen gehen dann in den Medienwelten (Leitmotiv) auf Themensuche; diese *thematische Bezogenheit* findet ihren Ausdruck in der Beschäftigung mit Filmen, Serien und

Liedern, die sie beeindrucken, berühren und mit denen sie sich (emotional) auseinandersetzen. Diese ausgewählten Medien sind symbolische Ausdrucksformen für die aktuelle Befindlichkeit sowie die innere Beschäftigung mit 'ihrem Thema'" (S. 58/59).

Ein zentrales Thema ist dabei die Abgrenzung gegenüber den Eltern, wobei offensichtlich ist, dass hier die Mutter im Mittelpunkt steht, da sie in der Regel im Alltag präsenter ist und dominanter empfunden wird als der Vater:

> „Die mediale Ausdrucksform dieser Abgrenzung sind bei den von uns befragten Jugendlichen vor allem Spielfilme mit aggressivem Charakter (Action- und Kriegsfilme) sowie Musikstile, die sich vom Geschmack der Mutter stark unterscheiden [...]. 'Der abwesende Vater ist das Besondere'; damit ist (bei Mädchen und Jungen gleichermaßen) die Auseinandersetzung mit dem Männlichen bzw. mit den verschiedenen Männerwelten verbunden" (S. 55/56).

In dieser Geschlechtstypik der Rezeption äußert sich vor allem auch die Emotionalität, die im Medienverhalten steckt. Wenn wir mit der geschlechtsspezifischen Sozialisationsforschung davon ausgehen, dass Geschlechterbefindlichkeit und -verhalten hoch emotional strukturiert sind (Bilden 1991), und sehen, dass auch Medienangebote und Medienrezeption emotional besetzt sind, erkennen wir zwar den Bezug, wissen aber auch, dass ungeklärt ist, wie dieses Emotionale des Direkten und Augenblicklichen schließlich in der Alltagssozialisation aufgeht. H. Theunert hat in diesem Zusammenhang in ihrer Kritik der Wirkungsforschung auf diesen Umstand generell aufmerksam gemacht: Das Medium sei „als lebenslanger Sozialisationsfaktor" in seiner Wechselwirkung mit anderen Sozialisationsfaktoren „zu betrachten und muss deshalb immer im Gesamtrahmen von Sozialisation aufgehend analysiert werden" (1996, S. 52).

Mit dieser Erkenntnis der Verbindung von Lebens- und Medienthemen wird auch plausibel, warum gerade jene Jugendliche durch mediale Vorbilder in Abweichendem Verhalten stimuliert oder bestärkt werden, deren Alltags- und Sozialverhalten durch antisoziale und devianzfördernde Sozialbezüge strukturiert ist. Wir haben im Kapitel über „subkulturelle Dynamiken" (vgl. auch später 4.4) bereits darauf hingewiesen, dass Gleichaltrigencliquen dann in die Devianz „kippen" können, wenn die Clique in ihrem inneren Zusammenhalt und ihrer Abgrenzung nach außen auf Abweichendes Verhalten angewiesen ist. Dann werden entsprechende gewalttätige und aggressive Medieninhalte in das Cliquenverhalten integriert, stilbildend ritualisiert und auch von Einzelnen übernommen. Insofern bestätigt sich auch hier wieder die allgemeine These, dass die Art der Medienrezeption abhängig ist von der Art der sozialen Einbettung der Rezipienten. Dabei ist - in dieser interaktiven Sichtweise - natürlich rückzufragen, wie gesteigerte antisoziale Medieninhalte die schon bestehende antisoziale Aktivitätsstruktur der Clique stimulativ intensivieren und variieren können.

Eine Zuspitzung hat diese themenbezogene Medieninteraktion - nicht nur bei Kindern- und Jugendlichen - durch die Fernsehtalkshows erfahren. Talkshows sind planmäßig im Stil des „Affektfernsehens" (vgl. Bente/Fromm 1997) aufgebaut und haben deshalb eine hohe emotionale Spannung. Die parasozialen Möglichkeiten werden dabei voll ausgespielt: Menschen, die sich von ihrer Lebensführung, ihrem Lebensstil her im Alltag nie treffen und nie miteinander verkehren, werden hier miteinander konfrontiert; Tabus werden gezielt und schamlos durchbrochen, Abweichungen zur Schau gestellt. Der Moderator bzw. die Moderatorin inszenieren falsche Autorität (Kepler 1994), indem sie Kompetenzen vorgaukeln, das Parasoziale ausbalancieren, das Nichtfassbare und für viele Zuschauer Unwirkliche zulassen, um die Akteure dann wieder auf den Boden der geltenden Moral - allerdings in meist zwiespältig entrüsteten Ordnungsrufen oder Einwürfen - zurückzuführen. Die Wirkungsweise ist umstritten: So findet man - vor allem in der Publizistik - eine Spannbreite von Interpretationen, die von negativen Zuschreibungen, wie Entpolitisierung des Alltags durch Projektion und Abspaltung der eigenen psychosozialen Probleme und Konflikte auf das Medium Talkshow, bis hin zu positiven Interpretationen, wie z.B. selektive Sensibilisierung für eigene Alltagstabus, reichen. Aber auch hier gilt wieder - vor allem, weil die Talkshows Teil der Nachmittagsfamilienkultur geworden sind -, dass ihre Wirkungen sich erst im Gesamtspektrum der Alltagskultur der Jugendlichen und ihrer Familien erschließen lassen.

2.4.2 Kriminalitätsberichterstattung

Die pädagogische Problematik bei medialen Gewaltdarstellungen darf aber nicht auf das Rezeptionsverhalten von Kindern und Jugendlichen verengt werden. Eine andere Szene, die wir beobachten und ins Kalkül ziehen müssen, ist die der Wirkung von Gewaltdarstellungen auf die Öffentlichkeit, vor allem die Art und Weise, wie Gewaltverhalten Jugendlicher öffentlich thematisiert und skandalisiert wird. Dabei interessieren und betreffen uns vor allem die Modi, in denen sich Etikettierungs- und Stigmatisierungszusammenhänge aufbauen, die nicht mehr nur das reale Ausmaß der Gewalt übersteigen, sondern auch gesellschaftliche Unsicherheit und Bedrohungen, die nicht von diesen Jugendlichen kommen, auf *die* Jugend projizieren (vgl. Schneider 1991).

In der Medienkriminologie wird die Kriminalitätsberichterstattung meist unter dem Aspekt der Verstärkung und Dramatisierung der Furcht vor Verbrechen thematisiert und dabei festgestellt, dass „zwischen der Darstellung der Kriminalität in den Medien und der Einstellung der Bevölkerung zur Kriminalität eine Wechselwirkung" besteht (Jung 1993, S. 347). Nicht nur, dass die Kriminalitätsfurcht in der Regel wesentlich höher ist, als die reale Kriminalitätsrate; die Kriminalitätshysterie dient - so haben wir es im Kapitel zur „autoritären Konformität" bereits diskutiert - als Projektionsfläche, um die eigene soziale Hilflosigkeit und Bedrohung abspalten und auf die „kriminellen Außenseiter" ableiten zu können.

Abweichendes Verhalten Jugendlicher dient aber nicht nur als Bühne autoritärer Konformität, die von den Massenmedien ausgestaltet und immer wieder neu arrangiert wird. Die Massenmedien treten auch in „nachfassende" Interaktion mit gewalttätigen Jugendlichen selbst, um über authentische Bilder und suggestiv gestellte Fragen die Medienbevölkerung life mit den jugendlichen „Ungeheuern" so konfrontieren zu können, dass die Bürger ihre Stereotype vor der Kamera auch bestätigt bekommen. Sie missbrauchen dabei einen psychosozialen Mechanismus bei den Jugendlichen, den wir aus der Bewältigungsthematik kennen: Auch Gewaltverhalten ist Bewältigungsverhalten, in dem Jugendliche versuchen, mangels anderer Kompetenzen und Ressourcen Selbstwert, soziale Orientierung und soziale Aufmerksamkeit (über Gewalt) zu erlangen. Unter den gewaltbereiten Jugendlichen, die wir in den neunziger Jahren in den deutschen Fernsehsendern (aber auch in denen anderer europäischer Länder) gesehen haben, waren in der Mehrzahl Jugendliche, die im bürgerlichen Alltag wenig Chancen haben, anerkannt zu werden. Für sie war das (manchmal extra gestellte) Hintreten vor die Kamera kein Überschreiten einer Hemmschwelle, sondern Steigerung und Verlängerung des gewalttätigen Selbstwertkicks. Die ganze Republik wurde auf sie aufmerksam. In den rechtsextremen Cliquen wurden die Fernsehschnitte als Highlights immer wieder zur Selbstbestätigung und -bestärkung vorgeführt.

Diese Zusammenhänge berühren natürlich das Problem der sozialen und moralischen Verantwortung der Medien. Für uns verweisen sie zudem wieder auf die eigenartige - von der traditionellen Labeling-Theorie nicht erfassbare - Verbindung von abweichendem Subjekthandeln und stigmatisierenden Kontrollprozessen. Die Jugendlichen suchen die Medien, um auf sich aufmerksam zu machen, die Medien bauen Stigmatisierungszusammenhänge auf, welche die Jugendlichen weiter ausgrenzen. Diese offensichtliche Ausgrenzung erreicht zwar die Jugendlichen im subjektiven Augenblick nicht, holt sie aber sicher im späteren Lebenslauf ein.

2.5 Die anomische Arbeitswelt

Seit Emile Durkheim ist es in der sozialwissenschaftlichen Diskussion geläufig, dass die moderne industrielle Arbeitsteilung eine entsprechende soziale Arbeitsteilung nach sich zieht, dass diese aber in ihrer Entwicklung auch noch einer anderen Logik und Rationalität folgt als der ökonomischen. Aus der besonderen lebensweltlichen Rationalität, die dem Eigensinn des Menschen entspringt, erwächst jene strukturelle Tendenz im Verhältnis von Mensch und moderner Industriegesellschaft, die wir eingangs mit dem Begriff der Anomie gekennzeichnet haben. Gelungene soziale Integration und Desintegration liegen eng beieinander. Das moderne Anomieproblem - so haben wir weiter argumentiert - ist durch die Entkopplung von sozialintegrativen und systemintegrativen Bezügen und durch den Verdeckungszusammenhang des Konsums auf der Handlungsebene entschärft. Es bleibt aber als „Klima", in dem Ungewissheit und Unsicherheit immer wieder neu aufkeimen, ob die dem Alltag entzogene systemische Rationalität der Wirtschafts- und Gesellschaftspolitik auch die Sicherungs- und Auffangversprechen einhalten kann, die in das politische System legitimatorisch eingelassen sind.

Dieses moderne Anomieproblem tritt orientierungs- und handlungsbeeinflussend vor allem bei denen auf, die von Arbeitslosigkeit betroffen sind. Im Zeitalter der technologischen Rationalisierung mit ihrer laufenden Freisetzung bzw. Vernichtung von Arbeitsplätzen (die bei weitem nicht durch die Schaffung neuer Arbeit ausgeglichen werden kann) entsteht aber nicht nur das Problem einer Arbeitslosigkeit, die nahezu jeden treffen kann, sondern auch ein nachhaltig gestörtes Verhältnis von Jugend, Pädagogik und Zukunft. Rationalisierung und Profitisierung der Wirtschaft haben die Zahl der Lehrstellen halbiert; was und wie man in der Zukunft arbeiten wird, ist für viele immer unklarer geworden. Die Pädagogik, die vom Wechsel auf die Zukunft lebt, steckt deshalb in einer unvorhergesehenen Klemme. Sie ist auf der einen Seite hoch professionalisiert und spezialisiert, was den methodisch-didaktischen Umgang und das Wissen um die psychosozialen Entwicklungsbedingungen von Kindern und Jugendlichen anbelangt. Sie kann aber immer weniger darüber aussagen, in welche Lebens- und Sozialmuster die Jugendlichen einmal hineinwachsen werden. So hat auch die heutige Pädagogik ihr Anomieproblem. Die Spekulationen sind zwar vielfältig, sie kreisen aber immer wieder um das zentrale Thema: Wird die traditionelle Erwerbsarbeit im nächsten Jahrtausend noch in dem Ausmaß vorhanden sein, dass sie die Biografie, Alltag und Lebenssinn strukturieren und füllen kann? Wie kann es gelingen, Erwerbsarbeit und Tätigkeiten, die von der sozialen und kulturellen Reproduktion des Menschen und des Gemeinwesens her definiert sind (gesellschaftliche Arbeit), in eine gesellschaftlich anerkannte Balance zueinander zu bringen? Im Laufe des 21. Jahrhunderts - so lautet die Hochrechnung - werden in den westlichen Industrieländern zwanzig Prozent des bisherigen Arbeitseinsatzes genügen, um das zu erwirtschaften, was heute fünf mal so viele produzieren!

2.5.1 Jugendarbeitslosigkeit und Devianz

Noch aber befinden wir uns in einer Übergangszeit, in der die traditionelle Erwerbsarbeit Biografie und Alltag prägt und die Menschen in anomische Turbulenzen geraten können, wenn sie ihre Arbeit verlieren. Das Anomische dabei ist nicht - wenn wir uns an den dialektischen Einschlag des Anomiekonzepts erinnern -, dass die Menschen nicht arbeiten dürfen, sondern dass sie in einer Gesellschaft keine Arbeit bekommen, in der nach wie vor die Vorstellung einer gelingenden Lebensperspektive mit der Hoffnung auf ausgefüllte Berufstätigkeit verknüpft ist (vgl. dazu die Hinweise bei W.R. Heinz 1995), auch wenn sich das dann bei vielen Jugendlichen als Berufsillusion erweist. Die Anomien haben dabei ihr besonderes Gesicht: arbeitslos in einer arbeitszentrierten und arm sein in einer reichen Gesellschaft.

Dass die Menschen, die von Arbeitslosigkeit betroffen sind, sich diesen anomischen Konstellationen ausgesetzt sehen und im Durchschnitt wenig Ressourcen haben, um sie aktiv zu bewältigen, in dem sie z.B. andere Lebensmodelle für sich entwickeln als die, welche der tradierte erwerbsarbeitszentrierte Lebensentwurf zulässt, zeigen entsprechende Befunde zur psychosozialen Auswirkung von Arbeitslosigkeit. Auch und gerade bei längerfristiger Arbeitslosigkeit

> „ist nach wie vor eine starke Orientierung am Leistungsprinzip zu beobachten, ja es werden in Abwehr antizipierter Stigmatisierung sogar Leistungsbereitschaft, Pflichterfüllung und Opferbereitschaft verstärkt betont. Alternative Lebensentwürfe, die einen Hinweis auf eine Phase des grundlegenden Umbruchs der Gesellschaft sein könnten, fehlen völlig. Auch wird überwiegend an der herkömmlichen familialen Arbeits- und Rollenverteilung festgehalten. Entscheidende Veränderungen in der Sicherung der Reproduktionsfähigkeit sind nicht erkennbar" (Lüders/Rosner 1990, S. 95).

Für Jugendliche ist Arbeitslosigkeit zudem prekär, weil sie sich in einem Stadium befinden, in dem die leibseelische Entwicklung, Identitätsfindung und der Übergang in die Arbeitsgesellschaft besonders eng miteinander verknüpft sind. Erst die Einbindung in die rationale gesellschaftliche Kultur der Arbeit in Ablösung von der emotional-strukturierten privaten Kultur der Familie (Erdheim 1988) ermöglicht eine sozial gerichtete Identitätsfindung. Die Konsumwelt kann dies nicht ersetzen, denn sie ist weitgehend durch Triebansprüche strukturiert. Es ist also anzunehmen, dass Jugendliche durch Arbeitslosigkeit früh Selbstwerteinbußen und Orientierungsverluste im Bereich (zu erlangender) sozialer Selbständigkeit erleiden. In der Jugendarbeitslosigkeit tritt die für das spätmoderne Jugendalter problematische Verstrickung von Entwicklungsperspektiven und sozialen Bewältigungszwängen besonders hervor. Eine Bestätigung erhält diese Vermutung durch Praxiserfahrungen in der Jugendberufshilfe, die in ihren Integrations- und Beschäftigungsprojekten in dieser Richtung ihren sozialpädagogischen Schwerpunkt setzt: Wecken und Anerkennen von Fähigkeiten, die außerhalb der (von den Jugendlichen nicht erreichten) Erwerbsarbeit liegen und Erwerb von Hilfen zur alltäglichen Lebenstechnik, mit der die Jugendlichen selbständig ihren Alltag organisieren können.

Nun gibt es - hier finden wir wieder den Anschluss an Merton - unterschiedliche Typen der Anpassung an diese anomische Konstellation. Alheit/Glaß (1986) haben in den Sozialbiografien arbeitsloser Jugendlicher fünf solcher Strukturtypen herausgearbeitet - hier durch eigene Erfahrungen ergänzt -, in denen entsprechende Bewältigungsmuster stecken:

— Arbeit wird als biografischer Einbruch empfunden, in dem die bisherigen Spielräume des Jungseins und die damit verknüpften Zukunftsperspektiven und -hoffnungen auf das spätere Erwachsenenalter eingeschränkt und tabuisiert (d.h. stillgestellt) werden. Es können Identitätsbrüche entstehen, welche die Entwicklung im Sinne einer sozial erweiterten Aneignungsperspektive blockieren. Man fügt sich aber seinem Schicksal mit nachlassendem Selbstvertrauen.

— Man passt sich an die Situation der Arbeitslosigkeit an, indem man auf angebotene Ersatzwege ausweicht - Umschulungen, kurzfristige Beschäftigungen -, dabei aber in der Regel nur jugendkulturell-gegenwartsorientiert reagiert, nicht aber optional-biografisch kalkuliert. Man glaubt, man wird schon später wieder etwas anderes finden und überblickt nicht, dass und wie einen dieser Teil- und Ersatzarbeitsmarkt von der Normallinie der Erwerbsexistenz abdriften lässt, wenn man nicht eine eigene biografische Umweg- und Parkdefinition, die eine Anschlussdisposition für die Zeit danach beinhaltet, findet. Sozialarbeiterinnen in Beschäftigungsinitiativen beklagen entsprechend, dass Jugendliche in solchen Umschulungskursen und Beschäftigungsmaßnahmen kaum bereit sind, diese Anschlussperspektive mitzuentwickeln, da sie zu sehr im Banne des Strebens nach aktueller Handlungsfähigkeit - „nur nicht unter den Arbeitslosen sein" - stehen und sich im Inneren weiter an ihren bisherigen biografischen Karriereperspektiven/Berufsillusionen orientieren. Die Umschulung wird oft nicht oder zu wenig als neuer biografischer Ausgangspunkt angenommen.

— Im Kontrast dazu stehen arbeitslose Jugendliche, die in die subkulturelle „Alternative" des Milieus geraten, in denen sie nicht nur sozial aufgefangen werden, sondern in der Regel auch eine neue biografische Orientierung in einem anderen als dem bisherigen Zusammenhang von Leben und Arbeit entwickeln. Solche Nischen können biografische Übergänge und Umwege mit eigener Qualität strukturieren, das heißt die Jugendlichen müssen sich nicht mehr in ihrem Selbstbewusstsein und Selbstwertgefühl im Schatten ihres Scheiterns am ersten Berufs- und Arbeitsmarkt bewegen. Sie können aus diesem Schatten heraustreten. Solche alternativen Milieuanschlüsse - auch wenn sie nur temporär erfolgen - kann man durchaus dem Spektrum des gesellschaftlichen Experimentierens mit Arbeitsmodellen zuordnen (auch wenn sich die betroffenen Jugendlichen meist selbst nicht so begreifen).

— Daneben gibt es aber auch Jugendliche, die ihre Erwerbslosigkeit nicht als biografisches Schicksal hinnehmen, sondern sich als Betroffene gesellschaftlicher Krisen verstehen. Sie werden in Gewerkschaft und Jugendarbeit entsprechend aktiv und versuchen dadurch, das Selbstbewusstsein und ihre biografische Orientierung vom individuellen Zuschreibungsschicksal Arbeitslosigkeit abzulösen und selbst zu definieren. Für diese Jugendlichen sind dann Jobs oder Umschulungen/Beschäftigungsangebote nicht hingenommene Auswege oder gar biografische Aufgabe von Lebenszielen, sondern werden instrumentell-reproduktiv genutzt.

— Schließlich treffen wir auf die Gruppe von arbeitslosen Jugendlichen, deren Arbeitslosigkeit in einem engen Zusammenhang mit Sozialisationskontexten von Dissozialität und Devianz steht. Ahlheit/Glaß sprechen von einem sozialbiografischen Hintergrund „struktureller Verwahrlosung". Sie meinen damit, dass bei diesen Jugendlichen durch die sozialemotionale Vernachlässigung seitens des Elternhauses, die damit verbundene spätere konflikthafte Desertion und durch den Anschluss an Cliquen, die nicht zur sozialen Mediatisierung, sondern zur Ausgrenzung und Verstärkung antisozialer Tendenzen beigetragen haben, eine abweichende Karriere entstanden ist, die den Zugang zur Erwerbsarbeit erschwert oder blockiert hat. Erwerbslosigkeit wird dann nicht selten als Rationalisierungsmuster für deviantes oder delinquentes Verhalten von diesen Jugendlichen herangezogen.

Diese Typologie - die, wie jede solcher Klassifikationen, Überschneidungen und Vermischungen, wie sie in der empirischen Wirklichkeit vorkommen, notgedrungen übergehen muss - erschließt uns zwei für die Bestimmung des Verhältnisses von Erwerbslosigkeit und Devianz zentrale Erkenntnisse. Zum einen ist dieser Zusammenhang nur in einem der fünf Anpassungsmuster bzw. Verarbeitungsstrategien enthalten, zum anderen ist er nicht eindeutig, sondern eingebettet in eine Hintergrundstruktur, die auf multiple Bedingungszusammenhänge der Sozialisation schließen lässt. Auch in der extensiven Fachdiskussion zum Thema Jugend und Gewalt, wie sie in den neunziger Jahren in Deutschland geführt wurde, ist man sich inzwischen einig, dass zwar arbeitslose Jugendliche im Kriminalitäts- und Gewaltspektrum sichtbarer präsent sind, daraus aber noch lange nicht der Schluss gezogen werden kann, dass Erwerbslosigkeit *ursächlich* für Abweichendes Verhalten ist. Vielmehr wird auf den von Alheit/Glaß aufgezeigten Verstrickungszusammenhang hingewiesen: Es sind die sozialbiografischen Bedingungsfaktoren der Dissozialität, die einerseits Arbeitslosigkeit begünstigen und auf die andererseits Arbeitslosigkeit wiederum negativ verstärkend zurückwirkt. Verschärfend kommt oft hinzu, dass in den alltagspragmatischen Persönlichkeits- und Devianztheorien, die die MitarbeiterInnen in den Instanzen sozialer Kontrolle (Justiz, Sozialarbeit) mit sich herumtragen, nicht selten ein Verursachungszusammenhang zwischen Arbeitslosigkeit und deviantem Verhalten behauptet ist. Diese Alltagsstereotype sind in arbeitszentrierten Gesellschaften nicht verwunderlich, dienen sie doch dazu, das zentrale gesellschaftliche Struktur- und Ordnungsmuster „Erwerbsarbeit" kollektiv und für sich selbst biografisch zu bestätigen und so zu stützen. Im Alltag der DDR-Gesellschaft zum Beispiel - einer Gesellschaft, die Arbeit für alle garantierte - war die Konnotation „arbeitslos ist gleich asozial" gang und gäbe. In Westdeutschland waren solche Konnotationen verdeckter, aber solange die Arbeitslosigkeit ein sozial begrenzbares Phänomen blieb, neigte man in den Alltags- und Medienöffentlichkeiten leicht dazu, Erwerbslosigkeit als persönliches Schicksal anzusehen. Damit war der Deutungsübergang zur „persönlichen Schuld" hergestellt und damit die Assoziation mit Abweichendem Verhalten nicht mehr weit.

2.5.2 Arbeitslosigkeit und familiale Desintegration

Mit der Verbreitung und Verfestigung der strukturellen Arbeitslosigkeit, die heute bis in die Mitte der Gesellschaft hereinreicht und unterschiedliche Biografien erfassen kann, ist der Stigmatisierungsdruck auf Erwerbslose wesentlich schwächer und die alltägliche Plausibilität der Stereotype brüchig geworden. Diese strukturell induzierte Entstigmatisierung begünstigt natürlich die professionelle und gesellschaftspolitische Akzeptanz der Erkenntnis, dass Arbeitslosigkeit „differentiell" bewältigt und in den Verarbeitungsmechanismen auch entsprechend differentiell erforscht werden muss (Kieselbach/Wacker 1987).

Generell können wir also formulieren, dass es *keine* signifikante Beziehung zwischen Erwerbslosigkeit und Abweichendem Verhalten gibt. Es können aber Zusammenhänge zwischen biografischen Mustern der *Bewältigung* von Arbeitslosigkeit und dem Auftreten von Devianz herausgearbeitet werden. Da diese Bewältigungsformen aber höchst unterschiedlich und in multiple biografisch-soziale Hintergrundkonstellationen eingebettet sind, gilt auch diese Relation in der Fachdiskussion als ungesichert und „weich". Dies zeigt sich z.B. bei der von Erwerbslosigkeit heimgesuchten Familie wie folgt:

„Die Folgen der väterlichen Arbeitslosigkeit für die Kinder scheinen - wie die Untersuchung von Unterschieden innerhalb der Gruppe Arbeitsloser zeigte - davon abhängig zu sein, wie die Arbeitslosigkeit innerhalb der Familie erlebt wird. Dabei sind die Unterschiede innerhalb der Gruppe der Kinder arbeitsloser Väter maßgeblich durch das Erleben der Arbeitslosigkeit bestimmt. Je negativer die Arbeitslosigkeit vom Vater und der Mutter erlebt werden, desto negativer denken Kinder über Schule, Arbeit und Zukunft, desto negativer ist das Selbstbild der Kinder und um so schlechter sind die Schulleistungen" (Baarda u.a. 1990, S. 166).

Aus der Praxis der Sozialarbeit kennen wir in dieser Richtung die verschiedensten Berichte, die zeigen, dass es darauf ankommt, auf *welche* Familienverhältnisse die Arbeitslosigkeit trifft. Ist die Binnenfamilie sehr hierarchisch strukturiert, herrschen rigide und unkontrollierte Interaktions- und Kommunikationsformen (mit psychotischem Einschlag) vor, ist die Gefahr wahrscheinlicher, dass Gewaltverhältnisse und Abhängigkeiten nun auch im alltäglichen Handeln und nicht nur in Ausnahmezuständen freigesetzt werden, zumal, wenn z.B. der arbeitslose Vater versucht, die erlittene Selbstwertschädigung und Zurücksetzung mit Alkohol und aggressiver innerfamilialer Machtdemonstration zu kompensieren. Zunahme des Alkoholkonsums bis hin zum Alkoholismus werden überhaupt am häufigsten als risikohafte Begleiterscheinung der Erwerbslosigkeit genannt. Die damit oft verbundene Co-Abhängigkeit der Frauen und Kinder birgt für diese die Gefahr der zunehmenden Abhängigkeit, Schwächung des Selbstbewusstseins und der sozialen Isolation der Familie (vgl. dazu Böhnisch 1997). Dies wiederum kann (!) eine konflikthafte, nicht weiter bearbeitete familiale Desertion von Kindern und Jugendlichen sowie ihren Anschluss an außerfamiliale Cliquen mit antisozialen Verhaltensmustern fördern.

Wenn man der Annahme folgt, dass Abweichendes Verhalten und Devianz auch immer etwas mit bedrohter Handlungsfähigkeit und Mangel an eigenen Ressourcen der konformen Bewältigung kritischer Lebenssituationen zu tun haben, dann sind natürlich Hintergrundeinflüsse dort zu vermuten, wo Arbeitslosigkeit bestehende Probleme familialer Desintegration verstärkt bzw. ausbrechen lässt und der familiale Sozialisationsprozess in sowie der Ablösungsvorgang von der Familie bei Kindern und Jugendlichen gestört ist.

Im Falle langanhaltender Erwerbslosigkeit treten - nach den Ergebnissen einer Befragung von Langzeitarbeitslosen (Peltz/Münz 1990) - „die alten Gewalt- und Abhängigkeitsverhältnisse" wieder auf - die Autoren nennen dies innerfamiliale „Refeudalisierung" - und deformieren die Selbständigkeit gegenüber den Eltern.

„Wir haben gesehen, dass die von uns befragten Arbeitslosen zwar in der Regel durch die Eltern materiell unterstützt werden, dass aber die seelische Unterstützung und das Verständnis zumeist mit der Dauer der Arbeitslosigkeit abnehmen. Zu sehr sind Status, Sicherheit und Identität [...] mit Erwerbstätigkeit und unter Umständen auch mit sozialem Aufstieg verbunden" (Peltz/ Münz 1990, S. 139).

Im Durchschnitt zeigen aber die allgemeinen Befunde zur familialen Bewältigung von Arbeitslosigkeit die Tendenz, dass die Familien - so sie nicht schon vorher desorganisiert waren - versuchen, Arbeitslosigkeit unter Aufrechterhaltung des bisherigen familialen Gleichgewichts zu bewältigen.

„Die meisten Familien bemühen sich, eine Kontinuität zwischen früheren vorausgegangenen Ereignissen und der jetzigen Situation herzustellen; das heißt, es wird der Versuch gemacht, Arbeitslosigkeit nicht als plötzlichen Einbruch in die Familiengeschichte erscheinen zu lassen. Der jetzigen Situation soll auf diese Weise der Charakter des Neuen und der möglicherweise bedrohlichen Aufgabe, das Familienleben neu ordnen zu müssen, genommen werden. Dies scheint auch in erstaunlicher Weise gut zu gelingen, und zwar nicht nur auf der Ebene der Situationswahrnehmung und -deutung, sondern auch im alltäglichen Handeln. So zeigen Interaktionsanalysen, dass in den Familien Arbeitslosigkeit häufig tatsächlich zu einer eher kontinuierlichen Weiterentwicklung zuvor angelegter Tendenzen geführt hat: Konflikte verschärfen sich, Lösungsbemühungen von Kindern werden verstärkt, eheliche Differenzen verdeutlicht, das familiale Zusammengehörigkeitsgefühl intensiviert usw. Auch wird in einer Reihe von Fällen, in Bezug auf die Rollenbeziehung, die Aufgabenverteilung und die jeweiligen Selbstbilder der Familienmitglieder, eher an den routinierten Handlungsmustern festgehalten, bzw. diese werden teilweise strikt verteidigt - z.T. zum eigenen Schaden" (Lüders/ Rosner 1990, S. 91).

So kann natürlich eine „Familienfalle" entstehen, indem sich die Familienmitglieder an die alten Routinen klammern und dabei nicht merken, wie sie zunehmend handlungsunfähiger werden. Dann werden auch kommunikative und interaktive Blockierungen und daraus resultierende Gewaltbezüge nicht mehr wahrgenommen. Das heißt: Auch wenn Familien mit ihren innerfamilialen Ressourcen versuchen, die Belastung der Arbeitslosigkeit zu tragen, ist es notwendig, ihnen Unterstützung und Entlastung - z.b. in gemeindenahen sozialen Netzwerken - zukommen zu lassen.

Überblickt man zusammenfassend den bundesdeutschen Forschungsstand zum Zusammenhang zwischen Arbeitslosigkeit und Abweichendem Verhalten, so verdichtet sich das Bild, dass es hier keine Kausalbeziehung gibt, dafür aber - angesichts eines überdurchschnittlichen Anteils von jungen Arbeitslosen unter den polizeilich registrierten Tatverdächtigen (Spiess 1993) - die empirisch nachzeichenbare Wahrscheinlichkeit, dass Devianz eher dort auftritt, wo Arbeitslosigkeit Bestandteil „misslungener Sozialisation" und „Folge der Kumulierung sozialer Belastungen [...] und der mit diesen Belastungen verbundenen Stigmatisierungs-, Deklassierungs- und Ausgrenzungsprozesse" ist (Braun 1990, S. 202; vgl. auch zum Zusammenhang von Armut und Kriminalität Pfeiffer 1995). Diese Aussagen sind um so differentieller zu betrachten, als die Arbeitslosigkeit sich heute als strukturelles Phänomen festgesetzt hat und die Grenzen zwischen struktureller und sozialisatorisch bedingter sozialer Benachteiligung oft fließend sind.

3. Pädagogische Arbeitsfelder als Kontrollinstanzen

Dass die für das Kindes- und Jugendalter typischen pädagogischen Institutionen - Schule und Jugendhilfe - auch als Kontrollinstanzen zu betrachten sind, hat zwei allgemeine und plausible Gründe: Zum einen sind sie - aufgrund ihrer *gesellschaftlichen Funktionen* - in die öffentlich geltenden Normen und vorherrschenden Ordnungs- und Normalitätsmuster eingelassen. Zum anderen bilden sie selbst eigene Ordnungs- und Kontrollbezüge aus, um ihre institutionelle Stabilität und Funktionsfähigkeit sichern zu können. Da sie aber *pädagogische* Institutionen sind und damit von ihrer modernen Definition her Kinder und Jugendliche sozial integrieren und ihnen zu einer chancenreichen Normalbiographie verhelfen sollen, ist der weitergehende Kontrollverdacht, dass Schule und Jugendhilfe selbst Abweichendes Verhalten „produzieren" können, seit jeher brisant. Mit diesem pädagogischen Dilemma ungeplanter, aber strukturell vorhandener negativer sozialer Kontrolle (als Etikettierung und Stigmatisierung) in Schule und Jugendhilfe wollen wir uns im Folgenden beschäftigen.

Dabei stoßen wir auf ein folgenreiches Modernisierungsparadox, auf das uns Foucault (1976) immer wieder hingewiesen hat: Die Modernisierung der hoheitlichen (auch der pädagogischen) Institutionen im Sinne des Abbaus externer Straf- und Zwangsmechanismen hin zu rational begründeten, in die Selbstkontrolle und das Bewältigungsverhalten der Subjekte verlagerten, Zumutungen von Anpassung und Normalität schafft das Problem der Kontrollmacht und der Stigmatisierung nicht aus der Welt. Sie verschiebt sie vielmehr nach innen. Dadurch werden sie informalisiert, in das individuelle Sozialisationsspektrum hinein verlegt. Sie erscheinen dann nicht mehr als Akte und Resultate von Machtwillkür, sondern als rekonstruierbare sozialisatorische Zwangsläufigkeiten.

Deshalb brauchen diese pädagogischen Institutionen *reflexive* Strukturen, um diesen in der modernen Rationalität des Pädagogischen versteckten negativen Kontrollcharakter zu erkennen, um sich selbst - als Schule oder Jugendhilfe - damit auseinandersetzen zu können. Wir werden in diesem Zusammenhang sehen, dass die Herstellung einer solchen Eigenreflexivität keine von den institutionellen Strukturen losgelöste Frage des Bewusstseins ist, sondern entsprechende institutionelle und organisatorische Reformen in Jugendhilfe und Schule voraussetzt.

3.1 Hilfe als Kontrolle: Der schmale pädagogische Grat der Jugendhilfe

Die Jugendhilfe ist von ihrer Geschichte und gesellschaftlichen Funktion her ein Interventionsbereich, in dem Abweichendes Verhalten bei Familien, Kindern und Jugendlichen präventiv und reaktiv korrigiert oder zumindest befriedet und eine Reintegration in die gesellschaftliche Normalbiografie angestrebt wird. Sie ist somit eine klassische Instanz sozialer Kontrolle, die in ihren Eingriffsmechanismen - z.B. Heimeinweisung, sozialpädagogische Maßnahmen in Verbindung mit der Jugendgerichtsbarkeit - bis in den punitiven Bereich hineinreicht. Gleichzeitig versteht sich die Jugendhilfe als pädagogische Institution - neben Familie, Schule und beruflicher Ausbildung -, die im Sinne einer zunehmend sozialisatorisch (und weniger normorientiert) ausgerichteten Pädagogik an den Entwicklungs- und Bewältigungsproblemen von Kindern und Jugendlichen ansetzen und deshalb ihren Kontrollcharakter möglichst entschärfen und pädagogisch überformen will (vgl. zur Jugendhilfe im Überblick: Achter Jugendbericht 1990, Jordan/Sengling 1994, Otto/Thiersch 1999). Die Entwicklung der rechtlichen Rahmenregelungen vom Reichsjugendwohlfahrtsgesetz der 20er Jahre bis hin zum Kinder- und Jugendhilfegesetz der 90er Jahre spiegelt den Trend einer stetigen Pädagogisierung und Entpönalisierung des Jugendhilferechts wider. Dennoch bleibt der Kontrollcharakter „letztlich" doch als Strukturelement der Jugendhilfe bestehen. Das zeigt sich in der Struktur und Systematik des Gesetzes: Die Pflichtaufgaben der Jugendhilfe sind dort als Muss-Normen formuliert, wo die Maßnahmen eine deutliche Dimension sozialer Kontrolle aufweisen (z.B. bei den Erziehungshilfen nach §27 bis §35 KJHG). Dort aber, wo es offensichtlich nicht um Kontrolle geht, vor allem in den Bereichen der Jugendarbeit, handelt es sich um Kann- und bestenfalls Soll-Normen.

Die Spannung zwischen Hilfe und Kontrolle, die Herman Nohls klassische Formel ausdrückt - nicht die Probleme, die der Jugendliche macht, sondern die er hat, müssten Ansatzpunkt sozialpädagogischer Arbeit sein -, ist bis heute in der Jugendhilfe erhalten geblieben. Die Kontrollfunktion wird auch von Öffentlichkeit und Politik immer dann angemahnt, wenn Abweichendes Verhalten Jugendlicher nicht mehr auf jugendkulturelle Räume beschränkt ist, sondern das öffentliche Ordnungsinteresse sowie Symbole gesellschaftlicher Integration tangiert sind. Diese institutionelle Kontrolldimension - in der Spannung von harter Ordnungspolitik und weicher Integrationshilfe - wurde in der jugendhilfekritischen Diskussion der 70er Jahre in Westdeutschland noch dadurch zusätzlich belastet, dass der Jugendhilfe nicht nur ihre traditionelle Disziplinierungsfunktion vorgehalten wurde, sondern dass man ihr darüber hinaus noch den Vorwurf machte, sie trüge mit ihren Maßnahmen erst recht zur Verfestigung Abweichenden Verhaltens bei. Eine Institution, die angetreten war, Abweichendes Verhalten zu korrigieren und die Abweichler sozial zu reintegrieren, geriet (und gerät bis heute) in den begründeten Verdacht, selbst Abweichendes Verhalten zu verursachen, deviante Karrieren zu formen und somit Familien, Kinder und Jugendliche zu stigmatisieren.

Nach dieser einführenden Skizze müssen wir also das Verhältnis von Jugendhilfe und Devianz auf zwei Ebenen rekonstruieren:

– Hinsichtlich ihrer institutionellen Kontrolldimension im ordnungspolitischen und sozialintegrativen Bezug.
– In Bezug auf die Aspekte sozialer Kontrolle, die in die Struktur der Maßnahmen und Abläufe der Jugendhilfe eingelassen sind, und bezüglich der Abweichendes Verhalten verursachenden bzw. dieses verfestigenden Wirkungen, die von der Jugendhilfe selbst ausgehen können.

3.1.1 Die Jugendhilfe in ihrer institutionellen Dimension sozialer Kontrolle

Die Wurzeln der Jugendhilfe in Deutschland liegen nicht im Pädagogischen, sondern im Bereich obrigkeitsstaatlicher Kontrolle. Der Jugendhilfe wurden Jugendliche zugewiesen, welche ein Verhalten zeigten, das die öffentliche Ordnung gefährdete und/oder politisch und sozial unerwünscht war. Dieses „Abweichende Verhalten" war so weit kriminalisiert, dass der Jugendhilfe ausgangs des 19. Jahrhunderts wenig pädagogischer Spielraum blieb. Allerdings ist nicht zu übersehen, dass neben der kriminal- und ordnungspolitischen Funktion die *sozialintegrative* Absicht des Sozialstaates eine Rolle spielte. Da es sich um Jugendliche und somit in der Entwicklung Befindliche handelte, sollte neben der Sanktions- und Abschreckungsfunktion (im Blick auf die Mehrheit der konformen Jugend) auch eine pädagogische Funktion berücksichtigt werden: Es sollte versucht werden, die Jugendlichen wieder auf 'den rechten Weg' zu bringen (Fürsorgeerziehung als Besserungserziehung), sie in die Gesellschaft wieder einzupassen. Diese pädagogische Dimension gewann mit der Demokratisierung der Gesellschaft und der sozialstaatlichen Zwecksetzung der Jugendhilfe in der Weimarer Republik deutlich an Boden. Sie wurde in der Praxis getragen und gestaltet von SozialpädagogInnen, die aus der Jugendbewegung und aus der bürgerlichen Frauenbewegung kamen und sich im reformpädagogischen Geist an die Ausgestaltung der Jugendhilfe machten. Bis heute kommen gerade aus den sozialen Bewegungen „jene geistigen Energien der Jugendwohlfahrtspflege" (Nohl), welche die Jugendhilfe (periodisch) sozial- und jugendpolitisch immer wieder erneuern. Dadurch - vor allem auch in den 70er Jahren im Gefolge der Studentenbewegung, Lehrlingsbewegung, der Heimkampagnen und Jugendzentrumsbewegung - entstand fachöffentlich immer wieder der Eindruck, die Jugendhilfe sei - seit der Jugendbewegung - Teil sozialer Bewegungen und könne sich somit den sozialstaatlichen Kontrollinteressen entziehen. Die deutliche Rückführung des Interesses an der Jugendhilfe auf Kontrollinteressen in den 90er Jahren belehrt uns eines besseren: Die institutionelle Dimension sozialer Kontrolle ist der Jugendhilfe in der modernen Industriegesellschaft immanent. Jugendhilfe ist keine soziale Bewegung, sondern eine sozialstaatliche Institution.

Als solche richtete sie ihr Augenmerk im letzten Drittel des 19. Jahrhunderts zuerst auf die proletarischen Jugendlichen in der „Kontrolllücke zwischen Schule und Kasernentor". Die Jugendhilfe hatte diese Lücke zu schließen. Denn in den Augen der damaligen Obrigkeit bestand die Gefahr, dass die Jugendlichen unter den Einfluss der sozialistischen Arbeiterbewegung gerieten. Deshalb musste ihr ungebundenes Verhalten auf der Straße kriminalisiert, zumindest aber in die Richtung der „Gefährdung" gerückt werden.

In dieser klassischen Kontroll- und Kriminalisierungsdefinition der Jugendhilfe scheint der dahinterliegende Aspekt der Machtdurchsetzung und Herrschaftssicherung deutlich auf. Mit der Hegemonialisierung der politischen und sozialen Machtstrukturen und der Entkriminalisierung der Straße und ihrer tendenziellen Anerkennung als Lebensort für Kinder und Jugendliche (allerdings nur, wenn sie nicht aus der Familie desertiert sind) ist der pädagogische Raum heute breiter und vielfältiger, die Stigmatisierungsgefahr geringer und die Kontrollfunktion sekundär geworden. Im Sinne unseres Paradigmas Sozialintegration/Systemintegration ist heute zu formulieren: Das öffentliche Kontrollinteresse hat sich in die systemischen Bezüge verlagert und tritt vor allem bei Verhaltenssymptomen der gesellschaftlichen Bestandsgefährdung (z.B. Jugendgewalt) hervor. Die sozialintegrativen Bezüge können sich deshalb stärker von den Jugendlichen selbst her entwickeln und in diesem Sinne pädagogisch definiert werden. Die Jugendhilfe kann sich als „lebensweltorientierte Jugendhilfe" (vgl. dazu Achter Jugendbericht 1990) begreifen.

Eine andere historische Wurzel des Kontrollcharakters der Jugendhilfe liegt im traditionellen Verständnis von *Hilfe*, wie es aus der Wohlfahrts- und Fürsorgetradition auch in die Jugendwohlfahrt Eingang gefunden hat. Der Fürsorgetheoretiker H. Scherpner (1962) hat in diesem Zusammenhang darauf hingewiesen, dass das Spannungsverhältnis, der pädagogisch konstruierte Gegensatz von Hilfe und Kontrolle, wie er in der modernen Reformdiskussion der Sozialpädagogik/Sozialarbeit immer wieder beschworen wird, keinen äußeren Gegensatz, sondern ein, dem Funktionscharakter der öffentlichen (sozialen) Hilfe immanentes, Strukturproblem darstellt. Hilfe ist gleichzeitig immer auch Kontrolle. Scherpner leitet dies historisch her, indem er zeigt, dass die Gewährung sozialer Hilfe in der deutschen Sozialgeschichte immer als gesellschaftliches und nicht als individuelles Problem definiert war. Individuelle und persönliche Hilfe unterscheidet sich von sozialer Hilfe dadurch, dass sie im Alltag unterhalb der gesellschaftlichen Aufmerksamkeit gewährt wird. Soziale Hilfe als gesellschaftlich verantwortete Hilfe tritt dann auf den Plan, wenn Einzelne oder Gruppen sich nicht mehr selbst helfen können, Alltagshilfe zu kurz greift und damit symbolisch oder materiell das Gleichgewicht der Gesellschaft gefährdet ist. Anders formuliert: Soziale Hilfe wird gewährt, wenn Einzelne oder Gruppen nicht in der Lage sind, sich an die Gesellschaft sozial anzupassen. Soziale Hilfen sind also Anpassungshilfen an gesellschaftliche Mindeststandards von Alltagsbewältigung, sozialer Sicherheit und sozialer Teilhabe. Auch sie haben wieder eine gleichermaßen integrierende wie kontrollierende Funktion. Sie sollen der Durchschnittsbevölkerung die Sicherheit geben, dass die Gesellschaft einspringt, wenn sie aus dem sozialen Gleichgewicht geraten, gleichzeitig aber auch symbolisieren, dass die Gesellschaft korrigierend auf den Plan tritt, wenn soziale Abweichungen nicht mehr über das Alltagshandeln geregelt werden können. Diese kontrollierende und integrative Funktion sozialer Hilfe hat sich bis heute nicht nur in der Sozialhilfe (Sozialhilfeempfänger sind über das Lohnabstandsgebot planmäßig schlechter gestellt als Arbeitsempfänger), sondern auch in der Jugendsozialarbeit erhalten (die Jugendsozialarbeit hat nicht nur den Auftrag der Verbesserung der Vermittlungsbedingungen in den Arbeitsprozess, sondern vor allem auch den der sozialen Stabilisierung und Verhaltenslenkung der Jugendlichen).

3.1.2 Etikettierungsprozesse in der Jugendhilfe

Die moderne Jugendhilfe - auch wenn sie sich heute in ihren sozialintegrativen Bezügen wohlfahrts- und lebenslagenorientiert versteht (vgl. dazu Flösser 1994) - bleibt also weiterhin eine Instanz öffentlicher Kontrolle. Die Erwartung der Gesellschaft, sich präventiv und/oder reaktiv auf Abweichendes Verhalten und Delinquenz Jugendlicher zu beziehen, bricht in den Sonderereignissen von Jugendgewalt und -kriminalität immer wieder hervor. „Wo bleibt die Jugendpflege?", ging als Kanzlerwort nach den Ausschreitungen (gegen eine Asylantenunterkunft) in Rostock 1993 durch die Medien. Die Jugendhilfe ist deshalb bestrebt, sich - zumindest im Alltagsgeschäft - eine fachliche Autonomie zu schaffen, die es ihr erlaubt, „neben" dieser hoheitlich-öffentlichen Kontrollerwartung eine Hilfestruktur aufzubauen, die in ihren Aktivitäten an der Lebens- und Bewältigungssituation der Kinder und Jugendlichen anknüpft und für diese Umwege der Integration aufzeigen und organisieren kann, die nicht stigmatisierend und ausgrenzend wirken. Dabei kommt der Jugendhilfe heute zupass, dass sich - zumindest in den soziokulturellen Bezügen der Sozialintegration - die Alltagswelt und die biografischen Wege zur Erreichung der Normalexistenz im Erwachsenenalter pluralisiert haben.

Dennoch ist die Jugendhilfe in Sachen Kontrolle längst nicht aus dem Schneider. Nicht nur die Ereignisse der Jugendgewalt decken das auf, auch der fiskalische Druck und die damit verbundenen organisatorischen Steuerungsauflagen, nach denen die Jugendhilfe sich auf ihre Pflichtaufgaben - und das sind eben nach dem KJHG nach wie vor die manifesten Kontrollaufgaben - zu beschränken hat, zwingen sie verdeckt und offen auf den tradierten „geraden" Weg der Kontrolle Abweichenden Verhaltens. Daran wird deutlich, dass sich die Jugendhilfe nicht von ihrer kontrollierenden Grundstruktur verabschieden kann, dass sie - im gesellschaftlichen Funktionszusammenhang - eine Instanz öffentlicher Sozialkontrolle bleibt. Man kann das wieder mit dem Modell der Entkopplung von System- und Sozialintegration beschreiben: In den sozialintegrativen Bezügen kann die Jugendhilfe entstigmatisierend wirken und über die Umwege, die eine pluralisierte Alltagsnormalität zulässt, so arbeiten, dass sie nicht dem Definitionszwang Abweichenden Verhaltens unterliegt. Dies hat aber seine systemintegrativen Grenzen: Dort, wo der systemische Bestand symbolisch oder materiell gefährdet ist, wird sie in die gesellschaftliche Kontroll- und Stigmapflicht genommen. Auch in dieser Spannung ist die Jugendhilfe als Erziehungs- *und* Kontrollinstanz zu thematisieren. Das Wissen um diese Spannung gehört zur institutionellen und professionellen Reflexivität der Jugendhilfe. Ohne diese Reflexivität kann die Jugendhilfe auch nicht den Etikettierungs- und Stigmatisierungstendenzen begegnen, die aus eben dieser ihr eigenen Kontrollstruktur entstehen und sich verselbständigen können.

Ich will im Folgenden diese der Jugendhilfe immanenten Kontroll- und Stigmatisierungstendenzen an dem Ablaufmodell darstellen - wie es Herriger (1987) aus der Jugendhilfekritik der 70er Jahre entwickelt hat - und diesem die Bemühungen um eine Entstigmatisierung und Lebensweltorientierung der Jugendhilfe in den 80er und 90er Jahren entgegensetzen. Dabei soll auch deutlich werden, dass sich der Kontrollcharakter nicht durch einfache pädagogische und therapeutische Verfachlichung aushebeln lässt, sondern auch im Pädagogischen wirkt. Entstigmatisierung ist also nur bedingt eine fachliche, zuvörderst aber eine gesellschaftspolitische Aufgabe.

Herriger weist darauf hin, dass die Jugendhilfe traditionell ihr Klientel nicht selbst rekrutiert, sondern durch andere Institutionen - vor allem die Polizei - zugewiesen bekommt. In diese Zuweisung sind schon Definitionen des Falls eingegangen: Die Jugendlichen kommen nicht als solche, sondern *kategorisiert* als Normverletzer, als polizeilich registrierter Typus, zur Jugendhilfe, von der - diesem Typ entsprechende - Maßnahmen erwartet werden. Dies trifft vor allem Jugendliche, von deren Familien aufgrund ihres sozialen Status angenommen wird, dass sie nicht zur privaten Regulierung des angerichteten Schadens oder überhaupt zur verständigenden Kommunikation über den Tatverdacht ihres Kindes bereit und in der Lage sind. Die Jugendhilfe wird also meist erst eingeschaltet, wenn schon ein wesentlicher Typisierungsvorgang gelaufen ist, in den sie sich mehr oder minder einfädelt, die vorangegangenen Definitionen anerkennen, zumindest sich verbindlich damit auseinandersetzen muss.

Die Reform der deutschen Jugendhilfe in den 80er und 90er Jahren lief deshalb vor allem auch darauf hinaus, möglichst früh mit gefährdeten oder delinquenten Jugendlichen in Kontakt zu kommen. In Formen der stadtteilbezogenen „aufsuchenden" und netzwerkorientierten Arbeit - Streetwork, mobile Jugendarbeit (vgl. Specht 1987, Lindemann 1993) - sollen Jugendliche, wenn sie schon mit der Polizei in Berührung kommen, auch gleich Unterstützung durch die Sozialarbeit erhalten. Diese versucht schon früh, den Definitionsprozess von den Problemen der Jugendlichen her zu beeinflussen. Vor allem bei den Jugendlichen, deren Familien nicht in der Lage sind, regulierend einzugreifen, versteht sich die moderne Jugendhilfe als präventive Regulierungsinstanz. Eine entsprechende Zusammenarbeit zwischen Jugendhilfe und Polizei hat sich an vielen Orten entwickelt, sie wird den Jugendlichen offen dargelegt, so dass sie den Kooperationszweck durchschauen und verstehen können, dass es sich hier um Versuche der Entkriminalisierung handelt.

Allerdings ist es über diese offenen und aufsuchenden Projekte hinaus bis heute schwierig, gerade den eingriffstradierten Instanzen der Jugendhilfe (Familien- und Erziehungshilfen) verständlich zu machen, dass es sich bei der Intervention um einen interaktiven und interpretativen Prozess, aber nicht um ein gesichertes Verfahren handelt:

> „Die berufliche Interaktion zwischen dem sachbearbeitenden Sozialarbeiter der Jugendhilfebehörde und dem ihm gemeldeten Minderjährigen ist inhaltlich geprägt durch den Handel um eine rechtsverbindlich eindeutige Definition der registrierten 'problemhaften' Geschehnisse [...]. Zugleich muss der Fall in einer Akte schriftlich niedergelegt werden, so dass andere möglicherweise beteiligte oder noch zu beteiligende Instanzen bereits auf einen Bestand von bedeutungsvollen Informationen zurückgreifen können, wenn sie ihrerseits über Maßnahmen gegen diese Kinder und Jugendliche zu befinden haben" (Herriger 1987, S. 181).

Die SozialarbeiterInnen stehen dabei unter dem institutionellen Druck - den sie oft selbst in ihre Haltung übernommen haben -, die Vorgänge in die Indikationen und Verfahrensregeln des Jugendhilfegesetzes und seiner jeweils behördlichen Ausführungstradition einzupassen und greifen dabei auf ihr „berufsbezogenes Alltagswissen" (Herriger) zurück. Dieses ist auf Typisierung angelegt, d.h. es dient dazu, die behördliche Handlungsfähigkeit der SozialarbeiterInnen aufrecht zu erhalten. An dieser orientiert sich auch die *Berufserfahrung* (wie habe ich in der Vergangenheit etwas gemeistert). So wird von einem verfügbaren Fundus von „pragmatischen Persönlichkeitstheorien" (was ist ein anständiger Mensch?), „pragmatischen Devianztheorien" (wer gilt landläufig als gefährdet?) und „pragmatischen Kontrolltheorien" (was halten wir für solches Klientel üblicherweise bereit?) ausgegangen (nach Herriger 1987, S. 183).

Solche pragmatischen Persönlichkeitstheorien sind eingebettet in „praktische Ideologien", welche über die fachliche Orientierung hinaus Sinnstiftung im Beruf vermitteln. Als solche organisieren sie das Handeln der MitarbeiterInnen und sind „Grundlage für Kooperation und professionelle Selbstkontrolle" (Klatetzki 1998, S. 61). Somit sind die Persönlichkeitstheorien eingebunden in ein Alltagsmilieu beruflicher Identität und Gemeinschaft und deshalb schwer von außen in Frage zu stellen:

> „Das Grundproblem praktischer Ideologien besteht nun darin, dass sie Vereinfachungen vornehmen und Eindeutigkeiten herstellen, wo in Wirklichkeit [...] die Verhältnisse unvermeidlich mehrdeutig und komplex sind. Ideologien haben in Organisationen den Charakter von Selbstverständlichkeiten

[...] und so wird vergessen, dass es andere Interpretationsmöglichkeiten für soziale Probleme gibt" (Klatetzki 1998, S. 62).

Auf den Jugendlichen wird insofern eingegangen, als über den Mechanismus der „retrospektiven Interpretation" die Biografie „neu aufgearbeitet" wird, um dem normabweichenden Verhalten eine verstehbare lebensgeschichtliche Bedeutung zu geben: „Auch für die SozialarbeiterInnen im Jugendamt gehört es zur Berufsroutine, dass sie im unmittelbaren Gespräch mit dem Minderjährigen und/oder seinen Eltern ein retrospektiv gerichtetes Bild der je besonderen Individualität und Entwicklungsgeschichte des 'Missetäters' entwickeln" (Herriger 1987, S. 183). So haben die SozialarbeiterInnen das Gefühl, dass sie der biografischen Einzigartigkeit des Jugendlichen und gleichzeitig den Erfordernissen der Institution Jugendhilfe gerecht werden können.

Dies ist auch die Grundstruktur der meisten Anamnesen. Mit der retrospektiven Interpretation wird der Jugendliche schon in einer devianten *Karriere* gesehen, eine Zuschreibung, die es den SozialarbeiterInnen möglich macht, vergangenes und zukünftig erwartbares Verhalten des/der Jugendlichen aus ihrer Sicht zu plausibilisieren. Somit erhält der/die Jugendliche eine deviante Biografie, die sich an der Entwicklung seiner/ihrer Auffälligkeit und nicht an seiner/ihrer subjektiven Bewältigungsbiografie ausrichtet. Er/sie kann dann auch in der Jugendhilfe weitergereicht werden, Überweisungsstation und biografische Station vermischen sich. Schließlich hat der/die Jugendliche in den Kontroll-Augen der Jugendhilfeadministration und ihrer SozialarbeiterInnen nicht ein Kinder- und Jugendleben hinter sich, sondern eine Reihe von Aufgriffen, Überweisungen, Beratungen, Trainingskursen, Heimeinweisungen etc. Er/sie ist dem Jugendhilfesystem vertraut, man weiß mit sich gegenseitig umzugehen, beide - der/die Jugendliche und die SozialarbeiterInnen - orientieren sich nun gegenseitig am typisierenden Karrieremodell. Die Jugendhilfe hat ihre Klienten im Griff und diese arrangieren sich damit, vor allem dann, wenn sie sich davon Vorteile für eine möglicherweise bevorzugte Behandlung erhoffen. Das Eingehen auf die Definitionen der SozialarbeiterInnen ist für Jugendliche oft mehr ein Deal denn eine Stigmaübernahme.

3.1.3 Prinzipien der Entstigmatisierung

Auch und gerade in diesem Bereich hat die Reform der Jugendhilfe - in Fachdiskussionen, in der Praxis und schließlich in der Gesetzgebung - fachliche und organisatorische Neuorientierungen gebracht (vgl. dazu Otto/Thiersch 2001), wenngleich nicht vergessen werden darf, dass die gesellschaftlich intendierte Kontrollfunktion der Jugendhilfe im Hintergrund immer erhalten blieb (systemintegrative Hintergrundstruktur). Auch hat die Modernisierung der Kontrollstrukturen diese zwar ihrer früheren Willkür beraubt, an ihre Stelle sind aber sozialisatorische und professionelle Definitionen getreten, deren negativer Kontrollcharakter („Klientelisierung") hinter ihrer Rationalität versteckt ist. Deshalb braucht die Jugendhilfe eine *reflexive* Praxis, in der sie sich dieser Hintergrundstruktur immer wieder neu und kritisch vergewissert. Von fünf Eckpunkten der Jugendhilfereform der 80er und 90er Jahre aus kann aufgezeigt werden, wie verhindert werden soll, dass in der Jugendhilfe selbst Jugendhilfekarrieren entstehen:

– Die Erziehungshilfen sollen im regionalen Lebensumfeld angesiedelt sein. Das betrifft vor allem die traditionelle überregionale Heimeinweisung: Kinder und Jugendliche sollen nicht zu Heimkindern gemacht und damit in institutionelle Biografien (Heimkarrieren) gezwungen werden. Es wird nun vielmehr versucht, die betreuenden Hilfen in das zentrale Segment ihrer Biografie, das regionale und lokale Herkunfts- und Gleichaltrigenmilieu (z.B. in der Form des Betreuten Wohnens), zu integrieren (vgl. dazu Wolf 1995).

– Die Erziehungshilfen sollen „integriert", d.h. aufeinander bezogen und „aus einer Hand sein" (Trede 1996). Die Arbeitsformen sollen entsprechend „entspezialisiert" werden - zu starke Spezialisierung fördert die Abschottung der Hilfen voneinander -, d.h. spezielle therapeutische Kompetenzen werden so organisiert, dass sie in der Kommunikation und Evaluation des integrierten Hilfebezugs verbleiben.

– Dies verlangt eine flexible, stadtteilbezogene Teamorganisation in der Sozialarbeit. Die Erziehungshilfen nach den §§27 bis 35 des KJHG werden in einer Einrichtung durch ein Team angeboten. Dabei steht nicht die Anpassung an die vorgegebene Institutionalisierung der Problemlage des Jugendlichen im Mittelpunkt, sondern der erzieherische Bedarf, der in einem Bezug zum lebensweltlichen Umfeld erschlossen werden muss (§27 KJHG, vgl. dazu Münder u.a. 1993). „Flexible Betreuung [richtet] den Fokus auf den kommunikativen Anteil des Zustandekommens einer Entscheidung. [...] Wir schaffen für jeden Jugendlichen ein einmaliges Betreuungssetting, eine seiner Individualität entsprechende Lebensform" (Klatetzki 1993, S. 4).

– Die kommunikative Praxis des Teams ist durch (institutionalisierte) Reflexivität strukturiert. Die SozialarbeiterInnen müssen erkennen, dass sie es in ihrer Problemsicht nicht mit Tatsachen, sondern mit Deutungen (Klatetzki) zu tun haben. Deshalb ist es wichtig, sich in der Teamkommunikation der eigenen Persönlichkeits-, Devianz- und Kontrollstereotype zu vergewissern. Dies ist aber - so wie wir die Funktion von Stereotypen zur Aufrechterhaltung der eigenen professionellen Handlungsfähigkeit kennengelernt haben - nicht mit rational-kognitiven Programmatiken zu machen, sondern erfordert organisations- und teamnahe Supervision (vgl. dazu Belardi 1993), in der diese Funktion für jeden Einzelnen und die Teamgruppe aufgedeckt wird und kommunikativ ausgerichtete funktionale Äquivalente gesucht werden können.

Das Schwierigste und Wichtigste bei der ganzen Entstigmatisierung in der Jugendhilfe aber ist die Beteiligung und Mitwirkung der Jugendlichen an den

Maßnahmen, so wie sie in den rechtlichen Regelungen zur Erstellung des Hilfeplans im KJHG vorgesehen ist. Sicher erbringt eine lebensweltorientierte Methodik (vgl. dazu Galuske 1998) schon einmal die Voraussetzung der „Niederschwelligkeit", des Abbaus institutioneller, lebensweltfremder Zugangsbarrieren. Damit ist aber noch nicht das Problem gelöst, dass Jugendliche, die zum Klientel der Jugendhilfe werden, nur bedingt über die kommunikative Kompetenz verfügen, die notwendig ist, um in solchen Aushandlungsprozessen nicht nur zu bestehen, sondern auch aktiv mitbestimmend teilzuhaben. Schon R. Bohnsack hatte in seinem Klassiker „Handlungskompetenz und Jugendkriminalität" (1973) differenziert dargestellt, dass Jugendliche aus sozial benachteiligten Familien- und Herkunftsmilieus nicht gelernt haben, von der Milieusprache auf institutionelle Kommunikation umzuschalten, dass ihnen non-direktive Aushandlungskonstellationen fremd sind und dass sie deshalb auch nicht über „defensive Beschwerdemacht" verfügen. Das heißt, sie haben keine biografischen Erfahrungen darin, der institutionellen Sprachlogik entsprechend entlastende Gegendarstellungen für sich zu konstruieren. Ihre Entgegnungen sind meist direkt und egozentriert und wirken deshalb oft komisch und unlogisch auf die SozialarbeiterInnen: Zum Beispiel wenn ein Jugendlicher sagt, er sei gegen ein Fenster gestoßen worden und dadurch zwangsläufig zum Einsteigen in die Wohnung und zum Klauen gekommen. Oder sie gelten als „uneinsichtig": Diese Uneinsichtigkeit rührt aber meist daher, dass für die Jugendlichen das Abweichende Verhalten zuvörderst Bewältigungsverhalten war, um handlungsfähig im Sinne der Selbstwerterhaltung und der Anerkennung durch die Gruppe bleiben zu können. Hier kommen wir wieder in die pädagogische Dimension des *Verstehens* von Abweichendem Verhalten. Angesichts dieser Problematik der Handlungskompetenz sind offene aufsuchende Angebote im präventiven Bereich (Streetwork etc.) für die gesamte Jugendhilfe wichtig. Denn hier konstituiert sich die Vertrauens- und Verständigungsbasis zwischen gefährdeten Jugendlichen und Sozialarbeit, eine gemeinsame Sprache, auf die man in kritischen Situationen Abweichenden Verhaltens gegenseitig wieder zurückkommen kann.

3.2 Die Schule als Instanz sozialer Kontrolle und als anomische Struktur

Die Schule ist unzweifelhaft eine Instanz formeller sozialer Kontrolle. Sie ist eine gesellschaftlich legitimierte, hoheitliche Institution mit Zwangsmitgliedschaft, schreibt rigide Verhaltensmodelle vor und hat den (impliziten) sozialerzieherischen Auftrag, die kognitiven Voraussetzungen für Verhaltenskonformität zu schaffen. Ihre Kontrollstile sind sowohl unmittelbar punitiv - Strafen und Ausschluss - als auch sozial mittelbar: Sie kann Sozialchancen verteilen, chancenfördernd oder -verwehrend wirken. In ihrem erzieherischen Hauptgeschäft ist der Kontrollaspekt - neben der Ausrichtung der Schule an gesellschaftliche Konformität - *strukturell* eingelassen. Sie orientiert sich implizit - d.h. den LehrerInnen oft gar nicht bewusst - an herrschenden Normalitätskonstruktionen, nach denen Kinder und Jugendliche in ihrem Verhalten beurteilt, typisiert und etikettiert werden. Dies wirkt vor allem in schicht- und geschlechtsspezifischen, sowie in interkulturellen Bezügen (vgl. zu den Anfängen dieser Diskussion in Deutschland: Brusten/Hurrelmann 1973, Asmus/Peukert 1979).

Sozialisatorisch betrachtet geht vom Kontrollcharakter der Schule eine tiefgreifende alltagskulturelle und biografische Wirkung aus. Die Schule strukturiert den Alltag als Schulalltag, die Kindheit als Schulkindheit und die Jugendphase als Bildungsjugend. Scheitern am Schulalltag, wie es sich z.B. im notorischen Schulschwänzen äußert, bedeutet daher in letzter Konsequenz für manche Kinder und Jugendliche eine deviante Etikettierung und Zuweisung zu Institutionen, die um Abweichendes Verhalten gruppiert sind. Scheitern am Schulalltag gehört zu den zentralen Indikatoren der Zuweisung zur Jugendhilfe. Biografisches Scheitern an Schule wiederum - Abbrechen, Abgang ohne Abschluss - verweist in der öffentlichen Meinung auf die Potentialität einer von der Normalbiografie abweichenden Karriere.

Schule muss also alltäglich und biografisch bewältigt werden, soll die gesellschaftliche Integration der Jugendlichen gelingen. Diese Dimension der *Systemintegration* lässt die Schule zur gesellschaftlichen Kontrollinstanz werden. Allerdings ist die Selbstverständlichkeit und Verlässlichkeit dieser integrativen Funktion der Schule heute brüchig geworden: Die Schule ist in ein *anomisches* Fahrwasser geraten. Diese anomische Tendenz zeigt sich heute auch dort, wo man es früher nie vermutet hätte: Die Schule scheint nicht mehr der geschlossene soziale Ort mit seiner gewohnten sozialen Verbindlichkeit, Eindeutigkeit und Exklusivität zu sein. Schule ist einem sozialen Entstrukturierungsprozess ausgesetzt, der anomische Tendenzen hervorruft. Wir werden dies mit dem Paradigma 'zunehmende Freisetzung der Sozialräumlichkeit von Schule' aufzuschließen versuchen.

3.2.1 Typisierungsprozesse in der Schule

Schule als Ort der Leistungskonkurrenz und Auslese setzt *vergleichbare* SchülerInnen voraus. Dies ist der strukturelle Hintergrund, auf den sich Typisierungs- und Etikettierungsprozesse in der Schule beziehen und aus dem sie sich begründen. Im Mittelpunkt des schulischen Unterrichtsgeschehens steht nicht die einzelne Persönlichkeit des Schülers, sondern die *Schülerrolle* als Set von Verhaltenserwartungen und -zumutungen, die aus den funktionalen Erfordernissen des Lehr- und Lernprogramms und der Unterrichtsorganisation resultieren. All das, was die SchülerInnen an individuellen persönlichen Eigenheiten haben, können sie in die Schule nur bedingt einbringen: Entweder sie bekommen die Chance, sich in entsprechenden didaktischen Programmen - z.B. der Kleingruppenarbeit, den Projekttagen etc. - auch persönlich entfalten zu können, oder sie müssen ihrer - in der Pubertätszeit dazu noch stark triebgesteuerten - Dynamik des Selbst nach der Schule freien Lauf lassen. Vieles spielt sich natürlich auch weiterhin „unter den Bänken", „hinter dem Rücken der Lehrer" und im Pausenhof ab.

Die Schule nimmt mit der Schülerrolle also nur einen Teil, ein Segment der Schülerpersönlichkeit wahr, lässt nur dieses sozial zu. Über die Schülerrolle werden die sonst unterschiedlichen, aus verschiedenen Herkunftsfamilien stammenden SchülerInnen bewertbar im Sinne des Leistungsvergleichs. Alles, was nicht in dieses Segment passt, gilt tendenziell als (schulisch) Abweichendes Verhalten, die SchülerInnen dürfen nicht aus der (Schüler-)Rolle fallen. Der Schülerrolle entsprechend funktional definiert ist die *Lehrerrolle*. Auch die Lehrer müssen einen Teil ihrer Persönlichkeit aus der Schule herauslassen, denn die Schüler können ihre standardisierten Schülerrollen nur entsprechend spielen, wenn die an sie gesetzten Erwartungen auch im Schulalltag funktional und institutionell kalkulierbar (symbolisch) vermittelt sind. Sie dürfen nicht den unterschiedlichen Persönlichkeitsschwankungen und Launen der verschiedenen LehrerInnen ausgesetzt sein. Auch die LehrerInnen dürfen nicht aus der Rolle fallen. Natürlich gibt es in den Schulen jeden Tag Situationen, in denen SchülerInnen (und auch LehrerInnen) „ausrasten". Dies wird aber nicht gleich als Abweichendes Verhalten definiert, sondern als gleichsam betriebsbedingte Störung des Rollenverhaltens, welches die LehrerInnen zu managen haben. Hier gibt es in der Lehrerschaft ein tradiertes Erfahrungswissen, das selten im Studium erworben, sondern durch Praxiserfahrung und in der Fortbildungskommunikation mit KollegInnen angeeignet wird.

Durch die institutionell verlangte Orientierung an der Schülerrolle/Lehrerrolle ist den meisten LehrerInnen überhaupt nicht bewusst, dass sie typisieren und etikettieren, d.h. die der Schülerrolle nicht gerecht werdenden SchülerInnen zu „schlechten Schülern" und damit - angesichts der Alltagsverstrickung der Schule - auch zu negativen Personen hinsichtlich Selbstwert und sozialer Anerkennung machen können. In der inzwischen klassischen Studie zum „Abweichenden Verhalten im Unterricht" von Hargreaves u.a. (1981) heißt es dazu: „Deviante Schüler kristallisieren sich als unterschiedliche Individuen heraus […]. Dennoch sind sie alle Störenfriede" (S. 201). Denn die LehrerInnen wollen sich ja so verhalten, dass die Schule im Alltag funktionieren kann, ein „normaler Schulbetrieb" möglich ist. Der Begriff der Typisierung bezeichnet also den Umstand, dass wir dazu tendieren, um der Selbstverständlichkeit, Vertrautheit und Gewohnheit - also um der „Normalität" - willen, dingliche und soziale Phänomene weniger nach ihrer inneren Struktur und Logik (wie im Falle der wissenschaftlichen Typisierung), als vielmehr nach den Bedingungen der Aufrechterhaltung von Normalität („des normalen Schulbetriebs") zu bewerten (vgl. dazu Grathoff 1991). Typisierungen machen die Schule funktions-, die LehrerInnen handlungs- und die Kinder und Jugendlichen schulfähig. Typisierungen und Etikettierungen in der Schule können also nicht einfach dadurch abgebaut werden, dass den Lehrern mehr Wissen darüber und Kompetenzen im Umgang damit vermittelt werden, sondern dass sich an den Struktur- und Funktionsprinzipien von Schule etwas ändert. Denn sonst kann dieses Wissen die

LehrerInnen erst recht handlungsunfähig machen (sie können es ja in der Struktur nicht durchsetzen und schieben dann leicht die Schuld auf sich selbst und werden dadurch neu blockiert). Dass Typisierungsmechanismen mit der Schulorganisation verbunden, ihr geradezu immanent sind, wird nicht zuletzt auch daran deutlich, dass sie - trotz des inzwischen verbreiteten Wissens darüber - in den 90er Jahren immer noch wirksam sind (Holtappels 1993). Allerdings hat sich heute das Magnetfeld der Etikettierung durch die Individualisierung des Schülerverhaltens (SchülerInnen lassen sich nicht mehr alles gefallen) und die sozialräumliche Öffnung der Schule (jugendkulturelle Stile dringen ein) im Schulalltag deutlich entladen. Es bricht dafür in schulischen Konfliktsituationen immer wieder auf (Meier 1997).

Für uns ist also die Erkenntnis wichtig, dass die Schule strukturell eine Hintergrundspannung von Konformitätsdruck und Abweichungsrisiko aufbaut, die auf ihrer funktionalen Logik beruht und an deren Bewältigung Kinder scheitern können. Wir können diesen Zusammenhang in das spannungsreiche Begriffspaar Schülerrolle/Schülersein kleiden. Kinder und Jugendliche werden in ihrer Persönlichkeit und Befindlichkeit - in ihrem Schülersein - von der Schule ergriffen (müssen sie bewältigen), die Schule wirkt in ihren außerschulischen Alltag hinein, aber sie verlässt sich darauf, dass die Kinder und ihre Familien das sozial so regeln, dass das funktionale Schülerrollenverhalten dadurch nicht gefährdet ist. Für Kinder, zumal wenn sie ins Pubertätsalter gekommen sind und sich ihre narzisstischen Antriebe sozial bemerkbar machen wollen, ist diese Zurücknahme in die Rolle wesentlich schwieriger, stressiger (d.h. mit diffusem Unwohlsein verbunden) als für Jugendliche, die in ihrer inzwischen erreichten soziokulturellen Selbständigkeit und Distanzfähigkeit eher lernen, Schulalltag und Schülerrolle zu managen.

Ein weiteres strukturelles Problem der Schule ist, dass sie in ihrem funktionalen Rollenverständnis glaubt, schicht- und geschlechtsneutral zu sein. Dabei hat die schicht- und geschlechtsspezifische Sozialisationsforschung gezeigt, dass in die Schule, ihre Erziehungsstile und soziale Verkehrsformen Schicht- und Geschlechterstereotype eingelassen sind, oft ohne dass dies LehrerInnen so bewusst ist (vgl. dazu Rolff 1996). So reproduziert die Schule in ihren Leistungs- und Verhaltensnormen, in ihrer zentralen Struktur des Bedürfnisaufschubs (heute etwas lernen und etwas leisten, von dem man erst später etwas hat), ihren elaborierten Sprach- und interpretativen Kommunikationsstilen und ihren Formen der Konfliktaustragung die Lebens- und Sozialwelt der Mittelschicht. Für die Kinder aus sozial benachteiligten Familien dagegen stehen

> „... die ihnen in der schulalltäglichen Interaktion nahegebrachten Leistungs- und Verhaltensnormen [...] in keinem einsehbaren Zusammenhang mit ihrem sozialisationsgeschichtlichen Erfahrungshintergrund. Sie sind für sie Bausteine einer neuen normativen Kultur, die als fremd und von den familiären Maßstäben verschieden wahrgenommen werden. Diese immer wieder aufgewiesene Diskrepanz zwischen der unterschichtspezifischen familiären So-

zialisation und der mittelschichtspezifisch geprägten schulischen Sozialisation führt so gerade bei Schülern aus gesellschaftlich benachteiligten Schichten zu besonderen Belastungen und Anpassungsproblemen" (Herriger 1987, S. 162/163).

An diesem Punkt werden auch die Weichen in Richtung Etikettierung gestellt. Die SchülerInnen aus sozial benachteiligten Familien - die Schichtgrenzen sind heute nicht mehr so milieuhaft starr wie noch in den 50er und 60er Jahren, aber die Schichtindikatoren sind weitgehend geblieben, wenn auch nun biografisiert (s.o.) - haben mit der, ihrer Lebens- und Sozialwelt ziemlich fremden, Schule ein Problem, und gleichzeitig machen sie damit *in* der Schule Probleme. Dieses, wieder an Herman Nohl angelehnte Wortspiel zeigt die Alternative auf: Sind Schule und LehrerInnen in der Lage, zu erkennen, dass den Jugendlichen geholfen werden muss, erst einmal mit Schule zurechtzukommen, und gibt es schulorganisatorische, lehrstoffliche und didaktische Mittel, um diesen SchülerInnen entgegenzukommen? Oder denkt die Schule strikt systemisch und sieht nur, dass die Jugendlichen Einstellungen und Verhaltensweisen mitbringen, die abweichend sind von den Normalitätsstandards der Schule? Werden die Jugendlichen also als SchülerInnen eingeschätzt, mit denen man sich über Schule verständigen kann, denen man entgegenkommen muss (wird dies auch institutionell als integraler Bestandteil des Schulgeschehens und nicht als Sonder- und Nachhilfe betrachtet), oder gelten sie als „Problemschüler"? Wenn letzteres eintritt, ist der Grundstein für eine deviante Schülerkarriere gelegt. Die Jugendlichen haben ihr Etikett weg und laufen Gefahr, dass ihr zukünftiges Verhalten, wenn es den Schulnormen und -standards zuwiderläuft, immer auf dieses Label rückbezogen wird (während bei anderen Schülern dasselbe Verhalten als „Ausrutscher" gewertet und nicht auf das allgemeine Persönlichkeitsbild und die schulbiografische Entwicklungsprognose hin definiert wird). So kann eine Problemschülerkarriere entstehen, die selbstläufig wird, d.h. sich von der Befindlichkeit des Schülers ablöst, das Verhalten anderer ihm gegenüber bestimmt und letztlich dann von ihm selbst übernommen, gelebt und stilisiert wird (s.o).

Die westdeutsche Schulreform der 70er Jahre hat mit der (regional unterschiedlichen) Einführung der Gesamtschule vor allem auch auf diese soziale Problematik der Dominanz mittelschichtgebundener Normen und Verkehrsformen reagieren wollen. Unter der kritischen Parole, die hierarchische Gliederung der traditionellen Schulformen reproduziere die Schichtstruktur der Gesellschaft (Volksschule: Unterschicht, Realschule: untere/mittlere Mittelschicht, Gymnasium: mittlere und obere Mittelschicht), wurden in der Gesamtschule die Schulformen aufgelöst. Im sprachlichen und didaktischen Bereich wurden nun Unterrichtsmaterialien und -formen entwickelt, in denen die tradierten Sprach- und Kommunikationsbarrieren abgebaut wurden. Die SchülerInnen wurden unterschiedlichen Entwicklungs- und Förderniveaus zugeteilt, waren aber weiterhin durch den Verbund der Jahrgangsklassen zusammengehalten. Differenzierte Übergänge und sozialpädagogische Begleitung sollten den sozialen Selektionsdruck mildern oder gar aufheben. In der Curriculumorganisation wurde vor allem auch der Erkenntnis Rechnung getragen, dass Unterschichtkinder Fähigkeiten im kognitiven und sozialen Bereich haben, die in der traditionellen mittelschichtorientierten Schule niedriger bewertet werden oder überhaupt nicht zum Zuge kommen. Nicht mehr die Defizit-, sondern die *Differenzierungshypothese* sollte in der Gesamtschule gelten, die Lernbereiche sollten entsprechend differenziert erweitert werden. Heute, am Ausgang der 90er Jahre, wird die Gesamtschule in Deutschland von einer Gesellschaft unter Druck gesetzt, in der - angesichts der Krise der Arbeitsgesellschaft - eine gesellschaftlich vorherrschende individualisierte Sozialkonkurrenz als Bildungskonkurrenz in die Schule zurückwirkt. Eltern befürchten, dass die sozial nivellierte Gesamtschule nicht mit den Gymnasien mithalten und bei den SchülerInnen nicht das in der Arbeitsmarktkonkurrenz gestiegene Leistungsniveau und soziale Durchsetzungsvermögen erzeugen könne, weil sie eben „zuviel Rücksicht auf die Schwächeren" nehmen müsse. Dieser neue gesellschaftliche Druck vermittelt sich vor allem über die Familien, die oft dadurch selbst in eine anomische Situation geraten. Einerseits möchten sie mit dem Druck erreichen, dass ihre Kinder mithalten und etwas werden können, andererseits spüren sie, dass sie mit diesem Druck die schulischen Bewältigungsprobleme der Kinder nicht ent-, sondern zusätzlich belasten. Was als systemisch abverlangtes Mittel zu Erreichung des Zieles „späteres Glück der Kinder" notwendig erscheint, erweist sich im sozialintegrativen Bezug als untauglich. Hier liegen auch die Konfliktherde, die das familiale Hintergrundklima von Devianz, wie wir es bereits kennengelernt haben, weiter anheizen. Dieser gesellschaftlich erzeugte und familial vermittelte Druck bleibt nicht ohne Wirkung auf die Schule: Eltern verlangen, dass ihre Kinder nicht „unterfordert" werden, dass der Abstand zu den Schwächeren auch noten- und statusmäßig sichtbar wird und dass das intellektuelle und soziale Durchsetzungs- und Konkurrenzvermögen für die Zwecke der späteren Präsentation im Arbeitsmarktwettbewerb auch ausreichend dokumentiert ist. LehrerInnen, die inzwischen über neue Lehrergenerationen hinweg gelernt haben, sich auf soziale Nivellierung und Stützung *im* Unterricht einzustellen, geraten nun wieder unter Selektionsdruck. Der „Problemschüler" von heute wird nicht mehr - wie bis in die 60er Jahre hinein - von einer Schule gemacht, die dann von der modernisierten und demokratisierten Gesellschaft, die diese soziale Selektion als gesellschaftlich disfunktional betrachten musste, korrigiert wurde. Heute wird die Problemschülerdefinition der Schule auch *von der Gesellschaft* neu und modernisiert - in der individualisierten Gesellschaft hat ja prinzipiell jeder die biografische Option, es gibt keine traditionellen Milieuschranken mehr - aufgezwungen.

Ähnlich wie die sozial typisierenden Prozesse in der Schule laufen auch die geschlechtstypisierenden Vorgänge heute - angesichts institutionalisierter Rationalität des Lern- und Professionalität des Lehrgeschehens - nicht mehr offen, sondern latent, den LehrerInnen meist gar nicht bewusst, ab. Denn die moderne Schule nimmt ja für sich in Anspruch, Geschlechtergleichheit hergestellt zu haben. Und tatsächlich ist es im Durchschnitt auch so, dass die Mädchen längst aufgeholt haben und zum Teil höhere und bessere Bildungsabschlüsse vorweisen können als die Jungen. Allerdings verändert sich dies dann wieder im Übergang von der Schule zur Berufswelt, in der Jungen - aufgrund der geschlechtshierarchischen Arbeitsteilung sowie der biografischen Vereinbarkeitsproblematik bei den Mädchen - die besseren Chancen haben. Dennoch verstärkt die Schule sowohl im Kids- als auch im Jugendalter eher geschlechtstypische Verhaltensweisen, als dass sie sie nivelliert. So wird Jungen im Unterricht mehr Aufmerksamkeit seitens der LehrerInnen geschenkt als Mädchen, Jungen sind auffälliger, Mädchen sind unauffälliger und werden auch so behandelt. Die Jungen erfahren somit in der Schule so gut wie keine Korrektur ihres externalisierten männlichen Verhaltens (vgl. dazu ausf. Böhnisch 1996). Die Geschlechtstypisierung in der Schule scheint also den Jungen - entgegen der landläufigen Meinung - mehr zum Nachteil zu geraten als den Mädchen. Denn sie werden in ihren außenfixierten Verhaltensritualen - die ja immer auch den sozialisatorischen Hintergrund für soziale Auffälligkeit bei Jungen und Männern abgeben - bestärkt und bestätigt. Damit werden sie bei schulischen Konflikten eher aus der Schule herausgetrieben als die Mädchen (vgl. die Schulabbrüche, die von den Jugendlichen selbst initiiert werden). Dieser Aspekt der geschlechtstypischen Benachteiligung der Jungen ist angesichts der offensichtlichen Aufmerksamkeit, die sie in der Schule genießen, in der Geschlechterdiskussion kaum thematisiert. Die feministische Schulkritik insistiert vielmehr auf dem Urteil der unbedingten Benachteiligung von Mädchen, hat sie doch deren gesellschaftliche Stellung und nicht ihren Bildungsstatus im Blick.

In all diesen schicht- und geschlechtsbezogenen Typisierungsprozessen lässt sich ein allgemeines Typisierungsmodell erkennen, das F. Lösel in seiner klassischen Arbeit „Stigmatisierung in der Schule" (1975) herausgearbeitet hat. Es wirkt im gesamten Schulalltag, in seinen Sog geraten LehrerInnen mehr oder minder immer wieder. Da sich das Schülersein heute stärker biografisiert hat, ist allerdings das Risiko für SchülerInnen, typisiert zu werden, nicht mehr nur auf bestimmte Sozialgruppen beschränkt, obwohl klassische Sozialzuschreibungen weiter wirken.

Lösels Modell geht davon aus, dass LehrerInnen (weil sie eben an der Schülerrolle ausgebildet und orientiert sind und wenig über das Schülersein und die damit zusammenhängenden Bewältigungsprobleme wissen) zu „impliziten" Persönlichkeitstheorien neigen. Solche impliziten Persönlichkeitstheorien konstituieren sich im wesentlichen aus drei Elementen:

– der Übernahme von ungeprüften (tradierten) Einschätzungen von Personengruppen (Stereotype);
– der Strukturierung des Verhaltens des anderen entsprechend den eigenen Erwartungen an den Schüler;

- einer impliziten Abweichungstheorie (z.B. der Annahme desorganisierter und gestörter Familienverhältnisse), welche dem Schüler selbst wenig Korrekturmöglichkeiten lässt.

Wir haben schon darauf aufmerksam gemacht, dass die Typisierung eine bestimmte Funktion hat, indem sie der Aufrechterhaltung und Bestätigung der Normalität des Typisierenden dient. Entsprechend der Logik der „Aufrechterhaltung der schulischen Normalität" wird in der Schule konformes und abweichendes Verhalten typisiert. Den *Typisierungsvorgang* selbst sieht Lösel in folgenden Schritten ablaufen:

- Nachdem die LehrerInnen die Kinder nach ihren impliziten Persönlichkeitstheorien eingestuft haben, wird meist nur das Verhalten registriert, das man von den SchülerInnen schulisch erwartet (und welches das vorgefasste Bild bestätigt). Nicht erwartetes Verhalten wird nicht bemerkt, übergangen. „Ein Versehen des 'Verhaltensschwierigen' wird eher als böse Absicht aufgefasst, der Streich eines 'guten Schülers' dagegen als netter Scherz kategorisiert" (Lösel 1975, S. 17).
- LehrerInnen erwarten von den als „besser" und „schulkonformer" eingestuften SchülerInnen nicht nur bessere Leistungen, sie versuchen auch, „bessere Leistungen zu erhalten" (Lösel 1975, S. 18), indem sie diese SchülerInnen stärker unterstützen, belobigen und ihnen größere Wertschätzung entgegenbringen.
- Die Typisierungen der LehrerInnen beeinflussen das Selbstbild der SchülerInnen (Übernahme der negativen Einschätzung: die betroffenen SchülerInnen trauen sich weniger zu), das wiederum in deren Verhalten eingeht und den LehrerInnen erst recht die vermeintliche Richtigkeit ihrer Typisierung bestätigt (Aufschaukelungsprozess). Allerdings, so müssen wir hinzufügen, ist der Grad der Selbstübernahme abhängig vom außerschulischen Status des Schülers (z.B. in der Peergroup).

3.2.2 Schule als anomische Struktur

Die Schule ist traditionell durch die Prinzipien der Leistung und Auslese strukturiert. Wer sie gut absolviert, dem sind gesellschaftliche Chancen verheißen. Man mag einwenden, dass dies heute nicht mehr so stimmt, da schulische Leistungen keine Garantien mehr für selbstverständliche soziale Platzierung darstellen. Trotz dieser prinzipiell anomischen Tendenz bleibt diese integrative Funktion der Schule bestehen, nun allerdings in ihrer „negativen" Variante: Jugendliche ohne ausreichenden Schulabschluss finden sich überproportional unter den Arbeitslosen wieder. Schule einigermaßen gelungen zu absolvieren, schützt also vor sozialer Deklassierung. SchülerInnen haben übrigens biografisch gelernt, Schule in diesem Sinne für sich zu managen.

Sind also die anomischen Tendenzen in der integrativen Dimension von Schule leidlich ausbalanciert, so hat sich in den letzten Jahren ein schulisches Anomieproblem aus einer Richtung her entwickelt, aus der es die Schule eigentlich nicht erwartet hätte. Traditionell geht die Schule davon aus, dass ihre soziale Reproduktion durch eine auf sie abgestimmte soziale Umwelt gewährleistet ist. Es gilt als selbstverständlich, dass die Schulfähigkeit jeden Tag in den Familien neu hergestellt wird und dass die Jugendlichen ihre sozialemotionalen Bedürfnisse und jugendkulturellen Interessen - die in der Schule zu kurz kommen oder übergangen werden - in der Gleichaltrigenkultur ausleben können. Heute steht die Schule vor der Situation, dass sich dieses reproduktive Umfeld entstrukturiert hat, in Teilen brüchig geworden ist und deshalb die außerschulische Herstellung von Schulfähigkeit nicht mehr so selbstverständlich und verlässlich geschieht, wie das die Schule lange Zeit vorausgesetzt hat (vgl. dazu Hornstein 1990). Familien sind nicht mehr so ohne weiteres in der Lage, SchülerInnen für die Schule vorzubereiten und zu begleiten, Kinder wachsen vereinzelter auf und nicht alle Jugendlichen finden Anschluss oder sozialemotionale Geborgenheit in Gleichaltrigencliquen. Montags merken die LehrerInnen, dass die Kinder aus einer anderen - multimedialen - Welt kommen, in der auch anders gelernt wird als in der Schule. Von der Schule müssen Überbrückungshilfen, in der Schule Übergangsräume geschaffen werden, damit sich die Kinder aus der parasozialen Medienwelt in die institutionell-funktionale Welt der Schule einfinden können.

Schule ist unter der Hand zum *Sozialraum* geworden. Die SchülerInnen selbst haben die Schule als Raum entdeckt, in dem man einen halben Tag lang als Gruppe zusammen ist und auch Gruppenbedürfnisse befriedigen will, wenn sie außerhalb der Schule nicht mehr erreichbar sind. Schulklasse und Peerkultur wachsen in vielen Schulen immer mehr zusammen. Die Schule erhält für die Kinder Treffpunktcharakter, Verabredungen werden getroffen, man begegnet sich nicht nur als Schüler und Schülerin, sondern auch jugendkulturell. Erlebnis- und Beziehungsdynamiken durchziehen die Schule, und man kann vieles nicht mehr so einfach als Schulverdrossenheit oder Unterrichtsstörung definieren. In dieser Mischkultur nun laufen Typisierungen und Etikettierungen oft ins Leere. Die SchülerInnen können sich heute eher über sie hinwegsetzen bzw. sie unterlaufen, da die Schulen im Inneren offener geworden sind, d.h. Zwischenräume für die Entwicklung von Schülerkulturen zulassen (Helsper 1993). Schule hat einen *sozialräumlichen Aufforderungscharakter* erhalten, und die SchülerInnen versuchen auch immer wieder, diese Sozialräumlichkeit in der Schule freizusetzen. Projektwochen und Landschulheimaufenthalte sind zwar gute sozialräumliche Ventile, reichen aber nicht mehr aus, da die sozialräumliche Dynamik der Schule Alltagscharakter bekommen hat.

Wenn die Schule diese sozialräumliche Herausforderung nicht mit ihrer funktionalen Struktur ausbalancieren kann, wird sie zum diffusen Sozialraum. Das heißt, SchülerInnen machen sich in einer Art und Weise räumlich bemerkbar, die nicht mehr in die traditionellen Typisierungen der Unterrichtsstörung passen; bis hin zu Gewaltakten, die man vorher in der Schule so nicht gekannt hatte: Plötzlich wird jemand zusammengeschlagen, kurz vorher war noch alles wie immer, keiner weiß, wie es kam, auch nicht die Beteiligten selbst. Oder: LehrerInnen berichten von ihrem Unbehagen, dass ihnen diese Gewaltakte „archaisch" vorkämen, dass sie nicht in unsere Zeit passten, dass sie grundlos wären. Und sie erschrecken vor der Lust der Jugendlichen, etwas zu zerstören oder jemanden fertig zu machen. Solche Aussagen von LehrerInnen, wie ich sie an Fortbildungstagen zum Thema Schule und Gewalt erlebt habe, zielen auf das Unspezifische der neuen Gewalt ab.

Diese unspezifische Gewalt ist kein Verhalten, das in seinen Gründen und Anlässen innerhalb und außerhalb der Schule rekonstruierbar und nachvollziehbar ist. Es wird vielfach durch die Schule selbst sozial freigesetzt (vgl. dazu umfassend: Schubarth 1998, Forschungsgruppe Schulevaluation 1998). Da sie nicht in der Lage ist, ihren sozialräumlichen Aufforderungscharakter anzunehmen, kommen die Kinder in anomische Situationen: Sie fühlen sich von der Schule gruppendynamisch und emotional angezogen, suchen die LehrerInnen als Persönlichkeiten und werden gleichzeitig durch die funktionalisierten Unterrichtsmauern zurückgestoßen. Wir haben in dem Kapitel über das anomische Selbst erfahren, dass sich solche anomischen Strukturen in der Befindlichkeit des Selbst widerspiegeln und umgekehrt. Gleichzeitig wissen wir, dass Gewalthandeln seitens der Kinder und Jugendlichen vor allem auch ein Auf-Sich-Aufmerksam-Machen ist. Die unspezifischen und unverständlichen Gewaltakte brechen also im wahrsten Sinne des Wortes - von den Kindern oft gar nicht gesteuert - aus der nun gestörten Balance zwischen Selbstbefindlichkeit und schulischer Umwelt, die auf diese Selbstbefindlichkeit nicht eingehen kann, heraus. Auch wenn LehrerInnen dies weit von sich weisen: Die Kinder erfahren in Schulen, die ihre eigenen sozialräumlichen Verheißungen blockieren, strukturelle Gewalt und wehren sich durch ungerichtete Akte aggressiver Selbstbehauptung. Das Kidsalter - und damit die Grund-, Haupt- und Mittelschulen - sind von dieser Problematik stärker betroffen als die Sekundarstufe II. Die älteren SchülerInnen versuchen eher, die Balance zwischen sozialräumlicher Schülerkultur und Unterrichtssystem selbst zu managen. Diese Schülerkultur ist nicht mehr abgegrenzt von der außerschulischen Gleichaltrigenszene. Peer- und Schulklassenkultur sind eine Verbindung eingegangen, in der sich von schulischen Funktionserfordernissen geprägte Formen der Lebensführung mit außerschulischen Gesellungsformen und Ressourcenmanagement in Rückbindung an die elterlichen Milieus vermischen. Man beobachte nur, wie bei älteren SchülerInnen der „Schulweg" im Cafe, in einem Mischszenario von Hausaufgaben- und Beziehungsabgleich, Schulvorbereitung und nachschulischem Peer- und Friend-Dating beginnt und nachmittags bis in den Abend in die Vermittlung von schulischen und außerschulischen Treff-Interessen reicht. Die Kids dagegen haben noch nicht diese Selbständigkeit; sie sind noch deutlich den anomischen Zuständen einer sozialräumlich blockierten Schule ausgesetzt. Für sie muss sich die Schule sozialräumlich öffnen können, soll der anomische Druck nicht in innerschulische Devianz umschlagen.

Gravierender als diese sozialintegrative Ambivalenz der Schule und folgenreicher für die schulische Anomiehypothese (Schule bringt selbst antisoziale Tendenzen hervor, produziert Abweichungsdruck) ist wohl der Umstand, dass die arbeitsgesellschaftliche Konkurrenzsituation als Bildungskonkurrenz in die Schule zurückwirkt und dort - weil spürbar, aber nicht kalkulierbar - Unbehagen und Stress unter SchülerInnen erzeugen kann. Da die Bildungskonkurrenz über die Medien, den arbeitsgesellschaftlichen Krisendisput und letztlich auch über die Eltern in die Schule hineingetragen wird, sind die Möglichkeiten der Schule begrenzt, aus eigener Kraft diese anomischen Tendenzen zu regulieren. Dennoch gerät sie immer stärker unter sozialen Druck, nicht nur für schulische, sondern auch für soziale Probleme der SchülerInnen zugänglich zu sein, sich als Sozialraum zu öffnen, in dem nicht Rollen und Positionen aufeinander bezogen sind, sondern sich auch Persönlichkeiten begegnen und in ihrem Schülersein und Lehrersein verständigen können.

4. Pädagogische Konzepte zum Umgang mit Abweichendem Verhalten

4.1 Grundprinzipien der Diagnose und Intervention

Schon in der Art und Weise, wie wir Abweichendes Verhalten bisher rekonstruiert, in seinem Sozialisationsbezug dimensioniert und im Erziehungsfeld lokalisiert haben, wurde deutlich, dass die Möglichkeiten der pädagogischen Einwirkung auf Devianz zwar begrenzt, weil in der pädagogischen Herausforderung ambivalent, sind dass aber nur der pädagogische Zugang das Abweichende Verhalten *von den Subjekten her* aufschließen kann und deshalb unverzichtbarer „Programmteil" des gesellschaftlichen Umgangs mit Abweichendem Verhalten ist. Im Folgenden soll versucht werden, einige Grundprinzipien der pädagogischen Diagnostik und Intervention zu entwickeln, die sich quer durch mögliche Devianzkonstellationen ziehen lassen. Sie werden so pragmatisch gefasst, dass sie - alltagssprachlich gewendet - durchaus als *devianzpädagogische Faustregeln* gelten können. Dabei nehmen wir die eingangs formulierte und im Verlauf dieser Einführung immer wieder aktivierte Perspektive auf, dass der pädagogische Blick auf Abweichendes Verhalten dadurch geschärft ist, dass wir dieses Abweichende Verhalten in seinem subjektiven Kern als *Bewältigungsverhalten* erkennen und verstehen und Hilfen anbieten können, die auf diesen Ausdruck des Selbst zielen und Selbstwertschöpfung und Unterstützung hin zu neuen Formen sozialer Integration vermitteln können.

4.1.1 Das Bewältigungsmodell im Überblick

Durchgängig bei der Diagnostik von Devianz ist also die Erkenntnis, dass Abweichendes Verhalten immer auch Bewältigungsverhalten in kritischen Lebenssituationen und -konstellationen ist und dass sich das in der Bewältigungsperspektive enthaltene *Streben nach Handlungsfähigkeit* oft auch ohne Rücksicht auf die Einhaltung der Norm realisiert. Die empirisch rückbeziehbare Wirklichkeit dieses Zusammenhangs ist am deutlichsten beim Gewaltverhalten hervorgetreten und scheint in vielen Studien zur rechtsextremen und familialen Gewalt in den neunziger Jahren auf: Täter wollen - natürlich nicht geplant, sondern aus dem triebgedrängten Selbst heraus - mit der Gewalttat auf sich aufmerksam machen, Selbstwert gewinnen und soziale Orientierung in Minderwertigkeitsgefühle auslösenden unübersichtlichen Situationen erlangen. Es sind in der Regel Täter, die aus ihrer sozialen Herkunft heraus oder/und im Verlaufe ihrer Biografie nicht die Chance hatten, soziale und kommunikative Fähigkeiten der Empathie und Selbstkontrolle zu erlernen, die sie befähigt hätten, in kritischen Lebenskonstellationen, d.h. in solchen, in denen die eigenen Ressourcen zur normkonformen Problemlösung nicht ausreichen oder blockiert sind, die geltenden Rechts- und Sozialnormen einzuhalten.

Ich will diesen, uns inzwischen geläufigen Zusammenhang, dass Menschen in kritischen Lebenskonstellationen Handlungsfähigkeit um jeden Preis - also gerade auch auf Kosten der Norm - anstreben (müssen), im Folgenden noch einmal anwendungsorientiert systematisieren. Das Grundmodell für dieses „Bewältigungsgesetz" liefert uns das Coping-Konzept aus der Stressforschung (s.o.). Dort wurde erkannt, dass bei Stresszuständen - also leibseelischen Belastungen und Störungen des Wohlbefindens, die auf den Menschen einwirken, aber von ihnen nicht rational durchschaubar und kalkulierbar sind - der Körper von sich aus reagiert, um aus dieser Störung heraus wieder in ein (homöostatisches) Gleichgewicht zu kommen. Dieses muss dann aber nicht Gesundheit sein, sondern ist oft („Flucht in") Krankheit, Hyperaktivität, Depression etc. Wenn wir nun dieses Coping-Modell in den Bereich des Psychosozialen transformieren, also auf die sozial gerichtete Einstellungs- und Handlungsebene der Menschen übertragen, können wir die unbewusste Steuerungsdimension Abweichenden Verhaltens lokalisieren und damit plausibel machen, warum Menschen so normwidrig handeln und dabei kein entsprechendes Unrechtsbewusstsein haben (allerdings wirken auch Techniken der Neutralisierung); warum es sie „überkommt" und wie es denn zu erklären ist, dass sie dabei auch noch Wohlbefinden oder gar Lust verspüren und dies entsprechend signalisieren.

Der Schlüssel zum Verstehen dieser Vorgänge liegt im Wirken jener homöostatischen Kraft, die im Falle des Stresszustandes durch den biophysischen Mechanismus, in der Dimension der psychosozialen Befindlichkeit durch das im kritischen Ereignis freigesetzte, sozial gerichtete Trieb-Selbst ausgelöst wird. Beides sind Vorgänge, die vom Einzelnen nicht oder nie ganz kontrollierbar sind. Physischer Stress und psychosoziale Belastungsfaktoren gehen dabei meist ineinander über, körperliche, psychische und soziale Reaktionen werden zu einem Sog. Problembelastete Kinder und Jugendliche sind in der Regel auch gestresste Kinder und Jugendliche. Wenn die eigenen psychosozialen Ressourcen versagen, übernehmen die tiefenphysischen und triebbesetzten Strebungen das Kommando. Im Bereich des Selbst überformt dann der in kritischen Situationen freigesetzte Selbsterhaltungs- und Selbstbehauptungstrieb die biografisch mehr oder weniger entwickelte Selbstkontrolle. Die über die Gewalttat oder das Delikt erreichte Selbstbehauptung verschmilzt mit einer damit einhergehenden biophysischen Auflösung des Stresszustandes. Wohlbefinden trotz Normverstoß ist dann immer wieder das frappierende, im Falle des Gewalthandelns erschreckende Resultat.

Diese triebgedrängte Selbstbehauptung ist mit fortlaufender biografischer Entwicklung bei Kindern, Jugendlichen und jungen Erwachsenen also eng mit der Dimension des *Selbstwerts* und der *Selbstwertschöpfung* verknüpft. Wir haben die zentrale Bedeutung eines ausgeglichenen Selbst, das Anerkennung nicht nur auf Grund sozialer Anpassung, sondern vor allem dadurch spürt, dass das, was aus ihm selbst kommt, als eigener Wert erfahren werden kann und sozial bestätigt wird, im Verlaufe der Rekonstruktion Abweichenden Verhaltens immer wieder thematisiert. Dabei ist deutlich geworden, dass sich die Betroffenheit im beschädigten Selbst *geschlechtsdifferent* zeigt. Jungen und Männer sind in ihrem antisozialen Verhalten und ihren abweichenden Verhaltensantrieben stärker nach außen gerichtet, Mädchen und Frauen mehr nach innen. Insofern erkennen wir das beschädigte Selbst und die dahinterliegende innere Hilflosigkeit in geschlechtstypischen Mustern des Tat- und Deliktverständnisses. Wenn wir bei Jungen und Männern immer wieder auf Formen der *Rationalisierung, Neutralisierung* und *Abstraktion* stoßen, erleben wir bei Mädchen und Frauen eher *Schuldübernahme*, die sich meist gegen sie selbst richtet, und/oder Rationalisierungen und Neutralisierungen - Tatrechtfertigungen also -, welche die Tat in weibliche Sorge um das Wohl der eigenen Familie einbetten. Sind solche Bewältigungsmechanismen im therapeutischen Gespräch und in vertrauensstiftenden Beratungsmilieus einigermaßen auflösbar, so ist es wohl der Mechanismus der *Abstraktion*, welcher den resozialisierungsorientierten PädagogInnen am meisten Kopfzerbrechen bereitet und nicht selten pädagogische Ohnmacht auslöst.

Von *Abstraktion* als strukturierende Muster devianten Bewältigungsverhaltens sprechen wir dann, wenn der Täter seinem Opfer gegenüber nicht nur gefühllos ist, sondern überhaupt keine empathische Beziehung herzustellen vermag. Wenn jugendliche Gewalttäter auf ihr Opfer, das längst am Boden liegt, immer noch weiter einprügeln und -treten, bis es sich nicht mehr rührt oder sie von ihren Cliquengenossen weggezerrt werden, dann haben wir es mit einer extremen Abstraktion zu tun. Entsprechend gering ist das Erinnerungsvermögen an und das Unrechtsbewusstsein gegenüber der Tat. Bei A. Gruen haben wir die Funktionsweise des Abstraktionsmechanismus bereits kennengelernt: Die innere Hilflosigkeit in der Folge des beschädigten Selbst gerät zum Hass auf sich selbst und die eigenen Gefühle. Dieser Selbsthass - weil selbstzerstörerisch und deshalb sich selbst gegenüber nicht zugebbar und nicht integrierbar - muss abgespalten und auf andere, die Hilflosigkeit zeigen oder symbolisieren, gerichtet (projiziert) werden. Diese werden aber nicht als Menschen gehasst, sondern als (abstrakte) Träger der Hilflosigkeit. So wie dem Täter seine Gefühle fremd sind, so *müssen* ihm die Gefühle anderer fremd sein. Der inneren emotionalen Leere (Gruen) entspricht die äußere emotionale Leere als Abstraktion. Abstraktionsvorgänge spielen sich aber nicht nur bei extremen Gewalttaten ab, sondern auch im Alltag. Ausländerfeindlichkeit z.B. ist von solchen Abstraktionen geprägt: Gegen den türkischen Nachbarn hat man nichts, aber gegen *die* Türken schon. Abstraktionen werden überdies täglich in einer Gesellschaft verlangt, in der die Sozialbeziehungen ökonomisiert und utilitarisiert sind, Kommunikationen immer mehr auch virtuell ablaufen und die Medien abstrahierende Identifikationsangebote mit dem „Starken", „Erfolgreichen", „Durchsetzungsfähigen", „Flexiblen" machen. Es herrscht also auch ein entsprechend gesellschaftliches

Klima, in das normaufhebende Abstraktionen gleichsam eingebettet und damit für manche moralisch nicht mehr diskriminierend sind.

Eine pädagogische Diagnostik Abweichenden Verhaltens, die sich zuvörderst auf die Bewältigungsprobleme des Selbst richtet, wird vor allem auch die subkulturelle Abhängigkeit des devianten Subjekts ins Kalkül ziehen müssen. Wir haben an mehreren Stellen erfahren, wie vor allem Jugendliche auf subkulturelle Integration angewiesen und davon beeinflusst sind. Ungeachtet der zentralen sozialisatorischen Funktionen der Gleichaltrigenkulturen interessiert uns also hier - im thematischen Zusammenhang *subkultureller Devianz* -, wie subkulturelle Gruppeneinflüsse Individualität unterdrücken und den Zugang zum Selbst verwehren können. Solche *Cliquen,* welche ihren Gruppenzusammenhalt auf die Gewalt gegen andere, Schwächere aufbauen oder durch stetiges ritualisiertes Deliktverhalten fördern, sind in der Regel auch in ihrer inneren Struktur des Zusammenhalts autoritär aufgebaut. Deshalb gilt es - bei allem jugendpädagogischen Respekt vor der Bedeutung der Gruppe für den einzelnen Jugendlichen - Räume und personelle Bezüge zu schaffen, in denen delinquente Jugendliche von der Gruppe (wenigstens zeitweise) los und zu sich kommen können. Aus dem eigenen Selbst kommende Handlungsfähigkeit steht hier vor dem gesteuerten, marionettenhaften Stärkeritual, das in kritischen Situationen, wenn der Jugendliche mit seinem Delikt dann allein gelassen ist, oft zusammenbricht.

Schließlich gehört es zu einer Diagnostik Abweichenden Verhaltens, *Etikettierungen* und *Stigmatisierungen*, die das Selbst des Jugendlichen sowohl in der Fremdzuschreibung wie in der Eigenwahrnehmung verstellen, zu erkennen und in ihrer Relativität offen zu legen. Dazu bedarf es sowohl einer kritischen Überprüfung der aktenkundigen Definitionen über die Jugendlichen, vor allem im Hinblick darauf, inwieweit sie sich an ungeprüften Alltagstheorien zu Kriminalität und Abweichendem Verhalten orientieren, und ob und wann sie sich von der Persönlichkeit lösen und ihre Einschätzungen und Bewertungen - ihre Plausibilität - hauptsächlich aus den bisherigen Umständen und Stationen des Auffälligwerdens ableiten. Gleichzeitig muss es möglich werden, einen vertrauensvollen *Pädagogischen Bezug* zu den Jugendlichen aufzubauen, um auf der emotionalen Ebene der Achtung der persönlichen Integrität und der aktivierenden Empathie zu biografischen Rekonstruktionen kommen zu können. Dabei gilt es zu erreichen, dass sich die Jugendlichen ihrer eigenen Lebensereignisse aus sich selbst heraus - also ohne rationalisierendem Bezug zum Delikt - gewahr werden.

4.1.2 Pädagogische Interventionsprinzipien

So wie die diagnostischen Zugänge der Pädagogik zu Abweichendem Verhalten letztlich immer wieder auf den Grund der Selbstbehauptung und der daraus entspringenden Bewältigungsversuche stoßen, muss entsprechend auch die pädagogische Intervention ihren Zugang zum Selbst suchen. Selbstwertschöpfung und -stärkung ist somit das A und O aller pädagogischen Bemühungen im Umgang mit Devianz. Diese Reaktivierung des Selbstwerts zielt auf Anteile des Selbst, die bislang verschüttet waren und deren Öffnung die Jugendlichen ihre Integrität und Akzeptanz als *Menschen* spüren lassen. Aus dem Wissen heraus, dass Kinder und Jugendliche, die sozial auffällig werden, Delikte begehen oder Gewalt gegen Schwächere ausüben, um auf sich aufmerksam zu machen oder um in devianten Cliquen sozialen Anschluss und Geborgenheit zu finden, gilt es vertrauensbildende Milieus und Pädagogische Bezüge aufzubauen, in denen sich bei den Kindern und Jugendlichen das Gefühl entwickeln kann, dass das, was aus ihnen selbst kommt, in dieser sozialen Umwelt aufgenommen, anerkannt und als soziale Beziehung zurückgegeben wird (vgl. den Begriff der *fördernden Umwelt* bei Winnicott.).

Grundvoraussetzung und Problematik dieser helfenden Beziehung gleichermaßen ist, dass die PädagogInnen die subjektiven Bewältigungsseiten des abweichenden oder delinquenten Verhaltens verstehen und dies in der Beziehung zu den Kindern und Jugendlichen deutlich machen können. Dieses Akzeptieren der subjektiven Bedeutung von Devianz beinhaltet aber nicht, dass die Tat nun gebilligt oder gutgeheißen wird. Es geht vielmehr darum, dass die betreffenden Kinder und Jugendlichen spüren, dass die Bewältigungssignale, die in der Tat enthalten sind, angenommen und zurückgespiegelt werden. Wenn dies gelingt, dann können die SozialpädagogInnen auch ihren Standpunkt deutlich machen, in dem sie zeigen, dass sie das Delikt - vor allem auch aus ihrer personalen Stellungnahme heraus - nicht billigen, dennoch aber eine vertrauensvolle Beziehung zu den Jugendlichen aufzubauen in der Lage sind.

Die Bewältigungsdimension der Tat verstehend zu akzeptieren und gleichzeitig Grenzen aufzuzeigen und als eigenen Standpunkt zu vertreten, ist also ein interaktiver Vorgang, der nicht auf der Ebene der rational-kognitiven Bewertung, sondern auf der emotionalen Ebene des *Pädagogischen Bezugs* abläuft (auf diesen Begriff werden wir noch ausführlicher eingehen).

Wenn damit deutlich geworden ist, dass die Pädagogik ihren Zugang zum Abweichenden Verhalten und zur Devianz über das emotionale Selbst und nicht über das Delikt sucht, dann gehört auch alles, was dazu beitragen könnte, dieses Selbst zum Zuge kommen zu lassen und möglichst früh vor etikettierenden und stigmatisierenden Definitionen zu bewahren, zum Grundinventar pädagogischer Interventionen in diesem Feld. Ein wichtiger Ansatz ist hier eine gemeinwesenorientierte Öffentlichkeitsarbeit, die bewirken kann, dass Abweichendes Verhalten von Kindern und Jugendlichen nicht sofort kriminalisiert wird und die Jugendlichen dadurch sozial isoliert werden. Gleichzeitig bedarf es der Angebote einer Kinder- und Jugendarbeit, die eine *differentielle Attraktivität* gegenüber devianzfördernden Gelegenheitsstrukturen entfalten können.

Eng verbunden mit Entkriminalisierung und Aktivierung ist die Perspektive der *Deeskalation*, die gerade bei auffällig gewordenen und gewaltbereiten Cliquen wichtig ist. Hier gilt es durch symbolische Intervention und Vermittlung zur sozialen Umwelt den Stress bei den Jugendlichen einzudämmen und zu versuchen, Gewaltbereitschaft über z.B. erlebnis- und sportpädagogische Projekte zu kanalisieren und „umzuleiten".

Dieses Prinzip der *Umleitung* findet seine entwicklungstypische Begründung im Prinzip der Umformung von Aggressivität in Kreativität, wie wir dies im Kapitel über die Kindheit kennengelernt haben. Dem entspricht im Jugendalter das Prinzip der *funktionalen Äquivalente*: Jugendlichen sollten Angebote gemacht werden, in denen sie ähnliche Selbstwerterlebnisse und Gefühle des Wohlbefindens haben können wie in Situationen Abweichenden Verhaltens, die ja nicht nur durch Stress, sondern vor allem auch durch Selbstbestätigung und Lust geprägt sind. Funktionale Äquivalente gehören natürlich auch in den Bereich der *differentiellen Intervention* (entsprechend den Prinzipien differentiellen Lernens). Generell wirkt auch hier das Prinzip der Trennung von *Person und Delikt*, das uns den pädagogischen Zugang zum Inneren des Selbst ermöglicht und sich als Grundprinzip der Krisenintervention bei delinquenten Jugendlichen, aber auch in anderen Praktiken der *Diversion* bewährt hat.

4.2 Strafen im pädagogischen Feld

Strafen im Sinne des zeitweiligen und zwangsweisen Entzugs von Handlungsmöglichkeiten ist ein interaktiver Vorgang, der in unserer Gesellschaft traditionell zweipolig strukturiert ist. Auf der einen Seite steht die erzieherische Absicht der Strafe, die sich am Täter und seiner Befindlichkeit orientiert, auf der anderen Seite die Tat, die zum Zwecke der Normeinhaltung und der Wahrung des gesellschaftlichen Gleichgewichts gesühnt werden muss. Beide Pole sind - vergleichbar dem erdmagnetischen Prinzip - mehr oder minder aufeinander bezogen. Der/die ErzieherIn, der/die sich an der leibseelischen Befindlichkeit der Jugendlichen und Kinder orientiert, steht unter dem sozialen Druck der Tat. Der/die RichterIn, der/die sich an der Tat zu orientieren hat, darf sich nicht nur der Resozialisierungsperspektive verschließen, sondern muss wissen, dass jede Strafe (strukturell) erzieherische Wirkung hat. Strafe *und* Erziehung sind also immer gemeinsam im Spiel, zumal Kinder und Jugendliche lebensaltertypisch in triebbedrängte Entwicklungs- und Umbruchprozesse geraten, die immer „potentielle Devianz" enthalten.

4.2.1 Heinrich Mengs „Strafen und Erziehen"

Die prinzipielle Verstrickung von Entwicklung und Behauptung des Selbst, Erziehung und Strafe hat der Schweizer Kinder- und Jugendpsychiater Heinrich Meng in seinem Klassiker „Strafen und Erziehen" (1934) so modellhaft herausgearbeitet, dass seine Aussagen bis heute tragfähig sind. Mehr noch: Sein damaliger ganzheitlicher Zugang macht uns auf Zusammenhänge aufmerksam, die in den heute oft voneinander disziplinär abgeschotteten Ansätzen zur Strafthematik nicht so erkennbar sind. Ich habe im folgenden versucht, einige Grundsätze des pädagogischen Umgangs mit Strafe aus dem Buch Mengs herauszuarbeiten, und wir werden sehen, dass die gegenwärtig vorhandenen Ansätze durchaus diesen Rückbezug gebrauchen können:

– Strafen ist für Meng eine Form sozialer Interaktion: „Beim Bestrafen zeigt sich oft deutlich, dass Missverhältnisse zwischen den Vorstellungen und Absichten des Strafenden, seinen Handlungen und Strebungen und dem subjektiven und objektiven Geschehen im Bestraften" bestehen. (Meng 1934, S. 73).

– Dabei setzt Strafen nicht nur ein Verstehen der zu bestrafenden Kinder und Jugendlichen und ihrer inneren Selbstbefindlichkeit voraus, denn „die Wirkung der Strafe hängt nicht weniger vom Strafenden als vom Bestraften ab; deshalb sind *die seelischen Vorgänge* im Strafenden mitentscheidend" (S. 121/122).

– Strafen muss bei Kindern und Jugendlichen in diesem Sinne immer die Triebgedrängtheit des Abweichenden Verhaltens berücksichtigen. Diese ist dafür verantwortlich, dass Kinder und Jugendliche die soziale Problematik ihres dissozialen Verhaltens nicht so ohne weiteres erkennen können: „Das schlimme Kind [lebt] in schwerem Kampf und [schlägt] verzweifelt den dissozialen Weg trotz besseren Wissens ein [...]. Es ist der *Selbsterhaltungstrieb* gegenüber den Lebensschwierigkeiten gleichsam irre gegangen. Meist erscheint er gesteigert, bevor er in Krankheit oder unlenkbarem Verhalten zusammenbricht" (S. 124).

– Somit ist der Rückbezug auf das Selbst und die Integration der Botschaft einer Strafe im Selbst der entscheidende Vorgang: Die Herausbildung eines eigenen Gefühls „für die Verantwortung der eigenen Tat; diese zu steigern ist das Ziel. Die Verantwortlichkeit wächst in dem Maße, wie der Heranwachsende allmählich die Folgewirkung seiner Handlungen erfährt, versteht und vorauszusehen lernt, aber nur insoweit, als seine gefühlsbetonten Vorstellungen beherrschbar werden und der weite Spielraum des Lustprinzips von der Rücksicht auf die Wirklichkeit (Realitätsprinzip) eingeschränkt wird" (S. 151).

– Gleichzeitig - so wie es später Winnicott systematisch gefasst hat - ist beim Strafen von hohem Belang, dass für das Kind und den Jugendlichen die Umwelt der ihm wichtigen und nahen Beziehungen unzerstörbar bleibt. Die „Entwicklung am Anderen" - so umschreibt Meng sein interaktives Verständnis des Pädagogischen Bezugs - wirkt auch in der Strafe: „Wenn Kinder und Erzieher nicht ein Stück Liebe verbindet, fällt die Strafe auf unfruchtbaren Boden. Dass das Kind unter dem Druck der Umwelt darauf verzichtet, triebhafte Wünsche sofort oder rein egoistisch zu befriedigen, genügt nicht: Das bloße Aufgeben seiner Freiheit wandelt sich in Selbstbeherrschung [...] erst dadurch, dass seine Empfindlichkeit für Lob und Tadel dank eines Verinnerlichungsprozesses umgebaut und eingebaut wird in das Gewissen. Das Resultat dieses Reifungsprozesses ist nun eine entsprechend starke Empfindlichkeit gegenüber den Forderungen des Gewissens, dagegen eine weit geringere Abhängigkeit vom moralischen Urteil der Außenwelt" (S. 165/166). Diese Erkenntnis ist wichtig im Umgang mit Abweichendem Verhalten, wenn wir z.B. heute sehen, dass deviante, stigmatisierte Gruppen gegenüber den sozialen Außendefinitionen relativ immun sind und nach innen einen eigenen „Ehrencodex" aufbauen, den die Jugendlichen nicht nur verinnerlichen, sondern der sie auch gegenüber den Negativzuschreibungen der Außenwelt immunisiert.

— Für Heinrich Meng macht ein interaktionistisches Verständnis von Strafe nur dann einen Sinn, wenn die Erziehenden sich auch als Personen „stellen". Damit hat er schon damals jenen Punkt getroffen, der in der heutigen Strafdiskussion immer wieder vernachlässigt ist, im jugendpädagogischen Diskurs aber zunehmend an Boden gewinnt: Die Frage nach den Grenzen, die ErzieherInnen zu setzen haben, und nach den eigenen Standpunkten, die sie deutlich machen müssen. Meng formuliert das im Sinne einer strukturellen Herausforderung an die ErzieherInnen: „Der Erzieher hat sich an die - oft übersehene - Tatsache zu gewöhnen, dass im Prozess der Reifung eines Kindes auch dessen Hass irgendwo untergebracht werden muss und dass es das nächstliegende für das Kind ist, seinen Hass zu seinem Erzieher zu entladen. Unberechtigtes, dauerndes Verzeihen macht das Kind oft so sehr schuldig, gerade weil es sittlich normal veranlagt ist, dass es selbstquälerisch und überstreng wird. [...] Der Heranwachsende lehnt sowohl jene Erzieher ab, die aus verkehrter Güte und Mangel an Autorität zum Kind werden, als auch solche, welche [...] zum Tyrannen werden" (S. 173).

— Schließlich versucht Meng immer wieder, die Strafe nicht als vom erzieherischen Alltag abgekoppelt und als Ausnahmezustand zu sehen, sondern sie pädagogisch zu integrieren. Nur so entgeht sie seiner Meinung nach der Willkür, bleibt sie pädagogisch reflektierbar. Als pädagogisches „Mittel" muss sie aber gleichzeitig auch selbstwertstützende und Handlungsfähigkeit erweiternde Fähigkeiten vermitteln können, obwohl sie doch aktuelle Handlungsmöglichkeiten abschneidet und Handlungsfähigkeit einschränkt. Meng versucht, dieses Paradox in einer Gegenwarts-Zukunfts-Relation aufzulösen: „Das Kind begehrt in seiner Notsituation mehr als Hilfeleistung für den Augenblick, es verlangt als reifendes Wesen ein Stück Erfahrung, wie es bei künftiger Not sich selbst helfen kann. Kommt keine Hilfe, so reagiert das Kind mit Angst, Fluch und Hass. Das Beispiel des Erziehers im Strafen oder Nichtstrafen wird zum Modell künftigen Verhaltens" (Meng 1934, S. 174).

Wir werden diesen pädagogischen „Aufforderungscharakter", der von Meng im interaktiven Vorgang der Strafe gesehen wird, noch mit dem Nohlschen Begriff des „Pädagogischen Bezugs" strukturieren und systematisieren. Vorerst bleiben wir aber noch bei der Frage, wie sich der pädagogische Strafdiskurs heute gegenüber dem Mengschen Verständnis von Strafe entwickelt hat, was weitergeführt wurde, was bestehen geblieben ist und schließlich auch, woran wieder erinnert werden muss.

4.2.2 Zum gegenwärtigen pädagogischen Strafdiskurs

Das, was Meng an Grundlegendem für das pädagogische Strafen entwickelt hat, ist auch heute noch gültig: Strafen wird als interaktiver Vorgang gesehen, in dem der/die Strafende das Strafen begründen muss und die betreffenden Kinder und Jugendlichen nicht erniedrigen, in ihrem Selbstwert nachhaltig beschädigen darf. Dass Strafe immer Einschränkung von Handlungsmöglichkeiten bedeutet, soll den Jugendlichen vermittelt werden können; aber auch, dass über die Strafe dennoch neue Handlungsperspektiven - neue Formen der Anerkennung und Zuwendung, aber auch neue Zugänge zum Selbst (vgl. dazu Nolting 1987) - entstehen können.

Was sich in der pädagogischen Strafdiskussion gegenüber Mengs Position weiterentwickelt hat, ist die Betonung des Aspekts der sozialen Einbettung der Strafe. Damit die Strafe für den Einzelnen kalkulierbar wird, soll eine präventive soziale Kontrolle, an der die Kinder und Jugendlichen von vornherein partizipieren, *vereinbart* und diskursiv aufrechterhalten werden. In der Praxis sieht das so aus, dass man sich in der Schulklasse oder im Jugendhaus gemeinsam über strafwürdige Verstöße und Strafformen einigt. Auf diese Vereinbarungen können sich dann LehrerInnen und JugendarbeiterInnen beziehen (vgl. dazu Guggenbühl 1995).

Im Grunde braucht es also eine Art Netzwerk der Gleichzeitigkeit von sozialer Kontrolle und sozialer Stützung, in das bei schweren Fällen - z.B. zeitweiliger Ausschluss aus dem Unterricht oder der Jugendeinrichtung - auch die Eltern mit einbezogen werden müssen, damit sie es mittragen und ihre Haltung den Kindern und Jugendlichen gegenüber verständlich machen können. Solche „Time-out-Verfahren" (vgl. dazu Korte 1994), haben sich in Schule und Jugendhaus wohl als effektiv erwiesen. Ihr Erfolg hängt - gerade auch im Sinne des von Meng betonten Selbstwertbezugs - aber davon ab, dass sich die Kinder und Jugendlichen nicht so sozial isoliert und abgeschnitten fühlen, dass sie eine neue Hilflosigkeit überkommt, aus der heraus dann ihr Selbsterhaltungstrieb und die damit verbundene Aggressivität neu aufbrechen und sich antisozial abspalten, neue Konflikte erzeugen können. Deshalb müssen durch Time-out-Bestrafte auch die Sicherheit haben, dass sie weiter dazu gehören. Dies ist am besten dadurch zu bewerkstelligen, dass MitschülerInnen oder FreundInnen *vereinbarungsgemäß* den Kontakt in dieser Zeit außerhalb der Schule oder des Jugendhauses zu den Bestraften aufrechterhalten.

Die Grenzen der pädagogischen Strafe liegen dort - wie sie Bernfeld (1925) als *seelische* und *soziale* Grenzen der Erziehung bereits formulierte -, wo die Individualität des Kindes oder Jugendlichen weder durch inneren noch durch äußeren Zugang erreichbar ist. Das heißt dort, wo die Fähigkeit zur Bindung und

Empathie soweit zerstört ist, dass das Kind und der/die Jugendliche ein anderes - nämlich therapeutisches - Milieu brauchen, in dem Zeit und Schonraum ist, um Vergangenes, Verhärtetes in der Biografie aufzuschließen und aufzuweichen, um neue Selbstwertbezüge und Bindungswünsche aufbauen zu können. Das können die Schule und das Jugendhaus so nicht leisten. Hier aber liegen Möglichkeiten im Bereich der Jugendhilfe: in den dezentralisierten Formen der Tagesheimbetreuung und Heimerziehung und in den betreuten Wohngruppen (vgl. dazu Jordan/Sengling 1994, Wolf 1995).

Die Einschaltung der Polizei ist für Schule und Jugendarbeit dann unvermeidbar, wenn die persönliche Integrität anderer durch wiederholtes antisoziales Verhalten so bedroht ist, dass es offensichtlich nicht mehr um innerschulische Konflikte oder Binnenauseinandersetzungen im Jugendhaus geht, sondern um anhaltend schwere Gewalt- oder Eigentumsdelikte, die sich die Schule und das Jugendhaus eher als Orte suchen, als dass sie aus der sozialräumlichen Dynamik von Schule und Jugendarbeit hervorgegangen wären. Jugendliche setzen außerschulisches Gewaltverhalten in der Schule fort, aber auch delinquente Banden und Dealer missbrauchen nicht selten den geschützten Raum der Schule oder des Jugendhauses, um sich hier Zugänge und Stützpunkte zu schaffen. Dort, wo LehrerInnen und SozialarbeiterInnen nach Versagen der gemeinsamen Vertragsvereinbarungen und hauseigenen Sanktionen - in Absprache mit dem Team und anderen Jugendlichen, die zu den entsprechenden Schlichtungsausschüssen gehören - den intersubjektiv bestätigten Eindruck haben, die Polizei müsse geholt werden, sonst werde ihre Einrichtung weiter als rechtsfreier Raum missbraucht, sollte zu diesem extremen Sanktionsmittel gegriffen werden. Dennoch bleibt auch hier die Maxime, dass Schule und Jugendarbeit den/die Jugendliche(n) nicht einfach aus den Augen verlieren dürfen, sondern Kontakte zu den pädagogischen Institutionen der Jugendhilfe (Einrichtungen der Jugendberatung, Krisenintervention, Streetwork, Jugendgerichtshilfe) halten oder aufbauen müssen, die sich während der Ermittlungen, bei und nach dem Verfahren um die Jugendlichen kümmern. Auf diesen Bereich werden wir später - im Kapitel Krisenintervention - noch näher eingehen.

Wir bleiben aber erst einmal weiter im pädagogischen Feld, in dem Erziehung und Strafe uno actu zusammenfallen. Wir haben nämlich bisher nur das Strafen als solches thematisiert. Wir haben aber kaum darüber geredet, was die pädagogische Voraussetzung dafür ist, dass Strafe ein interaktiver und nicht sozial einseitiger Vorgang wird und dass Kinder und Jugendliche mit Strafen positiv umgehen können. Korte (1994) betont in diesem Zusammenhang im Blick auf die ErzieherInnen, dass es notwendig ist, Kindern und Jugendlichen möglichst früh und mit persönlicher Glaubwürdigkeit Grenzen ihres Verhaltens aufzuzeigen und sich darüber zu verständigen. Diesen Zusammenhang können wir im Konzept des „Pädagogischen Bezugs" strukturieren.

4.2.3 Grenzen setzen im Pädagogischen Bezug

Dass Grenzen aufzeigen und Kinder und Jugendliche damit konfrontieren keine willkürliche Intervention sein muss, sondern integraler Bestandteil einer gelingenden Entwicklung von Kindern und Jugendlichen ist, hat Winnicott mit seinem Prinzip der „unzerstörbaren Umwelt" klassisch hergeleitet: Der aggressiven Selbstbehauptung mit antisozialer Tendenz von Kindern und Jugendlichen werden soziale Grenzen gesetzt, indem ihnen gleichzeitig vermittelt wird, dass sie dennoch anerkannt und geliebt werden, auch wenn das jeweilige antisoziale Verhalten als solches abgelehnt, zurückgewiesen und sanktioniert wird. Auch bei Meng finden wir dieses Prinzip der „Entwicklung am Anderen". Dieses Grenzen-Setzen funktioniert aber nur in dem hier gemeinten Sinn, wenn es in der Zuwendung durch die Person dessen, der die Grenzen setzt und nicht (nur) in personalunabhängigen Anordnungen und Verboten den Kindern und Jugendlichen rübergebracht wird. Erst dann lernt das Kind, Grenzen und Strafe für sich einzuordnen, um später auch abstrakte soziale Ge- und Verbote verstehen zu können.

Dieses auf emotionale Gegenseitigkeit gegründete Verhältnis von Jugendlichen und Erwachsenen wird unter dem Begriff des *Pädagogischen Bezugs* gefasst, den wir bereits kurz skizziert haben. Wir wollen diesen Pädagogischen Bezug nun im Zusammenhang des Themenkreises Strafe - Grenzen-Setzen weiter vertiefen. Herman Nohl, der in den zwanziger Jahren den Begriff des Pädagogischen Bezugs in die Pädagogik eingebracht hat (1933), wollte damit ausdrücken, dass es neben den sachlich-funktionalen Bezügen der pädagogischen Rolle, die man als Lehrer und Erzieher ausübt, ein gegenseitiges personales Involviertsein im Verhältnis von Jugendlichen und erziehenden Erwachsenen gibt, das erst die notwendige Entwicklung am Anderen (im Sinne Mengs) möglich macht. Dieser emotional strukturierte Pädagogische Bezug ist in sich ambivalent: Jugendliche orientieren sich hauptsächlich an der Gleichaltrigenkultur in mehr oder minder radikaler Distanz zur Erwachsenengesellschaft, gleichzeitig sind sie aber neugierig aufs Erwachsenwerden. Sie wollen - halbbewusst - erwachsen werden, aber eben nicht so, wie die meisten Erwachsenen um sie herum. Ein Pädagogischer Bezug kann sich also nur in der Hinwendung zu und Zuwendung von *anderen* Erwachsenen entwickeln; solchen Erwachsenen also die die Masken und Rituale ihrer Rollen und Positionen ablegen können, die sich nicht hinter ihrer Generationsmacht verschanzen und die sich gegenüber den Jugendlichen öffnen können. Damit sind aber nicht die Eltern gemeint, von denen man sich als Jugendlicher ablösen muss und zu denen man weiter Beziehungen im biografisch Privaten hat. Der Pädagogische Bezug, von dem hier die Rede ist, entwickelt sich mit Erwachsenen im biografisch-öffentlichen Raum außerhalb der Familie. Es sind Erwachsene, an denen die Jugendlichen spüren, dass sie ihnen etwas bedeuten, dass das Eingehen auf Jugendliche auch für diese Erwachsenen und deren eigene persönliche Entwicklung und biografische Integrität wichtig ist. Damit ist auch das Prinzip der Gegenseitigkeit im Satz von der „Entwicklung am Anderen" deutlich gemacht. In diesem personalemotionalen Pädagogischen Bezug ist es also möglich, Jugendlichen gegenüber (aus der gegenseitigen persönlichen Involviertheit heraus) Grenzen so zu setzen, dass sie dies nicht als äußere Blockierung oder Zurückweisung ihres Selbst, sondern als personale Herausforderung in der Spannung zum Anderen spüren können.

Wir werden an den späteren Beispielen zum Umgang mit Abweichendem Verhalten sehen, dass in allen Fällen - von der schulischen Konfliktschlichtung bis hin zur Krisenintervention im Bereich der Strafverfolgung - der Resozialisierungserfolg immer auch davon abhängt, ob solche Pädagogischen Bezüge aufgebaut werden können. In der Schule allerdings ist es angesichts der relativ geschlossenen Berufsrollen von LehrerInnen schwer, sich der Persönlichkeit der Schüler so zu öffnen, dass ein Pädagogischer Bezug entstehen kann (den die SchülerInnen selbst allerdings immer wieder suchen). Deshalb müssen in den Schulen - über das Institut des Vertrauenslehrers hinaus - entlastende Räume und Zeiten geschaffen werden, in denen auch Lehrer nicht nur in ihren Rollen, sondern auch als zugängliche Persönlichkeiten ohne professionelle Versagensangst agieren können. Im Bereich der Strafverfolgung wiederum sind Verfahren anzustreben, in denen Pädagogische Bezüge in Angeboten *neben* der judikativen Apparatur entstehen können (vgl. dazu die Kapitel Krisenintervention und Diversion).

Hier wird uns deutlich, dass das Verhältnis von Strafe und Erziehung nur von der Pädagogik her bestimmt und nicht einfach von den kontrollierenden und strafverfolgenden Instanzen her gesetzt werden kann. Wenn das Jugendstrafrecht behauptet, dass es eine erzieherische Absicht verfolgt (Spezialprävention), dann hängt diese Absicht deshalb immer in der Luft, weil das Jugendstrafrecht primär an der Ahndung der Tat und erst sekundär am Eingehen auf den Täter (weiter aber am Kontext der Tat) orientiert ist. Es braucht also gleichberechtigte pädagogische Räume und Verfahren, um eine faktische Balance von Strafjustiz und Pädagogik herstellen zu können. Pädagogisches ist aus dem Strafrecht für sich nicht ableitbar. Wir werden diesen Faden im Kapitel vom Verhältnis zwischen Justiz/Polizei und Sozialpädagogik/Sozialarbeit noch einmal aufnehmen.

Allerdings werden die Chancen, Pädagogische Bezüge zu antisozialen und delinquenten Jugendlichen produktiv aufzubauen und ihnen darüber Grenzen aufzuzeigen, heute immer wieder dadurch destruiert, dass das gesellschaftliche Umfeld den Jugendlichen gegenteilige Signale aussendet. Entwicklung im Jugendalter, so haben wir an früherer Stelle argumentiert, gelingt, wenn Grenzen erprobt, das heißt gleichzeitig überschritten wie gesetzt werden können. Erscheint aber den Jugendlichen die gesellschaftliche Konsum- und Konkurrenzumwelt grenzen- und rücksichtslos, fällt sie als fördernde Umwelt aus. Die lebensaltertypische antisoziale Rücksichtslosigkeit der Jugend (Narziss und Gegenwartsfixierung) kann sich nicht mehr an der gesellschaftlichen Umwelt reiben. Die gesellschaftliche Umwelt wird so als zerstörbar und damit für das

Selbst bedrohlich erlebt, manche Jugendliche reagieren mit Hilflosigkeit, Regression und auch Gewalt. Die gesellschaftlichen Institutionen und die Öffentlichkeit überspielen aber diese, der Gesellschaft immanente, pädagogische Verlegenheit mit Forderungen nach Disziplinierung, Strafe und Verwahrung. Die Ausgrenzung abweichender Jugendlicher wird somit auch zur symbolischen Projektionsfläche für die allgemeine Unsicherheit und Hilflosigkeit angesichts einer unübersichtlichen Krisenanfälligkeit der Gesellschaft. Hier ist der Punkt erreicht, in dem die fachliche Beschränkung und Grenze der Diskussion über den Umgang mit Abweichendem Verhalten gesprengt wird und der Diskurs notwendigerweise ins Gesellschaftspolitische umschlagen muss.

4.3 Die Opferperspektive

Die Soziologie Abweichenden Verhaltens und die Kriminologie haben traditionell die Täter und ihre soziale Umgebung im Blick. Dem entspricht die herkömmliche pädagogische Perspektive der Resozialisierung. Die Problematik der Tatopfer - „die lange vergessene Perspektive" (Kirchhoff 1997) - tritt erst in den siebziger und neunziger Jahren in der kriminologischen Diskussion in den Vordergrund der Betrachtung. Dass die Opferlehre (Viktimologie) heute immer mehr zum integralen Bestandteil einer Pädagogik und Soziologie Abweichenden Verhaltens wird, ist auf zwei wichtige Entwicklungen zurückzuführen:

– Auf den Gewaltdiskurs, in dem die Gewalttätigkeit als interaktives Geschehen wahrgenommen und die Fragen des Opferstigmas und der Opferprävention in den Vordergrund treten. Dies bezieht sich sowohl auf Formen körperlicher, sexueller und psychischer Gewalt auf der Straße, in der Familie und schließlich auch in der Schule.

– Auf die kriminalpolitische Entstrukturierung des Strafrechts, indem dessen repressive Funktionen zurückgedrängt wurden zugunsten von Wiedergutmachung, sowie auf den Ausgleich zwischen Täter und Opfer und auf Diversion gerichtete Verfahren (Heinz 1993).

Man unterscheidet in diesem Zusammenhang zwischen primärer und sekundärer Viktimisierung. Erstere tritt unmittelbar mit der Tat ein, während die zweite Form sich als indirekte Reaktion seitens der sozial kontrollierenden Umgebung einstellt. Sekundäre Viktimisierungsprozesse sind vor allem bei Verhandlungen und Beurteilungen von Sexualdelikten bekannt, in denen der Opferstatus der Frau (vgl. dazu Dröge-Modelmog/Mergner 1987) durch sexualisierende Neutralisierungen („wenn sie so halbnackt und aufreizend herumläuft, braucht sie sich nicht zu wundern") verzerrt und damit weiter - durch die soziale Reaktion - verstärkt und verschärft wird (Weis 1982). Aber auch Jungen in der Schule, vor allem wenn sie nicht dem männlichen Bild der Körperstärke und Cliquengeselligkeit entsprechen, „ziehen" Täter an und geraten dann ebenfalls leicht in die Falle sekundärer Viktimisierung.

Für den pädagogischen Zugang zum Opfer bietet sich ein ähnlich strukturiertes Bewältigungsmodell an, wie wir es bei dem letztlich am Täter orientierten Modell von delinquentem Verhalten entwickelt haben. Auch die neuere Kriminologie stellt beim Opfer nicht nur die äußerlich messbare Schädigung, sondern das *Betroffensein* in den Vordergrund. Entsprechend ist auch hier die Bewältigungsperspektive - im engeren Sinne des Copings - eingeführt worden (Hegemann/Sessar 1988). Deshalb sehe ich im Bewältigungskonzept eine bemerkenswerte gemeinsame viktimologische Diskussionslinie von Pädagogik und Kriminologie, die sich auch in den sozialpädagogischen Verfahren der Diversion und des Täter-Opfer-Ausgleichs hineinvermittelt hat. Betroffensein weist auf die Selbstwertdimension im Opfersein hin, auf die Verletzung der persönlichen Integrität und die Destabilisierung der psychosozialen Handlungsfähigkeit. Das bezieht sich nicht nur auf körperliche und psychische Gewalt, sondern auch auf die Zerstörung oder Wegnahme von persönlichem Eigentum, das dem Besitzer oder der Besitzerin etwas bedeutet. Das Opfer gerät in eine plötzliche Krise (vgl. Kirchhoff 1997, S. 155ff.), wird durch die Tat abgewertet und fällt dazu noch einer öffentlichen Viktimisierung anheim, die diese Abwertung sichtbar macht. Und, egal ob das Opfer nun weiter stigmatisiert wird oder ob die soziale Umwelt selbstwertunterstützend und stigmaabbrechend wirken will: Die Intimität der/des Betroffenen ist aufgebrochen, die Tat und die öffentliche Tatbehandlung erzeugen Bewältigungsprobleme. Zum Opfer also braucht man genauso einen pädagogischen Zugang wie zum Täter: Die Trennung zwischen Person und erlebter Tat und die Perspektive, dass man trotz des Erlittenen wieder zu persönlicher Integrität gelangen kann, sollen den Umgang mit dem Opfer strukturieren.

Für die Pädagogik Abweichenden Verhaltens ist dabei nicht nur von Bedeutung, wie Opfer in Krisenintentions- und Diversionsverfahren einbezogen werden können, sondern auch, wie Kinder, Jugendliche und junge Erwachsene in die Opferrolle hineingeraten, geradezu von ihr angezogen werden, ja als „bestimmter Opfertyp" prädestiniert sind. In der Viktimologie wird dieser Zuschreibungszusammenhang der „Anfälligkeit" als „Opfer-Präzipitation" bezeichnet. Dem steht eine interaktionistische Sichtweise gegenüber, welche nach den gegenseitigen Anteilen in der Täter-Opfer-Interaktion fragt (vgl. dazu Jung 1993a). Beide Zugänge sind für uns von Bedeutung. Wenn wir uns z.B. rechtsextremistische Gewaltdelikte anschauen, so ist offensichtlich, wie die Täter auf bestimmte Opfertypen (Schwächere, Nonkonforme) abfahren. Ist man (nichtweißer) ausländischer Herkunft, gerät man automatisch in ein potentielles Opfersein, wenn man sich in öffentliche Bereiche begibt, in denen auch Skins verkehren. Nun wissen wir aber aus der Kenntnis des Theorems der Abstraktion, dass Täter bei körperlicher und psychischer Gewalt ihre Opfer nicht als konkrete Menschen, sondern als Merkmalsträger (der eigenen Hilflosigkeit, die abgespalten und auf den Schwächeren projektiv abreagiert wird) wahrnehmen. Hier kommt das interaktive Paradigma weniger in Frage, und die Möglichkeiten einer Täter-Opfer-Begegnung müssten je nach Einzelfall sorgfältig abgewogen werden: Verstärkt eine solche Konfrontation die dramatische Betroffenheit des Opfers, oder hilft sie ihm, sich in Zukunft verhaltenssicherer zu fühlen?

Im Forschungsdiskurs zur Thematik Gewalt in der Schule (vgl. dazu Schubarth 1998) geht man dagegen durchaus davon aus, dass wiederholt betroffene Opfer aus typischen familialen und biografischen Hintergrundmilieus hervorgehen, die Ähnlichkeiten zu denen der Täter aufweisen, aber gleichsam deren Kehrseite abbilden. Deshalb ist es gerade im Bereich der Schule notwendig, für solche Kinder und Jugendliche - und nicht nur in der Täter-Opfer-Konfrontation - Krisenintervention eigens anzubieten und pädagogische Bezüge aufzubauen.

4.4 Zum Umgang mit Cliquen und Banden

Jede Gleichaltrigenkultur Jugendlicher hat subkulturelle Elemente, die mehr oder weniger mit der gesellschaftlichen Umwelt und den sie tragenden Werten in Konflikt geraten können. Solange solche Konflikte aber nicht die Gruppe strukturieren, sondern Begleiterscheinungen der lebensphasentypischen Entwicklungsproblematik Jugendlicher sind (Ablösung von den Eltern und Experimentieren mit sozialen Rollen und Grenzen in der Peer-Kultur), handelt es sich nicht um eine deviante Gruppierung. Zu einer solchen wird sie erst, wenn das Abweichende Verhalten (und nicht die sozialisatorische Entwicklungsperspektive) zum Kristallisationspunkt der Gruppenstruktur nach innen und nach außen wird.

4.4.1 Praxisrelevante Ergebnisse der Gang-Forschung

Eine *Clique* oder *Bande* (Gang) ist in der bis heute anerkannten Formulierung des Klassikers der amerikanischen Gang-Forschung, W. Thrasher, eine intermediäre Gruppe, die sich anfangs spontan gebildet hat und später durch Konflikte integriert wurde. Sie ist durch folgendes Verhalten charakterisiert: face-to-face-Kontakte, Umherziehen, sich als Einheit durch den freien Raum bewegen, Konflikte erzeugen. Dies geschieht immer mehr geplant. Das Resultat dieses Kollektivverhaltens zeigt sich in der Entwicklung von unreflektierten Gruppentraditionen, von Kollektivgeist, Solidarität, Moral, Gruppenbewusstsein und Verbundenheit zum lokalen Territorium (Thrasher 1963, S. 46, Übers. L.B.). Die Clique wächst also aus der Gleichaltrigenkultur heraus und - so Thrasher weiter - erobert sich ein lokales Territorium, schafft sich ihre Cliquentradition durch Aggressivität und sich wiederholende Konflikte, welche die Verbundenheit untereinander stärken und Solidarität erzeugen. Die Cliquen- und Bandenmitglieder sind gegenseitig verpflichtet, den Status der Clique und ihr Territorium zu verteidigen (Hagedorn 1988). Die gemeinsamen Interessen bündeln sich in den illegalen und destruktiven Aktivitäten, die zielbewusst angestrebt werden und eine organisierte, Unterordnung fordernde Autoritätsstruktur verlangen (Hull 1990).

In der Gang vermischen sich also Peer-Gruppe und Bandenbildung. Die Clique vermittelt die üblichen Sozialisationsfunktionen der Gleichaltrigenkultur - Erprobung von Rollen, Auseinandersetzung mit Werten, Einüben sozialer Interaktion - mit dem allerdings wesentlichen Unterschied, dass die Gruppensozialisation über deviante Muster läuft: Abgrenzen gegen andere und Ausgrenzung anderer durch Abwertung, negative gesellschaftliche Orientierung und normwidrige Integrationsperspektive (Cummings 1993).

Die Cliquen- oder Bandenmitglieder sind sozialisatorisch auf die Clique *angewiesen*, weil ihnen ihre Familien keine fördernden Umwelten schaffen konnten. Die Jugendlichen der meisten Cliquen der amerikanischen Szene stammen aus sozial benachteiligten und belasteten Familien mit psychotischem Einschlag (Bindungslosigkeit), aber rigide eingehaltener sozialer Unauffälligkeit (Hagedorn 1988). So kommt - auch bei uns - die Mehrzahl solcher Jugendlicher aus Familien, in denen man es, dem äußeren Anschein nach, gar nicht vermutet hätte. Aber auch Jugendliche aus neurotischen Familienkonstellationen (mit autoritärer Triebunterdrückung, aber emotionaler Zuwendung), wie wir sie eher in der Mittelschicht antreffen, finden in der Clique ihr Medium der Rache gegen die Elterngesellschaft. So nimmt es nicht Wunder, dass Cliquen in der Literatur als eine Art „Ersatzfamilien" beschrieben werden, die den emotionalen Rahmen dafür geben, dass man beweisen kann, dass man etwas wert ist und diese Wertschätzung zurückgespiegelt bekommt.

Die amerikanische Gang-Forschung beschreibt auch immer wieder, dass die Cliquenmitglieder durch gewollte Provokationen einen stetigen Aktivitäts- und Aktivismuspegel zu halten versuchen. Bandenmitglieder schwärmen aus, um Personen und Gruppen zu finden, die Opfer ihrer Gewalt werden könnten. Cummings (1993) nennt solche Aktivitäten, mit denen sich die Cliquenmitglieder in und vor der Gruppe bestätigen möchten, „missions". Auch schildert er, dass Cliquen immer wieder Cliquen aus der Nachbarschaft suchen, um sich an ihnen durch Kampf aufzubauen; Kampf und Gewalt gegenüber Out-groups gehören zum Lebenselixier der Cliquen. Dies beobachten wir auch in Deutschland z.B. bei den Hooligans, die sich mit anderen Gruppen gezielt zu gewalttätigen Auseinandersetzungen außerhalb der Stadien verabreden, wenn dies im Stadion wegen der erhöhten Polizeipräsenz nicht mehr möglich ist. Auch die Polizei selbst wird als zu bekämpfende Out-group betrachtet, die besser ausgerüstet ist als die Gang und deshalb immer wieder neu ausgetrickst werden muss. An diesem Beispiel zeigt sich wieder das cliquenzentrierte Selbstverständnis der Gang, aus dem heraus die Polizei gar nicht als Instanz von Ordnung und Norm wahrgenommen wird (bzw. werden kann).

Diese Cliquenzentriertheit kann zur Umdefinition des gesamten Alltagslebens und der Wahrnehmung der gesellschaftlichen Integrationsmuster führen. Thrasher (1963) zeigte auf, wie Bandenmitglieder Stehlen und Einbrechen als attraktive „Beschäftigungsangebote" sehen, die sie in ihren Augen von anderen gesellschaftlichen Institutionen nicht geboten bekommen. Vor allem fand er heraus, dass es für die Jugendlichen Beschäftigungen waren, die Nervenkitzel erzeugten, Spaß machten und sie Männlichkeit demonstrieren ließen (vgl. auch Miller 1968). Damit kann sich in den Cliquen die jugendtypische Entwicklungs- und Konfliktdynamik mit der sozialen Orientierungs- und Tätigkeitsstruktur der Devianz in einer Weise verbinden, dass für die einzelnen Jugendlichen eine Trennung zwischen Normalverhalten und Abweichendem Verhalten nicht mehr erfahrbar ist. Hier liegt auch der Ansatzpunkt für die Pädagogik der funktionalen Äquivalente, die vor allem solche Befindlichkeiten in den Mittelpunkt stellt und von da aus korrektive Angebote entwickelt. Überhaupt darf die Pädagogik nicht übersehen und unterschätzen, dass Gangs den *ganzen* Menschen ansprechen, die Mitgliedschaft keine nur sektorale oder rollenbegrenzte ist, sondern ganzheitliche Identitätsbezüge aufbaut. Das Selbst geht im Gleichsein in der Gruppe auf, die Clique wird zur Identitätstreppe. Cliquen stellen also so etwas wie deviante Konstellationen der Selbsterziehung dar. Diese Erkenntnis ist für die akzeptierende Arbeit mit solchen Jugendlichen wichtig.

4.4.2 Akzeptierende Arbeit mit Cliquen

Wir haben so die Clique als einen subkulturellen Typus der Gleichaltrigenkultur gekennzeichnet, der sich durch kollektiv gewolltes und betontes Abweichendes Verhalten nach innen und nach außen strukturiert, zusammenhält und abgrenzt. Cliquen entwickeln sich aus Peer-groups heraus, haben dann aber eine eigene Struktur. Peer-groups als Mediatoren von der Jugendphase zur Erwachsenenwelt zeigen zwar auch entwicklungstypische Devianzmuster, diese verbleiben aber innerhalb der Spielräume und Grenzen des Generationenverhältnisses und -konflikts. Cliquen und Gangs entstehen und wachsen aus der Gleichaltrigenkultur heraus, verselbständigen sich aber dann subkulturell über ihre Devianzkultur, die sich nicht nur kontrastierend zu den, sondern aggressiv, destruktiv gegen die Normen der Gesellschaft richtet.

Unter der Bewältigungsperspektive, mit der wir die hinter dem Abweichenden Verhalten liegenden Motiv - und Verhaltenskonstellationen zu verstehen („akzeptieren") versuchen, stoßen wir auf Jugendliche und junge Erwachsene, die von ihrem sozialbiografischen Hintergrund her auf den Cliquenzusammenhalt angewiesen sind und die deshalb die Devianzkultur der Clique nicht als abweichend, sondern als bewältigungsfunktional und emotional attraktiv empfinden: Selbstwertschöpfung, sozialer Rückhalt, Geborgenheit, Zugehörigkeit, Status, die subjektive Erfahrung der Teilhabe an Aktivitäten als Beschäftigung. All dies sind Attribute, die eines gemeinsam haben: Sie werden über die Gruppenzugehörigkeit und über die Unterwerfung unter die Gruppenautorität hergestellt. Es hat also pädagogisch wenig Zweck, die Gruppe zerschlagen zu wollen, denn der Einzelne ist mit seiner Identität in der Gruppenidentität aufgegangen.

Dennoch ist das Missverhältnis zwischen der Clique und der Individualität der einzelnen Cliquenmitglieder *der* strategische Ansatzpunkt für eine pädagogische Intervention, die nicht auf die Zerschlagung der Gruppe abzielt (was in der Regel für sich genommen aussichtslos ist). Denn die Unterdrückung der Individualität durch die Clique setzt die einzelnen Mitglieder auch unter Stress: Sie müssen ihre innerliche Befindlichkeit übergehen, zumal im Cliquenklima eine dauernde Spannung herrscht (vgl. 2.3.2), Einzelne könnten durch ihr Schwachwerden auch die Gruppe schwächen oder durch Absetzbewegungen (z.B. über eine Freundin) Einbrüche in den Gruppenzusammenhalt und die Abgrenzung nach außen provozieren. Dieser Stress nagt an den einzelnen Cliquenmitgliedern und wird freigesetzt, wenn sie in kritischen Situationen (z.B. nach einer strafrechtlichen Verurteilung oder bei Verlusterlebnissen, die mit Eltern oder Freunden zusammenhängen) geraten, in denen sie dann zwangsläufig emotional auf sich gestellt sind. Es besteht also in dieser Hinsicht eine spezifische Bedürftigkeit bei den einzelnen Jugendlichen, an die ein pädagogischer Zugang zu gegebener Zeit angeknüpft werden kann. „Zu gegebener Zeit" bedeutet, dass im Cliquenraum die Beziehungen zu den PädagogInnen so entspannt sein müssen, dass die Jugendlichen „irgendwann" von alleine das Einzelgespräch suchen. Wie und wann sich das anbahnt, kann man schon in gewisser Weise beobachten, da es sich in der Regel um ein männliches Syndrom handelt: Die innere Hilflosigkeit äußert sich sowohl in verstärkten Dominanzgebaren bei jungen Männern wie in unbeholfenem Umwegverhalten (vgl. dazu Böhnisch/Winter 1997) den PädagogInnen gegenüber. Die Jugendlichen signalisieren, dass sie gerne etwas mitteilen möchten, aber nicht wissen, wie sie das aus der Gruppe heraus oder außerhalb der Gruppe tun sollen.

Krafeld (1992, 1992 a) hat versucht, den jugendpädagogischen Zugang zu delinquenten Cliquen zu strukturieren. Er tut dies am Beispiel rechtsextremer Cliquen, die er als exemplarisch für aggressive Cliquenbildung betrachtet, da bei ihnen alle Dimensionen der autoritären Binnenstruktur, der aggressiven und abweichenden Abgrenzung nach außen und der Stigmatisierung durch das soziale Umfeld und die Gesellschaft gegeben sind. Der erste Schritt in solche Cliquen ist von einer einfachen gruppendynamischen Überlegung begleitet: Es sollen nur ein bis zwei PädagogInnen in die Clique hineingehen. Werden es mehr, so werden sie als „Gegenpole" von der Clique empfunden, und es wird in der Regel versucht, die PädagogInnen auszugrenzen. Wir haben ja schon darauf hingewiesen, dass sich Cliquen an Nachbar- und Gegencliquen (auch die Polizei wird als solche erfahren) aufbauen und profilieren. Der nächste und entscheidende Schritt ist das Finden der Akzeptanz, die praktische Gestaltung der interaktiven Seite des Verstehens. Krafeld zeigt in diesem Zusammenhang, dass Versuche, den Jugendlichen andere normative und soziale Orientierung anzubieten, scheitern müssen, da es bei den Cliquen nicht so sehr um Werthaltung oder Orientierung geht, sondern um das Angewiesensein auf die Gruppe und ihren Zusammenhalt. Die von der Clique hochgehaltenen Werte sind eher Symbole für diesen Zusammenhalt, und wenn sie in Frage gestellt werden, ist auch die Gruppe in Frage gestellt. Damit sind die Jugendlichen in ihrem Selbst und ihrem sozialen Status bedroht. Wenn also - um bei Krafelds Beispiel zu bleiben - PädagogInnen mit einer antifaschistischen Bildungs- und Umschulungskonzeption an die rechtsextremistische Clique herangehen, werden sie um des Gruppenzusammenhalts willen und nicht wegen der Inhalte zurückgewiesen. Die Clique selbst ist also nicht unbedingt rechtsextrem, sondern es ist eine Gang mit rechtsextremer Symbolik. Dies zu akzeptieren bedeutet nicht, das Rechtsextreme gut zu heißen, sondern die positive Funktion der Cliquen für die einzelnen Jugendlichen zu verstehen.

Nun ist dieser akzeptierende Zugang der Theorie plausibel und folgt der Logik unseres Bewältigungsmodells. In der Praxis kommt aber etwas Entscheidendes hinzu: Akzeptieren heißt ja doch, man muss bereit sein, für eine längere Zeit eine aggressive Clique und ein rechtsextremes Symbolmilieu *aushalten* zu können. Die Sozialpädagogik und Sozialarbeit hat schon immer das prekäre Professionsproblem, dass sie es hauptsächlich mit Adressaten und Klienten zu tun hat, bei denen sie eine Lebensführung vorfindet, die sich oft radikal von der der PädagogInnen unterscheidet. Im Falle aggressiver und rechtsextremer Cliquen ist dies noch besonders ausgeprägt. Für dieses Aushalten reicht aber das Wissen und Verstehen der Cliquenlogik nicht aus, denn die alltäglich akzeptierende Interaktion mit den Jugendlichen schafft eine eigene, abstoßende Wirklichkeit. Die PädagogInnen brauchen deshalb einen kollegialen Unterstützungszusammenhang, in dem sie ihre Akzeptanzprobleme austauschen und sich - gleichsam in einem zweiten Projekt - verankern können. Hier liegt die Chance, das professionelle Verstehen und Wissen, das gegenüber der Clique zurückgehalten werden muss, in einen kontrastierenden Verständigungszusammenhang zu bringen, der genauso verbindlich ist wie die Cliquenarbeit. (Daraus speist sich auch ihre sozialpädagogische Vermittlungs- und Aufklärungsfunktion, die sie dann in kommunalen Gremien entsprechend einbringen können.) Die Zeit des Aushaltens ist aber auch die Zeit der Entscheidung, ob man eine solche Cliquenarbeit macht oder es lieber sein lässt.

In der Cliquenarbeit selbst bleibt den SozialpädagogInnen das Fach- und Erfahrungswissen und die darauf begründete Hoffnung, dass sie - die PädagogInnen - als neues Element in der Cliquenstruktur langsam aber sicher ein neues Magnetfeld schaffen können, von dem die Gruppenmitglieder vor allem in ihrer Individualität und personalen Befindlichkeit angezogen werden. Da der/die PädagogIn mit der Zeit eine marginale Position *in* der Clique erhält, muss der einzelne Jugendliche nicht mehr befürchten, dass durch seinen Beziehungsversuch die Clique gesprengt wird. So werden die PädagogInnen von den Cliquenmitgliedern langsam auch in ihren funktionalen Vorzügen für den Bestand der Clique wahrgenommen. Der wichtigste funktionale Vorzug dabei ist nach Krafeld - aber auch nach den Erfahrungen, die ich im Zuge der wissenschaftlichen Begleitung von Projekten mit gewaltbereiten Cliquen gemacht habe -, dass die Jugendarbeit den Cliquen einen *Raum* zur Verfügung stellen kann. Cliquen ziehen nicht nur umher, sie werden auch umhergetrieben, ausgegrenzt, beobachtet, verfolgt und stehen somit selbst unter *Stress*. Die Jugendlichen und die Clique selbst sind ja losgelöst von sozialen Bindungen, sie müssen deshalb auf sich aufmerksam machen und durch Gewalttätigkeit die Gruppe stärken. Dadurch werden sie wieder öffentlich stigmatisiert und unter Druck gesetzt. Der Raum mediatisiert diesen Stress und erhält in dieser Hinsicht auch Stützpunktfunktion. Er befördert die Strukturierung nach innen. So können über den Raum Aufgaben für einzelne Jugendliche entstehen, ohne dass die Gruppe zerstört wird. Einzelne übernehmen Verantwortung für räumliche Organisationsaufgaben, sie tun so etwas für die Gruppe und treten dennoch gleichzeitig als einzelne hervor.

Einen Gruppenraum zu haben - der zwar erfahrungsgemäß immer wieder demoliert und oft kleinbürgerlich, wie in den Herkunftsmilieus, eingerichtet wird - bedeutet Deeskalation und Entspannung. Der Raum verkörpert aber auch eine gewisse Machtposition der PädagogInnen, die sie so gegenüber der Gruppe erhalten. Die Clique muss zwangsläufig ihre Aktivitäten so kontrollieren, dass sie den Raum nicht gefährdet. Gleichzeitig erscheinen PädagogInnen nicht mehr als Eindringlinge in die Clique, sondern durchaus als nun feste Bezugspersonen, zu denen sich gleichsam eine zweite Gruppensoziometrie entwickelt, in der pädagogisch initiierte Bezugnahmen akzeptiert und auch gesucht werden: Vermittlungen nach draußen, Hilfen bei Jobsuche und Schlichtungen, Projektideen (z.B. selbstorganisierte Reisen) und schließlich auch Gespräche über psychosoziale Befindlichkeiten einzelner: z.B. im Hinblick auf die Enttäuschung mit den Eltern, Angst um den Verlust der Partnerin, Probleme bei der Arbeitsuche und Selbstwertprobleme in sozialen Bezügen außerhalb der Clique. Da die Cliquen in der Regel dominant männlich strukturiert sind, dauert dieser Prozess der Bezugnahme zur Individualität, zum Selbst des einzelnen, erfahrungsgemäß lange, ein halbes bis ein Jahr. Voraussetzung sind die gelungene Milieubildung - also die Entwicklung von Gegenseitigkeitsstrukturen - sowie das Prinzip der Akzeptanz, das Raumangebot und die Vermittlungsangebote der PädagogInnen.

Die Ziele cliquenorientierter Arbeit darf man nicht zu hoch stecken. Das wichtigste ist wohl das der Deeskalation nach außen und der behutsamen Entstrukturierung der Gruppe nach innen, um deviante Cliquen sozial neu regulieren zu können (vgl. Kap. 4.8). Die Clique soll nicht zerstört werden (da würde sie sich bald auch entziehen), sondern so lange über die kritische Zeit des höheren Jugendalters gebracht werden, bis sie sich in die Erwachsenengesellschaft hinein auflöst: Die einen ziehen zur Freundin, die anderen haben Jobs und dadurch neue Beziehungen bekommen. „Über die Runden bringen" als Ziel bedeutet: Dazu beitragen und helfen, dass die Jugendlichen nicht in Kriminalitätszonen geraten, aus denen sie auch nach der Jugendzeit nicht mehr herauskommen und in Gefahr laufen, in einer kriminellen Karriere festzusitzen. Dieses Ziel erscheint dann weniger gering, wenn man aus der Praxis weiß, dass dies nur durch beharrliche Bezugnahmen auf die Individualität der Gruppenmitglieder und durch gruppendynamische Begleit- und Vermittlungsarbeit gelingt. Insofern ist Cliquenarbeit eine hohe pädagogische Kunst, auch wenn man es ihr von außen nicht ansieht. Es ist eine Art *struktureller* Pädagogik, wo sich der Erfolg meist nicht unmittelbar mit der pädagogischen Intervention, sondern mittelbar biografisch und unterschiedlich zeitverschoben einstellt.

Allerdings scheinen mir die Möglichkeiten cliquenbezogener akzeptierender Jugendarbeit so nicht ganz ausgeschöpft. So wie bei Krafeld sind auch andere Konzepte zur aufsuchenden Jugendarbeit mit Cliquen (vgl. dazu im Überblick Klose/Steffan 1996) wiederum sehr äußerlich (jugendkulturzentriert) angelegt. Die innere *Bedürftigkeit* der Jugendlichen als verdeckter (gespürter, aber nicht integrierter) Ausdruck eines sozial verwehrten Selbst, die in der Alltagsdynamik der kollektiv-autoritären agierenden Clique nicht zum Zuge kommen kann, findet in der Person des/der PädagogIn ihren Ahnungs- und Haltepunkt. Deshalb gilt es mehr, die Interaktion von SozialarbeiterIn und Jugendlichen und nicht nur die sozialräumliche Position der Pädagogen zu betrachten. Die Interaktion erschließt sich wiederum im Zugangskonzept des Pädagogischen Bezugs als ein professionell begrenztes „Füreinander-Dasein", das dieser Bedürftigkeit des Jugendlichen einen sozialen Rahmen gibt.

4.5 Zum Umgang mit Abweichendem Verhalten in der Schule

Die Diskussion der neunziger Jahre zum Thema Abweichendes Verhalten und Schule war durch zwei Problemkreise geprägt: Zum einen durch die als gemeinhin dramatisch erachtete neue Erkenntnis, es habe sich ein bisher so nie gekannter Typ von Gewalt in der Schule eingenistet, zum anderen die von LehrerInnen vielberichtete Erfahrung, die Aggressionsintensität und -dynamik habe das traditionelle Niveau der Schulstörungen deutlich überschritten, das Gewaltverhalten und der Vandalismus mancher Schüler sei nicht mehr mit den herkömmlichen regulativen und disziplinarischen Mitteln der Schule kontrollierbar und integrierbar.

Abgesehen davon, dass die Schule-Gewalt-Forschung von ihren sozialstatistischen Befunden her vor einer Dramatisierung des Phänomens warnt - Gewalttaten bewegen sich in einer statistischen Zone von 5 Prozent, die schwer integrierbaren Aggressionen werden auf einen Anteil von ca. 25 Prozent in der Schülerpopulation geschätzt (vgl. dazu Hurrelmann 1993) -, weisen die Differenzierungen nach Schulformen darauf hin, dass die Schule *sozial* unter Druck geraten und SchülerInnen das Medium Schule zunehmend gebrauchen, um die Verstrickungen von Identitätsentwicklung und früher sozialer Belastung zu bewältigen.

Wenn wir diese allgemeinen Befunde auf die Erkenntnisse aus unserem Überblickskapitel zu Abweichendem Verhalten und Schule rückbinden, so bieten sich vier Problemdimensionen an, auf die sich die Erscheinungsformen von Aggression und Gewalt in der Schule beziehen lassen:

– Es sind mehr Familien als zuvor nicht mehr ausreichend in der Lage, das Schulleben ihrer Kinder zu begleiten, Schule also sozial zu reproduzieren. Die Schule selbst wird damit zunehmend zum Bewältigungsort.

— Die Schule hat für Kinder und Jugendliche einen hohen sozialräumlichen Aufforderungscharakter erhalten. Schulklassen- und Peer-Kultur vermischen sich. Deshalb ist es nicht verwunderlich, wenn sich die Versuche der SchülerInnen mehren, diese Sozialräumlichkeit auch zu beanspruchen und diesen Anspruch durchzusetzen. Geht die Schule nicht darauf ein, können für die SchülerInnen anomische Situationen entstehen, die sie unter anderem auch mittels antisozialer Aggression und Gewalt zu bewältigen versuchen.

— Die vielfach gestörte Balance zwischen Schule und sozialer Umwelt - sei es die sozial inkonsistente Familie, die entstrukturierte Gleichaltrigenkultur oder die zur Schule konkurrierende Lernwelt der Medien, welche die traditionale soziale Flankierung und Entlastung der Schule schwächen - lassen die der Schule immanente Trennung von Schülerrolle und Schülersein nicht mehr so einfach zu. Es sind vor allem die reduzierten Möglichkeiten der Selbstwertschöpfung, die in der Schülerrolle liegen (primär Leistungs- und Anpassungsbereitschaft an schulische Vorgaben), welche Probleme heraufbeschwören. Denn SchülerInnen suchen - aufgrund eben des gestiegenen sozialen Aufforderungscharakters der Schule und der sozialen Entstrukturierungsprozesse im außerschulischen Bereich - auch Selbstwerterlebnisse *in der Schule*.

— Die den schulischen Verfahren immanenten Typisierungsprozesse (vgl. 3.2.1), die traditionell dazu führen, dass einige Kinder und Jugendliche in der Regel „sozialtypisch" ausgegrenzt werden, lassen sich heute nicht mehr so ohne weiteres innerschulisch kontrollieren, indem man die Betroffenen als „Problemschüler" einem Sonderstatus zuführt. LehrerInnen sehen sich auf einmal multiplen abweichenden Problemkonstellationen gegenüber; gleichzeitig wehren sich Schüler gegen Typisierungen oder brechen die Schulkarriere einfach ab. Traditionelle ausgrenzende Typisierungen erweisen sich als nicht mehr tauglich für schulische Konfliktregulierung.

4.5.1 Gewalt und Aggression in der Schule

Das an einer Minderheit von Schülern beobachtete Gewalthandeln ist vor allem gekennzeichnet durch Form von körperlicher Gewalt und durch Vandalismus (mutwillige Beschädigung von Sachen). In der diffusen und fließenden Übergangszone von den antisozialen Aggressionen zum Gewalthandeln finden wir vor allem Erscheinungsformen von Schülermobbing (wiederholtes Schneiden und zunehmendes Ausgrenzen von einzelnen SchülerInnen). Zum antisozialen Aggressionsverhalten - unterhalb der Ebene des manifesten Gewalthandelns - werden schließlich körperlich-räumliche Provokationen, mehrheitlich aber verbale Aggressionen und schließlich psychisches Unter-Druck-Setzen gerechnet. Ich spreche ausdrücklich von „antisozialem" Aggressionsverhalten, weil wir ja in dieser Einführung immer wieder deutlich gemacht haben, dass der sozial gerichtete Aggressionstrieb und das damit verbundene Verhalten zuerst einmal als Selbstbehauptungsverhalten zu betrachten sind. Eine antisoziale Richtung erhalten sie dann, wenn sich diese Selbstbehauptung nicht mehr mit anderen in der sozialen Umwelt verständigen kann und/oder wenn es keinen Raum zum Experimentieren mit Aggressionen gibt.

Abgesehen von diesen fließenden Übergängen lässt sich eine deutliche Unterscheidung zwischen gewalttätigen und antisozial-aggressiven Schülern nach der Art ihrer sozial rückgebundenen Persönlichkeitsstruktur treffen: Gewalttätige Schüler haben schwache soziale Bindungen an die Schule, aber auch an außerschulische Sozialbezüge (Hurrelmann 1993) und suchen und stabilisieren ihren Selbstwert und ihre soziale Beachtung über Abweichendes Verhalten. Schubarth/Ackermann (1997) fassen die Untersuchungsergebnisse zum familialen Hintergrund solcher gewalttätigen Schüler wie folgt zusammen:

> „Zirka zehn Prozent der Kinder und Jugendlichen (sind) durch mindestens eine Form von Gewaltausübung in schwerer Ausprägung in der Familie getroffen [...]. Untersuchungen belegen, dass gewalttätige Menschen überdurchschnittlich häufig aus schwierigen Familienverhältnissen kommen und oft selbst Opfer familialer Gewalt gewesen sind („Kreislauf der Gewalt"). Ursachen für Gewalthandlungen der Eltern gegen ihre Kinder können u.a. Konfliktsituationen wie die Trennung der Eltern sein, aber auch wirtschaftliche Notlagen, schlechte Wohnbedingungen, ein aggressives Wohnumfeld oder nicht bewältigte emotionale Spannungen zwischen Eltern und Kind" (S. 24).

Die Befunde verweisen vor allem auf solche inkonsistenten Familienkonstellationen, wie wir sie bei bindungsschwachen psychotischen Familien aufgezeigt haben, aber auch auf sozial überforderte, die Kinder vernachlässigende und verunsichernde familiale Verhältnisse. Die in diesem Zusammenhang von Hurrelmann u.a. (1996) getroffene Aussage, dass diese Kinder im Kindergarten und in der Schule antisozial auffällig werden, weil sie nicht die familialen Voraussetzungen für die Einhaltung von Regeln mitbringen, kann durch die in diesem Buch referierte Grundaussage von Winnicott konkretisiert werden: Die Kinder haben in solchen Familien keine fördernde Umwelt erlebt und das Vertrauen in konforme Mittel der Selbstbehauptung verloren. Sie haben darüber hinaus in der Familie oft selbst Gewalt erlitten, so dass für sie Gewalt als „zugelassenes" bis selbstverständliches Verhaltensmedium erscheinen musste. Solche gewalttätigen Schüler gehören auch nicht selten außerschulischen Cliquen an, die - so haben wir oben hergeleitet - ihren Zusammenhalt über Abweichendes Verhalten suchen und sich an Gewalt als alltägliches Mittel des sozialen Abgrenzungs- und Durchsetzungsverhaltens der Clique gewöhnt haben.

Bei solchen Kindern und Jugendlichen kann die Schule in ihren Möglichkeiten der Intervention an ihre Grenzen stoßen. Hier sind unbedingt Kooperationen mit Streetworkern und Kriseninterventionsprojekten der Jugendhilfe angezeigt. Dennoch kann die Schule einiges tun: Sei es über deeskalierende Projekte (Sport, Projektwochen, welche auch diese Kinder zum Zuge kommen lassen), sei es über Einzelfallbetreuung in Absprache mit Vertrauenslehrern und Sozialarbeitern). Generell verweisen diese Zusammenhänge auf die Notwendigkeit, Bindungsverhalten zur Schule über Selbstwertermöglichung außerhalb der Schülerrolle zu erzeugen. Da es sich bei diesen Schülern vor allem um Haupt- und Berufsschüler handelt, läge hier die Erweiterung der fächerbezogenen Schule zur Sozialschule dringend auf der Hand.

Bei dem geschätzten Viertel antisozial aggressiver Kinder und Jugendlicher ist die „sozial verirrte" Aggressivität (Meng) vor allem auf jugendkulturell gespeiste Devianz zurückzuführen. Hier sind die Übergänge wiederum fließend in Richtung einer allgemeinen jugendkulturellen Auffälligkeit, die zur Jugendphase gehört und später abklingt. In den verschiedensten Ausprägungen hat sie sich schon immer in der Schule unter den Bänken, in den Pausen und hinter den Rücken der Lehrer ihre Ventile gesucht. Dass diese jugendkulturell gespeiste Aggressivität nun offener geworden ist und oft nicht mehr hinter dem Rücken der Lehrer abläuft, ist wiederum auf jene zwei Gründe zurückzuführen, die in der sozialen Entstrukturierung von Schule liegen:

– Dass die Schule ihren neuen sozialräumlichen Aufforderungscharakter nicht in den schulischen Alltag umsetzen kann und dadurch anomische Konstellationen entstehen (s.o.), die verstärkt Abweichendes Verhalten freisetzen;

– dass der jugendgemäße Entwicklungsraum von der Vor- bis zur Nachpubertät enger geworden ist und soziale Probleme schon zu einer Zeit bewältigt werden müssen, in der Jugendliche noch viele Energien für ihre leibseelische Entwicklung brauchen. Auf die Balance von emotionaler Entwicklungsdynamik und rationaler Unterrichtskonstellation war die Schule traditionell einigermaßen eingerichtet. Die nun hinzukommende, diese Balance gefährdende soziale Belastung droht dieses an sich schon prekäre Gleichgewicht für Schüler *und* Lehrer aus den Fugen geraten zu lassen. Deshalb werden beide Gruppen - Schüler wie Lehrer - von solchen antisozial aggressiven Behauptungstendenzen erfasst, die aus gegenseitiger Hilflosigkeit heraus entstehen können.

Gewalt- und antisoziales Aggressionsverhalten in der Schule hat seine geschlechtstypische Prägung. Die Jungen sind - vgl. die bisherigen Ausführungen zur männlichen Externalisierung und zum räumlichen Dominanzverhalten - im Bereich des Gewaltverhaltens und des Vandalismus weitaus überrepräsentiert (vgl. dazu Hurrelmann/Freitag 1993, Schwind u.a. 1995).

Fatal wäre es allerdings, wenn man bezüglich der Prävention und Intervention nur diese Jungen beachten würde. Schon die laufende Gewaltforschung macht diesen Fehler. Manifeste Gewalt ist sicher eine männliche Domäne. Aber - so haben wir es bereits im Geschlechterkapitel hergeleitet - die Mädchen sind genauso von anomischen Konstellationen und Problembelastungen betroffen und versuchen sie - allerdings mehr nach innen - zu bewältigen. So entstehen versteckte und vermittelte weibliche Aggressions- und Gewaltdispositionen, deren

Wirken im Schulalltag von Schubarth/Ackermann (1997) wie folgt beschrieben wird:

„Wenngleich Mädchen deutlich weniger Gewalt ausüben, bedeutet dies jedoch nicht, dass sie überhaupt nicht ins Gewaltgeschehen verwickelt sind. Zum einen verweisen einige Untersuchungen darauf, dass auch Mädchen 'aufholen' und nicht immer nur 'brav' sind. Zum anderen ist nach typisch weiblichen Ausdrucksformen von Aggression und Gewalt zu fragen. Möglicherweise sind sie anders in Gewalthandlungen verwickelt als Jungen, z.B. als 'Drahtzieherinnen' oder 'Beifallsbekunderinnen'. So berichten Lehrer, dass Mädchen bevorzugt gemein, hinterlistig, abwertend, heimtückisch und auf subtile Weise in verbalen Auseinandersetzungen verletzend sind. Unbeliebte Mitschüler werden verpetzt und bei Lehrern angeschwärzt. Mädchencliquen verhöhnen unbeliebte Jungen als 'Schwächling' oder 'Muttersöhnchen' und machen abfällige Bemerkungen über Aussehen und Geschlecht. Während bei Jungen körperliche Gewalt und Aggressionen dominieren, stehen bei Mädchen 'spitze Bemerkungen', 'Intrigen', 'Bloßstellen' und 'Hinter dem Rücken tuscheln' im Vordergrund, die zuweilen auch körperliche Aggressionen provozieren" (S. 18).

Auch die Alterstypik des Gewalt- und antisozialen Aggressionshandelns ist - unter Einbeziehung des Faktums jugendkultureller potentieller Devianz - plausibel. Sie entwickeln sich deutlich ab dem 11./12. Lebensjahr, um nach dem 16./17. Lebensjahr wieder zurückzugehen (vgl. dazu Fuchs/Lamnek/Luedtke 1996). Präventions- und Interventionsverfahren in Schulen sind also vor allem in der Sekundarstufe I und in den Berufsschulen gefragt (vgl. zum Einfluss der Schulform auf gewaltorientiertes Verhalten: Lösel/Bliesener/Averbeck 1997). In den Oberstufen der Gymnasien hat sich dagegen schon eine eigene sozial regulative Schülerkultur entwickelt, die Grundschule wiederum ist noch stark durch familiale Kontrolle und emotionale Rückbindung an die Familie geprägt. Die Grundschulen sind aber insofern als schulische Präventionsräume zu betrachten, weil sich hier sehr früh Schul- und Schülerkulturen zu einer Zeit entwickeln können, in der sich die Kids noch an Erwachsenen orientieren und das für diese Lebensphase typische sozialräumliche Aneignungsverhalten noch organisch in die Schule transformiert werden kann. GrundschülerInnen haben zwar noch eine geringere Sprachkompetenz und Konzentrationsfähigkeit und noch nicht ganz entwickelte soziale Kompetenzen. „Demgegenüber zeigen [sie] einen starken Bewegungsdrang und einen ausgeprägten Spieltrieb sowie einen Drang zum Erkunden, Ausprobieren und Handeln. Grundschüler gehen auch eine stärkere Bindung mit dem Lehrer ein, der für sie neben den Erziehungsberechtigten die wichtigste erwachsene Bezugsperson ist" (Schubarth/Ackermann 1997, S. 43). Deshalb muss in der Grundschule eine intensive Lehrer-Schüler-Kommunikation im verbalen und nonverbalen Bereich gestaltet werden, in der die Schüler Wertschätzung und Anerkennung für solidarisches und empathisches Verhalten erlangen können. Vor allem muss die Grundschule viel Bewegungsraum bieten können:

„'Bewegte Grundschule' zielt auf eine ganzheitliche fächerübergreifende Bewegungserziehung sowie auf ein Lernen mit allen Sinnen (einschließlich des Bewegungssinns) ab. Bewegung ist für eine optimale Entwicklung elementar notwendig, denn Langeweile, mangelnde körperliche Aktivität, wie verordnetes stundenlanges Stillsitzen, können aggressive Verhaltensweisen fördern. Über den Schulsport hinaus, d.h. während des Unterrichts, in den Pausen sowie im gesamten Schulleben werden den Kindern Bewegungszeiten und -möglichkeiten eingeräumt. So können Unterrichtsinhalte in Verbindung mit Bewegung vermittelt werden [...]. In der Pause müssen die Kinder Gelegenheit haben zu spielen, zu toben oder kreativ zu werden. [...] Zur Bereicherung des Schullebens (z.B. bei Schulfeiern, Spiel- und Sportfesten) eignen sich besonders konkurrenzfreie Bewegungsspiele, da die Kinder im gemeinsamen Tun Kooperations- und Kommunikationsfähigkeit schulen und verbale Konfliktbewältigung üben" (Schubarth/Ackermann 1997, S. 46).

4.5.2 Konfliktschlichtung, Krisenintervention und Prävention in der Schule

Die Schule reproduziert sich nicht nur über ihr Lern- und Leistungssystem und die damit verbundenen Verfahren, sondern gerade auch über die Schul- und Schülerkultur. Unter Schülerkultur werden die sich im Schulalltag darstellenden Selbstäußerungen und Ausdrucksformen der SchülerInnen verstanden, unter Schulkultur die Anstrengungen der Schule, die Schule *lebbar* zu machen, das heißt, mit der Lebenswelt der Kinder und Jugendlichen zu vermitteln. Als Schulkultur begreift sich die Schule als Sozialraum, in dem die Kinder über den engeren Unterricht hinaus Aneignungs- und Ausdrucksformen entwickeln und darüber eine lebensweltliche Identifikation mit der Schule erlangen können. Wenn wir uns an die Unterscheidung von (institutioneller) Schülerrolle und (personal-ganzheitlichem) Schülersein erinnern, so sehen wir, wie Schulkultur und Schülerkultur ineinander übergehen können: Die SchülerInnen sollen Selbstwertbezüge und Identifikationen, Beziehungsmuster und Verständigungsformen von sich aus in die Schule einbringen können, und die Schule muss sie aufnehmen können. Dies tut sie sicher nicht unmittelbar, sondern durchaus im Sinne einer „fördernden Umwelt", in der lebensweltliche Akzeptanz, zugelassener Experimentierraum und Grenzensetzen eng beieinander liegen und aufeinander bezogen sind. Solche Überlegungen werden in Verbindung mit dem Konzept der „Lebensweltschule" thematisiert: „Entwicklungen im Jugendalter vollziehen sich vor allem durch Mit-Machen, Mit-Erleben und Mit-Fühlen. Die Lebensweltschule will Erlebnis- und Handlungsfelder schaffen, um den Schüler nicht nur als lernendes Wesen zu behandeln, sondern [...] auch das Fühlen zuzulassen" (Schubarth/Ackermann 1997, S. 77).

Vor allem scheint mir - neben der Erweiterung des schulischen Spektrums der Selbstwertschöpfung und der Identifikationsangebote (wir wissen ja, dass deviante SchülerInnen meist keine Bindung an die Schule haben) - wichtig, dass die

Schule von sich aus auffordernde Gelegenheiten zur Entwicklung sozialer Handlungskompetenzen anbietet: Klassenverträge, Konflikttraining, Rollen- und Planspiele zum Miteinanderleben in der Schule.

In diese Richtung gehen auch die Konzepte des „Einander-Helfens", wie sie Rixius (1996) formuliert hat. Dabei wird deutlich, dass eine lebensweltlich gespeiste Schulkultur nicht konträr zum Leistungssystem der Schule sein muss, sondern dieses sozial mediatisieren kann. Allerdings - so Rixius - ist das Leistungsstreben in vielen Schulen heute so stark ökonomisiert, dass SchülerInnen befürchten, sie könnten Wissens- und Konkurrenzvorsprünge einbüßen, wenn sie einander helfen. Aber auch Lehrer fürchten Autoritätseinbußen, wenn sie das schulische Konkurrenzsystem durchbrechen und benachteiligten Schülern besonders helfen wollen. Um hier Vertrauen und Souveränität zu erlangen, braucht es eine neue Sichtweise der Schule: sie nicht länger als hierarchisches pädagogisches System zu betrachten, sondern als Sozialraum gegenseitigen Handelns, in dem Kommunikation und Transparenz die Bereitschaft des Einander-Helfens fördern und entwickeln können. Rixius verweist hier vor allem auf den offenen Unterricht, auf Gruppenarbeit, in der SchülerInnen sich Hilfe von Partnern beim Lösen von Aufgaben holen können. Diese merken dann, dass es nicht um Konkurrenzeinbußen, sondern um den Erwerb sozialer Kompetenzen geht. Aber auch die Lehrplan- und Unterrichtsgestaltung kann dazu beitragen, dass Transparenz und Offenheit und damit Gegenseitigkeit in der Schule entwickelt werden können. Indem Unterrichtsinhalte koordiniert werden und Inhalte aus Fächern aufeinander bezogen sind, können Sinnzusammenhänge gestiftet werden. Das verlangt natürlich auch andere Zeitrhythmen als den traditionellen Stundentakt. Rixius spricht in diesem Zusammenhang von „Unterrichtsepochen" und verweist darauf, dass sich auch die LehrerInnen durch solche Formen des Block- und Projektunterrichts verändern, in dem sie über ihre Fachborniertheit hinausschauen und selbst integrativ denken müssen. Dieses integrative Denken im kognitiven Bereich kann bei LehrerInnen und SchülerInnen lebensweltlich und emotional mediatisiert werden. SchülerInnen und LehrerInnen merken in solchen integrativen Zusammenhängen, dass Gefühl und Vernunft nicht auseinanderdividiert werden müssen, dass Fähigkeiten wie „zuhören, vernünftig argumentieren, Gefühle wahrnehmen und ausdrücken, planen und entscheiden, Verantwortung tragen sowie flexibel sein und Konflikte austragen" durchaus zusammengehören (Rixius 1996, S. 146). Dann wird auch deutlich, dass das „Einander-Helfen" Struktur- und Handlungsdimension einer lebensweltlich offenen Schule gleichermaßen umfasst und nicht normativ aufgesetzt werden muss.

Diese strukturelle Ausgangslage und die in ihr enthaltene Handlungsaufforderung zur Mediatisierung von lebensweltlichen und systemischen Aspekten der Schule (vgl. dazu Böhnisch 1996) schafft auch die Voraussetzungen dafür, dass sich Schüler und Schülerinnen mit der Schule identifizieren, gemeinsame Verantwortung entwickeln und so im Sinne einer demokratischen Schule (Oser

1990) auch Konflikte unter der prinzipiellen Wahrung der Integrität der jeweils anderen austragen können:

> „Haben solche Elemente einen festen Platz im Schulalltag, lernen die Schüler, für das Klima in der Klasse verantwortlich zu sein. Sie erleben vielfältige Sichtweisen und Interessen, die auch konfliktträchtig sind. Konflikte zu bewältigen, wird auf diese Weise Teil des Schullebens" (Rixius 1996, S. 147).

All diese Beispiele (weitere bei Schubarth 1998) rekurrieren auf die schulinternen räumlichen und personalen Ressourcen, welche die Schule selbst aktivieren kann. Es gibt aber auch Konfliktkonstellationen, wo sich die Schule ihrer eigenen Ressourcen nicht mehr bewusst ist und damit sowohl als Institution überfordert (sie kann die Konflikte nicht mehr mit bisherigen schulischen Mitteln integrieren) als auch als soziale Gruppe nicht mehr handlungsfähig ist. Hier bietet sich die Kooperation mit außerschulischen sozialtherapeutischen und sozialpädagogischen Expertenteams an. Dieses in der Literatur mit dem Begriff der Krisenintervention umschriebene Verfahren wird bei aktuellen Konfliktfällen eingesetzt, also dann, wenn die kritische Situation gerade frisch, die aktuelle Spannung noch nicht gewichen ist, und die Beteiligten noch Betroffenheit zeigen. Kernpunkt der Krisenintervention ist die Bildung von Kleingruppen um den Konflikt herum, in dem sich die Beteiligten aus ihrer Befindlichkeit heraus äußern, ihre alltäglichen Wünsche und Ängste im Schulleben darstellen können. Auch hier ist die Methode der Trennung von Person und Konfliktanlass erst einmal wichtig, denn es soll ja die Gefahr vermieden werden, dass die Schüler (aber auch die Lehrer) gleich anfangen zu externalisieren, den Konflikt von sich wegschieben „wir waren es nicht" oder die vielfältigsten Gründe dafür finden, dass es so gelaufen ist (Rationalisierung). Die Erfahrung zeigt, dass die SchülerInnen in solchen vertrauensvollen kleinen Gesprächsrunden sich sehr bald wohl fühlen, dass der Stress weicht und mit ihm der Externalisierungs- und Rationalisierungsdruck. Hier passt auch das Modell des „Konflikttrainings" (Gordon 1990) hinein, in dessen Mittelpunkt ein gezielter Austausch von empathischen Botschaften steht (wir begegnen uns so und nehmen uns so an, wie wir sind). Auch hier wird versucht, Täter und Delikt voneinander zu trennen und die Befindlichkeiten des Täters - und der Beteiligten gegenüber der Person des Täters - zum Sprechen zu bringen.

Die SchülerInnen können in solchen Verständigungen *aus sich heraus*, von ihrer wiedererlangten emotionalen Sicherheit her, sich die Einhaltung von Regeln vornehmen, die Lehrer ihren Unterrichtsstil ändern und sich vornehmen, sich mit den Schülern neu zu verständigen. Der Kern dieses Kriseninterventionsmodells besteht also darin, dass - ganz im begrifflichen Sinne der Krise, die zugleich Crash- wie Wendepunkt bedeutet - das gemeinsame Gefühl erzeugt wird, dass eine Wende und ein gemeinsamer Neubeginn möglich sind und dass diese Vorstellung dem Einzelnen Wohlgefühl und Wohlbefinden vermittelt:

> „Es ist [...] nicht die konkrete Maßnahme, die zählt, sondern der Stimmungsumschwung, der durch die Maßnahme eingeleitet wird. Durch diesen

konkreten Änderungsvorschlag hat die Klasse das Gefühl, selbst etwas gegen die Gewalt zu unternehmen und das stärkt das kollektive Selbstwertgefühl der Klasse. [...] Die konkrete Änderung dient als Zeichen dafür, dass die Klasse über Gegenkräfte verfügt, die sie bei Vorfällen mobilisieren kann. Dank dieses Stimmungsumschwungs entwickeln sich vielleicht auch Rituale, die Gewaltausbrüche eindämmen, Gesetze und Regeln, an die sich die Kinder unbewusst halten, wenn Gewalt droht" (Guggenbühl 1995, S. 59).

Solche Kriseninterventionsmodelle mit Hilfe von außen erfordern zuerst vertrauensbildende Einzelgespräche zwischen Lehrern und Schülern (eventuell auch entsprechende Elternabende). In den Lehrergesprächen versucht man, die LehrerInnen dafür zu sensibilisieren, dass sie vom rituellen Unterrichtsdenken wegkommen und - im pädagogischen Bezug - die Schüler einmal als Persönlichkeiten, d.h. von den Seiten her zu betrachten, die man im Unterrichtsalltag immer wieder verdrängt bzw. verdrängen muss (Reframing). Es gilt also bei den LehrerInnen eine lebensweltliche Neugier auf die SchülerInnen und damit auch auf sich selbst in ihrem Lehrersein zu wecken und damit die für die Krisenintervention notwendige emotionale Beziehung auch beim Lehrer zu aktivieren (vgl. dazu Herzka 1991). Bei der Arbeit mit den SchülerInnen ist es ebenso wichtig, Emotionalität herzustellen. Vor den kleinen Gesprächsrunden gibt es deshalb Körperarbeit, d.h. verschiedene Entspannungsübungen, gegenseitige Berührungen und Abstoßungen, Zueinanderfinden und Aus-dem-Wege-Gehen. Im Mittelpunkt von Guggenbühls schulischem Kriseninterventionsmodell stehen in den daran anschließenden Gesprächen vor allem Geschichten von sich selbst, aber auch Geschichten von anderen, Erzählungen von Träumen und Mythen. Wichtig ist ihm dabei, „dass die Geschichten archetypischen Charakter haben, Situationen oder Probleme beschreiben, die als Urmuster unserer kollektiven Psyche vorhanden sind: die Überwindung von Angst, die Konfrontation mit dem Schrecklichen, Missbrauch, Angst vor den Mächtigen, Feigheit etc." (S. 128). Die SchülerInnen fühlen dann schnell, dass solche Situationen nicht fern von ihnen sind, sondern im Schulalltag immer wieder vorkommen. Sie können dann die Geschichten selbst weitererzählen und kommen so, in der Verbindung von Gefühl und Sprache, in jenen emotionalen Zustand, in dem der Stimmungsumschwung zur gemeinsamen Wende vielleicht möglich wird.

Bei all diesen lebensweltlichen - sozialräumlichen, jugendkulturellen und sozialemotionalen - Zugängen zur Schule darf nicht vergessen werden, dass auch die institutionellen Arrangements der Schule Gegenseitigkeit erlauben, die Schulhierarchien also durchbrochen werden müssen. Dies wird - vom hoheitlichen und generationshierarchischen Charakter der Schule her - nie ganz gelingen, kann aber als Tendenz immer wieder neu in Gang gebracht werden. In der Diskussion um die „gesunde Schule" finde ich in diesem Zusammenhang jene Überlegungen interessant, welche „die Schule als lebenswerte(n) Arbeitsplatz für SchülerInnen und LehrerInnen" (Schirp 1993) thematisieren. Von diesem Verständnis her kann auch eine institutionelle Haltung der Gegenseitigkeit und Vertraglichkeit begründet werden. Indem er von „Humanisierung der Schule" spricht, versucht Schirp bewusst, die Schulreformdiskussion an die Diskussion der „Humanisierung der Arbeitswelt" anzubinden. Es geht um den Arbeitsplatz Schule, der sozial und personal verträglich sein muss. Ein „humaner, entwicklungsfördernder Arbeitsplatz" kann für ihn nur dort entstehen, wo sich die Produktivitätsdefinition nicht nur auf unterrichtliche Leistungen, sondern auch auf soziale und sozialräumliche Kompetenzen bezieht, wo Selbstwert multipel vermittelt werden kann und Raum für fachlich-kognitive und emotionale Auseinandersetzungen und Konflikte gleichermaßen gegeben ist.

Die Schule wird so zum Ort, wo Bewältigungshandeln gelernt werden kann (Schirp zieht ausdrücklich das Coping-Modell heran). Über diese Bewältigungsdimension kann Schule *im Schulalltag* Anschluss an den Alltag des Schülerseins überhaupt finden. Das neue institutionelle Selbstverständnis des „humanen Arbeitsplatzes Schule" hilft dabei, die Schule als ernsthaften Teil der Biographie betrachten zu können, sich trotzdem dabei wohlzufühlen und die Verantwortung für andere (und damit für die Schule) - auch in der Spannung von jugendkultureller Abgrenzung - als Eigenes zu erfahren. Natürlich ist die Schule in ihrer institutionellen und biographischen Stellung kein Arbeitsplatz wie der Erwerbsarbeitsplatz. Sie steht auch strukturell - auch wenn sie sich noch so sehr räumlich und emotional öffnet - im Widerspruch zur Jugendkultur und die schulischen Konflikte lassen diese Gegensätzlichkeit immer wieder neu aufbrechen. Dieses neue institutionelle Verständnis kann aber dazu führen, dass die Schule die SchülerInnen nicht länger als „Unmündige" betrachtet, sondern ihrer soziokulturellen Selbständigkeit entgegenkommt. Dann können sie sich auch als Jugendliche auf sie einlassen.

4.6 Justiz, Polizei und Pädagogik

In den neunziger Jahren, in der Folge der fiskalischen und institutionellen Krise des Sozialstaates, hatte auch in Deutschland die öffentliche Forderung nach Verschärfung der Straf- und Kontrollpolitik gegenüber delinquenten Jugendlichen spektakulär an Boden gewonnen. Es ging dabei vor allem um jugendliche Mehrfachtäter, die nach Ansicht maßgeblicher Innen- und Justizpolitiker nicht mehr der Sozialpädagogik und ihrer offenen Jugendhilfe überlassen werden dürften, da diese keine ausreichende Kontrolle über diese Jugendlichen aufbauen und garantieren könne und somit kriminalpräventiv versagt habe. Geschlossene Unterbringung und Jugendgefängnis schienen wieder hoffähig zu sein. Die Jugendhilfe ist damit in ein dreifaches Dilemma geraten: Ihr werden Sicherungsaufgaben zugemutet, sie wird in diesem Zusammenhang mit der Drohung der Wiedereinführung geschlossener Unterbringung gleichsam erpresst und sie muss sich gleichzeitig den Vorwurf gefallen lassen, sie wolle sich der schwierigsten Fälle entledigen, wenn sie diese Funktionen verweigere (Will 1997).

Diese, ihr übergestülpte und aufgezwungene generalpräventive Diskussion hat der Sozialpädagogik die Notwendigkeit vor Augen geführt, ihre Möglichkeiten und Grenzen des pädagogischen Umgangs mit Jugenddelinquenz offen zu legen und mithin die Jugendhilfe in den Zugzwang gebracht, sich gegenüber und im Verhältnis zu Justiz und Polizei zu positionieren. Dabei ist deutlich geworden, dass die beiden unterschiedlichen Welten, denen Justiz/Polizei und Sozialpädagogik/Sozialarbeit angehören, auch auseinandergehalten werden müssen, sollen pädagogische Wirkungen erzielt werden. Die Pädagogik kann die Kriminalität als gesellschaftlich verwobenes Phänomen nicht bekämpfen, sie kann sich aber um die Jugendlichen, die in den Sog der Kriminalität geraten, so bemühen, dass sie - jeweils in ihrer Individualität - den Weg in biografische Alternativen finden können.

Beide Welten sind nicht nur unterschiedlich, sondern auch widersprüchlich strukturiert. Sie müssen sich aber doch verständigen, weil sie aus verschiedenem Zugang heraus auf den Selbstbezug Abweichenden Verhaltens - in seiner Gleichzeitigkeit von personalem Bewältigungsverhalten und gesellschaftlich-institutioneller Kriminalitätszuschreibung - einwirken.

Wie die pädagogische Definition und die Kriminalitäts-Definition einander widersprechen, haben wir in dieser Einführung an vielen Stellen erlebt. Denken wir an die Kids in den Beispielen Winnicotts, die aus einer zerstörbaren familialen Umwelt kommen und durch Klauen oder Gewalt gerade dann auf sich aufmerksam machen wollen, wenn sie spüren und erfahren, dass jemand - z.B. aus der Jugendarbeit - sich ihnen zuwendet, sie anerkennt. Sie setzen ihre Signale durch Abweichendes Verhalten, weil sie das Vertrauen in die legitimen und konformen Mittel der zwischenmenschlichen Kommunikation verloren haben. Oder erinnern wir uns an das Beispiel des Jugendrichters, der aus seinem Kriminalitäts- und Sanktionsverständnis heraus schwer begreifen kann, dass die verurteilten Jugendlichen ihre Tat aus subkulturellen Motiven heraus - sie wollten Selbstwertstatus in der Clique erreichen und festigen - begingen und deshalb kein tatbezogenes Unrechtsverständnis zeigen wollen (und können).

Bei beiden Beispielen entwickelt die Pädagogik die Strategie, die Person des Jugendlichen von und aus der Tat zu lösen. Diese Trennung von Person und Delikt - Kernstück jeder sozialpädagogischen Krisenintervention - ist der Justiz und der Polizei fremd, manche wittern darin - auch die durchschnittliche Öffentlichkeit - geradezu ein Unterlaufen von Justiz und Polizei. Deshalb haben wir wiederholt angemahnt, dass es eines unterstützenden und sozial akzeptierenden sozialen Umfeldes bedarf, damit die pädagogischen Ansätze nicht durch den (populistisch) verbreiteten Druck der Kriminalitätsdefinition blockiert oder vereitelt werden.

Handelt es sich bei diesen beiden Beispielen gleichsam um eine pädagogische Entstrukturierung der Kriminalitätsdefinition, um Resozialisierungsperspektiven öffnen und die Gefahr der Verfestigung einer kriminellen Karriere verhindern zu können, so hat die (Sozial-)Pädagogik in ihrem Repertoire durchaus auch eigenständige Methoden, die unabhängig von den devianzfördernden Strukturen - allerdings durchaus in Kontrast zu ihnen - wirken können. So hat die von uns 1994-1996 durchgeführte wissenschaftliche Begleitung des ostdeutschen Antigewaltprogramms 'AgAG' (vgl. dazu Böhnisch/Fritz/Seifert

1997) gezeigt, dass *differentielle* Angebote der Jugendarbeit im Sinne der Perspektive des differentiellen Lernens das soziale und jugendkulturelle Magnetfeld so beeinflussen und sogar umpolen können, dass Jugendliche erst gar nicht eine Kriminalitätsdisposition entwickeln müssen bzw. die schon entstandene abbrechen können, weil sie spüren, dass sie auch mit legalen Mitteln Selbstwert und soziale Anerkennung erfahren können.

Allerdings bewegen wir uns mit diesen Beispielen in einem Kriminalitätsbereich, in dem die Scheidung von Pädagogik und Justiz trotz allen kriminalpolitischen Außendrucks relativ gut möglich ist, da sich inzwischen auch in der Justiz das Verständnis dafür eingespielt hat, dass jugendliche Ersttäter nicht als Kriminelle verfolgt werden dürfen und dass die Verhängung von Haftstrafen in diesem Alter und bei dieser Gruppe überwiegend negative Bewährungseffekte nach sich zieht. Deshalb sind inzwischen auch Diversionsverfahren im Bereich der Justiz und im Zusammenspiel von Justiz und Pädagogik eingeführt worden.

Schwieriger wird es im Bereich der Mehrfachtäterschaft. Hier ist der kriminalpolitische Druck größer und zudem noch eindeutig ordnungspolitisch rückgebunden (Innere Sicherheit). Hier schlägt das Legalitätsprinzip, nachdem Justiz und Polizei strukturiert sind - Tatverfolgung und Tatahndung ohne Ansehen der Person - nicht nur voll durch, sondern kann auch nicht so ohne weiteres durch pädagogische Maßnahmen abgelöst werden. Denn die Pädagogik muss hier Kontroll- und Sicherheitsangebote machen können, und sie hat es auch dementsprechend schwer, Alternativen zur geschlossenen Unterbringung und Jugendhaft anzubieten. Zwar wehrt sich die sozial- und heimpädagogische Fachdiskussion mit überzeugenden Argumenten aus der Bewährungs- und Rückfallforschung gegen den Ruf nach geschlossener Unterbringung, es fehlen aber in der Praxis der Jugendhilfe immer noch umfassende Alternativen, in denen pädagogische Resozialisierung und kriminalpolitische Schutz- und Sicherungsinteressen unter einen Hut gebracht werden können. Zudem drängen die Erziehungsheime selbst, je weniger sie in der Lage sind, solche Jugendlichen mit ihren klassischen Mitteln der regionalen Ausgrenzung zu halten, auf geschlossene Maßnahmen oder Abschub in die Jugendstrafanstalt. Bei diesem weit verbreiteten Unvermögen im Umgang mit „kriminalitätserfahrenen" Jugendlichen ist es kein Wunder, dass sich zwischen den Heimen ein Trebetourismus unter den Jugendlichen entwickelt hat, der die öffentliche Kriminalitätsfurcht und das Misstrauen der Kriminalpolitik gegenüber der Pädagogik noch verstärkt.

Wir befinden uns also hier an einem Punkt, an dem die Pädagogik selbst in Vorleistung treten muss und sich nicht auf fachliche Abwehr beschränken darf. Zwei klassische pädagogische Argumentationslinien müssen dabei überdacht und neu gewichtet werden: Zum einen die Annahme, dass Jugenddelinquenz *immer* als etwas Passageres, den Entwicklungsbedingungen der Jugendphase Zugehöriges zu betrachten sei. Diese Argumentation impliziert, dass jede kriminalpolitische Definition prinzipiell abzuwehren ist. Zum anderen die Vorstellung, dass in der Jugendhilfe Überlegungen keinen Platz haben dürfen, welche kriminal- oder ordnungspolitische Interessen pädagogisch zu transformieren versuchen. Dieses oft unhinterfragte „Denkverbot" in die kriminalpolitische Richtung führt schließlich dazu, dass möglicherweise kreative Ansätze der Transformation erst gar nicht gedacht werden und sich die Pädagogik vorwerfen lassen muss, durch ihre Verweigerungshaltung den Kriminalpolitikern erst recht das Feld zu überlassen.

Zur ersten Argumentationslinie: Die These, dass die Jugenddelinquenz ein jugendphasentypisches, passageres Phänomen sei, korrespondiert mit einer Jugenddefinition, wie sie in den fünfziger Jahren geprägt wurde und sich im Diskurs der Jugenddevianz bis heute gehalten hat. Indem das Jugendalter eine Phase „potentieller Devianz" sei, könne man auch davon ausgehen, dass diese Devianz „jugendtypisch", d.h. von der Entwicklungs- und Subkulturdynamik des Jugendalters geprägt ist und deshalb mit Beendigung des Jugendalters verschwindet. Die Kriminalstatistiken geben diesen Annahmen insofern bis heute Recht, als die Kriminalität nach dem Jugendalter deutlich abebbt. Dennoch sind in den letzten beiden Jahrzehnten Tendenzen in der Entwicklung des Jugendalters zu verzeichnen, die befürchten lassen, dass die Gefahr wächst, dass sich delinquente Verstrickungen im Jugendalter verfestigen und biografisch verstetigen können (vgl. Kap. 1.7). Das hängt mit den sozialen Belastungen zusammen, die heute in das Jugendalter zu einer Zeit hineinreichen, in der die Jugendlichen eigentlich noch im geschützten Raum ihre pubertäre Entwicklungsdynamik durchlaufen und nachpubertäre Identitätsfindung realisieren müssen. Die Shell-Studie Jugend 1997 bildet diesen Zusammenhang (implizit) ab: Die Krise der Arbeitsgesellschaft hat die Jugend erreicht, das heißt, viele Jugendliche müssen sich früh und lebensweltlich konkret mit dem Problem ihrer sozialen Zukunft (Berufsausbildung, Lehrstelle, Arbeit) herumschlagen. Gleichzeitig äußern sie aber auch in dieser Befragung den Wunsch, länger in der Jugendzeit verbleiben zu können, sich die Jugend also gleichsam als Schonraum halten zu können. Jugendliche, die es nicht schaffen, Entwicklungs- und Bewältigungsprobleme auszubalancieren, geraten dabei in Gefahr, dass Abweichendes Verhalten, das jugendkulturell motiviert ist, und die aufgezwungene soziale Bewältigungsorientierung sich ineinander verstricken (vgl. dazu wiederum den Abschnitt Risikoverhalten), und sich so Abweichendes Verhalten über die Jugendzeit hinaus als biografisch gelerntes Muster der Bewältigung psychosozialer Probleme verfestigen kann. Das kann vor allem dann geschehen, wenn Jugendliche in ihrem Bewältigungsdilemma (z.B. Schulabbruch, keine Lehrstelle oder Arbeit, aus der Familie gedrängt) Rückhalt und soziale Anerkennung nicht mehr in konformen Sozialbezügen finden und suchen und dann von Milieus Abweichenden Verhaltens und ihren Cliquen angezogen werden. Dann kann Abweichendes Verhalten zur Lebensform werden und über die Jugendbiografie hinausreichen.

Vor diesem Hintergrund kann nicht mehr pauschal davon ausgegangen werden, dass jugendkulturell initiiertes Abweichendes Verhalten immer mit dem Ende der Jugendzeit aufhört, gleichsam wie eine Haut abgestreift wird. Die Sozialpädagogik braucht also Konzepte, wie sie mit diesen delinquenten Jugendlichen so umgehen kann, dass dem öffentlichen kriminalpolitischen Sicherheitsinteresse entgegengekommen wird, den Jugendlichen aber gleichzeitig biografische Entwicklungsalternativen offen gehalten werden können. Damit kommen wir zur zweiten Argumentationslinie in der kritischen Verständigung von Justiz/ Polizei und Pädagogik: Jugendstrafvollzug und geschlossene Heimerziehung können diese pädagogische Option nicht realisieren. Totale Institutionen sind strukturell (zwangsläufig) so angelegt, dass sie die Jugendlichen in ihrer Handlungsfähigkeit und ihrem Selbstwert weiter einschränken, in dem sie sie an ihre institutionelle Zwangsstruktur anpassen (vgl. dazu Goffman 1973). Die Rückfallquoten nach der Entlassung sind dementsprechend hoch. Dennoch muss die Sozialpädagogik/Sozialarbeit - will sie geschlossene Unterbringung und Jugendhaft verdrängen - Settings anbieten können, die Kontrolle gewährleisten. Da reichen erlebnispädagogische Angebote, soziale Trainingskurse oder Antiaggressions-Trainings nicht aus, da sie nur an den jeweiligen Verhaltensauffälligkeiten ansetzen, nicht aber den Anschluss an den biografischen Hintergrund des Abweichenden Verhaltens der Jugendlichen finden können. Deshalb braucht die sozialpädagogische Jugendhilfe ganzheitliche Settings zum Wohnen, Arbeiten und mit intensiver Betreuung, in denen Jugendliche einer deutlichen sozialen Kontrolle unterliegen, die aber spürbar ausbalanciert ist durch Milieuangebote und biografische Entwicklungsperspektiven, die auf Vertrauen und sozialer Anerkennung begründet sind. Statt isolierter „Kleinstheime" braucht es einen vernetzten Verbund von Einrichtungen, die mit ihren multiplen Möglichkeiten von chancenreicher Beschäftigung und intensiver Betreuung die Jugendlichen binden, gleichzeitig aber auch eigene Sicherheitskontrollen aufbauen und durchsetzen. Diese aber treten dann hinter die biografischen und sozialen Möglichkeiten dieser Einrichtungen zurück und strukturieren nicht so nachhaltig wie im Gefängnis oder Heim den Alltag der Jugendlichen (vgl. zur deutschen Fachdiskussion: BAG 1991, H. Peters 1993a, Reindl 1993, Nikolai u.a. 1996). Hier werden inzwischen auch Modelle aus den USA in die Diskussion gebracht, nach denen jugendliche Mehrfachtäter in großen Camps als „trainees" untergebracht und über aktivierende und sich gegenseitig verstärkende Gruppenprozesse resozialisiert werden. Die Camps sind überdies nach Methoden des Unternehmensmanagements geführt (vgl. dazu Guder 1997).

Nur wenn man solche ganzheitlichen Settings mit eigenem Sozial- und Kontrollrahmen im Rücken hat, kann man der Justiz gegenüber die Widersprüchlichkeit von Strafe und Erziehung, wie sie im Jugendgerichtsgesetz eingelassen ist, vorführen und deutlich machen, dass sie nur in diesem Kontext aufzulösen ist. Über den Strafvollzug kann nicht erzogen, sondern höchstens verhaltenstherapeutisch eingewirkt werden, denn die Selbstwerteinbrüche, ausgelöst durch die innere Unterwerfungsstruktur der Anstalt, und die soziale Isolation sind zu gravierend.

Doch auch schon die im Jugendstrafrecht enthaltene Annahme, straffällige Jugendliche hätten ein Erziehungsdefizit, das in der Familie entstanden und nun auszugleichen sei, ist so nicht mehr haltbar. Denn Jugendliche werden heute schon im Kindesalter zunehmend selbständig, lernen sich durchzusetzen und unter dieser Perspektive die familiale und soziale Umwelt einzuschätzen und sich in ihr zurechtzufinden. Sie sind also früh Subjekte und in gewissem Sinne auch schon Mitproduzenten ihrer biografischen Entwicklung und haben - auch wenn sie sich abweichend verhalten - eine Menge Probleme irgendwie bereits selbst bewältigt. Der Begriff des Erziehungsdefizits dagegen sieht die Kinder als Objekte, auf die einzuwirken sei und das noch dazu in der judikativen Form der Strafe. Delinquente Jugendliche brauchen also nicht nachholende Erziehung, sondern ein sozial anerkennendes und aktivierendes (aber Grenzen setzendes) soziales Umfeld, in dem ihre bisherigen Bewältigungskompetenzen gleichzeitig anerkannt und umgeleitet werden können. Die hier entwickelten sozialen, kulturellen und qualifizierenden Angebote sind so als funktionale Äquivalente konzipiert, dass Jugendliche immer wieder erfahren können, dass Selbstwert und soziale Anerkennung auch ohne Abweichendes Verhalten und Gewalt erreichbar sind. Erst wenn wir delinquentes Verhalten als biografisches Bewältigungsverhalten begreifen, als letztes Mittel, Selbstwert und Anerkennung zu erreichen, verstehen wir auch, dass diesen Jugendlichen nicht mit Defizitzuschreibungen beizukommen ist, sondern nur über alternative Angebote, in denen sie erfahren, dass sie etwas bewirken können und - im Pädagogischen Bezug, der nur in diesem lebensweltlich offenen und ganzheitlichen Settings möglich ist -, dass jemand auf sie eingeht und das, was aus ihnen kommt, anerkennt und sozial weitergibt.

Der Bewältigungsaspekt liegt also quer zum Definitionskontext Strafe/Erziehung, er schließt aber die Strafsituation neu und auf den Jugendlichen bezogen ein. Denn die Jugendlichen sind vor dem Hintergrund eines biografischen Bewältigungsdilemmas straffällig geworden und müssen nun auch die Strafsituation selbst bewältigen. Daraus folgt zwingend, dass sie auf der Bewältigungsebene weiter angesprochen werden müssen. Die Tat und ihre Ablehnung und Ahndung ist eines, aber: „Du wirst nicht abgelehnt, sondern wir suchen mit dir Wege, dass du wieder zu dir kommst und die Chance erhältst, trotz der Tat, eine gute biografische Perspektive zu entwickeln".

Der Justiz und Polizei ist - in ihrer Gebundenheit an das Legalitätsprinzip - diese Trennung von Bewältigungs- und Tathandeln paradox. Nur die Sozialpädagogik kann diese Paradoxie aufnehmen und mit ihr umgehen. Wir werden am Beispiel der Krisenintervention sehen, dass dieses Auseinanderhalten von Person und Delikt institutionell möglich ist.

Dennoch bleiben natürlich im Falle der Straffälligkeit die sozialpädagogischen Möglichkeiten abhängig von der Art und Weise, wie Justiz und Polizei die sozialen Dienste im Umkreis der Tat zum Zuge kommen lassen. Dazu muss die Justiz strukturell entlastet werden, denn sie kann ja nicht hinter das Legalitätsprinzip zurück. Dieses geschieht bei leichten und mittelschweren Fällen und bei Ersttätern über die Verfahren der Diversion, bei schweren Fällen und Mehrfachtätern durch justiznahe Räume der Krisenintervention aber auch durch die Angebote vernetzter Betreuungssettings mit eigenen Kontrollformen seitens der

Jugendhilfe. Ob hier ein „Rest" von Tätern bleibt, die pädagogischen Interventionen unzugänglich sind, ist nicht absehbar. Denn bislang heißt es immer nur, bei solchen Jugendlichen hätten alle bisherigen Angebote nicht „gefruchtet". Daraus lässt sich aber keine Resozialisierungsprognose aufbauen, denn es wird aus dem geschlossen, was bisher mit dem Jugendlichen gemacht wurde (Etikettierung) und nicht auf das, was man neu versuchen könnte.

Dennoch bleibt im Falle der Mehrfachtäter eine Risikolücke, die nicht pädagogisch schließbar ist, sondern justizpolitisch verantwortet werden muss. Wenn sich aber die Justizpolitik in diesem Zusammenhang mehr an den Legitimationsproblemen der Inneren Sicherheit als an der Resozialisierung der Jugendlichen orientiert, dann driften die beiden Welten - Justiz und Pädagogik - ganz auseinander. Geschlossene Unterbringung und Jugendgefängnis erhalten dann reine Abschreckungsfunktionen im Dienste einer gesamtpolitischen Strategie der populistischen Krisenberuhigung: „Schlimm ist, dass bei der Diskussion dieser Themen stets die Argumentationsebenen vermengt werden: Tatsächliche, aber eher in der gesellschaftlichen Normalität angesiedelte Bedrohungen durch gewalttätige Jungmänner werden verrührt mit fiktiven Kriminalitätsängsten, die dann ihrerseits wieder auf die Kategorie der Randständigen generell projiziert werden können" (v. Wolffersdorff, 1996, S. 39). Damit sind wir wieder beim Problem der hegemonialen Abspaltung sozialer Unsicherheit, wie wir es im Kapitel 1.8. dargestellt haben. Wir befinden uns dabei allerdings an einer historischen Nahtstelle, denn der Erziehungsgedanke ist ja in den zwanziger Jahren in das Jugendgerichtsgesetz eingeführt worden, weil „das Jugendkriminalrecht [...] sich der Unwirksamkeit seiner Sanktion bewusst" war (Will 1997, S. 293). Dieser historische Grundkonsens wird in Frage gestellt, wenn die Jugendstrafe wieder ordnungspolitisch instrumentalisiert wird. Deshalb soll im nächsten Kapitel am Beispiel der Krisenintervention aufgezeigt werden, welche Möglichkeiten der Koexistenz Justiz und Pädagogik haben können.

4.7 Krisenintervention und Diversion

Das im Folgenden entwickelte Kriseninterventionsmodell konzentriert sich ganz auf die Person und ihre krisenhafte psychosoziale Befindlichkeit. Wir rücken dabei den delinquenten, straffällig gewordenen Jugendlichen in den Mittelpunkt der Betrachtungen. Im Kontrast zum tatorientierten Legalitätsprinzip von Polizei und Justiz, deren Intervention sich auf die Kontrolle der Tatsituation und die Verhinderung weiterer Straftaten bezieht - den Täter und den Vorgang „sicherstellt" -, orientiert sich die psychosoziale Krisenintervention am Opportunitäts- und Bewältigungsprinzip: Den sozialen und biografischen Umständen der Tat und der damit zusammenhängenden Befindlichkeit der Jugendlichen gilt die Aufmerksamkeit der Hilfe.

Aus diesem Blickwinkel der Krisenintervention stellt sich die polizeiliche Festnahme und strafrechtliche Prozedur für den betroffenen Jugendlichen als Bewältigungskrise dar. Die individuelle Handlungsfähigkeit ist psychisch und sozial bedroht, die biografische Konstellation mit einem Schlag aus dem Gleichgewicht, der mit der Unübersichtlichkeit der Situation verbundene Stress sucht somatische und psychische Bewältigungsventile, Selbstwertschädigungen führen zum Selbstzweifel, der von trotziger Verweigerung über fatalistische Indifferenz bis hin zu gewalttätigem Widerstand reichen kann.

Die Krise, auf die sich die psychosoziale Krisenintervention richtet, zeigt sich uns also als offene, vorerst noch ungerichtete Bewältigungskonstellation, die durch psychische Instabilität und Versagen bisher biografisch erworbener Bewältigungskompetenzen gekennzeichnet ist. In der sozialpädagogischen Literatur zur Krisenintervention (vgl. z.B. Hörmann/Nestmann 1988, Sonneck 1997) wird vor allem diese Offenheit hervorgehoben. Krisensituationen sind also ambivalent, sie enthalten gleichermaßen destruktive wie konstruktive Elemente, signalisieren Abbruch ebenso wie Möglichkeiten der Entwicklung. An diesem Aspekt der Offenheit und Entwicklung setzt das Kompetenzmodell der Krisenintervention ein (vgl. dazu Hofmann/Roos 1997): Um die situative Offenheit und Unentschiedenheit/Ambivalenz der Krisensituation nutzen zu können, muss *sofort*, ohne Aufschub interveniert werden können. Die Intervention soll am Selbst, der leibseelischen Befindlichkeit des Jugendlichen ansetzen, dessen eigene Stärken stimulieren und damit die Hoffnung auf die Freisetzung neuer Ressourcen wecken können. Insgesamt könnte man formulieren: Krisenintervention soll die durch das kritische Ereignis blockierte Biografie wieder in Fluss bringen können.

4.7.1 Ein Kriseninterventions- und Beratungsmodell

All diese basics der Krisenintervention verweisen darauf, dass die emotionale Konstellation, die leibseelische Befindlichkeit angesichts psychosozialer Desintegration, das „Betroffensein" und damit der Selbstbezug (vgl. dazu Böhnisch 1997) im Mittelpunkt der interventionsorientierten Interaktion steht. Diese Dimension der Emotionalität strukturiert die interventionale und beratende Beziehung und ihr Setting (Pädagogischer Bezug), baut für die Jugendlichen eine fördernde Umwelt auf. All das, was wir in diesem Zusammenhang in früherer Stelle entwickelt haben, erhält nun auch hier wieder seine prinzipielle Gültigkeit: Der Jugendliche muss Signale erhalten können, die seinen Selbstwert stärken, die anerkennen, was aus ihm selbst kommt (nach dem sein Handeln negativ sanktioniert ist). Er braucht einen vertrauensvollen Raum, in dem er gleichzeitig sein Selbstbehauptungsstreben ausleben und Grenzen erfahren kann, ohne abgewertet zu werden. Im Mittelpunkt steht der Versuch der Wiederherstellung des emotionalen Gleichgewichts und des Wohlbefindens. Dies geht aber nur, wenn man die Erfahrung der eigenen Hilflosigkeit zulassen und dann die mögliche Zuversicht erlangen kann, aus bisher verdrängten und abgewehrten Anteilen des Selbst („Schwächen") auch Stärken entwickeln zu können. Die Prognose, die dann die Pädagogen oder Therapeuten in der Krisenintervention stellen können, ist nun natürlich anders gelagert als etwa die des Rechtsanwalts.

Es geht weniger darum, die Jugendlichen herauszupauken und ihnen kognitive Auswege anzubieten, sondern es wird versucht, ihren Selbstwert und ihr leibseelisches Gleichgewicht wiederherzustellen: „Du hast zwar diese Tat begangen, aber deswegen bist du nicht schlecht, bist etwas wert und ich werde dir dabei helfen, dass du das auch wieder fühlst. Dann bist du vielleicht auch nicht mehr angewiesen auf solches delinquente Verhalten und kannst anders mit dir und anderen umgehen".

Vor dieser Ausgangslage will ich im Folgenden ein einfaches Modell der Krisenintervention und Beratung bei straffälligen Jugendlichen entwickeln, in dem prinzipielle und operationale, theoretische und praktische Bezüge miteinander verwoben sind (Siehe Abb. 1).

Situative Ausgangslage		
Krise = Offenheit/Ambivalenz		
Auf das Selbst - vor allem geschlechtstypisch		
im Mannsein und Frausein - zurückgeworfen		
Trennung von Person und Delikt		
personale Ebene		soziale Ebene
Selbstbehauptung		**Interaktion**
		(mit BeraterIn)
Selbstwertschädigung, Stress, Wirken männlicher und weiblicher Bewältigungsmuster: Abspaltung/Angst	Rationalisierung, Schuldübernahme	Übertragungen, Reübertragungen, Pädagogischer Bezug
Selbstbezug		**Sozialbezug**
Geschlechtstypischer Außen- und Innenmechanismus. Schwächen als Stärken, Hilflosigkeit als Geborgenheit „umfühlen" (emotionales Reframing)	Neuorientierung im Sozialen aus dem erfahrenen Selbst heraus	Soziale Netzwerke und Unterstützungsbezüge (Ablösung disfunktionaler und Aufbau selbstbestimmter Sozialbezüge)
Prognose		
Fähigkeit zum selbstbestimmten Umgang mit sich und anderen, gerade auch in Krisensituationen, biografische Neuorientierung		

Abb. 1: Modell der Krisenintervention und Beratung

Erfahrungsgemäß hat eine kritische Konstellation wie die des Straffälligwerdens zwei Bewältigungsebenen: die der *akuten Situation*, die sich auf die Bewältigung des Vorgangs und der Umstände der Festnahme und Strafverfolgung selbst bezieht; und die *biografische Konstellation*, die der Delinquenz vorgängig ist, sie aber - gerade bei Mehrfachtätern - im gewissen Sinne „aufgebaut" hat. Deshalb mündet die kurzfristige Krisenintervention in der Regel in einen mittel- bis längerfristigen Beratungsprozess ein. Entsprechend sind in unserem Modell Krisenintervention und Beratung miteinander verknüpft.

4.7.2 Grundelemente der Krisenintervention: Selbstbezug, Interaktion, Sozialbezug

Krisenintervention kann also nach den über die Literatur vermittelten Erfahrungen und meinen eigenen Beobachtungen nur dann gelingen, wenn den Betroffenen die Beratung *sofort* angeboten werden kann. Im Falle straffälliger Jugendlicher bedeutet das, dass sie nicht erst ein halbes Jahr nach der Anzeige ihr Urteil erhalten und dann erst die Chance eines Zugangs zur psychosozialen Beratung bekommen, wenn dies entsprechend vom Richter angeordnet worden ist. Krisenintervention im fachlichen Sinne des Begriffes ist dann nicht mehr möglich. Deshalb ist es unabdingbar, dass Angebote der Krisenintervention gleichzeitig mit *der strafrechtlichen Verfolgung und Ahndung* gemacht werden. So gibt es inzwischen in Deutschland Modelle, in denen die Kriseninterventionsstelle direkt im Polizeipräsidium angesiedelt ist. Die Erfolge, die z.B. in Magdeburg damit erzielt wurden, sind verblüffend. Bedingung ist natürlich, dass die Krisenintervtionsstellen autonom sind, nicht der Dienst- und Fachaufsicht von Polizei und Justiz unterstehen und mit der Fallermittlung nichts zu haben dürfen. Ausschlaggebend ist vielmehr die Möglichkeit, unilokale und gleichzeitige Zugänge zu ermöglichen. So gibt es anderswo Überlegungen (aus gleicher Überzeugung) in die Richtung, dass man die Jugendgerichtsbarkeit aus der allgemeinen Justiz auslagert und in eine eigene Einrichtung mit der Krisenintervention räumlich zusammenlegt. Argumentiert wird dabei vor allem, dass im allgemeinen Polizeidienst die Erfolgsorientierung an der Tatahndungsquote vorherrschend sei und damit - wenn auch latent - die täterorientierte Krisenintervention als Fremdkörper empfunden werde. Wie dem auch sei, der jugendliche Täter muss uno actu spüren können, dass seine Tat zwar geahndet, er selbst aber nicht fallengelassen wird.

Ich habe bisher immer von *dem* jugendlichen Straftäter gesprochen. Wir haben an früherer Stelle schon thematisiert, dass die überwiegende Mehrheit straffällig gewordener Jugendlicher junge Männer sind. Dies und der Umstand, dass kritische Lebenssituationen den Jugendlichen auf sein Selbst in seiner leibseelischen Befindlichkeit zurückwerfen und diese geschlechtstypisch strukturiert ist, macht eine geschlechtstypische Strukturierung der Krisenintervention erforderlich. Wir gehen also davon aus, dass die Prinzipien männlicher und weiblicher Lebensbewältigung den Bewältigungsprozess strukturieren und deshalb bei der Intervention und Beratung besonders beachtet und methodisch integriert werden müssen.

„Zurückgeworfen sein auf sich selbst" und *Selbstbezug* bezeichnen zwei unterschiedliche Vorgänge und Zustände in der Krisenintervention und Beratung. Ersteres bezieht sich auf die Konfrontation mit der eigenen Hilflosigkeit (im

Sinne A. Gruens). „Selbstbezug" dagegen meint die jeweils bestimmte Art des Umgangs mit dieser Hilflosigkeit. „Zurückgeworfensein auf sich selbst" ist ein Befindlichkeitszustand, in dem die eigenen - biografisch angeeigneten und personal integrierten - Ressourcen versagen, weil sie die spezifische Krisensituation nicht lösen können. Dennoch bedeutet dies nicht, dass nicht versucht wird, typische Abwehrhaltungen zu aktivieren: Die Tat zu rationalisieren, von sich weg nach außen abzudrängen, nichts an sich herankommen zu lassen. Dieser geschlechtstypische Mechanismus der Abspaltung von Hilflosigkeit, wie er vor allem bei Männern zu beobachten ist, führt deshalb erst einmal weg vom Interventionsziel des Selbstbezugs. Deshalb ist es notwendig, den pädagogischen Bezug zu schaffen, in dem der Selbstbezug aktiviert werden kann: Ich kann über meine Hilflosigkeit sprechen und sie dadurch annehmen, ohne dass ich abstürze und ich habe jemanden als Gegenüber, der nicht die Hilflosigkeit, sondern *mich* in ihr erkennt und annimmt. Und: Ich fühle mich zunehmend wohl dabei, dass ich mich in meiner Hilflosigkeit öffnen kann (ein bisher nie gekanntes Gefühl!).

Deshalb ist die Methode der *Trennung von Person und Delikt* für die Krisenintervention und die spätere psychosoziale Beratung so zentral (wobei aber die BeraterInnen für sich selbst immer wieder den Bogen zum Delikt spannen müssen, vgl. dazu Klier u.a. 1995). Denn über das Delikt werden Abspaltung und Rationalisierungen betrieben: Man schiebt es auf die Gruppe, auf die Umstände, rechtfertigt sich, will nicht zugeben, dass man nicht funktioniert, hat alle Gründe dafür, dass man eigentlich alles unter Kontrolle hat, auch die Beratungssituation.

Der/die Berater/in weiß, dass dies eine innere Schutzwand ist und der Klient die Abspaltung braucht, weil er nicht gelernt hat - weil es ihm in seiner bisherigen Biografie verwehrt war -, mit seinen Gefühlen der Hilflosigkeit umzugehen. Er hat Angst vor ihnen, obwohl sie ihm auch Geborgenheit, Entlastung ahnen und sehnen lassen. Diese, in der Erfahrungsregel voraussehbare Ambivalenz macht sich der/die Berater/in zu nutze, indem er/sie das Gespräch behutsam aber zielstrebig auf die Befindlichkeit des Jugendlichen lenkt, auf die Eltern, auf Verlusterlebnisse und Sehnsüchte, Freundin, Träume und Ängste bringt. In dieser Beratung erfährt der Jugendliche, dass er aus der stressigen Bedrängnis des Unwohlseins herauskommen kann, indem er über Erlebnisse erzählt, in denen er sich wohlgefühlt hat, und in denen spürbar war - für den Jugendlichen und für den/die Berater/in gleichermaßen - dass und wie er zum Wohlfühlen und damit zu sich selbst fähig ist. Hier kommt dann auch irgendwann, aber zuverlässig der Punkt, wo ein „du bist es" (und nicht: du kannst es doch) gesetzt werden kann. Von hier aus wird es auch möglich, die Entwicklung einer psychosozialen Perspektive anzugehen. Diese Methode der Trennung von Delikt und Person als Kernstück der Krisenintervention und Beratung bei delinquenten Jugendlichen hat übrigens der Wiener Fürsorgetherapeut August Aichhorn in seiner Praxis mit verwahrlosten Jugendlichen schon in den zwanziger Jahren praktiziert (vgl. dazu Aichhorn 1925/1971).

Während das nach außen gerichtete männliche Bewältigungsmuster den Jugendlichen immer wieder auf Rationalisierungen drängt, die den Selbstbezug des Jungen abzuwehren versuchen, um sich dem Berater gegenüber immer wieder als doch funktionierender Mann zu präsentieren, ihm Männlichkeit beweisen zu können, dringt das mehr nach innen gerichtete weibliche Muster die Mädchen und jungen Frauen eher zum Beharren auf individueller Schuldübernahme und Abforderung dementsprechender Bemitleidung. Auch hier muss der/die Berater/in aufpassen, dass er/sie solche geschlechtstypischen Übertragungen nicht annimmt und auf der explorativen Rolle beharrt. Erst mit der Zeit - so die Erfahrungen der mir zugänglichen Projekte in Halle und Magdeburg (vgl. dazu Enke 1998) - wird eine Gegenseitigkeit von BeraterIn und KlientIn freigesetzt, die dann durchaus in einem *Pädagogischen Bezug* münden kann.

Das Wesen des „Pädagogischen Bezugs" - so haben wir bereits hergeleitet - besteht darin, dass Jugendliche in der sinnlich-emotionalen Auseinandersetzung mit dem und aus der Neugier am Erwachsenwerden heraus „andere Erwachsene" jenseits der institutionellen Rollenvorgaben der Erwachsenenwelt (Lehrer, Richter, Polizisten, Ausbilder etc.) suchen, an denen sie sich in ihrer Entwicklungsverstricktheit orientieren können. Gleichzeitig spüren die BeraterInnen diesen Aufforderungscharakter des sich entwickelnden Pädagogischen Bezugs und versuchen, ihn anzunehmen, weil sie so interaktiv zum Selbst ihres Klienten und ihrer Klientin kommen können. Sie werden dann als „wirkliche Menschen" (in der Sprache Nohls) von den Jugendlichen angenommen. So kann die Vertrauensbeziehung entstehen, in der die Jugendlichen dann geneigt sind, über sich folgenreich zu sprechen und auf sich neu zu vertrauen und dabei auch spüren, dass der/die BeraterIn sie ebenso braucht, um ihnen gegenüber das zu sein, was er/sie sein möchte - eben eine Vertrauensperson.

Mit diesem neu gewonnenen Selbstbezug verändert sich in der Regel auch der *Sozialbezug* der Jugendlichen. Frühere Milieurückhalte und erfahrene Unterstützung seitens der Clique erscheinen dem nun autonom gewordenen Jugendlichen in neuem Licht, er spürt und erkennt, dass sich seine frühere Clique vor allem über Abweichendes Verhalten gebildet und gefestigt und Selbstbezüge eben nicht zugelassen hatte. Freunde werden nun neu definiert, soziale Unterstützungen möglicherweise wieder dort gesucht, wo sie bislang abgebrochen waren. Die Jugendlichen lernen, ihre Beziehungen stärker von sich aus aufzubauen, nicht nur utilitaristisch, sondern mit mehr Respekt vor der Integrität des Anderen. Der Hunger nach dem Sozialen - so hat es einmal ein Sozialarbeiter aus der Krisenintervention mir gegenüber ausgedrückt -, der bei delinquenten und mit der Straffälligkeit sozial abgeschnittenen Jugendlichen immer latent vorhanden ist, kann so spürbar und gestillt werden.

4.7.3 Antiaggressivitäts-Training

Wir haben inzwischen schon verschiedene Verfahren des Abbaus von antisozialen Aggressionen und Gewalt als Formen Abweichenden Verhaltens angesprochen: Deeskalation, differentielles Lernen, entstigmatisierte Verfahren, Anbieten von funktionalen Äquivalenten, Räume zum körperlichen Ausagieren. Diese Verfahren gelingen auch in der Regel, wenn sich bei den Jugendlichen antisoziales Verhalten und Gewalthandeln als außergewöhnliches Bewältigungsverhalten aufgebaut hat, der alltägliche Bezug zu konformen - nicht auf Gewalt angewiesenen - Bewältigungsmustern aber noch vorhanden ist. Schwieriger dagegen wird es, wenn antisoziale Aggressivität und Gewalthandeln von den betreffenden Jugendlichen als alltagsnormal empfunden werden und deshalb so hoch ritualisiert sind, dass Kontrastsetzungen und Konfrontationen wenig nützen. Die Jugendlichen sind inzwischen habituell mit ihrem Verhalten verwoben, Devianz und Gewalt sind in gewissem Sinne zur Lebensform geworden und sowohl die psychophysische als auch die soziale Konstellation der Entwicklung des Aufwachsens im Kindes- und Jugendalter ist bei diesen Jugendlichen inzwischen - biografisch - durch Gewaltnähe geprägt. Man könnte auch formulieren: Solche Kinder und Jugendlichen sind in ihrem Lern- und Bewältigungsverhalten abhängig von antisozialer Aggression und Gewalt.

Wir haben an früherer Stelle deutlich gemacht, dass Aggression ein sozialanthropologischer Grundtrieb der Selbstbehauptung des Menschen ist. Inwieweit nun diese allgemeine, uns innewohnende Tendenz zum antisozialen Verhalten und zur Gewalt wird, hängt dagegen von der Art und Weise ab, wie die soziale Umwelt auf den Menschen eingeht, welche Chancen er hat, mit sich und seiner Aggressivität zu experimentieren (vgl. wiederum die Thematik der fördernden Umwelt bei Winnicott). In der Variation der Differenz Mensch-Umwelt entwickelt sich also die soziale Ausformung der menschlichen Selbstbehauptung, entscheidet sich ihre soziale oder antisoziale Strukturierung. Die Grundstruktur des Gewaltverhaltens entwickelt sich demnach im biografischen Prozess der Umweltaneignung. Gewalt wird in diesem Sinne *gelernt*. Dieser Aspekt des Lernens ist nun für den Umgang mit ritualisiertem antisozialen Aggressions- und Gewaltverhalten wichtig: Zwar ist das (gelernte) Gewaltverhalten bei den betreffenden Jugendlichen eingefahren, die menschliche *Lernfähigkeit* ist aber prinzipiell weiter vorhanden und eröffnet deshalb Möglichkeiten, Spielräume des Umlernens, des Erlernens von Kompetenzen und Fähigkeiten, selbstwertbedrohende und sozial blockierende Situationen und Konstellationen ohne Gewalt durchzustehen, zu bewältigen (vgl. dazu Nolting 1987).

Diesen Zusammenhang der Umweltaneignung nimmt die „sozial-kognitive" Lerntheorie von A. Bandura (1977) auf, auf der viele Trainingsmodelle zum Abbau von Gewaltbereitschaft gründen. Nach ihr lernt man am Verhalten anderer, in welchen Situationen, wie und mit welchem Erfolg man entsprechende Verhaltenskomponenten so aufbauen und verbinden kann, dass man situationsgerecht agiert und handlungsfähig bleibt bzw. wird. Dies ist die soziale Dimension des *Lernens am Modell.* Nun werden aber die bei anderen beobachteten Verhaltensmuster nicht einfach übernommen, sondern entsprechend dem eigenen biografischen Erfahrungshintergrund selektiv aufgenommen und mit dem eigenen Vermögen verknüpft. Dies ist die kognitive Dimension des Modelllernens. Wir können unschwer erkennen, dass Elemente dieses Ansatzes auch im Konzept des „differentiellen Lernens" stecken. Der differentielle Aspekt scheint mir dabei für das Gewaltlernen bei Kindern und Jugendlichen besonders entscheidend, da sie noch nicht, wie die Erwachsenen positionell gebunden sind und sich sozialräumlich orientieren und handeln. Deshalb können sie auch eher differentiell agieren („wo werde ich am ehesten anerkannt, kann ich etwas bewirken"). Das Konzept des differentiellen Lernens am Modell, das übrigens zum klassischen Repertoire der verhaltenstherapeutisch orientierten Beratung gehört (vgl. dazu Huber 1990), eignet sich deshalb auch als allgemeiner lerntheoretischer Begründungszusammenhang für Trainingsprogramme zur Abschwächung und Entstrukturierung von antisozialem Aggressions- und Gewaltverhalten (vgl. dazu beispielhaft Weidner/Kilb/Kreft 1997).

Vor diesem lerntheoretischen Hintergrund, der die Struktur und den Spielraum für Verhaltensänderungen angibt, können dann auch Methoden der Desensibilisierung und des Verstärkungslernens eingesetzt werden. Das Prinzip des Verstärkungslernens geht davon aus, dass die Verhaltensdispositionen durch die von ihnen ausgelösten Reize (Wohlbefinden, Hilflosigkeit, Stärkegefühl, Anerkennung etc.) beeinflusst und personal integriert werden. Wiederholtes, sozial verstärktes Erleben, dass man in gleichen kritischen Situationen durch gewaltloses Verhalten auch positive Gefühle erhalten kann, können die eingefahrenen Gewaltdispositionen aufweichen und zur Verhaltensänderung führen. Desensibilisierung wiederum funktioniert nach dem Prinzip der „reziproken Hemmung" (Huber 1990): Der Klient wird in eine ihm bekannte stress- und gewaltauslösende Situation gebracht (Beschimpfung, Bedrohung, Erzeugung von sozialer Hilflosigkeit durch öffentliche Konfrontation mit seinen Schwächen etc.) und *gleichzeitig* wird arrangiert, dass so auf ihn zugegangen, er angenommen wird, dass neben dem (ritualisierten) gewalttätigen Antrieb Gefühle auftreten können (wie Entspannung oder Neugier), die eigentlich mit der erlernten Gewaltreaktion unvereinbar sind, diese aber nun deeskalieren. Dann kann es auch möglich werden, Gefühle der Empathie für andere (auch für Opfer) zu erzeugen, die sonst bei der üblichen aggressiven Reaktion, verbunden mit dem Mechanismus der Abstraktion, nicht entstehen können.

Weidner/Kilb/Kreft (1997) haben in diesem verhaltenstherapeutischen Kontext ein Konzept des Antiaggressivitäts-Trainings vorgestellt, in dem das methodische Vorgehen in mehrere Stufen/Phasen eingeteilt ist. Ein ähnliches, auf vier Stufen angesetztes Grundmodell von Schlüsselkonstellationen aggressiven Verhaltens und entsprechenden pädagogisch-therapeutischen Interventionen finden wir bei Petermann (1993), dessen Strukturierung ich im folgenden benutze:

1. Stufe/Phase: Beeinflussung der Wahrnehmung: Hier geht es um die Veränderung der ritualisierten Wahrnehmungsgewohnheit: Infragestellung des Zwangs, gewalttätig zu reagieren, Kosten-Nutzen-Analyse des Gewaltverhaltens in der Situation, Konfrontation mit Neutralisierungsgewohnheiten („halb so schlimm, der hat's verdient").

2. Stufe/Phase: Verringerung der „Gewohnheitsstärke für aggressives Verhalten": Durchbrechen des Handlungsrituals und der Selbstverständlichkeit der Abstraktion durch Provokationen seitens der Gruppe (das soll stark sein?!) mit der Methode des „heißen Stuhls" (man wird von mehreren Seiten in die Mangel genommen und kann nicht wie gewohnt gewalttätig um sich schlagen, sondern muss standhalten). Gleichzeitig werden aber auch Angebote von den TherapeutInnen bzw. der Gruppe gemacht in die Richtung, dass man spürt, dass man auch in dieser Situation etwas gilt und gemocht wird, auch wenn man nicht mit Gewalt reagiert hat (Desensibilisierung).

3. Stufe/Phase: Verstärkung der Hemmungspotentiale: Konfrontation mit der Situation des Opfers; deutlich machen, dass durch den Gewaltakt eine Beziehung zum Opfer hergestellt ist, ob der Täter nun will oder nicht; Ansprechen seiner „weichen" Seiten, dem Jugendlichen zeigen, dass man neugierig auf diese Seiten ist, so dass er spüren kann, dass auch mit ihnen etwas zu bewirken ist; Einbringen von Personen, zu denen eine starke Bindung seitens des Jugendlichen besteht („wie geht's wohl deiner Mutter/Freundin dabei, wenn du so bist").

4. Stufe/Phase: Neubewertung möglicher biografischer Folgen: Durch Rollenspiele oder kleines Zukunftsszenario deutlich machen, dass, wenn so etwas wieder passiert, das Leben ganz verpfuscht ist, dass dann niemand mehr für den Jugendlichen da ist; aufzeigen, dass man so wie der oder der eigentlich nicht enden möchte etc.

Aus dem Programm wird ersichtlich, dass es sich hier vor allem um eine „Gruppentherapie" handelt. Drei bis fünf Jugendliche, die immer wieder in Gewalttaten verstrickt waren und zwei bis drei SozialpädagogInnen/TherapeutInnen, welche die Stimuli setzen und Provokationen und verstärkende Selbstwertangebote gleichermaßen steuern. Das Training muss - in der Regel und Kombination der verschiedenen Stufen und Schlüsselstellen - wiederholt durchgeführt werden.

Wichtig ist natürlich - wie bei allen sanktionierenden Interventionen -, wie das Antiaggressivitäts-Training *sozial eingebunden* ist und welche weiterführenden Handlungsperspektiven es eröffnet. So, wie Lernen immer kontextgebunden ist, müssen auch die Jugendlichen spüren können, dass sich mit ihrem veränderten Verhalten auch ein neuer sozialer Rahmen um sie herum bildet, in dem sie sich selbst nun anders, aber doch mit Wohlgefühl und stressfrei erleben können. Sonst verkommt das Training zum bloßen Konditionalprogramm, zur „Verhaltenswäsche". Die Verhaltensänderung kann dann personal-biografisch nicht ausreichend integriert und muss immer wieder von außen stimuliert werden.

Sicher werden Vermeidungs- und Keep-Cool-Techniken erlernt, aber entscheidend ist ja doch - wenn wir uns wieder auf Banduras Lernmodell beziehen - dass die Individuum-Umwelt-Beziehung neu strukturiert wird. Deshalb muss mit dem Reframing des individuellen Verhaltens ein Reframing der sozialen Umwelt des Klienten einhergehen, denn er spürt erst dann, dass für ihn die Verhaltensänderung positiv ist, wenn er merkt, dass er damit etwas *bewirken* kann. Man könnte hier also als Faustregel formulieren: Antiaggressivitäts-Training im Jugendgefängnis oder Heim muss sukzessiv flankiert werden durch die (behutsame) Öffnung der Knast- und Heimstruktur, sonst schlägt die Aggressivität, welche durch die Unterwerfungsstrukturen von Knast und Heim selbst immer wieder erzeugt werden, auf den Trainingserfolg negativ zurück. Antiaggressivitäts-Training in der Schule verlangt eine entsprechende sozialräumliche Öffnung der Schule.

Nicht nur das Kontextproblem, auch das Pädagogische wird in den Konzepten zum Antiaggressivitäts-Training meist übergangen. Man ist zwar mit dem Begriff der „Konfrontationspädagogik" schnell zur Hand (Weidner/Kilb/Kreft), aber das Pädagogische stellt sich ja nicht einfach durch die konfrontative Interaktion her. Gerade auch in verhaltenstherapeutischen Arrangements gilt es, die pädagogische Dimension zu explizieren und auszugestalten, weil sich in ihr viel bezüglich der personalen Integration der Verhaltensänderung und des Aufbaus von Selbstwert entscheidet. Schon aus verhaltenstherapeutisch-tiefenpsychologischer Sicht kommt der Beziehung zwischen SozialpädagogInnen/TherapeutInnen/LehrerInnen und den Jugendlichen in solchen therapeutisch aufgeladenen Situationen eine wichtige Rolle zu: Erstere sind *Identifikationsobjekte*, die vom Jugendlichen aus seinen Erfahrungen heraus positiv oder negativ besetzt werden; ihr intervenierendes Agieren löst Emotionen von Angst und Hass, vielleicht dann auch Scham und Hilflosigkeit aus (vgl. dazu Heigl/Triebel 1977). Um so mehr muss die erwachsene Bezugsperson im Antiaggressivitäts-Training checken können, wie sie sich immer wieder während, aber auch nach den Sitzungen den Jugendlichen so zeigen kann, dass sie spüren, dass ein Interesse an ihnen da ist, dass sich hier - trotz aller Provokation und Konfrontation - eine hoffnungsvolle Gegenseitigkeit aufbaut, welche überdauert (unzerstörbare Umwelt), auch wenn der Jugendliche im therapeutischen Prozess immer wieder in die Hilflosigkeit gestoßen wird. Die verhaltenstherapeutisch beteiligten Bezugspersonen sollten deshalb auch die Gelegenheit haben, diese Beziehungsambivalenzen ihrer pädagogischen Rolle in einer Supervision aufzuarbeiten.

4.7.4 Diversion. Das Beispiel Täter-Opfer-Ausgleich

Wir haben deutlich gemacht, wie Pädagogik und Justiz/Polizei im Bereich Abweichenden Verhaltens zwei unterschiedlichen Welten zugehören. Während die Pädagogik die Bewältigungsproblematik des Täters in den Mittelpunkt stellt, geht es der Justiz und Polizei nach dem Legalitätsprinzip um die Ahndung der Tat. Die Justiz ist an der Aufrechterhaltung der Rechtsordnung und damit an der Sanktionierung der Tat orientiert, die pädagogische Intervention will die Selbstwertbeschädigungen des Jugendlichen heilen und seine psychosoziale Handlungsfähigkeit wiederherstellen und erweitern. Nun ist aber das Jugendstrafrecht (JGG) aus dem allgemeinen Strafrecht ausgegliedert und nimmt für sich in Anspruch, den Erziehungsgedanken neben den Strafgedanken setzen zu können. Während das allgemeine Strafrecht *generalpräventiv* ausgerichtet ist - das heißt, es bezieht sich auf die Einhaltung und demonstrative Sanktionierung des gesellschaftlichen Normensystems und seiner Rechtsordnung -, ist das Jugendstrafrecht im JGG *spezialpräventiv* ausgerichtet. Spezialprävention bedeutet in diesem Zusammenhang, dass das besondere Entwicklungs- und Erziehungsproblem des Jugendlichen neben die Ahndung der Tat gestellt wird und somit ein erzieherischer Spielraum in, gegenüber oder statt der Strafverfolgung gegeben ist.

In der Praxis der Jugendgerichte sieht es aber bisher so aus, dass - angesichts der unzulänglichen pädagogischen Ausbildung von Jugendrichtern und des generalpräventiven Legitimationsdrucks - der erzieherische Gedanke die Jugendstrafverfahren zwar mitbestimmt, nicht aber grundlegend verändert. Straftaten Jugendlicher werden zwar unter jugendspezifischen Gesichtspunkten beurteilt; „aber diese Bewertung führt eben nur zu einer Nachsicht, zur Milde, nicht zu einer grundsätzlich anderen Behandlung jugendlicher Rechtsbrecher. [...] Dabei entsteht die Frage, ob nicht der Doppelanspruch des JGG zu einer Doppelbelastung des Betroffenen führt, nämlich dann, wenn nicht nur auf seine Tat, sondern auch auf die Person (,Erziehung') reagiert wird" (Plewig 1988, S. 259). Deshalb habe - so Plewig weiter - die „Spezialprävention [...] noch nichts mit Erziehung zu tun, [nur] weil die Sanktionen individualisierend wirken sollen" (S. 257). So erscheint manchem betroffenen Jugendlichen der Erziehungsgedanke eher als Nachteil denn als Vorteil der Jugendstrafe.

Vor dem Hintergrund dieser strukturellen Problematik des Jugendstrafrechtes sind nun auch die Versuche zu verstehen, Jugendliche aus der Strafverfolgung herauszunehmen und pädagogischen Maßnahmen zuzuführen. Dieser Vorgang wird mit *Diversion* bezeichnet und hat seine Rechtsgrundlage im §45 Abs. 2 des JGG, nach dem der Staatsanwalt „von der Verfolgung absehen [kann], wenn eine erzieherische Maßnahme bereits [...] angeordnet ist". Diversionsverfahren sind heute auch in Deutschland institutionalisiert. Es können z.B. sozialpädagogisch begleitete Arbeitsauflagen sein, soziale Trainingskurse (die z.B. erlebnis- und gruppenpädagogisch, aber auch als Kurse zum Verhaltenstraining gestaltet sind), oder schließlich Formen des Täter-Opfer-Ausgleichs, auf den wir auch noch näher und beispielhaft eingehen werden.

Diversionsverfahren haben natürlich auch ihre Schattenseiten. So besteht die Gefahr, dass die soziale Kontrolle außerhalb des engeren Bereichs der Strafverfolgung ausgeweitet und erhöht wird und dass vor allem die sozialpädagogischen Arbeitsfelder dadurch stigmatisiert werden. So schwierig es ist, delinquente Jugendliche in alltagsnormale Abläufe von Jugendarbeit einzubauen, so problematisch ist es wiederum, Jugendarbeit ganz zur Jugendsozialarbeit werden zu lassen, sich in der Arbeit immer mehr auf verhaltensauffällige Jugendliche zu konzentrieren und damit wieder andere Jugendliche von der Jugendarbeit abzuschrecken. Jugendsozialarbeit mit straffälligen Jugendlichen steht ja immer noch unter dem öffentlichen Druck des Maßnahmenerfolgs (Besserung der Jugendlichen) und ist von daher oft wenig in der Lage, experimentelle Räume, die notwendig sind, um Selbstwerterlebnisse vermitteln zu können, für solche Jugendliche zu öffnen. Jugendsozialarbeit mit straffälligen Jugendlichen braucht also immer ein Zusammenspiel von öffentlicher Toleranz und sozialpädagogischen Experimentiermöglichkeiten, die auch Risiken des erneuten auffälligen Verhaltens einschließen können müssen.

Auf der anderen Seite sind Diversionsverfahren zwingend notwendig, weil viele Delikte Jugendlicher jugendkulturell bedingt sind, allerdings, vor dem Hintergrund der Problematik des frühen sozialen Bewältigungsdrucks, bei manchen schleichenden Verfestigungstendenzen unterliegen. Mit der Individualisierung der Jugendphase gibt es wenig Orientierungsmilieus für Jugendliche und damit auch weniger Modelle für Bewältigungsverhalten und Konfliktlösung. Dies fördert wiederum die Tendenz, dass durch Abweichendes Verhalten strukturierte Gruppen (Cliquen) an Attraktivität gewinnen. Schließlich sind auch die sozialen Experimentierräume für Jugendliche immer enger geworden, das Risiko, mit jugendkulturellem Abweichenden Verhalten auffällig zu werden, ist gestiegen. Insofern ist die Diversion - trotz ihrer Ambivalenz - jugendkulturell und jugendpädagogisch unbedingt zu fordern. Dies schließlich auch angesichts der Tatsache, dass die Jugendstrafverfahren ihre Zeit in Anspruch nehmen und Jugendliche oft erst ein halbes oder ein Jahr später mit dem Urteil, der Ahndung ihrer Tat konfrontiert werden, wenn sie sich längst schon ein Stück weiterentwickelt haben und die Tat nicht mehr in ihr Selbstbild integrieren können. Wir haben diese Problematik schon bei der Krisenintervention kennengelernt.

Diversionsverfahren heben die Krisenintervention nicht auf, sondern erfordern im Gegenteil eine Verbindung von Krisenintervention und pädagogischer Diversionsmaßnahme. Denn die Krisenintervention bezieht sich vor allem und zuerst auf den Akt der Festnahme und Tatermittlung und die damit zusammenhängenden Krisen- und Bewältigungsprobleme beim Jugendlichen. Über die Krisenintervention wird es auch möglich, den Diversionsverfahren ihren vom Richter inszenierten Zwangscharakter zu nehmen und dem Jugendlichen die Möglichkeit zu verschaffen, aus sich selbst heraus einen Bezug zu der Diversionsmaßnahme zu finden.

Diversionsverfahren beziehen sich vor allem auf ein Deliktspektrum vom Diebstahl über die Körperverletzung, das Fahren ohne Fahrerlaubnis bis hin zur Sachbeschädigung. In diesen Deliktmustern spiegelt sich viel jugendkulturelle Devianz, die sich aber immer wieder auch durch soziale Belastungen verdichten kann, wie wir es bei extremen Delikten wie Gewalthandeln und Vandalismus sehen können. Es sind Delikte, die meist im sozialen Nahraum der Jugendlichen stattfinden und sich auch von daher für pädagogische Maßnahmen in der regionalen Umgebung eignen.

Auch das nun beispielhaft herangezogenen Diversionsverfahren des Täter-Opfer-Ausgleichs bezieht sich auf die Erfahrung, dass Delikte Jugendlicher aus alltags- und jugendkulturellen Kontexten hervorgehen und in der Wiedergutmachung auch auf diese Kontexte rückbezogen werden müssen (vgl. dazu allgemein Kuhn u.a. 1989, Marks/Rössner 1989). Die formellen Strafverfahren können diese alltagskulturellen Kontexte (in der Sprache, im Habitus, in Selbstbild und Selbstinterpretation der Jugendlichen) nicht erfassen. Sie kümmern sich übrigens auch nicht um die Opfer und damit nicht um die sozial interaktiven Zusammenhänge von solchen Delikten. Während die Krisenintervention vor allem das innerpersonale Segment des Bewältigungshandelns aktiviert (Selbstbezug und Selbstwertschöpfung), bezieht sich der Täter-Opfer-Ausgleich auf den interaktiven Bereich des delinquenten Bewältigungshandelns und bezieht die Opfer der Tat mit ein. In dieser interaktiven Ebene zeigt sich dann auch oft, dass es gar nicht so eindeutig ist, wer nun Täter oder Opfer ist, und dass die Tatsache, dass jemand angezeigt wird, noch lange nicht bedeutet, dass er der ausschließliche Täter ist. So sehen wir gerade bei Körperverletzungen, dass sich der Konflikt gegenseitig aufgeschaukelt hat und in dieser Gegenseitigkeit eskaliert ist. Dieser Umstand ist wichtig, wenn es darum geht, das Opfer zum Kontakt und zur Interaktion in der Perspektive des Ausgleichs mit dem Täter zu bewegen. Verfahren des Täter-Opfer-Ausgleichs sind also vermittelnde Verfahren, und sie brauchen einen Dritten, der diese Vermittlung bewerkstelligt. Diese(r) *Mediator(in)* ist in der Regel deshalb eine sozialpädagogische Fachkraft, weil nur vermittelt werden kann, wenn die Bewältigungs- und Konfliktthematik diagnostisch aufgeschlüsselt und über entsprechendes Wissen zum pädagogischen Zugang verfügt wird. Innerhalb dieser fachlichen Rahmenbedingungen bezeichnet der

> „Täter-Opfer-Ausgleich [...] ein Verfahren für den Umgang mit Straftaten, bei dem Täter und Opfer aktiv das Ergebnis mitbestimmen und eine Klärung gegenseitiger Erwartungen und Befindlichkeiten erreicht werden kann. Ein Aushandeln ist (aber) nur dann möglich, wenn die Betroffenen den Konflikt auch als ihren interpersonellen, nicht über sie hinausweisenden, verstehen. Gesellschaftliche Konflikthintergründe sind zwar thematisierbar, können auf dieser Ebene jedoch nicht gelöst werden. Die 'Intimisierung' von Konflikten im Täter-Opfer-Ausgleich kann aber positiv (als Chance) gewendet werden, als eine Möglichkeit, in Gesprächen zwischen Täter und Opfer die allgemeine Geltung von Normen (z.B. des Rechts auf körperliche Unversehrtheit) zu reklamieren" (Rudolph 1997, S. 9).

Die Norm kommt also wieder ins Spiel, aber nicht abstrakt und institutionell wie in den formellen Verfahren, sondern als Bestandteil eines interaktiven, emotionalen Prozesses der „Normaktualisierung" (Rössner 1984). Mit dem Täter-Opfer-Ausgleich wird das Abweichende Verhalten Jugendlicher gleichsam wieder in den gesellschaftlichen Alltag rückgebunden und nicht, wie in den formellen Verfahren, ausgegrenzt. Formelle Verfahren und damit zusammenhängende Strafverfolgung erhöhen - nach der kriminologischen Erfahrung - vielmehr die Wahrscheinlichkeit weiterer Ausgrenzungen und damit verbundene Ausprägungen devianter Selbstbilder und krimineller Karrieren (vgl. dazu das Kapitel über den Etikettierungsansatz). Er reiht sich ein in alltägliche Schlichtungsverfahren, wie sie uns aus unserem eigenen sozialen Umgang, aber auch in Schulen, Betrieben, Vereinen bekannt sind. Ein interessantes Beispiel dafür waren die Schiedsmann-Verfahren in der DDR, die außerhalb der Strafrechtspflege ihren festen gesellschaftlichen Platz hatten.

Die „Transformation des Tatvorwurfs in einen sozialen Konflikt" ist eine der Hauptaufgaben der sozialpädagogischen Mediatoren, sowohl dem Täter als auch dem Opfer gegenüber. Vor allem muss hier die Schwierigkeit überwunden werden, „dass dieser (soziale Konflikt) auf interpersonelle Konfliktkonstellationen begrenzt bleiben muss, um eine sinnvolle Konfrontation zuzulassen. Diese Abgrenzung eines gemeinsamen akzeptierten 'Konfliktkerns' muss der Vermittler zusammen mit den Beteiligten leisten" (Rudolph 1997, S. 10). Dabei muss sich der Mediator/die Mediatorin ähnlich wie bei der Krisenintervention mit den Übertragungen und Rationalisierungs-/Neutralisierungsversuchen von Tätern, aber auch Opfern auseinandersetzen und sie abdrängen können. In der Regel haben die MediatorInnen gute Chancen, da die Jugendlichen den Ausgleich suchen, weil er ihnen dann doch der einfachere Weg gegenüber den Mühlen der Justiz erscheint. Auch in der Erfahrung mit Opfern hat sich gezeigt, dass für viele ein solcher Ausgleich - Wiedergutmachung oder Entschuldigung - mehr Entlastung als neue Belastung mit sich bringt, da ja eine solche erlittene Tat immer mit abwertenden Wirkungen und damit mit Selbstwertschädigungen verbunden ist. Der Täter-Opfer-Ausgleich beinhaltet daher auch für das Opfer die Chance, Selbstwertgewinn zu erzielen.

So wie wir es bei Mengs Definition der Strafe kennengelernt haben, wird der Täter-Opfer-Ausgleich - wie auch die anderen pädagogischen Diversionsmaßnahmen - nur dann einen erzieherischen Erfolg zeitigen können, wenn er den Jugendlichen weiterführende Perspektiven, Ansatzpunkte für emotional befriedigende biographische Entwicklungsmöglichkeiten zeigt. Hier wird deutlich, warum die Aufgabe der sozialpädagogischen Moderation vor allem darin besteht, den Normbruch in ein Konfliktproblem zu übersetzen, d.h. es muss die Bereitschaft bei den Beteiligten geweckt werden, dass es sich lohnt, diese soziale Form der Konfliktregelung einzugehen. Beim Täter ist dies - angesichts der sonst zu befürchtenden Umstände im Falle eines Strafverfahrens - eher möglich als vielleicht beim Opfer, das ein Wiederaufleben der Opfersituation befürchtet. Aber auch dem Täter muss die Angst genommen werden, dass er während des Ausgleichverfahrens wieder Selbstwertbeschädigung oder Statusverlust erleidet. So müssen die ModeratorInnen den Beteiligten deutlich machen können, dass sie ein faires Ausgleichsverfahren garantieren können und dass die Beteiligten eine soziale Konstellation erwartet, in der sie psychosozial nur gewinnen können.

4.8 Zur Balance von Prävention und Regulation

Der Begriff der Prävention ist ein Schlüsselbegriff, sowohl im juristischen als auch im pädagogischen Umgang mit Abweichendem Verhalten (vgl. dazu Herriger 1986). Schon der dem Jugendstrafrecht zugeordnete Begriff der „Spezialprävention" beinhaltet diesen doppelten Bezug: Jugendstrafe soll ein allgemeines Zeichen für die zukünftige Geltung und Einhaltung der gesellschaftlichen Normen (Abschreckungsfunktion) und gleichzeitig dem betreffenden Jugendlichen eine biografische Schwelle vorgeben, die ihn vor weiterer Devianz bewahren soll.

Abgesehen von der Fragwürdigkeit dieser Vermengung von Abschreckungs- und Erziehungsgedanken wird gerade beim institutionellen Präventionsbegriff deutlich, dass er *final* gedacht ist. Es wird von einer kausalen Prognose Abweichenden Verhaltens ausgegangen: Wenn sich *die* psychischen und sozialen Ausgangsbedingungen in einer bestimmten Weise entwickeln, dann ist erfahrungsgemäß und mit großer Wahrscheinlichkeit Abweichendes Verhalten zu erwarten. Der Jugendliche, der sich z.B. auffällig verhält, aber noch nicht als deviant gilt, wird - in der Präventionsperspektive - dennoch als „potentieller Abweichler" definiert. Sein gegenwärtiges Verhalten wird nicht aus seiner biografischen Aktualität, aus seinem Selbst heraus, sondern von einer Potentialität her, die von außen an ihn herangetragen wird, bewertet.

Dieses traditionelle Präventionsverständnis ist in der modernen pädagogischen - vor allem sozialpädagogischen - Diskussion längst umstritten. Angesichts der Pluralisierung der Muster der Lebensführung in der postmodernen Gesellschaft seien präventive Zielsetzungen immer schwieriger zu definieren und deshalb fragwürdig. Deshalb könne Prävention nur noch allgemein „als die Gestaltung von Lebensbedingungen verstanden werden, die die Realisierung pluralisierter Lebensentwürfe begünstigen" (Böllert 1995, S. 187f.). Hier wäre zu fragen, ob der Präventionsbegriff - der ja institutionell weiter existiert - so freischwebend noch Sinn macht. Aber auch der Versuch von Lüders (1995), die Präventionsperspektive von der Person und ihrem Verhalten abzulösen und so zu formulieren, dass „möglichst frühzeitig sich entwickelnde Problemlagen bzw. deren Zuspitzung" (S. 47) entschärft oder gar verhindert werden, findet dort seine Grenze, wo systemintegrative Bestands- und Kontrollinteressen tangiert sind. Dies ist im Bereich der Kriminalität und des Gewaltverhaltens der Fall. Im Rückbezug auf unser Paradigma der Entkopplung von Systemintegration und Sozialintegration könnte man entsprechend formulieren: Im sozialintegrativen Bereich der Lebenswelten und des Alltags kann sich ein säkularisierter und entstigmatisierter Präventionsbegriff durchaus verbreiten. Dafür wird er im systemintegrativen Zusammenhang der Ordnungs- und Kriminalpolitik um so enger gehandhabt. Von da aber wirkt er unübersehbar auf die sozialintegrative Pädagogik zurück und verstört sie. Sie gerät in ein Präventionsdilemma: Sie muss sich den systemintegrativen Präventionszumutungen stellen, hat aber dann meist nur sozialintegrative Appelle parat (vgl. wiederum Kap. 4.6). Die vom ordnungs- und kriminalpolitischen System ausgehende Zumutung knallt unvermittelt in einen Jugendhilfediskurs, der sich professionell schon längst jenseits solcher Fragen wähnte. So warnt auch Sack (1995) davor, dass sich im Schlepptau eines „Bedrohungs- und Dramatisierungsdiskurses zur Situation der inneren Sicherheit" auch der Präventionsdiskurs so verselbstständigt, dass die Grenzlinien zwischen instanzlichen Eingriffen und individuellen Freiheitsrechten verwischen und der Definitionszugriff auf den Präventionsbegriff gefährlich beliebig wird. Deshalb halte ich es für die Pädagogik für angebracht, den Präventionsbegriff - wenn überhaupt - nicht ungeschützt zu gebrauchen, sondern immer die Bedingungen anzugeben, unter denen er pädagogisch sinnvoll sein könnte.

Aus der pädagogischen Perspektive ist die Sache überdies prekär, da es die Logik des Präventionsdenkens mit sich bringt, dass sich immer wieder eine Defizitperspektive einschleicht und - bei aller Selbstreflexivität im Umgang mit dem Begriff - nur schwer zu verscheuchen ist. Es kommt eben zwangsläufig zur Sprache, was verhindert werden soll, wohin sich die Jugendlichen nicht entwickeln sollen, wie sie ihre Schwächen zu überwinden und Defizite auszugleichen haben, wenn sie normkonform bleiben wollen. Nicht oder kaum zur Sprache kommt dagegen, welche psychosozialen Bewältigungsleistungen Jugendliche - jenseits der devianten Zuschreibung - selbst schon vollbracht haben und vollbringen, wie man daran ansetzt und wie man diese in einen anderen Rahmen stellen kann.

Ein Beispiel: Eine Clique vorwiegend arbeitsloser Jugendlicher in einem Stadtviertel wird durch Abweichendes Verhalten auffällig (Klauen, öffentliches Kiffen, Belästigungen, körperliche Angriffe auf Schwächere). Die eingesetzten Streetworker versuchen in der Regel, zu deeskalieren, der Clique einen Raum zu vermitteln, auf die städtische Umgebung einzuwirken, vorschnelle Kriminalisierung zu vermeiden, sie von devianzfördernden Situationen fernzuhalten (vgl. 4.4). In dieser präventiven Deeskalierungsperspektive nehmen sie aber meist nur die Defizite der Cliquenmitglieder wahr. Vielleicht gelingt es ihnen auch, die Clique einigermaßen deliktfrei über die Runden zu bringen, bis sie sich dann doch irgendwie auflöst und die Mitglieder in den Junge-Erwachsenen-Status treten.

Man könnte sich aber auch folgendes Interventionsszenario vorstellen: Es wird davon ausgegangen, dass die Clique ihre kriminellen Energien vor allem deswegen aufbringt, weil sie darüber Gruppenzusammenhalt sucht und ihren Mitgliedern Selbstwert, Status und Geborgenheit über die Gruppe vermittelt. Gleichzeitig wird - wenn man das Quartierverhalten der Clique als Form der Raumaneignung erkennt - deutlich, dass sich die Jugendlichen mit ihrem Stadtviertel identifizieren möchten und sich wehren, hinausgedrängt zu werden. Wir erkennen auch ihre Selbstregulierungskräfte in kritischen Situationen, wenn sie sich durchschlagen müssen und zueinander stehen. Wir nehmen also erst einmal eine „akzeptierende Haltung" zu der Clique ein und versuchen von da aus, ihre Ressourcen zu bestimmen (sie werden nicht als potentielle Kriminelle, sondern als in ihrer Selbstbehauptung und ihren sozialen Antrieben „Verirrte" (Meng) betrachtet). Nun muss aber auch ein neues soziales Magnetfeld für die Gruppe eröffnet werden, damit ihre verirrten Ressourcen umgeleitet werden können. Ein entsprechender Magnetpol könnte in unserem Beispiel eine Job-Vermittlungsstelle sein, die im Quartier eingerichtet ist und über die den Jugendlichen täglich Gelegenheitsjobs im Aushilfe- und Dienstleistungsbereich so vermittelt werden, dass auch erlernte Arbeitsfähigkeiten zum Tragen kommen. Der Job-Laden wird zum Umschlagplatz, aber auch zum Beratungs- und Rückzugsraum. Die Clique bleibt erhalten, aber die einzelnen Cliquenmitglieder werden nun in ihrer Individualität gefordert, die Clique wird also entstrukturiert, selbstwertsteigernde Kommunikation kann innerhalb und außerhalb der Clique stattfinden, sie ist nicht mehr so sehr auf Abweichendes Verhalten angewiesen, um ihren Zusammenhalt zu gewährleisten. Die SozialarbeiterInnen wiederum stehen nicht mehr so stark unter Deeskalationsstress, sondern können ein Beratungsmilieu aufbauen und über den Job-Laden, der ja in andere Sozialwelten hineinreicht, soziale Netzwerke knüpfen helfen.

An diesem - sicher in manchem idealtypischen, aber auch in der Praxis schon versuchten - Beispiel lassen sich bestimmte Grundregeln sozialer *Regulation* ableiten: Es wird von den Selbstregulierungskräften der Gruppe selbst ausgegangen und - in einem Reframing - das soziale Magnetfeld verändert, in dem sich die Clique neu verorten und sozialen Anschluss finden kann. Die Jugendlichen werden als Zugehörige in ihrer biografisch-sozialräumlichen Identifikation mit dem Stadtviertel angenommen. Damit kann zu der bisher erfahrenen Ablehnung seitens der städtischen Umwelt ein Gegengewicht geschaffen werden. Die Jugendlichen erhalten somit auch hier selbstwertschöpfende Anerkennung über die Clique hinaus.

Diese auf *Reframing* und *Empowerment* (Stark 1996, Herriger 1998) abzielende pädagogische Interventionsperspektive sozialer Regulation kann natürlich die bestehenden Ablehnungen seitens der Bevölkerung gegenüber der Gruppe und den damit verbundenen und dadurch verstärkten institutionellen Präventionsdruck (und die dazugehörigen Defizitzuschreibungen und Etikettierungen) nicht aus der Welt schaffen. Deshalb ist eine Flankierung solcher Regulationsmodelle durch einen Runden Tisch sozialer Prävention, in dem VertreterInnen aus der Bürgerschaft und den Institutionen sitzen, notwendig. Wir haben im Verlauf dieses Buches wiederholt auf die Notwendigkeit unterstützender und vermittelnder Begleitkonstellationen hingewiesen. Außerdem bestünde auch hier die Möglichkeit, von einem solchen Kreis aus stadtteilbezogene soziale Verträge mit der Clique zu schließen, in denen es vor allem um Vereinbarungen zur Konfliktregelung geht. Solche Verträge signalisieren den Jugendlichen, dass sie - trotz ihrer prekären sozialen Stellung - als Mitglieder des Gemeinwesens akzeptiert werden. Die für die Pädagogik des Abweichenden Verhaltens grundlegende Formel von der Trennung von Person und Delikt kommt auch hier wieder zum Tragen.

Literatur

Achter Jugendbericht. Bundestagsdrucksache. Bonn 1990.
Adler, F.: Sisters in Crime, New York 1975.
AgAG. Aktionsprogramm gegen Aggression und Gewalt. 5 Bde., Münster 1997.
Aichhorn, A.: Verwahrloste Jugend. Die Psychoanalyse in der Fürsorgeerziehung. Leipzig/Wien/Zürich 1925. Bern 1971
Albrecht, H. J.: Generalprävention. In: Kaiser, G. u.a. (Hrsg.): Kleines Kriminologisches Wörterbuch. Heidelberg 1985, S. 132-139.
Alheit, P./Glaß, C.: Beschädigtes Leben. Soziale Biographien arbeitsloser Jugendlicher. Frankfurt/M. New York 1986.
Althoff, M./Kappel, S. (Hrsg.): Geschlechterverhältnis und Kriminologie. Kriminologisches Journal, 5. Beiheft 1995.
Althof, M./Leppelt, M.: „Kriminalität" - Eine diskursive Praxis. Foucaults Anstöße für eine kritische Kriminologie. Münster/Hamburg 1995.
Altvater, E./Mahnkopf, B.: Grenzen der Globalisierung. Münster 1996.
Asmus, H. J./Peukert, R. (Hrsg.): Abweichendes Schülerverhalten. Zur Devianzetikettierung in der Schule. Heidelberg 1979.
Baarda, B. D., u.a.: Der Einfluss von Arbeitslosigkeit auf Kinder. In: Schindler, A./Wacker, A./Wetzels, P. (Hrsg.): Familienleben in der Arbeitslosigkeit. Heidelberg 1990, S. 145-170.
BAG für Ambulante Maßnahmen (Hrsg.): Leitfaden für die Anordnung und Durchführung der Neuen Ambulanten Maßnahmen („Mindeststandards"). In: Deutsche Vereinigung für Jugendgerichte und Jugendgerichtshilfe 3/1991, S. 288-295.
Bandura, A.: Social learning theory. Englewood Cliffs 1977.
Barthelmes, J./Sander, E.: Gewinn statt Gefährdung? Der Medienumgang von Jugendlichen als Ausdruck persönlicher Geschmackskultur. In: Diskurs 1/1994, S. 68-74.
Barthelmes, J./Sander, E.: Medien in Familie und Peer-Group. München 1997.
Beck, M./Meyer, B.: Krisenintervention. Konzepte und Realität. Tübingen 1994.
Beck, U.: Risikogesellschaft. Frankfurt/M. 1986.
Beck, U./Giddens, A./Lash, S.: Reflexive Modernisierung. Eine Kontroverse. Frankfurt/M. 1996.
Belardi, N.: Supervision. Paderborn 1993.
Bendit, R./Steinmayr, A.: Ausländische Jugendliche - Integriert oder ausgegrenzt. In: Deutsches Jugendinstitut (Hrsg.): Immer diese Jugend. München 1985, S. 199-210.
Bente, G./Fromm, B.: Affektfernsehen. Motive, Angebotsweisen und Wirkungen. Schriftenreihe Medienforschung der Landesanstalt für Rundfunk Nordrhein-Westfalen. Opladen 1997.
Bernfeld, S.: Sisyphos oder die Grenzen der Erziehung. Wien 1925.
Bernfeld, S.: Trieb und Tradition im Jugendalter. Leipzig 1931.
Bernstein, B.: Studien zur sprachlichen Sozialisation. Düsseldorf 1972.

Bilden, H.: Geschlechtsspezifische Sozialisation. In: Hurrelmann, K./Ulich, D.: Neues Handbuch der Sozialisationsforschung. Weinheim und Basel 1991, S. 279-307.
Bittner, G.: Problemkinder. Göttingen ²1996.
Blos, P.: Adoleszenz. Stuttgart ⁵1992.
Bly, R.: Die kindliche Gesellschaft. München 1997.
Bohle, H. H. u.a.: Anomie in der modernen Gesellschaft. Bestandsaufnahme und Kritik eines klassischen Ansatzes soziologischer Analyse. In: Heitmeyer W. (Hrsg.): Bundesrepublik Deutschland: Eine zerrissene Gesellschaft und die Suche nach Zusammenhalt. Bd. 1: Was treibt diese Gesellschaft auseinander? Frankfurt/M. 1997, S. 29-68.
Bohnsack, R.: Handlungskompetenz und Jugendkriminalität. Neuwied/Berlin 1973.
Bohnsack, R. u.a.: Die Suche nach Gemeinsamkeit und die Gewalt in der Gruppe. Opladen 1995.
Böhnisch, L.: Gespaltene Normalität. Weinheim und München 1994.
Böhnisch, L.: Pädagogische Soziologie. Weinheim und München 1996.
Böhnisch, L.: Sozialpädagogik der Lebensalter. Weinheim und München 1997.
Böhnisch, L./Winter, R.: Männliche Sozialisation ³1997.
Böhnisch, L./Lenz, K. (Hrsg.): Familien. Weinheim und München 1997.
Böhnisch, L./Fritz, K./Seifert, T.: Wissenschaftliche Begleitung des AgAG-Programms. Münster 1997.
Böhnisch, L./Arnold, H./Schröer, W.: Sozialpolitik. Weinheim und München 1999.
Böllert, K.: Zwischen Intervention und Prävention. Neuwied, Kriftel, Berlin 1995.
Braun, F.: Jugendarbeitslosigkeit, Jugendkriminalität und städtische Lebensräume: Bundesrepublik Deutschland. In: Braun, F. u.a. Jugendkriminalität und städtische Lebensräume. Literaturbericht zum Forschungsstand in Belgien, Frankreich, Großbritannien und der Bundesrepublik. München 1990, S. 164-234.
Brökling, E.: Frauenkriminalität. Stuttgart 1980.
Bronfenbrenner, U.: Die Ökologie der menschlichen Entwicklung. Stuttgart 1981.
Brüderl, L. (Hrsg.): Theorien und Methoden der Bewältigungsforschung. Weinheim und München 1988.
Brusten, M./Hurrelmann, K.: Abweichendes Verhalten in der Schule. München 1973.
Brusten, M./Herriger, N./Malinowski, P.: Jugendkonflikte. In: Seitz, W. (Hrsg.): Kriminal- und Rechtspsychologie. München 1983, S. 94-99.
Bussmann, K. D./Kreissl, R. (Hrsg.): Kritische Kriminologie in der Diskussion. Opladen 1996.
Charlton, M./Neumann-Braun, K.: Medienkindheit, Medienjugend. Eine Einführung in die aktuelle kommunikationswissenschaftliche Forschung. München 1992.
Cohen, A.: Delinquent Boys. New York 1955/(dtsch.) 1961.
Cohen, A.: Abweichung und Kontrolle. München 1968.
Connell, R. W.: Gender and Power. Cambridge 1987.
Connell, R. W.: Der gemachte Mann. Opladen 1998.
Cummings, S.: Gangs: An impact of contemporary youth gangs in the States. New York 1993.

Davis, M./Wallbridge, D.: Eine Einführung in das Werk von D. W. Winnicott. Stuttgart 1983.

Deichsel, W.: Diversion - Eine bestehende Alternative zur Strafrechtsordnung. In: Janssen, H./Peters, F. (Hrsg.): Kriminologie für Soziale Arbeit. Münster 1977. S. 206-234.

Deinet, U.: Das Konzept „Aneignung" im Jugendhaus. Opladen 1992.

Dörner, K.: Einleitung zu E. Durkheim: Der Selbstmord. Neuwied und Berlin 1973, S. IX-XXVII.

Dröge-Modelmog, I./Mergner, G. (Hrsg.): Orte der Gewalt. Herrschaft und Macht im Geschlechterverhältnis. Opladen 1987.

Dubiel, H.: Kritische Theorie der Gesellschaft. Weinheim und München ^{2}1992.

Durkheim, E.: Der Selbstmord. Neuwied und Berlin 1973.

Durkheim, E.: Über soziale Arbeitsteilung. Frankfurt/M. 1988.

Eckert, D./Bathen, R. (Hrsg.): Jugendhilfe und akzeptierende Drogenarbeit. Freiburg i. Brsg. 1995.

Egidi, K./Boxbücher, M. (Hrsg.): Systemische Krisenintervention. Wien 1997.

Eisenstadt, S. N.: Von Generation zu Generation. München 1956.

Elias, N.: Über den Prozess der Zivilisation. 2 Bde. Frankfurt/M. 1976.

Engel, U./Hurrelmann, K.: Psychosoziale Belastungen im Jugendalter. Berlin/New York 1989.

Engel, U./Hurrelmann, K.: Was Jugendliche wagen. Eine Längsschnittstudie über Drogenkonsum, Stressreaktionen und Delinquenz im Jugendalter. Weinheim und München 1994.

Enke, T.: Bilanz und Perspektive sozialpädagogischer Jugendberatung und Krisenintervention nach polizeilichem Handlungsvollzug im Kontext eines modernen Verständnisses von sozialer Kontrolle. In: DVJJ-Journal 1/1998, S. 24-35.

Erdheim, M.: Psychoanalyse und Unbewusstheit in der Kultur. Frankfurt/M. 1988.

Erdheim, M.: Die gesellschaftliche Produktion von Unbewusstheit. Frankfurt/M. 1992.

Esser, H.: Von der subjektiven Vernunft der Menschen und von den Problemen der kritischen Kriminologie damit. In: Soziale Welt 1/1994 S. 16-32.

Fatke, R.: Schulumwelt und Schülerverhalten. München 1972.

Fatke, R.: „Krümel vom Tisch der Reichen?" Über das Verhältnis von Pädagogik und Psychoanalyse aus pädagogischer Sicht. In: Bittner, G./Ertle, C. (Hrsg.): Pädagogik und Psychoanalyse. Würzburg 1985, S. 47-60.

Flösser, G.: Soziale Arbeit jenseits der Bürokratie. Neuwied, Kriftel, Berlin 1994.

Forschungsgruppe Schulevaluation: Gewalt als soziales Problem in Schulen. Opladen 1998.

Foucault, M.: Überwachen und Strafen. Frankfurt/M. 1976.

Franzkowiak, P.: Risikoverhalten und Gesundheitsbewusstsein bei Jugendlichen. Berlin 1989.

Fuchs, M./Lamnek, S./Luedtke, I.: Schule und Gewalt. Opladen 1996.

Fuchs, M.: Ausländische Schüler und Gewalt an Schulen. In: Holtappels u.a. (Hrsg.): Forschungen über Gewalt an Schulen. Weinheim und München 1997, S. 119-136.

Funk, H.: Familie und Gewalt. Gewalt in Familien. In: Böhnisch, L./Lenz, K. (Hrsg.): Familien. Weinheim und München 1997, S. 251-263.

Galuske, M.: Methoden der Sozialen Arbeit. Weinheim und München 1998.

Geen, R. G.: Human Aggression. Milton Keynes 1990.

Geißler, R.: Das gefährliche Gerücht von der Ausländerkriminalität. In: Aus Politik und Zeitgeschichte. B 36-37/95. Bonn 1995, S. 30-39.

Gemende, M.: Migranten in den neuen Bundesländern. Interkulturelle Zwischenwelten und Ethnizität als Ressource gegen politische Missachtung. In: Gemende, M./Schröer, W./Sting, S. (Hrsg.): Zwischen den Kulturen. Pädagogische und sozialpädagogische Zugänge zur Interkulturalität. Weinheim und München 1999.

Giddens, A.: Die Konstitution der Gesellschaft. Frankfurt/M., New York ^{2}1995.

Gilligan, C.: Die andere Stimme. Lebenskonflikte und Moral der Frau. München 1984.

Glueck, S./Glueck, E.: Unraveling Juvenile Delinquency. Cambridge/Mass. 1950.

Gordon, T.: Lehrer-Schüler-Konferenz. Wie man Konflikte in der Schule löst. München 1990.

Goffman, E.: Stigma. Frankfurt/M. 1970.

Goffman, E.: Asyle. Frankfurt/M. 1973.

Gottschalch, W.: Soziologie des Selbst 1991

Gottfredson, M. R./Hirschi, T.: A General Theory of Crime. Stanford 1990.

Gottenströter, K.: Alkoholismus als Familienkrankheit: Die besondere Problematik der 'Erwachsenen Kinder'. Fachhochschule für Sozialarbeit und Sozialpädagogik. Berlin 1991.

Götz, R./Seitz, N.: Familiale Erziehung und jugendliche Delinquenz. Frankfurt/M. 1979.

Gramschi, A.: Philosophie der Praxis. Frankfurt/M. 1967.

Grathoff, R.: Milieu und Lebenswelt. Frankfurt/M. 1991.

Gruen, A.: Der Wahnsinn der Normalität. München 1991.

Gruen, A.: Der Verrat am Selbst. München 1993.

Gruen, A.: Der Verlust des Mitgefühls. München 1997.

Guder, P.: Ohne Schloss und Riegel - Eine offene Alternative auch für den Umgang mit deutschen jugendlichen aggressiven Mehrfachtätern zwischen Jugendhilfe und Justiz. In: DVJJ-Journal 2/1997, S. 123-136.

Guggenbühl, A.: Die unheimliche Faszination der Gewalt. München 1995.

Habermas, J.: Legitimationsprobleme im Spätkapitalismus. Frankfurt/M. 1973.

Habermas, J.: Theorie Kommunikativen Handelns. 2 Bde. Frankfurt/M. ^{2}1981.

Haferkamp, H.: Kriminalität ist normal. Stuttgart 1972.

Haferkamp, H.: Herrschaft und Strafrecht. Opladen 1980.

Haferkamp, H.: Herrschaftsverlust und Sanktionsverlust. In: Kriminologisches Journal 2/1984, S. 112-131.

Haferkamp, H.: Zur künftigen Neuorientierung der kriminologischen Forschung. In: Kriminologisches Journal 3/1987, S. 171-192.

Hagedorn, J.: People and Folks. Chicago 1988.

Hahn, C.: Soziale Kontrolle und Individualisierung. Zur Theorie moderner Ordnungsbildung. Opladen 1995.

Hargreaves, D. H. u.a.: Abweichendes Verhalten im Unterricht. Weinheim und Basel 1981.

Hegemann, O./Sessar, K.: Copingprozesse bei Opfern schwerer Straftaten. In: Kriminologische Forschung in den achtziger Jahren. Hrsg. von G. Kaiser u.a. Freiburg 1988, S. 983-1011.
Heigl, F. S./Triebel, A.: Lernvorgänge in psychoanalytischer Therapie. Bern 1977.
Heimann, E.: Soziale Theorie des Kapitalismus (1929). Frankfurt/M. 1980.
Heinz, W. R.: Arbeit, Beruf und Lebenslauf. Weinheim und München 1995.
Heinz, W.: Opfer und Strafverfahren. In: Kaiser, G. u.a. (Hrsg.): Kleines Kriminologisches Wörterbuch. Heidelberg 1993, S. 273-377.
Heitmeyer, W. u.a. Die Bielefelder Rechtsextremismus-Studie. Weinheim und München 1992.
Heitmeyer, W. (Hrsg.): Das Gewalt-Dilemma. Frankfurt/M. 1994.
Heitmeyer W. (Hrsg.): Bundesrepublik Deutschland: Eine zerrissene Gesellschaft und die Suche nach Zusammenhalt. Bd. 1: Was treibt diese Gesellschaft auseinander? Frankfurt/M. 1997
Hellmer, J.: Regionale Unterschiede in der Jugendkriminalität. In: Hellmer, J. Beiträge zur Kriminalgeographie. Berlin 1981, S. 57-63.
Helsper, W.: Jugend und Schule. In: Krüger, H. H. (Hrsg.): Handbuch der Jugendforschung. Opladen 1993, S. 351-382.
Hermann, D./Kerner, H. J.: Die Eigendynamik der Rückfallkriminalität. In: Kölner Zeitschrift für Soziologie und Sozialpsychologie 4/1988. S. 485-504.
Herriger, N.: Präventives Handeln und soziale Praxis. Weinheim und München 1986.
Herriger, N.: Verwahrlosung. Weinheim und München [2]1987.
Herriger, N.: Krisenintervention. Stuttgart 1998.
Herzka, H. S.: Kinderpsychopathologie. Basel/Stuttgart 1991.
Hirsch, J./Roth, R.: Das neue Gesicht des Kapitalismus. Hamburg 1986.
Hofmann, I./Roos, J.: Die Krisentheorie. Die vergessene Theorie der Sozialarbeit. In: Sozialmagazin 9/1997, S. 42-45.
Holtappels, H. G.: Aggression und Gewalt als Schulproblem - Schulorganisation und abweichendes Verhalten. In: Schubart, W./Melzer, W.: Schule, Gewalt und Rechtsextremismus. Opladen 1993, S. 116-146.
Holzkamp, C./Rommelspacher, B.: Frauen und Rechtsextremismus. Wie sind Mädchen und Frauen verstrickt? In: Sozial Extra 6/1991.
Honig, M. S.: Verhäuslichte Gewalt. Frankfurt/M. 1986.
Honig, M. S./Leu, H. R./Nissen, U.: Kinder und Kindheit. Weinheim und München 1996.
Hörmann, G./Nestmann, F. (Hrsg.): Handbuch der psychosozialen Intervention. Opladen 1988.
Hörning, K. H./Michailow, M.: Lebensstil als Gesellschaftsform. Zum Wandel von Sozialstruktur und sozialer Integration. In: Soziale Welt. 7. Sonderheft 1990, S. 501-521.
Honneth, A. (Hrsg.): Kommunitarismus. Frankfurt/New York 1993.
Hornstein, W.: Aufwachsen in Widersprüchen. Jugendsituation und Schule heute. Stuttgart 1990.
Hornstein, W.: Gewaltbereitschaft von Kindern und Jugendlichen. In: Hilpert, K. (Hrsg.): Die ganz alltägliche Gewalt. Opladen 1996, S. 19-43.
Huber, G. L.: Beratung als Lehren und Lernen. In: Brunner, E. J./Schönig, W. (Hrsg.): Theorie und Praxis von Beratung. Freiburg 1990, S. 41-61.

Hull, C. R.: Gangs in America. Newbury Park 1990.
Hurrelmann, K.: Sozialisation und Gesundheit. Somatische, psychische und soziale Risikofaktoren im Lebenslauf. Weinheim und München ³1994.
Hurrelmann, K.: Lebensphase Jugend. Eine Einführung in die sozialwissenschaftliche Jugendforschung. Weinheim und München ⁵1997.
Hurrelmann, K. u.a.: Gegen Gewalt in der Schule. Ein Handbuch für Elternhaus und Schule. Weinheim, Basel 1996.
Hurrelmann, K./Freitag, M.: Gewalt an Schulen. In erster Linie ein Jungenproblem. Forschungsbericht. Universität Bielefeld 1993.
Hurrelmann, K.: Aggression und Gewalt in der Schule. In: Melzer, W./Schubart, W.: Schule, Gewalt und Rechtsextremismus. Opladen 1993.
Hurrelmann, K./Palentien, C.: Gewalt als soziale Krankheit der Gesellschaft. In: Hurrelmann, K./Palentien, C./Wilken, W. (Hrsg.): Antigewaltreport. Weinheim, Basel 1995, S. 15-37.
Janssen, H.: Kriminalitätstheorien und ihre jeweiligen impliziten Handlungsempfehlungen. Teil II. In: Janssen, H./Peters, F. (Hrsg.): Kriminologie für Soziale Arbeit. Münster 1997, S. 75-117.
Janssen, H./Peters, F. (Hrsg.): Kriminologie für Soziale Arbeit. Münster 1997.
Janssen, H./Kerner, H.-J.: Verbrechensopfer, Sozialarbeit und Justiz. Bonn ²1986.
Japp, K. P.: Soziologische Risikotheorie. Funktionale Differenzierung, Politisierung und Reflexion. Weinheim und München 1996.
Jordan, E./Sengling, D.: Jugendhilfe. Weinheim und München ³1994.
Jugend '97. 12. Shell-Jugendstudie. Opladen 1997.
Jung, H.: Massenmedien und Kriminalität. In: Kaiser, G. u.a. (Hrsg.): Kleines Kriminologisches Wörterbuch. Heidelberg 1993, S. 345-350.
Jung, H.: Viktimologie. In: Kaiser, G. (Hrsg.): Kleines Kriminologisches Wörterbuch. Heidelberg 1993a, S. 582-588.
Kaiser, G.: Theorieprobleme anwendungsorientierter Kriminologie. In: Bora, A./Liebel, K. (Hrsg.): Theoretische Perspektiven rechtssoziologischer und kriminologischer Forschung. Frankfurt/New York 1994, S. 13-42.
Karger, T./Sutterer, P.: Polizeilich registrierte Gewaltdelinquenz bei jungen Ausländern. In: Monatsschrift für Kriminologie und Strafrechtsreform 3/1990, S. 369-383.
Karstedt, S.: Soziale Ungleichheit und Kriminalität. In: Bussmann, K. P./Kreissl, R.: Kritische Kriminologie in der Diskussion. Opladen 1996, S. 67-72.
Keckeisen, W.: Gesellschaftliche Definition Abweichenden Verhaltens. München 1974.
Kepler, A.: Wirklicher als die Wirklichkeit? Das neue Realitätsprinzip der Fernsehunterhaltung. Frankfurt/M. 1994.
Kerscher, I.: Kriminalitätstheorien. Stuttgart 1977.
Kieselbach, T./Wacker, A.: Individuelle und gesellschaftliche Kosten der Arbeitslosigkeit. Weinheim ²1987.
Kirchhoff, G. F.: Das Verbrechensopfer - Die lange vergessene Perspektive. In: Janssen, H./Peters, F. (Hrsg.): Kriminologie für Soziale Arbeit. Münster 1997, S. 139-167.

Klatetzki, T.: Intergruppenverhalten als Grundlage sozialpädagogischen Handelns gegen Rassismus und Gewalt. In: Merten, R./Otto, H.-U.: Radikale Gewalt in Deutschland. Bonn 1993, S. 182-1991.
Klatetzki, T. (Hrsg.): Flexible Erziehungshilfen. Münster 1993.
Klatetzki, T.: Einige Aspekte, die vielleicht die Qualität von Organisationsstrukturen in Jugendhilfeeinrichtungen verbessern. In: Pädagogische Qualität in der Jugendhilfe. Institut für Sozialpädagogik und Sozialarbeit der TU Dresden 1998, S. 57-68.
Klier, J. u.a.: Jugendhilfe in Strafverfahren - Jugendgerichtshilfe. Berlin/Bonn/Regensburg 1995.
Klose, A./Steffan, W. (Hrsg.): Streetwork in Europa. München 1996.
Kolip, P.: Freundschaften im Jugendalter. Der Beitrag sozialer Netzwerke zur Problembewältigung. Weinheim und München 1993.
Kolip, P./Hurrelmann, K.: Was ist Gesundheit im Jugendalter? Indikatoren für körperliches, psychisches und soziales Wohlbefinden. In: Kolip, P. (Hrsg.): Lebenslust und Wohlbefinden. Weinheim und München 1994, S. 25-46.
Korte, J.: Lernziel Friedfertigkeit. Weinheim und Basel 1994.
Kramer, A.: Gramscis Interpretation des Marxismus. In: Gesellschaft. Beiträge zur marxistischen Theorie IV. Frankfurt/M. 1975.
Krafeld, F. J.: Cliquenorientierte Jugendarbeit. Weinheim und München 1992.
Krafeld, F. J.: Akzeptierende Jugendarbeit mit rechten Jugendlichen. Bremen 1992a.
Kreckel, R.: Politische Soziologie der sozialen Ungleichheit. Frankfurt/New York 1992.
Kreissl, R.: Was ist kritisch an der kritischen Kriminologie. In: Bussmann, K. D./Kreissl, R. (Hrsg.): Kritische Kriminologie in der Diskussion. Opladen 1996, S. 19-43.
Krappmann, L./Oswald, H.: Alltag der Schulkinder. Weinheim und München 1995.
Kreuzer, A.: Jugendkriminalität. In: Kaiser, G. u.a. (Hrsg.): Kleines Kriminologisches Wörterbuch. Heidelberg 1993, S. 182-191.
Kreuzer, A./Wille, R.: Drogen - Kriminologie und Therapie. Heidelberg 1988.
Kubink, M.: Verständnis und Bedeutung von Ausländerkriminalität. Pfaffenweiler 1993.
Kuhn, A. u.a.: Tat-Sachen als Konflikt. Täter-Opfer-Ausgleich. Bonn 1989.
Kühnel, W./Matuschek, I.: Gruppenprozesse und Devianz. Weinheim und München 1995.
Kunczik, M: Gewalt im Fernsehen. Stand der Wirkungsforschung und neue Befunde. In: Media Perspektiven 3/1993, S. 98-107.
Laing, R. D.: Das Selbst und die Anderen. München 1989.
Lamnek, S.: Theorien Abweichenden Verhaltens. München ^{5}1993.
Lamnek, S.: Neue Theorien Abweichenden Verhaltens. München 1994.
Langhanky, M.: Annäherung an Lebenslagen und Sichtweisen der Hamburger Straßenkinder. In: Neue Praxis 3/1993, S. 271-282.
Lazarus, R. S.: Stress und Stressbewältigung. Ein Paradigma. In: Filipp, S.-H. (Hrsg.): Kritische Lebensereignisse. München 1981.
Leinemann, J.: Dokumentarfilm: „Jung und böse" im Rahmen des AgAG-Programms. Institut für Kommunalwissenschaften. Berlin 1993.
Lemert, E. M.: Social Pathology. New York/Toronto/London 1951.

Lemert, E. M.: Der Begriff der sekundären Devianz. In: Lüderssen, K./Sack, F.: Seminar Abweichendes Verhalten I. Frankfurt/M. 1974, S. 433-476.

Lindemann, J.: Von der Basiseinheit zur Sozialberatung. In: Internationale Gesellschaft für erzieherische Hilfe (Hrsg.): IGFH-Materialien zur Heimerziehung 3/1993, S. 17-20.

Lösel, F.: Prozesse der Stigmatisierung in der Schule. In: Brusten, M./Hohmeier, I. (Hrsg.): Stigmatisierung. Bd. 2 Neuwied 1975, S. 7-32.

Lösel, F.: Die Prognose antisozialen Verhaltens im Jugendalter: Eine entwicklungsbezogene Perspektive. In: Dölling, D. (Hrsg.): Die Täter-Individualprognose. Heidelberg 1995, S. 29-61.

Lösel, F./Bliesener, T.: Resilience in Adolescence. In: Hurrelmann, K./Lösel, F. (Hrsg.): Health Hazards in Adolescence. Berlin 1990, S. 299-320.

Lösel, F./Bliesener, T./Averbeck; M.: Erlebens- und Verhaltensprobleme von Tätern und Opfern. In: Holtappels u.a. (Hrsg.): Forschungen über Gewalt an Schulen. Opladen 1997, S. 137-154.

Lüders, Ch.: Prävention in der Jugendhilfen. In: Diskurs 1/1995, S. 42-49.

Lüders, Ch./Rosner, S.: Arbeitslosigkeit in der Familie. In: Schindler, H./Wacker, A./Wetzels, P.: Familienleben in der Arbeitslosigkeit. Heidelberg 1990. S. 75-97.

Lüdersen, K./Sack, F.: Seminar Abweichendes Verhalten I. Die selektiven Normen der Gesellschaft. Frankfurt/M. 1994.

Mair, H./Hohmeier, J. (Hrsg.): Wohnen und Soziale Arbeit - Zwischen Unterbringung und Eingliederung. Opladen 1993.

Malinowski, P./Münch, U.: Soziale Kontrolle. Neuwied und Darmstadt 1975.

Mannheim, K.: Das Problem der Generationen (1926). In: Friedeburg, L. v. (Hrsg.): Jugend in der modernen Gesellschaft. Köln/Berlin 1965, S. 23-48.

Marks, E./Rössner, D. (Hrsg.): Täter-Opfer-Ausgleich. Vom zwischenmenschlichen Weg zur Wiederherstellung des Rechtsfriedens. Bonn 1989.

Martin, H./P./Schumann, H. B.: Anpassung nach unten. In: Der Spiegel 39/1996, S. 90.

Martin, H./P./Schumann, H. B.: Die Globalisierungsfalle. Reinbek bei Hamburg 1997.

Meier, U.: Gewalt im sozialökologischen Kontext der Schule. In: Holtappels, H. G. u.a. (Hrsg.): Forschung über Gewalt an Schulen. Weinheim und München 1997, S. 225-242.

Mc Cord, W./Mc Cord, I.: Origins of Crime. New York 1959.

Meng, H.: Strafen und Erziehen. Bern 1934.

Menz, S.: „Mädchen auf Abwegen". Ursachen und Zusammenhänge weiblicher Fluchtstrategien am Beispiel junger Ausreißerinnen. Diplomarbeit. Institut für Sozialpädagogik und Sozialarbeit der TU Dresden. Dresden 1996.

Merton, R. K.: Sozialstruktur und Anomie. In: König, R./Sack, F. (Hrsg.): Kriminalsoziologie. Frankfurt/M. 1968, S. 283-313.

Messmer, H.: Kriminalität als dekontextualisiertes Konzept. In: Bussmann, K. D./Kreissl, R. (Hrsg.): Kritische Kriminologie in der Diskussion. Opladen 1996, S. 211-236.

Metz-Göckel, S./Nyssen, E.: Frauen leben Widersprüche. Eine Zwischenbilanz der Frauenforschung. Weinheim und Basel 1990.

Meyer-Larsen, W.: Wahnsinn mit Methode. In: Angst vor dem Euro. Spiegel-Special Nr. 2/1998, S. 84-86.

Miller, W. B.: Die Kultur der Unterschicht als Entstehungsmilieu für Bandendelinquenz. In: Sack, F./König, R. (Hrsg.): Kriminalsoziologie. Frankfurt/M. 1968, S. 339-359.

Moser, T.: Jugendkriminalität und Gesellschaftsstruktur. Frankfurt/M. 1971.

Moser, T.: Jugendkriminalität und Sozialstruktur. In: Lüderssen, K./Sack, F. (Hrsg.): Seminar Abweichendes Verhalten I. Frankfurt/M. 1974, S. 335-402.

Moser, T.: Der listenreiche Säugling. Psychoanalytische Überlegungen zur neueren Säuglingsforschung. In: Deutsches Jugendinstitut (Hrsg.): Was für Kinder. München 1993, S. 91-94.

Morris, R.: Female Delinquency and Relational problems. In: Social Forces 1/1964, S. 82-89.

Müller, H. P./Schmid, M.: Arbeitsteilung, Solidarität und Moral. Eine werkgeschichtliche und systematische Einführung in die 'Arbeitsteilung' von Emile Durkheim. In: Durkheim E.: Über soziale Arbeitsteilung. Frankfurt/M. 1992, S. 481-521.

Münder, J. u.a.: Frankfurter Lehr- und Praxiskommentar zum KJHG. Münster 1993.

Niemeyer, C./Schröer, W./Böhnisch, L.: Grundlinien Historischer Sozialpädagogik. Traditionsbezüge, Reflexionen und übergangene Sozialdiskurse. Weinheim und München 1997.

Nikolai, W., u.a. (Hrsg.): Straffällig - Lebenslagen und Lebenshilfe. Freiburg i. Brsg. 1996.

Nohl, H.: Die Theorie der Bildung. In: Nohl, H./Pallat, L.: Handbuch der Pädagogik. Erster Band: Die Theorie und Entwicklung des Bildungswesens. Langensalza 1933 (Reprint 1981), S. 3-80.

Nohl, H.: Pädagogik aus dreißig Jahren. Frankfurt/M. 1949.

Nolting, H.-P.: Lernfall Aggression. Reinbek bei Hamburg 1987.

Oser, F.: Widersprüche, die zerstören. Widersprüche, die Leben bringen. In: Rothenbucher, H. u.a.: Aufwachsen in Widersprüchen. Salzburg 1990, S. 100-115.

Otto, H. U./Thiersch, H. (Hrsg.): Handbuch zur Sozialarbeit/Sozialpädagogik. Neuwied, Kriftel, Berlin 2001.

Parsons, T.: Das System moderner Gesellschaften. München 1972.

Peltz, M./Münz, R.: Arbeitslose „Kinder" und ihre Eltern - Erwerbslosigkeit als Konfliktpotential in der Beziehung zur Herkunftsfamilie. In: Schindler, H./Wacker, A./Wetzels, P. (Hrsg.): Familienleben in der Arbeitslosigkeit. Heidelberg 1990, S. 125-143.

Permien, H./Zink, G.: Endstation Straße? Straßenkarrieren aus der Sicht von Jugendlichen. München 1998.

Peters, F.: Kriminalitätstheorien und ihre jeweiligen impliziten Handlungsempfehlungen. Teil I. In: Janssen, H./Peters, F. (Hrsg.): Kriminologie für Soziale Arbeit. Münster 1997, S. 40-74.

Peters, H.: Kriminalität und Familie. In: Nave-Herz, R./Markefka, M. (Hrsg.): Handbuch der Familien- und Jugendforschung. Bd. I: Familienforschung. Neuwied und Frankfurt/M. 1989, S. 577-593.

Peters, H.: Abweichung und Kontrolle. Eine Einführung in die Soziologie abweichenden Verhaltens. Weinheim und München ²1993.

Peters, H.: Muss Strafe sein? Zur Analyse und Kritik strafrechtlicher Praxis. Opladen 1993a.

Petermann, F.: Umgang mit aggressiven Kindern. Weinheim 1993.
Pfeiffer, Ch.: Armut und Jugendkriminalität. In: DVJJ-Journal 3-4/1995, S. 285-290.
Plewig, H.-J.: Ist das Jugendstrafrecht durch die Sozialpädagogik zu retten? In: Müller, S./Otto, H.-U. (Hrsg.): Damit Erziehung nicht zur Strafe wird. Bielefeld 1988, S. 253-270.
Pongratz, L. u.a.: Kinderdelinquenz. München 1975.
Quensel, S.: Wie wird man kriminell? In: Kritische Justiz 3/1970, S. 375-382.
Quensel, S.: Let's abolish theories of crime. Zur latenten Krisenstruktur unserer Kriminalitätstheorien. In: Kriminologisches Journal 1/1986, S. 11-23.
Redl, F.: Erziehungsschwierige Kinder. Hrsg. v. R. Fatke. München ^{4}1987.
Reindl, R.: Alternativen zum Freiheitsentzug: Ambulante Reaktionsformen auf Kriminalität. In: Zeitschrift für Caritasarbeit und Caritaswissenschaft 2/1993, S. 84-91.
Reinhard, H. G./Brinkmann-Göbel, R.: Die Bedeutung der Eltern-Kind-Beziehung für die Entwicklung des moralischen Bewusstseins der Adoleszenz. In: Zeitschrift für Kinder- und Jugendpsychiatrie 1/1991, S. 5-14.
Rerrich, M. S.: Balanceakt Familie. Freiburg i. Brsg. 1988.
Reuband, K. H.: Der Mythos vom einsamen Drogenkonsumenten. In: Sucht 3/1992, S. 160-172.
Riechers, Ch.: Antonio Gramsci. Marxismus in Italien. Frankfurt/M. 1970.
Rixius, N.: Einander Helfen - im Schulalltag üblich? In: Hurrelmann, K./Rixius, N./Schirp, H.: Gegen Gewalt in der Schule. Weinheim und Basel 1996, S. 139-155.
Rolff, H.-G.: Sozialisation und Auslese durch die Schule. Weinheim und München 1996.
Rössner, D.: Friedensstiftende Sozialarbeit im Strafrecht. In: BewHi (Bewährungshilfe) 3/1984, S. 220-249.
Rössner, D.: Jugendstrafe als Jugend(konflikt)hilfe. In: Müller, S./Otto, H.-U. (Hrsg.): Damit Erziehung nicht zur Strafe wird. Bielefeld 1988, S. 213-230.
Rudolph, M.: Täter-Opfer-Ausgleich. Wieder eine Chance für den Täter. Ms. Institut für Sozialpädagogik und Sozialarbeit der TU Dresden. Dresden 1997.
Rühle, O.: Die Seele des Proletarischen Kindes. Dresden 1925.
Rühle, O.: Kindliche Kriminalität. In: Lazarsfeld, S. (Hrsg.): Technik der Erziehung. Leipzig 1929, S. 328-336.
Sack, F./König, R. (Hrsg.): Kriminalsoziologie. Frankfurt/M. 1968.
Sack, F.: Abweichendes Verhalten - Folgerungen für die Sozialarbeit. In: Otto, H.-U./Schneider, S. (Hrsg.): Gesellschaftliche Perspektiven der Sozialarbeit. Bd. 1 Neuwied/Berlin 1973, S. 129-150.
Sack, F.: Prävention - Ein alter Gedanke in neuem Gewand. In: Reindl, R./Kawamura, G./Nikolai, S. (Hrsg.): Prävention - Entkriminalisierung - Sozialarbeit - Alternativen zur Strafrechtsverschärfung. Freiburg i. Brsg. 1995, S. 27-35.
Savier, M. u.a.: Alltagsbewältigung: Rückzug-Widerstand. Opladen 1984.
Scherpner, H.: Theorie der Fürsorge. Göttingen 1962.
Schirp, H.: Die Schule als lebenswerter Arbeitsplatz für SchülerInnen und LehrerInnen. In: Priebe, B. u.a. (Hrsg.): Gesunde Schule. Weinheim und Basel 1993, S. 154-176.

Schmidt, A.: Geschichte und Struktur. Fragen einer marxistischen Historik. München ²1972.
Schneider, H. J.: Massenmedien. In: Handwörterbuch der Kriminologie. Hrsg. v. Schneider, K. J./Sieverts, R. 5. Bd. Berlin ²1991, S. 301-324.
Schneider, H. J.: Schwerpunkte und Defizite im viktimologischen Denken der Gegenwart. In: Kaiser, G./Jehle, J.-M.: Kriminologische Opferforschung. Heidelberg 1994, S. 21-24.
Schneider, A./Töpfer, L.: Techno. Jeder tanzt für sich allein. In: Böhnisch, L./Rudolph, M./Wolf, B. (Hrsg.): Jugendarbeit als Lebensort. Weinheim und München 1998, S. 113-130.
Schöch, H./Gebauer, M.: Ausländerkriminalität in der Bundesrepublik Deutschland: Kriminologische, rechtliche und soziale Aspekte eines gesellschaftlichen Problems. Baden-Baden 1991.
Schröder: Jugendgruppe und Kulturwandel. Die Bedeutung von Gruppenarbeit in der Adoleszenz. Frankfurt/M. 1991.
Schubarth, W.: Analyse und Prävention von Gewalt. Habilitationsschrift TU Dresden 1998.
Schubarth, W.:/Ackermann, C.: 45 Fragen und Projekte zur Gewaltprävention in Schule und Jugendhilfe. Dresden 1997.
Schulze, H. J./Künzler, J.: Funktionalistische und systemtheoretische Ansätze in der Sozialisationsforschung. In: Hurrelmann, K./Ulich, D. (Hrsg.): Neues Handbuch der Sozialisationsforschung. Weinheim und Basel 1991, S. 121-136.
Schumann, K. F.: Gegenstand und Interesse einer konflikttheoretischen Kriminologie. In: Arbeitskreis Junger Kriminologen (Hrsg.): Kritische Kriminologie. München 1974, S. 44-68.
Schumann, K. F.: Progressive Kriminalpolitik und die Expansion des Strafrechts. In: Festschrift für L. Pongratz. München 1986, S. 371-385.
Schwind, H.-D. u.a. (Hrsg.): Gewalt in der Schule. Mainz 1995.
Silbereisen, R./Kastner, P.: Jugend und Drogen. In: Oerter, R. (Hrsg.): Lebensbewältigung im Jugendalter. Weinheim und Basel 1985, S. 192-217.
Simon, R.: Women and Crime. Lexington 1975.
Smaus, G.: Soziale Kontrolle und das Geschlechterverhältnis. In: Frehse, D./Löschper, G./Schumann, K. F. (Hrsg.): Strafrecht, soziale Kontrolle, soziale Disziplinierung. Opladen 1993, S. 122-137.
Sonneck, G. (Hrsg.): Krisenintervention und Suizidverhütung. Wien 1997.
Spaun, K. u.a.: Gewalt und Aggression an der Schule. Staatsinstitut für Schulpädagogik und Bildungsforschung. München 1994.
Specht, W.: Mobile Jugendarbeit. In: Eyfert, H./Otto H.-U./Thiersch, H. (Hrsg.): Handbuch der Sozialarbeit/Sozialpädagogik. Neuwied 1987, S. 549-557.
Spiess, G.: Arbeitslosigkeit und Kriminalität. In: Kaiser, G. u.a. (Hrsg.): Kleines Kriminologisches Wörterbuch. Heidelberg 1993, S. 33-38.
Stange, H.: Jugend-Identität-Sexualität. Dortmund 1993.
Stark, W.: Empowerment. Freiburg i. Brsg. 1996.
Stein-Hilbers, M.: Handeln und Behandelt werden. Geschlechtsspezifische Konstruktionen von Krankheit und Gesundheit im Jugendalter. In: Kolip, P.: Lebenslust und Wohlbefinden. Weinheim und München 1994, S. 83-100.
Taurek, M.: Michel Foucault. Reinbek b. Hamburg 1997.
Theunert, H.: Gewalt in den Medien - Gewalt in der Realität: Gesellschaftliche Zusammenhänge und pädagogisches Handeln. München ²1996.

Thrasher, F. M.: The Gang. Chicago und London. 1963.
Treibel, A.: Migration in modernen Gesellschaften. Weinheim und München ²1990.
Trabandt, H./Wurr, R.: Prävention in der Sozialen Arbeit. Opladen 1989.
Trauernicht, G.. Ausreißerinnen und Trebegängerinnen. Münster 1988.
Traulsen, M: Die Kriminalität der jungen Ausländer nach der polizeilichen Kriminalstatistik. In: Monatsschrift für Kriminologie und Strafrechtsform 1/1988, S. 28-41.
Trede, W.: Integrierte Erziehungshilfen - Plädoyer für eine integrierte Begrifflichkeit. In: Forum Erziehungshilfen 1/1996, S. 2.
Vilmow, B.: Ausländerkriminalität. In: Kaiser, G. u.a. (Hrsg.): Kleines Kriminologisches Wörterbuch. Heidelberg ³1993, S. 39-48.
Wahl, K.: Die Modernisierungsfalle. Frankfurt/M. 1989.
Walter, M.: Jugendkriminalität. Stuttgart/München/Hannover/Berlin/Weimar/Dresden 1995.
Walter, M./Kubink, M.: Ausländerkriminalität - Phänomen oder Phantom der (Kriminal-)Politik? In: Monatszeitschrift für Kriminologie und Strafrechtsreform 3/1993, S. 306-319.
Walter, M./Kubink, M.: Ausländerkriminalität in der statistischen (Re-)Konstruktion. In: Kriminalpädagogische Praxis 1/1993, S. 6-19.
Wegscheider-Cruse, S.: Es gibt doch eine Chance: Hoffnung und Heilung für die Alkoholikerfamilie. Wildberg 1988.
Weidner, J./Kilb, R./Kreft, D. (Hrsg.): Gewalt im Griff. Neue Formen des Anti-Aggressivitäts-Trainings. Weinheim und Basel 1997.
Weis, K.: Die Vergewaltigung und ihre Opfer. Stuttgart 1982.
Weiß, C.: Pädagogische Soziologie. Leipzig 1929.
Will, H.-J.: Jugend und Justiz. In: Janssen, H./Peters, F. (Hrsg.): Kriminologie für Soziale Arbeit. Münster 1997, S. 284-307.
Winnicott, D. W.: Familie und individuelle Entwicklung. Frankfurt/M. 1984.
Winnicott, D. W.: Aggression. Versagen der Umwelt und antisoziale Tendenz. Stuttgart 1988.
Winnicott, D. W.: Reifungsprozesse und fördernde Umwelt. Frankfurt/M. 1984a.
Wolf, K. (Hrsg.): Entwicklungen in der Heimerziehung. Münster 1995.
Wolff, R.: Das Doppelgesicht der Gewalt in der Familie und in Hilfesystemen. In: Albrecht, P.-A./Backes, O.: Verdeckte Gewalt. Frankfurt/M. 1990, S. 174-179.
Wolffersdorff, C. v.: Straffälligenhilfe als organisierter Integrationsprozess? Randgruppenarbeit im Zeichen gesellschaftlicher Polarisierung. In: Hompesch, R./Kawamura, G./Reindl, R. (Hrsg.): Verarmung - Abweichung - Kriminalität. Bonn 1996, S. 28-45.
Zeltner, R.: Kinder schlagen zurück. Jugendgewalt und ihre Ursachen. München 1996.
Ziehlke, B.: Fehlgeleitete Mädchen und frühreife Lolitas - Geschlechtstypische Unterschiede der Jugenddevianz. In: Tillmann, K.-J. (Hrsg.): Jugend weiblich - Jugend männlich. Opladen 1992.
Ziehlke, B.: Deviante Jugendliche. Individualisierung, Geschlecht und soziale Kontrolle. Opladen 1993.
Zinnecker, J./Silbereisen, R.: Kindheit in Deutschland. Aktueller Survey über Kinder und ihre Eltern. Weinheim und München 1996.